Karl Barth, Die Kirchliche Dogmatik

Studienausgabe Band 8

Studienausgabe Band 8

KARL BARTH

DIE KIRCHLICHE DOGMATIK

Die Lehre von Gott

II,1 §§ 28–30

Die Wirklichkeit Gottes
I. Teil

TVZ

CIP-Kurztitelaufnahme der Deutschen Bibliothek

Barth, Karl:
Die kirchliche Dogmatik / Karl Barth. – Studienausgabe –
Zürich: Theologischer Verlag

Bd. 8: 2, Die Lehre von Gott; 1. §§ 28–30,
Die Wirklichkeit Gottes. – Teil 1. – 1987
ISBN 3-290-11608-5

Erstausgabe der Originalausgabe: Zürich 1940

INHALT

DIE LEHRE VON GOTT

SECHSTES KAPITEL. DIE WIRKLICHKEIT GOTTES

SECHSTES KAPITEL

DIE WIRKLICHKEIT GOTTES

§ 28

GOTTES SEIN ALS DER LIEBENDE IN DER FREIHEIT

Gott ist, der er ist in der Tat seiner Offenbarung. Gott sucht und schafft Gemeinschaft zwischen sich und uns und so liebt er uns. Eben dieser Liebende ist er aber als Vater, Sohn und Heiliger Geist auch ohne uns, in der Freiheit des Herrn, der sein Leben aus sich selber hat.

1. GOTTES SEIN IN DER TAT

Gott ist. Diesen einfachen Satz haben wir in dem vor uns liegenden Kapitel zu entfalten und zu erklären auf Grund und in Anwendung dessen, worüber wir uns im vorangehenden Kapitel hinsichtlich des Vollzugs, der Möglichkeit und der Grenzen der Erkenntnis Gottes verständigt haben. Wir stehen damit vor der schlichtesten und zugleich umfassendsten Aufgabe einer kirchlichen Dogmatik, hinter der sich auch die schlichteste und zugleich umfassendste Aufgabe aller christlichen Verkündigung verbirgt. Die Aufgabe besteht darin, das Subjekt aller hier notwendigen und möglichen Sätze zu bezeichnen. Das Problem seiner Bezeichnung als solches liegt nun (soweit es sich um seine wissenschaftliche Entwicklung und Darstellung handelt) hinter uns: eben darum ging es in der Lehre von der Erkenntnis Gottes. Daß dieses Problem uns nicht loslassen kann, daß es uns gerade auf dieser nächsten Strecke unseres Weges (aber auf welcher weiteren Strecke etwa nicht?) auf Schritt und Tritt weiter begleiten wird, ist selbstverständlich. Aber die Ergebnisse unserer dort angestellten Überlegungen werden sich bewähren müssen, indem wir die Bezeichnung jenes Subjektes, über die als solche wir uns Rechenschaft abgelegt haben, nunmehr zu vollziehen suchen, indem wir nun also im Rahmen und nach Maßgabe der Lehre von der Erkenntnis Gottes tatsächlich zu sagen versuchen: Gott ist. Gerade dieser Satz und also der Gegenstand der vor uns liegenden Aufgabe ist nun gewiß nicht bloß ein besonderes Theologumenon neben anderen. Genau genommen wird das von keinem einzigen Satz des Glaubens und also auch der Dogmatik zu sagen sein. Genau genommen ist in der Dogmatik und in der kirchlichen Verkündigung jeder einzelne Satz zugleich der Grund und Inbegriff aller übrigen. Aber wie sollte es anders sein, als daß dies von diesem Satz, in welchem wir die Bezeichnung des Subjektes aller anderen Sätze vollziehen, in hervorgehobener Weise gelten muß?

Die Dogmatik in allen und jeden von ihren Teilen und Unterteilen, mit ihren sämtlichen Fragen und Antworten, mit ihren sämtlichen biblischen und geschichtlichen Feststellungen, mit ihren sämtlichen formalen und materialen Besinnungen, Untersuchungen und Zusammenfassungen kann erstlich und letztlich, kann im Ganzen und im Einzelnen nichts Anderes sagen wollen als dieses: Gott ist. In dem Maß, als sie das tut, dient sie der Kirche als Kritik ihres Tuns und als Ratschlag und Vorschlag zu ihrem Tun. Indem sie das sagt oder auch nicht sagt: Gott ist, entscheidet sie selbst nicht nur über ihre Brauchbarkeit oder Unbrauchbarkeit, sondern auch über ihren wissenschaftlichen Wert oder Unwert. In jedem Gedankengang, in jedem Satz, der direkt oder indirekt dazu dient, das zu sagen, tut die Dogmatik, was sie tun soll, was ihre Existenz als solche erfordert und rechtfertigt. Und umgekehrt: in jedem Gedankengang oder Satz, der dazu nicht dienen, in welchem sie nicht direkt oder indirekt das sagen, in welchem sie direkt oder indirekt etwas Anderes sagen würde als: Gott ist — auf jedem solchen Wege, wie einleuchtend und ertragreich er unter anderer Betrachtung immer sein möchte, würde sie sich bestimmt einer Entgleisung schuldig machen, würde sie die Kirche in die Irre statt in die Wahrheit führen, würde sie also auch sich selbst und ihr Existenzrecht in Frage stellen.

Dem ist aber so, weil auch die Kirche, deren Auftrag die Dogmatik an ihrem Ort und in ihrer Weise zu dienen hat, davon und nur davon lebt, daß sie hören darf: Gott ist, und weil sie sich selber und der Welt in Ausrichtung ihres Auftrags erstlich und letztlich dies und nur dies zu sagen hat: Gott ist. Dies ist es ja, was Gott mit den Menschen und von den Menschen will laut seines Wortes: sie dürfen und müssen hören, glauben, wissen, damit rechnen, sie dürfen und müssen im Großen und im Kleinen, im Ganzen und im Einzelnen, in der Totalität ihrer Existenz als Menschen leben mit der Alle und in Allen Alles nicht nur neu beleuchtenden, sondern real verändernden Tatsache, daß Gott ist. Daß dem so ist: daß Gott die Menschen leben lassen will mit dieser Tatsache seines eigenen Seins und daß, was Gott will, geschieht, dafür braucht die Kirche freilich nicht zu sorgen. Dafür sorgt überhaupt kein Mensch und keine andere Kreatur, dafür sorgt Gott selbst in seinem Wort. Die Kirche hat aber diesem seinem Wort, in welchem er selbst dafür sorgt, zu dienen. Denn vom Worte Gottes und für das Wort Gottes lebt die Kirche. Das ist also der Auftrag der Kirche, dem auch die Dogmatik in ihrer Art und in ihrer Weise zu dienen hat: sie hat, belehrt und gebunden durch das Wort Gottes und um seinetwillen (weil sie keinen anderen Existenzgrund hat als den, dem Worte Gottes zu dienen) zu sagen, daß Gott ist. So ist auch von ihr (und zuerst von ihr) zu sagen: sie tut, was sie tun soll, was allein, was aber auch unbedingt von ihr gefordert ist, was sie allein, was sie aber auch unbedingt rechtfertigt — wenn sie sagt, daß Gott ist. Indem sie selbst vom Worte Gottes und für das Wort Gottes lebt, weiß sie ja, daß eben dies unter allen Umständen gesagt werden muß, daß die Menschen eben dies zu hören, eben mit der Tatsache in der Totalität ihrer Existenz zu leben unter allen Umständen nötig haben, daß sie aber eben dies unter keinen Umständen sich selber sagen können (wie auch sie, die Kirche, es sich nicht selber gesagt hat): daß Gott ist. Sie ist ihrem Auftrag getreu, indem sie, belehrt und gebunden durch das Wort Gottes und um seinetwillen, sich selbst und der Welt direkt oder indirekt aber unzweideutig eben dieses sagt. Denn was sie auch sagen kann, es wird, wenn es recht gesagt sein soll, direkt oder indirekt dieses sein müssen. Es würde aber auch von ihr (und zuerst von ihr) gelten, daß sie sich selbst unmöglich machen würde, wenn sie dieses nicht sagen, wenn sie direkt oder indirekt etwas Anderes sagen würde.

So schlicht und so umfassend ist dieser Satz: Gott ist, daß man sich wohl fragen könnte, ob eine besondere Entfaltung und Erklärung dieses Satzes, als wäre er ein Satz für sich und nicht der Satz aller Sätze, nicht überhaupt überflüssig und unmöglich sei. Sollten wir uns nicht begnügen dürfen und müssen mit der Bezeichnung jenes Subjektes, die wir damit vollziehen, daß wir diejenigen Sätze aufnehmen, die laut des Wortes Gottes als Beschreibung des Tuns und Wirkens dieses Subjektes notwendig werden? Darauf ist zu antworten: Wenn das Wort Gottes uns die Frage nach Gottes Sein als eine besondere Frage verbieten oder wenn es uns dieser besonderen Frage gegenüber im Stich lassen würde, dann würde das doch bedeuten, daß es uns keine wirkliche Offenbarung Gottes bieten würde. Ein Tun und Wirken, sehr bedeutsam, sehr mächtig vielleicht, würde es uns dann zwar offenbaren, aber daß und inwiefern es das Tun und Wirken Gottes sei, das würde es uns dann gerade vorenthalten und also nicht offenbaren. Jenes Tun und Wirken wird und ist aber doch erst damit bedeutsam und mächtig in einer von allerlei anderem Tun und Wirken qualitativ unterschiedenen Bedeutsamkeit und Mächtigkeit, daß es Gottes Tun und Wirken ist. Nicht indem es an sich, nicht indem eine Schöpfung, eine Versöhnung, eine Erlösung verkündigt und geglaubt wird, sondern indem das Alles als Gottes Tun und Wirken verkündigt und geglaubt wird, wird in Jesus Christus, wird in der heiligen Schrift, wird in der Kirche Gottes Wort als wirkliche Offenbarung verkündigt. Die wirkliche Offenbarung bleibt auch auf die besondere Frage nach Gottes Sein — abgesehen davon, daß sie im Ganzen eine einzige Antwort auf diese Frage ist — nicht stumm. Sie ist die volle Wahrheit. Sie erlaubt und gebietet uns, ruhig und aufrichtig auch an dieser Stelle Halt zu machen und uns im besonderen zu besinnen auf das, was wir sagen, wenn wir dieses Schlichteste und Umfassendste sagen: Gott ist. Und weil dem so ist, darum würden wir uns einer Nachlässigkeit schuldig machen, die sich rächen müßte, wenn wir an dem Satz «Gott ist» vorüber eilen würden, als wäre er nur die allgemeine Wahrheit in allen anderen Sätzen, als lohne es sich nicht, sich über seine besondere Wahrheit auch besonders Rechenschaft zu geben.

Es war darum eine an sich mit Recht nachher wieder aufgegebene Übereilung, wenn der erste Dogmatiker der evangelischen Kirche, Melanchthon, in seinen Loci von 1521 die besondere Gotteslehre überhaupt meinte unterschlagen zu sollen, um sich sofort der Darstellung der *beneficia Christi* zuzuwenden. Er tat dies mit der Begründung: *mysteria divinitatis rectius adoraverimus, quam vestigaverimus. Immo sine magno periculo tentari non possunt.* Dazu ist zu sagen, daß zu den nur unter Gefahr zu erforschenden offenbarten *mysteria divinitatis* doch wohl auch die *beneficia Christi* gehören, daß auch die *beneficia Christi* nicht recht erforscht werden können, wenn an ihrem Ort nicht auch eine Besinnung über die *mysteria divinitatis* als solche stattgefunden hat, daß die Gefahr alles menschlichen *vestigare* der göttlichen Wahrheit hier wie dort gewiß nicht als solche zu vermeiden ist, daß ihr aber auch hier wie dort damit begegnet werden kann, daß das *vestigare* von dem *adorare* gerade nicht getrennt, d. h. daß hier wie dort auf Gottes Offenbarung und nur auf sie gehört wird. Der zweite, später begangene Fehler Melanchthons war allerdings schlimmer als der erste. Er bestand darin, daß er, als er sich später entschloß, die Gotteslehre in seine Loci wieder aufzunehmen, aus einer anderen Quelle als aus Gottes Offenbarung, nämlich aus einem frei gebildeten allgemeinen Gottesbegriff zu schöpfen und also die *mysteria divinitatis* ohne ihren Zusammenhang mit den offenbarten *beneficia Christi* zu betrachten begann. Und damit gerade dem *magnum periculum* verfiel, vor dem er sich 1521 gefürchtet hatte und gerade dessen, was er bei jener ersten Übereilung im Gegensatz zu der mittelalterlichen Spätscholastik mit richtigem Instinkt hatte vermeiden wollen, nunmehr — der ganzen protestantischen Orthodoxie ein fatales Beispiel gebend — sich selber schuldig machte! Wir werden Anlaß haben, uns Mühe zu geben, diesen beiden Fehlern Melanchthons aus dem Wege zu gehen.

Wir werden aus dem Einwand gegen die Möglichkeit einer besonderen Gotteslehre, obwohl wir ihn als solchen nicht gelten lassen können, etwas lernen müssen: Wir können uns, wenn wir nach dem Sein Gottes fragen, aus dem Bereich seines Tuns und Wirkens, wie es uns in seinem Wort offenbart ist, tatsächlich nicht hinausbegeben. Gott ist, der er ist, in seinen Werken. Er ist derselbe auch in sich selber, auch vor und nach und über seinen Werken, auch ohne sie. Sie sind an ihn, aber er ist nicht an sie gebunden. Sie sind nichts ohne ihn. Er aber ist, der er ist, auch ohne sie. Er ist also, der er ist, nicht nur in seinen Werken. Er ist aber auch in sich selber kein Anderer als eben der, der er in seinen Werken ist. Es bleibt angesichts dessen, was er in seinen Werken ist, keine Frage offen nach dem, was er in sich selber ist, so daß er vielleicht in sich selber ein ganz Anderer oder etwas ganz Anderes oder wohl auch Nichts sein könnte. Sondern in seinen Werken ist er selber offenbar als der, der er ist. Es ist also schon richtig, daß wir uns bei der Entfaltung und Erklärung des Satzes: «Gott ist», auf alle Fälle ganz und gar an seine (in der Tat seiner Offenbarung sich ereignenden oder als solche sichtbar werdenden) Werke zu halten haben. Nicht nur darum, weil wir Gott und wer Gott ist anderswo nicht erkennen können, sondern auch darum, weil wir ihn auch anderswo, wenn wir ihn dort erkennen könnten, nur als eben den erkennen würden, der er in seinen Werken ist, weil er dieser und kein Anderer ist. Wir dürfen und müssen nach Gottes Sein fragen, weil Gott als das Subjekt seiner Werke für deren Wesen und Erkenntnis so entscheidend charakteristisch ist, daß sie ohne dieses Subjekt etwas ganz Anderes wären als das, was sie laut des Wortes Gottes sind, daß wir sie also auf Grund des Wortes Gottes notwendig nur mit diesem ihrem Subjekt zusammen erkennen und verstehen können.

Wir hatten schon im vorangehenden Kapitel Stellung zu nehmen gegen das drohende Aufgehen der Gotteslehre in einer Seinslehre und wir werden das gleich wieder zu tun haben. Wir dürfen aber einem Ressentiment gegen den Seinsbegriff als solchen, wie es (z. T. unter Berufung auf Melanchthon) in der protestantischen Theologie der Neuzeit eine Zeitlang eine Rolle spielte — so auch noch in der im übrigen hervorragend lehrreichen Schrift von H. Cremer «Die christliche Lehre von den Eigenschaften Gottes» 1897, 2. Aufl. 1917 — nicht Folge geben. Gott geht nicht auf in seinem Sichbeziehen und Sichverhalten zur Welt und zu uns, wie es in seiner Offenbarung Ereignis ist. Die Würde und Kraft seiner Werke, seines Sichbeziehens und Sichverhaltens hängt vielmehr daran, daß er ihnen gegenüber, ohne ein Anderer zu sein als eben der in ihnen sich Betätigende — er selber ist, daß er ihnen, indem er sich in ihnen offenbart, zugleich überlegen bleibt. Diese Erinnerung vollziehen wir, indem wir auch den Seinsbegriff an dieser Stelle in aller Unbefangenheit aufnehmen.

Wir müssen uns aber nach der anderen Seite darüber im Klaren sein, daß Gott und nicht das Sein — das Sein nur als das Sein Gottes unser Gegenstand ist, daß es sich also bei dem hier in Rede stehenden Sein Gottes nicht um einen frei zu wählenden allgemeinen und neutralen, sondern um einen zum vornherein in ganz bestimmter Weise gefüllten Seinsbegriff handelt, und daß diese seine Füllung nicht willkürlich, sondern nur aus dem Worte Gottes geschehen kann, nachdem sie im Worte Gottes schon geschehen und uns vorgegeben ist. Das bedeutet aber, daß wir Gottes Sein nun doch nicht anders bestimmen können als im Blick dahin, wo Gott sich selber uns zu sehen gibt und also im Blick auf seine Werke, auf sein Sichbeziehen und Sichverhalten: in der Zuversicht, daß wir es in diesen seinen Werken nicht mit irgendwelchen anderen, sondern eben mit seinen Werken und also zugleich mit ihm selber, mit seinem Sein als Gott, zu tun haben.

Was heißt das: Gott «ist»? Was oder wer «ist» Gott? Wollen wir diese Frage legitim und sinnvoll beantworten, dann dürfen unsere Gedanken keinen Augenblick anderswohin streben als zu Gottes Tat in seiner Offenbarung, keinen Augenblick anderswoher kommen, als eben von daher.

Wir stehen hier vor der Fehlerquelle, die sich in der Gotteslehre der alten Theologie mit Einschluß der protestantischen Orthodoxie fast auf der ganzen Linie geltend machte. Diese Gotteslehre strebte mindestens zum großen Teil auch anderswohin als zu Gottes Tat in seiner Offenbarung und sie kam in großen Teilen auch anderswoher als von dort. Das hängt damit zusammen, daß man in einer seltsam allgemeinen Gedankenlosigkeit die Gotteslehre der Trinitätslehre — von der man doch theoretisch behauptete, daß sie die Grundlage der ganzen Theologie sei — aus formal-logischen Gründen voranzustellen pflegte. In dem leeren Raum, in den man sich damit begab, konnte etwas Anderes als allgemeine, von gewissen menschlichen Anschauungen und Begriffen als von unanfechtbaren Gegebenheiten ausgehende und dann ein wenig kraftlos von allerlei biblischen Reminiszenzen durchzogene Reflexionen über das, was Gott allenfalls sein möchte, unmöglich wirklich werden. Damit schuf man eine Gotteslehre, die für den übrigen Inhalt der Dogmatik entweder keine oder aber nur eine fatale Bedeutung haben konnte. Und eben damit schuf man ungewollt selber die Basis, von der aus eine antikirchliche Philosophie (und gleichzeitig und später eine häretische Theologie) das Trinitätsdogma und damit alle entscheidenden Aussagen des Glaubens und seiner Erkenntnis des Wortes Gottes nur zu leicht angreifen konnte. Es war an sich schon richtig, wenn man das Wesen Gottes definierte: *Essentia Dei est ipsa Deitas, qua Deus a se et per se absolute est et existit* (Polanus, *Synt. Theol. chr.* 1609, *col.* 865). Aber eben bei der Bestimmung dieses *a se et per se* hätte man von der

Trinität und das heißt von der Tat der göttlichen Offenbarung unter keinen Umständen abstrahieren dürfen. Wir werden uns in energischer Distanzierung gegenüber dieser Tradition bei allen in diesem Kapitel anzustellenden Überlegungen vor Augen zu halten haben, daß eine kirchliche Dogmatik vom Trinitätsdogma immer schon herkommt, daß sie also keine Möglichkeit hat, mit dem Sein eines anderen Gottes oder mit einem anderen Sein Gottes zu rechnen als mit dem, welches das des Vaters, des Sohnes und des Heiligen Geistes ist in Gottes Offenbarung und in Ewigkeit — und daß sie also, wie sie auch Gott als den Seienden bezeichne und erkläre, nicht irgend eine freie Reflexion über das Wesen des Seins anzustellen, sondern, welches auch die heranzuziehenden Anschauungen und Begriffe sein mögen, deren besonderen Sinn in diesem Zusammenhang unter allen Umständen im Blick auf die Offenbarung dieses, des Seins des dreieinigen Gottes zu gewinnen und zu erläutern hat.

Was Gott zu Gott macht: die göttliche Selbstheit und Eigentlichkeit, die *essentia* oder das «Wesen» Gottes — wir werden ihm entweder da begegnen, wo Gott an uns handelt als Herr und Heiland oder wir werden ihm gar nicht begegnen. Die Tat seiner Offenbarung als solche schließt einmal dies in sich, daß Gott gerade sich selber als das wahre Sein den Menschen gegenüber nicht vorbehalten hat, daß er ihnen als Überwindung ihrer Not, als Licht in ihrer Finsternis, nicht weniger als sich selbst geschenkt hat: den Vater in seinem eigenen Sohne durch den Heiligen Geist. Die Tat der Offenbarung Gottes schließt sodann dies in sich, daß der Mensch als Sünder, der von sich aus nur verkehrte Wege gehen kann, von allen eigenen Versuchen, die Frage nach dem wahren Sein zu beantworten, zurückgerufen und an die von Gott selbst in dieser Sache gegebene Antwort gebunden wird. Und die Tat der Offenbarung Gottes schließt endlich dies in sich, daß der Mensch durch Gottes Wort im Heiligen Geist ohne alle andere Zuversicht mit unüberwindlicher Zuversicht den den Seienden sein läßt, in dem das wahre Sein selbst sucht und findet, der ihm hier als die Quelle seines Lebens, als Trost und Gebot, als die Macht über ihn und alle Dinge begegnet.

Darum muß das unsere erste und entscheidende Umschreibung des Satzes «Gott ist»: sein: «Gott ist, der er ist, in der Tat seiner Offenbarung.» Darum haben wir diesen Satz gleich in der Überschrift unseres Kapitels wiedergegeben in dem Sein und Tat zusammenfassenden (und nicht wie der Begriff «Wesen» auseinanderreißenden!) Begriff «Die Wirklichkeit Gottes». Man bemerke, daß der Satz auch in dieser Umschreibung und Zusammenfassung vom Sein Gottes redet und also Antwort gibt auf die besondere Frage nach dem Subjekt aller anderen Sätze des Glaubens. Aber eben das Sein Gottes umschreiben wir, indem wir es als Gottes Wirklichkeit bezeichnen, als «Gottes Sein in der Tat», nämlich in der Tat seiner Offenbarung, in welcher das Sein Gottes seine Realität bezeugt: nicht nur seine Realität für uns — das freilich auch! — sondern zugleich und eben so seine eigene, innere, eigentliche Realität, hinter der und über der es keine andere gibt.

Treten wir den uns damit gewiesenen Weg an, so wird unsere erste Feststellung die Bestätigung sein müssen: wir haben es in Gottes Offenbarung, die der Inhalt seines Wortes ist, wirklich mit seiner Tat zu tun.

Wir sagen zunächst allgemein: mit einem Ereignis, mit einem Geschehen. Und zwar mit einem als solchem in keinem Sinn zu transzendierenden Ereignis. Also nicht mit einem Ereignis, das sich bloß einmal ereignet hätte, nun aber Vergangenheit, geschichtliche Tatsache geworden wäre. Das ist Gottes Offenbarung freilich auch. Sie ist aber zugleich gegenwärtiges, eben jetzt und heute sich ereignendes Ereignis. Aber das wiederum nicht so, als erschöpfte sie sich in der Bewegung des Augenblicks von der Vergangenheit zur Gegenwart, in unserem Heute, sondern sie ist zugleich ein für allemal abgeschlossenes Ereignis und vollendete Tatsache. Und sie ist zugleich Zukunft: das ganz und gar vor uns stehende, noch nicht geschehene, sondern rein auf uns zukommende Ereignis. Und dies wiederum ohne daß damit ihrer geschichtlichen Abgeschlossenheit und ihrer vollen Gegenwärtigkeit auch nur das Geringste entzogen wäre. So vielmehr, daß sie eben in ihrer geschichtlichen Abgeschlossenheit und vollen Gegenwärtigkeit zugleich wahrhaft zukünftig ist. «Jesus Christus gestern und heute derselbe und in Ewigkeit.» (Hebr. 13, 8.) Hier gibt es keine Überhöhung, keine Überbietung, kein Außerhalb. Es geht immer um Jesu Christi Geburt, Sterben und Auferstehen, immer um seine Rechtfertigung des Glaubens, immer um seine Regierung der Kirche, immer um seine Wiederkunft und so um ihn als unsere Hoffnung. Wir könnten die Offenbarung und mit ihr Gottes Wort nur verlassen, um hier ein Außerhalb zu gewinnen. Mit ihr stehen wir, nein bewegen wir uns notwendig im Kreise ihres Ereignisses. Biblisch gesprochen: im Kreise des Lebens des Volkes Israel. Und eben in diesem Ereignis ist nun Gott, der er ist. Gott ist der, der in diesem Ereignis Subjekt, Prädikat und Objekt ist, der Offenbarer, die Offenbarung, das Offenbarte, Vater, Sohn und Heiliger Geist. Gott ist der in diesem Ereignis handelnde Herr. Wir betonen zunächst: handelnd: in diesem Ereignis und also zu unserem Heil und zu seiner Ehre, aber auf alle Fälle handelnd. Wir können, indem wir Gott in seiner Offenbarung suchen und finden, über Gottes Handeln nicht hinauskommen zu einem nichthandelnden Gott. Nicht nur darum, weil wir es nicht könnten, sondern darum, weil es ein Oberhalb und Außerhalb des göttlichen Handelns überhaupt nicht gibt, weil eine Transzendenz seines Handelns Nonsens ist. Es geht um das Sein Gottes; aber eben hinsichtlich des Seins Gottes ist das Wort «Ereignis» oder «Akt» jedenfalls auch ein letztes, ein nicht zu überbietendes, noch irgendwoher in Frage zu stellendes Wort. Gottes Gottheit besteht bis in ihre tiefsten Tiefen hinein jedenfalls auch darin, daß sie Ereignis ist: nicht irgend ein Ereignis, nicht Ereignis im Allgemeinen, sondern eben das Ereignis seines Handelns, an welchem wir in Gottes Offenbarung beteiligt werden.

Die Bestimmung, mit der wir von da aus anfangen müssen ist die, daß Gottes Sein Leben ist. Nur der Lebendige ist Gott. Nur die Stimme des Lebendigen ist Gottes Stimme. Nur das Werk des Lebendigen ist Gottes Werk, nur die Anbetung und Gemeinschaft des Lebendigen ist Gottesdienst und Gottesgemeinschaft. Und so ist auch nur die Erkenntnis des Lebendigen Erkenntnis Gottes.

Wir gedenken hier der emphatischen alt- und neutestamentlichen Bezeichnung Gottes als des «lebendigen Gottes». Sie ist kein Gleichnis. Sie ist auch keine bloße Bezeichnung des göttlichen Verhaltens zur Welt und zu uns selbst. Sondern indem sie das ist, bezeichnet sie Gott selbst als den, der er ist. «So wahr ich lebe» oder «So wahr der Herr (oder Gott, oder der Gott Israels) lebt» ist nicht umsonst die bezeichnende Schwurformel des Alten Testamentes. Gott ist «die lebendige Quelle» (Jer. 2, 13; 17, 13), «die Quelle des Lebens» (Ps. 36, 10). Der Vater hat das Leben in ihm selber (Joh. 5, 26). Christus ist «der Anfänger des Lebens» (Act. 3, 15), ja, «das Leben» (Joh. 14, 6, Phil. 1, 21, Kol. 3, 4, 1. Joh. 1, 2) ja, das «ewige Leben» (1. Joh. 5, 20), «lebendig in alle Ewigkeit» (Apoc. 1, 18). Der Heilige Geist ist Leben (Joh. 6, 63, Röm. 8, 10). Das Alles offenbar im Gegensatz zu den Göttern und Götzen, die «kein Leben haben» (Jer. 10, 14, Act. 14, 15). Und so war es schon richtig, wenn die alte Theologie das Wesen Gottes bezeichnet hat als *vita* und diese wiederum als *actuositas* oder schlichter als *actus*. Gemeint war: als *actus purus*, ja *purissimus*. *Domine, cui esse et vivere non aliud atque aliud est, quia summe esse atque summe vivere idipsum es*... (Augustin, *Conf.* I, 6, 10). Es handelt sich zwar im Wesen Gottes um einen Akt, der an Aktualität Alles, was wir als Akt zu kennen meinen, schlechterdings hinter sich läßt, an dem gemessen Alles, was wir als Akt zu kennen meinen, kein Akt ist, weil es als Akt auch transzendierbar ist, was von dem in der Offenbarung sich ereignenden Akt Gottes nun gerade nicht gilt. Es ist auch damit nicht Alles gesagt, was wir von Gott sagen müssen, wenn wir ihn als Akt oder als lebendig bezeichnen. Wir müssen aber unter allen Umständen auch das (und wenn es darum geht, zu verstehen, wer Gott ist, zuerst das) von ihm sagen, daß er Akt oder daß er lebendig ist. *Vita Dei est tale attributum, quo Deus semetipsum perfectissime actuat per actus intrinsecos et immanentes cognoscendi et volendi seque semper actuosum demonstrat* (Quenstedt, *Theol. did. pol.* 1685 I *c.* 8 *sect.* 1 *th.* 22). Polanus hat wohl recht: *Propriissime solus Deus vivere dici potest* (a. a. O. *col.* 986). Aber eben damit ist mit Thomas von Aquino (*S. theol.* I *qu.* 18 *art.* 3 c) gesagt: *vita maxime proprie in Deo est.* Gerade Gott lebt wirklich. Und auch die Definition des Polanus (a. a. O. *col.* 985) ist lehrreich: *Vita Dei est essentialis Dei proprietas seu ipsa divina essentia vivens, per quam Deus actuose vivere et se ipso omnia agere et vi agitandi movendique praeditus esse ac proinde aliis quoque vitam indere significatur.*

Aber nun müssen wir uns sofort präzisieren: indem wir Gott auf Grund seiner Offenbarung auf alle Fälle als Ereignis, als Akt, als Leben verstehen, haben wir ihn keineswegs mit einer Summe oder mit einem Inbegriff von Ereignis, Akt, Leben im Allgemeinen identifiziert. Wir können nicht etwa im Allgemeinen zu wissen meinen, was Ereignis, Akt, Leben ist, um dann von da aus zu schließen und zu verfügen: Gott ist der, dem das Alles in irgend einer unanschaulichen und unausdenkbaren Fülle und Vollkommenheit zu eigen ist. Einmal werden wir ja gerade indem wir Gott als Ereignis, Akt, Leben, erkennen, gestehen müssen, daß wir im übrigen und abgesehen von ihm nicht wissen, was das Alles ist. Und sodann ist Gott, wenn wir ihn als Ereignis, Akt, Leben erkennen, bestimmt ein Besonderes, im Unterschied von dem, was wir sonst unter diesen Anschauungen und Begriffen zu erkennen meinen. Gottes Offenbarung ist ein besonderes Ereignis, nicht identisch mit der Summe, nicht identisch mit irgend einem Inbegriff sonstigen Geschehens: weder dessen in der Natur, noch auch dessen in der menschlichen Geschichte. Sie ist ein bestimmtes Geschehen im allgemeinen Geschehen: so bestimmt, daß sie, indem sie an diesem teilnimmt, ihm zugleich widerspricht und nur in diesem ihrem Widerspruch mit ihm zusammen gesehen und zusammengedacht werden kann, ohne die Möglichkeit einer Synthese, es wäre denn die Synthese, die in ihr selber angekündigt und schon vollzogen ist. So ist nun auch das in der Offenbarung sich ereignende Handeln Gottes ein besonderes, vom sonstigen Geschehen sich unterscheidendes, ja ihm widersprechendes Handeln. *Actus purus* genügt als Bezeichnung Gottes nicht; *et singularis* muß dann jedenfalls hinzugefügt werden. Daß in Gott zugleich der Ursprung, die Versöhnung und das Ziel alles sonstigen Geschehens wirklich und sichtbar ist, das ist eine Sache für sich, die als solche doch nur wahr ist in der Sonderung dieses Handelns von allem sonstigen Geschehen. Gott ist jedenfalls auch der, der Allem, was nicht er selbst ist, gegenüber, indem er ihm Ursprung, Versöhnung und Ziel ist, zugleich in seiner eigenen Weise Ereignis, Akt, Leben ist, Gott unterscheidet sich von aller anderen Aktualität nicht nur als die Aktualität überhaupt und als solche, nicht nur als deren Wesen oder Prinzip, so daß er, indem er sich von aller anderen Aktualität unterschiede, zugleich an sie gebunden bliebe: so, wie die Idee der Erscheinung zugleich transzendent und immanent ist. So unterscheidet er sich allerdings auch von ihr; so kann wenigstens sein Wirken in der Schöpfung und Erhaltung der Welt ein Stück weit — auch das nur ein Stück weit — beschrieben werden. Die Besonderheit seines Wirkens und damit sein Sein als Gott erschöpft sich aber nicht in dieser dialektischen Transzendenz, die dann, wie streng sie immer verstanden sei, mit derselben Strenge auch als Immanenz verstanden werden muß. Sondern jenseits und unbeschadet, aber auch unabhängig von seiner Beziehung zu dem, was Ereignis, Akt, Leben außer ihm ist, ist Gott freies Ereignis, freier Akt, freies Leben in sich selber.

Wir verwahrten uns dagegen, die biblische Bezeichnung Gottes als des «lebendigen» Gottes als ein Gleichnis zu verstehen. Es sind aber wiederum keine Gleichnisse, wenn Gott in der heiligen Schrift Zorn, Barmherzigkeit, Geduld, Reue, Wohlgefallen, Schmerz und dergl. oder wenn ihm Gedenken und Vergessen, Reden und Schweigen, Kommen und Gehen, Anwesenheit und Abwesenheit zugeschrieben wird und wenn Gottes Handeln nach ihrem Zeugnis in der Tat ein solches ist, dessen Beschreibung die Anwendung solcher Kategorien notwendig macht. «Anthropomorphismen» sind, wie wir uns aus der Lehre von der Erkenntnis Gottes erinnern, nicht nur einige sondern alle, auch alle von der Schrift gebrauchten menschlichen Anschauungen und Begriffe. Es bedeutet also eine Willkür, gerade diese in besonderer Weise als *attributa metaphorica* (Polanus a. a. O. *col.* 1231 f.) zu bezeichnen, so daß nun etwa gerade sie ihrer prägnanten Bedeutung erst entkleidet werden müßten, um die Wahrheit Gottes sichtbar zu machen. Sie sind vielmehr gerade in ihrer Prägnanz — die sie zur Bezeichnung etwa der höchsten Idee nach der Lehre Platos oder des πρωτον κινοῦν nach der Lehre des Aristoteles freilich unbrauchbar macht — zur Bezeichnung des besonderen Lebens und Seins Gottes besonders geeignet. Es ist jener in der Offenbarung stattfindende heilsame Widerspruch Gottes (der mehr ist als eine bloße dialektisch doch wieder aufzuhebende Verschiedenheit) und es ist damit die Besonderheit der Offenbarung inmitten alles übrigen Geschehens, die Besonderheit der göttlichen Aktualität gegenüber aller anderen, es ist die undialektische Transzendenz, das freie Ereignis, der freie Akt, das freie Leben des göttlichen Seins, was mit diesen Anschauungen und Begriffen bezeugt ist und was darum unter keinen Umständen durch eine idealistische Umdeutung eskamotiert werden darf, wenn es dabei bleiben soll, daß wir von dem Sein des dreieinigen Gottes in seiner Offenbarung und nicht von einem anderen Sein hier zu reden haben.

Aber wir müssen noch weiter vorstoßen. Welches ist das Besondere, welches ist also die spezifische Freiheit des Ereignisses, des Aktes, des Lebens Gottes in seiner Offenbarung? Wir reden offenbar noch zweideutig, wenn wir, Gott bezeichnend, von Ereignis, Akt, Leben reden. Ereignis, Akt, Leben könnte auch auf ein Naturereignis oder auf ein in der Linie dessen, was wir als Naturereignisse kennen, zu suchendes, transzendentes Geschehen hinweisen. Daß das Sein Gottes auch auf dieser Linie zu suchen ist, ist nun zwar, wenn wir uns für gebunden halten, von dem Gott der Offenbarung zu reden, nicht etwa einfach abzuweisen. Wir haben also in dem Bestreben, hier noch eindeutiger zu reden, jedenfalls Vorsicht walten zu lassen. Die Unterscheidung des göttlichen von dem nicht göttlichen Geschehen fällt in der heiligen Schrift durchaus nicht zusammen mit der Unterscheidung zwischen Geist und Natur, Seele und Leib, Innerem und Äußerem, Sichtbarem und Unsichtbarem. Es hat das Offenbarungsgeschehen, wie es uns in der Schrift bezeugt ist, vielmehr durchgängig auch eine natürliche, leibliche, äußere, sichtbare Komponente: von der Schöpfung (nicht nur des Himmels sondern auch der Erde!) über die konkrete Existenz des Volkes Israel in Palästina, über die Geburt Jesu Christi, seine physischen Wunder, sein Leiden und Sterben unter Pontius Pilatus, seine leibliche Auferstehung bis zu seiner Wiederkunft und bis zur Auferstehung des Fleisches. Man kann auch diese Komponente nicht umdeuten, ohne den spezifischen Sinn dieser Offenbarung und damit sie selbst wegzudeuten, ohne sich auf das Feld einer anderen, dem Grund und der Botschaft der Kirche fremden Reflexion zu begeben. Und dieser Sachverhalt kann nun auch für die Bestimmung des göttlichen Seins nicht gleichgültig sein. Wer dieses als absoluten «Geist» beschreibt und unter dieser Absolutheit eine sozusagen chemische Reinheit der «Natur» gegenüber versteht, der sehe wohl zu, ob ihm nicht schon im Ursprung seines Nachdenkens über diese Sache das höchst grundsätzliche und höchst folgenschwere Mißverständnis widerfahren ist, die Wirklichkeit Gottes zu verwechseln mit der von der Wirklichkeit Gottes nicht weniger als die der Naturwelt verschiedenen Wirklichkeit der Geisteswelt.

Si Deus est Spiritus, nihil ergo de eo terrenum aut carnale cogitandum. Deinde ex analogia spiritualium essentiarum simpliciumque de natura eius iudicium aliquomodo fieri potest. (Polanus, a. a. O. *col.* 860.) Hier ist diese Verwechslung schon geschehen oder doch unaufhaltsam im Kommen!

Der Himmel, die übernatürliche, nicht sinnliche, geistige Realität ist nämlich nach der heiligen Schrift auch in ihren höchsten Sublimierungen und Spitzen mit Gott jedenfalls keineswegs identisch, sondern grundsätzlich ebenso wie die Erde Gottes Geschöpf. Schöpferisch nur in dem ganz beschränkten, relativen, uneigentlichen Sinn, in welchem innerhalb der Geschöpfwelt von Schöpfungen die Rede sein kann! Ist man durch den Aberglauben einer die Theologie mit Metaphysik verwechselnder Geist-Natur-Systematik nicht gebunden, versteht man, daß das, was wir als Geist zu kennen meinen, an sich und als solches nicht weniger Geschöpf ist als das, was wir die Natur nennen, dann ist man frei für die Einsicht, daß das Wesen Gottes, wenn wir es als Geist bezeichnen, deshalb jedenfalls nicht (wie das der Engel!) unter Ausschluß und Negation der Natur beschrieben werden darf.

Wir müssen uns nun wohl erinnern, daß die heilige Schrift nicht nur von Gottes Zorn, Barmherzigkeit usw., sondern zur noch größeren Beschwerde aller Spiritualisten bekanntlich auch sehr selbstverständlich und nachdrücklich von seinem Angesicht, seinen Augen, seinem Mund, seinen Ohren, seiner Nase sogar, seinem Rücken, seinem Arm, seiner Hand, seiner Rechten, seinem Finger, seinen Füßen redet. Kann man wirklich meinen, das Alles sei *non theologice, sed oeconomice* gesagt: *secundum captum nostrum et ex imbecillae cognitionis nostrae sensu* (Polanus, a. a. O. *col.* 1231 f.)? Sind die entscheidenden und wahrhaftig sehr sinnlichen trinitarischen Bestimmungen Gottes als «Vater» und «Sohn» etwa auch nicht *theologice* zu verstehen? Ist es nicht *theologice* zu verstehen, daß wir Gottes Kinder heißen sollen? Kann man meinen, die heilige Schrift zu erklären, wenn man alle diese Anschauungen als uneigentlich behandelt und ihnen gegenüber irgend ein «rein Geistiges» als das eigentlich Gemeinte hinstellt? Hängt das Verständnis aller der von solchen Anschauungen bestimmten Zusammenhänge nicht etwa mit daran, daß die Realität der in ihnen angedeuteten natürlichen Komponente des göttlichen Seins an ihrer Stelle und in dem ihr zukommenden Maß ebenso ernst genommen wird wie die erst recht nicht zu leugnende geistige? — Gerade an dieser Stelle kann man es mit Händen greifen, wie die Gotteslehre der Orthodoxie, bestimmt durch die der Philosophie der heidnischen Antike, der späteren «Aufklärung» mit allen ihren Folgen vorgearbeitet hat.

Es geht natürlich nicht darum, Schöpfer und Geschöpf nun etwa nach dieser Seite zu verwechseln und zu vermischen und also Gott unsere, die geschöpfliche Natur zuzuschreiben. Wie Gottes Gedanken nicht unsere Gedanken sind, wie sein Geist nicht unser Geist ist, so sind selbstverständlich auch seine Augen keine Menschenaugen, seine Hände keine Menschenhände. Es geht aber allerdings darum, das, was von Gott natürlich gesagt ist, nicht willkürlich ins Geistige umzuinterpretieren, sondern dem göttlichen Sein sein dem Geist und der Natur überlegenes, aber beide auch übergreifendes und in sich begreifendes Wesen zu lassen, wie es sich in seiner Offenbarung nach dem Zeugnis der heiligen Schrift bezeugt hat. Es geht allerdings darum, das Ereignis, den Akt, das Leben Gottes — in seiner Transzendenz gegenüber der ganzen Geschöpfwelt, in der dieser Sache zukommenden Ordnung — aber auch auf der Linie dessen zu suchen, was wir als «Natur»ereignis zu kennen meinen. Gott wäre ja — von dem, was uns die Schrift über ihn bezeugt, ganz abgesehen — als Herr des Himmels und der Erde, als Heiland der Seele und des Leibes, als Gott des ganzen Menschen, gar nicht zu verstehen, wenn wir ihn wirklich nur unter Zuhilfenahme jener spiritualistischen Abstraktion verstehen könnten. Man bemerke wohl: an dieser Abgrenzung gegen einen sich selbst systematisch verabsolutierenden, sich selbst der Gottheit sozusagen aufdrängenden Spiritualismus hängt es, ob wir von Gottes Sein ernstlich und eigentlich als von Gottes Tat reden können. Wenn Gott nämlich keine Natur hat, wenn er jener chemisch gereinigte absolute Geist ist, dann tut er auch nichts, dann kann er sogar nichts tun.

Der Satz des Polanus: *quo quid spiritualius est, eo magis activum est* (a. a. O. *col.* 860) kann nur richtig sein in dem Sinn, daß der «Geist» allerdings das Prinzip aller Tat, daß eine Tat umsomehr Tat ist, als sie Geistestat ist. Er verliert aber in dem Augenblick jede Richtigkeit, wo von einem Geist ohne Natur die Rede ist.

Taten geschehen nur in der Einheit von Geist und Natur. Ist eine solche hinsichtlich Gottes zu leugnen, dann gibt es — und diese Konsequenz mußte von Allen, die sie leugneten, so oder so, früher oder später gezogen werden — auch keine wirkliche, eigentliche und in Wahrheit so zu nennende Geschichte seines Handelns: keine Ratschlüsse und kein Wirken Gottes, keine Offenbarung und Versöhnung, aber auch keine Schöpfung und Erlösung als Ereignis und Entscheidung und wohlverstanden und erst recht: keine ewige Zeugung des Sohnes durch den Vater, keinen ewigen Ausgang des Heiligen Geistes vom Vater und vom Sohne, kein inneres Leben Gottes. Dann sind auch das Alles Bilder und Gleichnisse und Uneigentlichkeiten, denen als Eigentliches, als die in dem Allem angeblich gemeinte Wahrheit nur das gestaltlose und bewegungslose Sein eines Geistes gegenüberstehen würde, der im höchsten Verdacht steht, doch nichts Anderes als eine Hypostasierung unseres eigenen geschaffenen Geistes zu sein. Es ist also schon eine wichtige und folgenreiche Scheidung der Wege, an der wir stehen, wenn wir feststellen, daß wir uns der sog. «rein geistigen» Deutung des göttlichen Seins nicht anschließen können.

Nachdem wir uns darüber im Klaren sind, haben wir die Freiheit nun auch das Andere zu sagen: die spezifische Freiheit des Ereignisses, des Aktes, des Lebens Gottes in seiner Offenbarung und in Ewigkeit ist allerdings die Freiheit des Geistes. Also nicht der Zufall oder die Notwendigkeit, nicht die Gesetzmäßigkeit oder Schicksalhaftigkeit eines

Naturgeschehens, obwohl die Natur von ihm auch nicht ausgeschlossen ist, sondern die Freiheit eines wissenden und wollenden, sich selbst von dem, was es nicht ist, und das, was es nicht ist, selbst von sich selbst unterscheidenden, über die Natur verfügenden Ich. Die Besonderheit des göttlichen Ereignisses, Aktes und Lebens ist die Besonderheit des Seins einer Person. Wir reden von einem Handeln, von einer Tat, wenn wir von dem Sein Gottes als von einem Geschehen reden. Es besteht ja die Spitze alles Geschehens in der Offenbarung nach der heiligen Schrift darin, daß Gott als Ich redet und von einem angeredeten Du gehört wird. Es besteht ja der Inbegriff dieses Geschehens darin, daß das Wort Gottes Fleisch wurde und daß sein Geist ausgegossen wird über alles Fleisch. Es ist ja die Natur und Sinnenwelt in diesem Geschehen zweifellos die untergeordnete, die dienende, die nicht um ihrer selbst willen, sondern nur in ihrer Beziehung und Funktion wichtige und so allerdings notwendige Komponente.

Man wird also bei allen — im Gegensatz zu jenem Spiritualismus noch so berechtigten — Aufstellungen über die sog. «Geist-Leiblichkeit» des Offenbarungsgeschehens Vorsicht walten lassen müssen. Es wäre ein falscher Realismus, der Geist und Natur, Inneres und Äußeres, Seele und Leib hier einfach ins Gleichgewicht setzen, der ihr Verhältnis als ein symmetrisches und umkehrbares behandeln würde. Es geht schon in der Offenbarung als solcher zweifellos um den Geist: um seinetwillen, aber auch nur um seinetwillen dann auch um die Natur. Es bedeutet das bekannte Wort von Fr. Chr. Ötinger, daß das Ende der Wege Gottes die Leiblichkeit sei, eine historisch verständliche, aber sachlich bedenkliche Überspitzung, die nur dadurch erträglich wird, daß man «auch die Leiblichkeit» zu lesen sich erlaubt.

In Entsprechung zu dem Geschehen der Offenbarung haben wir, indem wir einen falschen Spiritualismus links und einen falschen Realismus rechts neben uns liegen lassen, Gottes Sein als das «Sein in Person» zu verstehen. Gemeint ist gerade nicht: das personifizierte, sondern: das in der Wirklichkeit seiner Person die Fülle alles Seins in sich verwirklichende und vereinigende Sein. In seiner Person und also in seiner Einheit von Geist und Natur, indem es in dieser Einheit, in der seiner Geistigkeit gebührenden Überordnung, in der seiner Natürlichkeit gebührenden Unterordnung, nicht ein Es ist, aber auch nicht ein Er wie geschöpfliche Personen, sondern eigentlich (und so auch für eine eigentliche Erkenntnis) immer ein Ich: das Ich, das um sich selber weiß, das sich selber will, sich selber setzt und unterscheidet und eben in diesem Akte seiner Machtvollkommenheit in vollem Genügen sich selber ist.

Wir interpretieren mit diesen Formeln nichts Anderes als das trinitarische Sein Gottes als des Vaters und des Sohnes in der Einheit des von beiden ausgehenden Heiligen Geistes. Dieses Sein als solches und in seiner Ganzheit ist das Sein, die *essentia* der Gottheit und was immer weiter von dieser zu sagen sein wird, wird sich als Bestimmung dieses Seins zu verstehen haben. Im Blick auf dieses Sein ist die berühmte Definition Joh. 4, 24: «Gott ist Geist» zu verstehen und wenn wir die üblichen Definitionen der orthodoxen Dogmatik: *Deus est spiritus independens* oder: *spiritus existens a se ipso* u. dergl. (vergl. etwa J. Wolleb, *Chr. Theol. comp.* 1626 I 1, 1) als im Blick auf dieses Sein gebildet verstehen dürften, so würden wir auch ihnen nur zustimmen können.

Aber wir müssen, bevor wir uns über dieses Geistsein Gottes als solches im 2. Abschnitt unseres § näher erklären, dieses noch besonders hervorheben: daß Gottes Sein das sich selber wissende, wollende und unterscheidende, das durch sich selbst bewegte Sein ist. Indem Gottes Sein in Gottes Tat besteht, kennzeichnet es sich als das durch sich selbst bewegte Sein. Durch sich selbst bewegt: damit unterscheidet es sich sowohl von dem abstrakt angeschauten Sein der Natur als auch von dem abstrakt begriffenen Sein des Geistes. Das natürliche Sein, sofern es uns als solches in je einem Aggregatzustand der Materie anschaulich werden kann, ist in sich unbewegt. Als bewegtes Sein verstehen wir es erst in einer Folge von solchen Aggregatzuständen. In dieser Folge aber, als lebendige Natur, ist es uns gerade nicht anschaulich. In sich unbewegt ist aber auch das uns begreifliche geistige Sein als solches: wir begreifen es nämlich als das Sein von Inbegriffen, Gesetzen und Ideen. Bewegung hat es doch nur in seiner Beziehung von Individuum zu Individuum. In dieser Beziehung aber ist es uns gerade unbegreiflich. Natürliches und geistiges Sein je als solches heißt also unbewegtes Sein. Das Sein Gottes, wie wir es aus seiner Offenbarung kennen, ist aber in sich bewegtes und so bewegendes Sein.

Von hier aus werden die Angaben eines naturalistischen oder spiritualistischen Deismus, denen sich doch auch die eines mystischen Pantheismus oft genug angenähert haben, unmöglich, in denen Gott die Gegenständlichkeit oder auch die Nichtgegenständlichkeit eines in sich ruhenden Seins zugeschrieben wird. Die Bezeichnung dieses Seins als des höchsten oder wahren Seins bedeutet — wie kräftig auch die Beteuerung seiner Überweltlichkeit sein mag, in der sie vollzogen wird — noch nicht, daß hier Gott bezeichnet wird. Sie bedeutet vielmehr, daß hier eine abstrakte Naturanschauung oder ein ebenso abstrakter Geistesbegriff das Maß aller Dinge ist. Daß Jemand sein Maß aller Dinge mit Gott identifiziert, sagt auch in diesem Falle nicht, daß er wirklich von Gott redet.

Es gibt nun freilich auch eine konkrete Naturanschauung und einen konkreten Geistbegriff, d. h. ein Wissen um das bewegte Sein der Natur und des Geistes: bewegt durch eine ihnen beiden in ihrer gegenseitigen Beziehung von außen, von einem dritten Orte her, widerfahrenden Bewegung. Und nun werden wir das Andere hervorheben müssen: Gottes Sein ist nicht nur ein bewegtes, sondern das durch sich selbst bewegte Sein. Die bewegte Natur und der bewegte Geist sind ja eben nicht durch sich selbst und auch nicht Eines durch das Andere, sondern es sind beide von außen bewegt. Der uns allein wirklich bekannte Ausgangs- und Quellpunkt dieser ihrer Bewegung, der dritte Ort, von dem her sie beide bewegt sind, ist aber der erkennende und wollende, der wertende, handelnde und leidende Mensch. Wir leben und nun und daraufhin gibt es eine lebendige Natur, einen lebendigen Geist. Unser Wirken ist die konkrete

Anschauung der Natur, das konkrete Begreifen des Geistes. In diesem unserem Wirken kommt es auch zu der eigentümlichen Zusammenordnung beider, in welcher der Geist vorangeht, die Natur aber nachfolgt, der Geist Subjekt, die Natur aber Objekt ist, die Natur das Material, der Geist aber die Form bildet. Durch Gottes Offenbarung, in der uns Gott als der Herr des Menschen begegnet, ist es uns nun aber verboten und verwehrt, das Sein Gottes mit diesem Wirken des Menschen zu verwechseln und gleichzusetzen. Gott ist nicht das in und durch uns bewegte Sein, das wir als unsere Bewegung der Natur und des Geistes kennen oder zu kennen meinen. Und wie es auch mit diesem unserem Bewegen stehen möge, wir können — wollen wir uns selbst nicht mit Gott gleichsetzen (und dies ist es, was uns durch Gottes Offenbarung verboten und verwehrt ist) — dieses unser bewegtes und bewegendes Sein nicht als ein durch sich selbst bewegtes und also sich selber bewegendes Sein verstehen. Sondern nicht nur der unbewegten Natur und dem unbewegten Geist, sondern auch unserem bewegten und bewegenden Sein steht das Sein Gottes gegenüber als das eine und einzige, das allein durch sich selbst bewegt ist.

Von hier aus werden alle diejenigen Angaben über das Wesen Gottes unmöglich, hinter denen mehr oder weniger deutlich das bewegte und bewegende Sein des Menschen: sein Bewegen der Natur und des Geistes, sein eigentümliches Zusammenordnen beider als das Maß aller Dinge sichtbar wird: «ähnlich, wie sich Phidias einen Jupiter bildete... indem er Erhabenheit, gebietendes Wesen, Größe, Schönheit seinem Bilde in erhöhtestem Maßstabe gab!» (J. Wichelhaus, Die Lehre der heil. Schrift³ 1892, S. 332.) Wieder ist hier auch mit den gewaltigsten und frömmsten Unterstreichungen dieser Bewegtheit nicht zu helfen. Man kann in den stärksten Tönen «der Mensch» sagen, man kann die Aussage über den Menschen vor den tiefsten metaphysischen Hintergrund stellen und hat darum doch noch nicht «Gott», sondern vielleicht gerade damit nur noch einmal und besonders nachdrücklich «der Mensch» im Unterschied und Gegensatz zu Gott, man hat dann wohl gerade mit dieser Überhöhung erst recht «der sündige Mensch» gesagt. Denn das ist doch wohl — nach Gottes Offenbarung nämlich — der sündige Mensch, der, sich selbst überhöhend, in seiner eigenen Wirksamkeit das Sein Gottes wahrnehmen und geltend machen zu können meint. Kant hat gewaltig von Gott geredet. Aber wenn er Gott definiert hat als die notwendig zu postulierende Idee der Grenze und des Zieles der theoretischen und als die ebenso notwendig vorauszusetzende Idee des Gesetzgebers und Garanten der praktischen Vernunft, was hat er dann Anderes getan als gewaltig (ohne über seine Anthropologie hinaus etwas sachlich Neues zu sagen) noch einmal und erst recht vom Menschen (von der Tiefe der Natur seines Vernunftvermögens) geredet? Auch Hegel hat gewaltig von Gott geredet. Aber wenn er ihn als den Prozeß des absoluten Geistes beschrieben hat, der ewig bei sich selbst ist, ewig aus sich selbst hervorgeht und in sich und außer sich seiend ewig derselbe ist, so ist das zwar eine mächtige und tiefe Beschreibung jener in uns selbst begründeten, von uns selbst ausgehenden und zu uns selbst zurückkehrenden Bewegung der Natur und des Geistes, aber eben darum noch keine Beschreibung Gottes, dessen Bewegung noch etwas Entscheidendes mehr ist als diese unsere, wenn auch hypostasierte, d. h. in die Ewigkeit projizierte Selbstbewegung, durch dessen Bewegung uns vielmehr gerade diese

Hypostasierung und Projektion verboten und verwehrt bleiben müßte. Gewaltig hat auch Schleiermacher von Gott geredet, wenn er ihn als das Woher unseres Bewußtseins schlechthiniger Abhängigkeit und damit nicht nur als den Grund aller Religion, sondern zugleich und als solchen als den jenseitigen Grund unseres ganzen Selbstbewußtseins, als die geheimnisvolle Mitte unserer erkennenden und tätigen Existenz beschrieben hat. Gerade Schleiermacher hat vielleicht doch deutlicher als alle seine Geistesverwandten gewußt um die Entbehrlichkeit eines besonderen Gottesbegriffs zur Bezeichnung des den Geist und die Natur und zuerst den Menschen als solchen Bewegenden. Gerade Schleiermacher hat mit einem solchen, uns von außen Bewegenden und also zuerst und vor allem in sich selbst Bewegten faktisch so wenig gerechnet, daß er seiner Glaubenslehre zuletzt eine Gestalt zu geben gedachte, in welcher sie zur reinen Darstellung des in sich selbst bewegten christlich-religiösen Selbstbewußtseins als solchen geworden wäre: ein Unternehmen, das dann — man darf wohl um der uns entgangenen Belehrung willen sagen: leider — infolge seines Todes nicht mehr zur Ausführung gekommen ist. Gewaltig hat (für das Empfinden seiner Zeitgenossen) auch A. Ritschl von Gott geredet, gewaltig darum, weil er es in eindrucksvollem Gegensatz zu aller alten und modernen theoretischen Metaphysik ganz und gar auf die praktische, religiös sittliche Bedeutung der Gottesidee abgesehen hatte. Aber man darf doch wohl sagen, daß wir aus dem Regen in die Traufe gekommen sind, wenn wir bei ihm hören müssen, daß Gott «in und über der Welt» (!) die Macht sei, «welche der Mensch verehrt, weil sie sein geistiges Selbstgefühl gegen die Hemmungen aus der Natur aufrecht erhält» (Theol. u. Metaphysik 1881, S. 11). In der Religion gehe es ja um die Lösung des Widerspruchs, «in welchem sich der Mensch vorfindet als Teil der Naturwelt und als geistige Persönlichkeit, welche den Anspruch macht, die Welt zu beherrschen» (Rechtf. u. Vers.[4], 3. Bd. 1895, S. 189). Es vermittle das Christentum als höchste Religion dem Menschen sowohl eine sichere Beurteilung seiner selbst als einer für die Erlangung des höchsten Gutes bestimmten geistigen Persönlichkeit, als auch eine solche der Welt als eines geschlossenen «Ganzen» und es sei so die christliche Gottesidee «das ideelle Band» zwischen jenem unserem Selbstbewußtsein und dieser unserer Weltanschauung (a. a. O. S. 190 f.). Es dürfte wieder deutlich sein, daß sowohl die Gewinnung jenes Selbstbewußtseins als auch die Bildung dieser Weltanschauung, als auch die Herstellung des «ideellen Bandes» zwischen beiden so verschieden von dem, was der Mensch in seinem Verhältnis zu Natur und Geist ohnehin vollbringt, nicht ist, daß es sich ernstlich lohnte, an dieser letzten Stelle ernstlich von «Gott» zu reden. Ist Gott «in und über der Welt» nur dies: die potenzierte Bewegung, die wir als unsere eigene gut genug kennen, dann ist nicht abzusehen, inwiefern er darüber hinaus der in sich selbst Bewegte sein, inwiefern dann also eine besondere Gottesidee nötig sein müßte.

Man bedenke, was daran hängt, daß Gottes Sein als durch sich selbst bewegtes Sein verstanden wird! Daran hängt nämlich, daß die in seiner Offenbarung sich ereignende und durch sie bewirkte Bewegung der Natur und des Geistes nun gerade nicht auf eine Selbstbewegung des Menschen zurückgeführt, daß sie nicht durch die Überlegung entkräftet werden kann, als ob der Mensch, den sie angeht, in ihr doch schließlich und letzlich mit sich selber allein sei. Gottes Offenbarung nimmt ihre Autorität und Glaubwürdigkeit von daher, daß sie jenseits aller menschlichen Begründungen in sich selbst begründet ist. Gottes Gebot, Gottes Gnade, Gottes Verheißung sind darum gewaltig ohnegleichen, weil es ihnen gegenüber keine Nachfrage gibt nach menschlicher Kraft oder auch Schwachheit. Gottes Werk ist darum siegreich, weil es an unser Werk nicht gebunden ist, sondern ihm vorangeht und nachfolgt in seiner Art, welches auch unseres Werkes eigene Art sein möge. Gottes Recht an den Menschen und Gottes Treue im Bunde mit ihm sind darum unwidersprechlich und unwiderruflich, weil es zu ihrer Bewährung nur Gottes selbst und nicht eines korrelaten Verhältnisses des Menschen bedarf. Das Alles wäre nicht nur dann bezweifelt, ja geleugnet, wenn wir Gottes Sein für unbewegt, sondern auch dann, wenn wir es für anders als durch sich selbst bewegt halten würden. Daß Gottes Sein Ereignis, das Ereignis von Gottes Tat ist, das muß (wenn wir, indem wir von ihm reden, nicht anderswohin als auf seine Offenbarung blicken wollen) dies bedeuten: daß es seine eigene, bewußte, gewollte und vollbrachte Entscheidung ist. Seine eigene Entscheidung und also unabhängig von den Entscheidungen, in denen wir unsere Existenz verwirklichen. Seine bewußte Entscheidung und also nicht der mechanische Ablauf eines Prozesses, dessen Vernünftigkeit, sofern von einer solchen zu reden ist, außerhalb seiner selbst zu suchen wäre. Seine gewollte Entscheidung und also nicht ein durch fremden Anstoß oder auch nur in fremder Bedingtheit sich abwickelndes Geschehen. Seine vollbrachte Entscheidung: ein für allemal in Ewigkeit und in jeder Sekunde unserer Zeit aufs neue vollbracht und also nicht so, daß sie dem, was nicht göttliches Sein ist, als eine bloße Möglichkeit, sondern immer so, daß sie jenem als abgeschlossene, sich selbst abschließende Wirklichkeit gegenübersteht. Gewiß ist Gottes Sein in dieser seiner Selbstbewegung auch Geist, aber eben göttlicher Geist, gewiß auch Natur, aber eben göttliche Natur, gewiß beides in der Einheit und Zusammenordnung einer Person, aber eben der göttlichen Person, die wir zunächst dadurch vor anderen Personen ausgezeichnet sehen müssen, daß sie durch sich selbst bewegte Person ist. Kein anderes Sein ist schlechterdings in seiner Tat. Kein anderes Sein ist schlechterdings seine eigene, bewußte, gewollte und vollbrachte Entscheidung. Nur in der Illusion der Sünde kann der Mensch sich selbst oder einem Inbegriff der Welt als der Projektion seiner selbst ein solches Sein zuschreiben. Indem ihm Gott begegnet in seiner Offenbarung, wird ihm diese Illusion zerstört, wird ihm, wird der ganzen Welt ein solches Sein abgesprochen. In Anerkennung des Gerichtes und der Gnade, die ihm in Gottes Offenbarung widerfahren, wird der Mensch ein solches Sein Gott und zwar Gott allein zusprechen müssen. Ist nun aber das Sein einer Person ein Sein in der Tat und kann ein Sein in der Tat, streng und eigentlich genommen, allein Gott zugesprochen werden, so folgt, daß unter dem Sein einer Person, streng und eigentlich genommen, nur das Sein Gottes verstanden werden kann. Das Sein in seiner eigenen, bewußten, gewollten und vollbrachten Entscheidung und also das Personsein ist das Sein Gottes in den Seinsweisen des Vaters, des Sohnes und des Heiligen Geistes. Ursprünglich und eigentlich kein anderes neben und außer ihm: jedes andere neben und außer ihm nur sekundär, nur auf Grund seiner gnädigen Schöpfung und Erhaltung und dieses wieder bedingt durch seine gnädige Versöhnung des Sünders und im Blick auf seine künftige Erlösung, und dies alles erkennbar allein durch Gottes Wort und Offenbarung. Nicht im Blick auf das Sein Gottes, sondern im Blick auf unser Sein ist also von «Personifizierung» zu reden! Nicht der Mensch ist eigentlich Person, sondern Gott ist es. Nicht Gott ist uneigentlich Person, sondern wir sind es. Gott ist in seiner Tat. Gott ist seine eigene Entscheidung. Gott lebt aus und durch sich selber.

Gott ist. Die erste, grundlegende, allgemeine Umschreibung dieses Satzes liegt hinter uns. Alles Weitere, was zu sagen sein wird, wird unter allen Umständen dieser ersten Umschreibung entsprechen müssen. Alles, was im Widerspruch dazu gesagt wäre, wäre notwendig falsch gesagt. Jede Angabe darüber, was Gott ist oder jede Erklärung darüber, wie Gott ist, wird unter allen Umständen angeben und erklären müssen, was und wie er in seiner Tat und Entscheidung ist. Es gibt kein Moment im Wesen Gottes oberhalb dieser Tat und Entscheidung. Es gibt also kein Zurückgreifen hinter diese Tat und Entscheidung, hinter die Lebendigkeit Gottes, es gibt nur das Ergreifen seiner Lebendigkeit daraufhin, daß wir in seiner Offenbarung von ihr ergriffen sind. Eben damit ist schon gesagt, daß sie nicht nur die höchste Lebendigkeit, nicht nur die Lebendigkeit ohnegleichen, sondern ursprünglich und eigentlich die eine, einzige Lebendigkeit ist: *propriissime solus Deus vivere dici potest.* Haben auch wir Leben auf Grund seiner Schöpfung und in der Hoffnung auf Grund der Auferstehung Jesu Christi, so wird diese unsere Lebendigkeit mit der seinigen doch niemals verwechselt, sie wird ihr niemals gleichgestellt, niemals konkurrierend gegenübergestellt werden können. Die Legitimität jeder weiteren Aussage über Gott hängt daran, daß sie, indem sie eine Aussage über den lebendigen Gott ist, diese Verwechslung unterlassen, diese Gleichstellung und Gegenüberstellung zwischen seinem und unserem Leben vermeiden wird. Das wird aber ganz von selbst geschehen, wenn der positive Gehalt der nun sichtbar gewordenen Regel uns deutlich, wenn jede weitere Aussage darüber, was und wie Gott ist, daran gebunden bleibt: Gott ist der, der nicht nur allein in seiner Tat zu finden, sondern der darum allein in seiner Tat zu finden ist, weil er allein in seiner Tat ist, der er ist. Bleibt uns das deutlich, bleiben alle unsere Gedanken gefangen durch Gottes Tun, weil wir es eben in ihm mit Gottes Sein zu tun haben, dann ist gesorgt dafür, daß sie nicht abirren und offen oder heimlich zu Gedanken über uns selbst werden können.

2. GOTTES SEIN ALS DER LIEBENDE

Es wäre gefährlich und zweideutig, wenn wir länger bei der Umschreibung des göttlichen Wesens als seines Seins in der Tat im Allgemeinen, also bei der Feststellung der Form dieses Wesens: seiner Aktualität oder seines Lebens verweilen wollten. Daß Gottes Sein schlechterdings seine Tat ist, das will, nachdem es gesagt ist, sofort nicht länger gesagt, sondern ernst genommen sein in der Einsicht, daß eben diese seine Tat, die sein Sein ist, nicht etwa Aktualität im Allgemeinen und als solche, sondern in seiner Offenbarung und in Ewigkeit eine ganz bestimmte, inhaltlich gefüllte Tat ist: Personsein gerade in jener nur ihm zukommenden Ursprünglichkeit und Eigentlichkeit, das Sein einer nicht nur durch ihre formale Vollkommenheit, sondern durch ihr besonderes, unterschiedenes Tun als solches ausgezeichneten Person. Welche Tat — so müssen wir jetzt weiter fragen — ist seine, die göttliche Tat, die das göttliche Sein ist, so daß wir ihr zu entnehmen haben, was denn nun göttlich ist, das heißt: was dazu gehört, um Gott zu sein, was Gott zu Gott macht, was also Gottes «Wesen» ist. Es steht nun nach den Überlegungen unseres 1. Abschnittes fest, daß Gott das, was er ist, schlechterdings durch sich selber und nicht durch ein Anderes ist, das ihm sein Gottsein erst verleihen würde. Und so kann auch die uns in Gottes Offenbarung sichtbare Tat, in welcher er ist, der er ist und der wir zu entnehmen haben, was und wie er ist, sachlich nichts Anderes sichtbar machen als eben dies: daß er ist, der er ist. Macht sie uns das nicht sichtbar, dann hat sie uns, was göttlich, was das Wesen Gottes ist, bestimmt nicht sichtbar gemacht. Aber nun ist eben die in Gottes Offenbarung sichtbare Tat nicht so beschaffen, daß wir ihr mehr als die Tautologie: «Gott ist Gott» nicht zu entnehmen hätten! Sondern eben diese Tautologie als solche finden wir in Gottes Offenbarung erklärt und aufgelöst. Sie ist ja nicht weniger als Gottes Selbstoffenbarung, sie ist die Offenbarung des Namens, unter dem er von uns erkannt und angeredet sein will, des Namens, der nun doch keine zweite, fremde Wahrheit neben die erste und eigentliche seines inneren, verborgenen Wesens stellt, sondern der der Name und der Erkenntnisgrund und die Wahrheit (d. h. die Erschließung und Bezeichnung der Eigentlichkeit) seines innersten verborgenen Wesens ist. Dieses in seinem offenbarten Namen sichtbare Wesen Gottes ist aber sein Sein und also seine Tat als Vater, Sohn und Heiliger Geist. Daß er sich in diesem Namen sichtbar macht, das ist die Auflösung der Tautologie. Diesem seinem Namen haben wir zu entnehmen, was und wie er ist in seiner Tat und also in seinem Sein: was denn nun göttlich ist, was dazu gehört, um Gott zu sein, was Gott zu Gott macht, was also sein «Wesen» ist. Daß wir hinter seine Lebendigkeit nicht zurückgehen können zur Bestimmung seines Seins, das bedeutet konkret, daß wir nicht hinter diesen seinen

Namen zurückgehen können, weil eben in der Offenbarung dieses seines Namens die Tat geschieht, die auch sein Sein ist in alle Ewigkeit. Wir können, dürfen und müssen aber zur Bestimmung dieses seines offenbarten und ewigen Seins danach fragen, was uns eben dieser Name über das besondere Sein Gottes in seiner Tat zu sagen hat.

Dieser Name, so wie er uns offenbart ist als die Bezeichnung des in seiner Offenbarung an uns Handelnden, hat uns nun aber bestimmt vor Allem und entscheidend in allen seinen Bestandteilen dies zu sagen: daß Gott der ist, der, ohne dessen zu bedürfen, Gemeinschaft zwischen sich und uns sucht und schafft. Ohne dessen zu bedürfen: weil er das, was er zwischen sich und uns sucht und schafft, auch ohne uns und also auch ohne dies zu tun, in sich selber hat, weil es sozusagen einen Überfluß seines Wesens bedeutet, daß er es auch uns zuwendet — einen Überfluß, den wir nun gewiß als selber wieder seinem Wesen entsprechend, seinem Wesen zugehörig betrachten müssen, der aber doch ein Überfluß ist, dem kein Bedürfnis, keine Nötigung, keine Verpflichtung, am allerwenigsten eine solche von außen, von uns her ihm auferlegte, aber auch kein Gesetz, dem Gott in sich selber verbunden und verpflichtet wäre, entspricht und zugrunde liegt, sondern der selber und als solcher wieder allein in ihm selber begründet ist. Aber wir stellen diese Erklärung, so wichtig sie ist, zunächst zurück und halten uns an das Positive: Gott ist jedenfalls der, der in seiner Offenbarung Gemeinschaft mit uns sucht und schafft und der (weil seine Offenbarung seine Selbstoffenbarung ist) dasselbe auch in sich selber, in seinem ewigen Wesen tut. Ein Suchen und Schaffen von Gemeinschaft ist ja offenbar schon die Schöpfung, d. h. die Setzung und Erhaltung einer von ihm selbst real verschiedenen Wirklichkeit, als deren geistig-natürliche Einheit der mit Gott konfrontierte Mensch sich selber entdecken darf. Es potenziert sich aber dieses Suchen und Schaffen in dem die Schöpfung nicht sowohl fortsetzenden als überbietenden Werk der Offenbarung selber: identisch mit der Versöhnung des sündigen Menschen in der Fleischwerdung, im Tode und in der Auferstehung des Sohnes Gottes. Und es findet dieses Suchen und Schaffen seine Krönung und endgültige Bewährung in der zukünftigen Bestimmung des in Jesus Christus versöhnten Menschen, in seiner Bestimmung für eine ewige Erlösung und Lebendigmachung. Eben das, was Gott in dem Allen tut, das ist er. Und er ist kein Anderer als eben der, der Alles das tut. Was tut er aber laut seines dreieinigen Namens und also in dieser ganzen, in seiner Offenbarung sichtbaren Gottestat? Ist es berechtigt und notwendig, die Richtung und den Sinn dieser Tat zusammenzufassen, um sie zu verstehen und also Gott selbst zu verstehen, so werden wir jetzt sagen müssen: Er will der Unsrige sein und er will, daß wir die Seinigen seien. Er will zu uns gehören und er will, daß wir zu ihm gehören. Er will nicht ohne uns sein und er will nicht, daß wir ohne ihn seien. Er will also gewiß Gott sein und er will nicht, daß wir Gott seien. Er will aber nicht für sich und nicht als Gott mit sich allein, sondern er will als Gott auch für uns und mit uns, die wir nicht Gott sind, sein. Indem er sich selbst ist und bejaht, im Unterschied und Gegensatz zu Allem, was er nicht ist, setzt er sich in diese Beziehung zu uns. Er will nicht anders er selbst sein, als indem er es auch in dieser Beziehung ist. Sein Leben, das doch sein Leben in sich selber, das ursprünglich und eigentlich das eine und einzige Leben ist, drängt nach diesem Zusammensein mit unserem Leben. Es ist das Gut seines Gottseins so groß, daß es überströmt als Güte gegen uns, die wir nicht Gott sind. Das ist Gottes Verhalten gegen uns laut seiner Offenbarung. Es fehlt nicht an Gegensätzlichkeit in diesem Verhalten. Es bestätigt und umschließt notwendig den Gegensatz zwischen dem Schöpfer und seinen Geschöpfen. Es bestätigt und umschließt notwendig auch Gottes Zorn und Streit gegen die Sünde, Gottes Scheidung von den Sündern, Gottes über sie verhängte und an ihnen vollzogene Strafe. Es gibt Tod und Hölle und ewiges Verlorengehen im Bereich dieses seines Verhaltens. Es ist aber in dem Allem dieses und kein anderes Verhalten: er sucht und schafft Gemeinschaft zwischen sich und uns. Es kann uns als dieses Verhalten auf weiteste Strecken zweifelhaft, dunkel, unfaßlich sein. Es wird uns auf weiteste Strecken gleich dem Gegenteil dieses Verhaltens erscheinen. Es wird sich ja durch Gericht und Gnade, durch ein Töten und Lebendigmachen, durch Verhüllung und Enthüllung als solches offenbaren. Es wird immer das aus der Finsternis leuchtende Licht sein, wenn es uns als solches offenbar wird. Wir werden auch immer wieder zu lernen haben, was das in Wirklichkeit bedeutet, daß Gott Gemeinschaft zwischen sich und uns sucht und schafft. Es wird aber in sich selber, es wird erstlich und letztlich immer dieses und kein anderes Verhalten sein. Gott will und tut nicht zweierlei, sondern Eines: dieses Eine. Und dieses Eine, das er will und tut, ist das Gute Gottes, das, was seine Tat als göttliche und also seine Person als die göttliche auszeichnet. Dieses Eine also ist das Göttliche, das *θεῖον*, das Wesen Gottes in der Offenbarung seines Namens, nach dem wir jetzt fragen. Wir werden nämlich auch und gerade in Gott selber, in seinem ewigen Sein nichts Anderes als dieses Eine finden. Indem und bevor Gott Gemeinschaft mit uns sucht und schafft, will und vollbringt er sie ja in sich selber. In sich selber will er ja nicht für sich, nicht einsam sein, ist er vielmehr der Vater, der Sohn und der Heilige Geist und also lebendig in seinem eigensten Miteinander und Füreinander und Ineinander, ist die ungebrochene Einheit seines persönlichen Seins, Wissens und Wollens zugleich ein Ratschlagen, Beschließen und Handeln: nicht in der Einsamkeit, sondern in der Gemeinschaft. So ist das, was er sucht und schafft zwischen sich und uns tatsächlich nichts Anderes als das, was er will und vollbringt und also ist in sich selber. Gerade darum und so: indem er uns in seinem Sohne aufnimmt in seine Gemeinschaft mit sich selber, ist es das Notwendige, das Heilsame, das Gute auch für uns, über dem es ein höheres Gutes nicht gibt — darum nicht, weil Gott etwas Höheres als dies, nämlich sich selber, nicht zu geben hat, weil uns eben damit, daß er uns sich selber gibt, alles Gute gegeben ist. Dieses Gute erkennen und anerkennen wir, wenn wir Gottes Sein jetzt näher bezeichnen mit dem Satz: er ist der Liebende. Er ist darin Gott, es besteht darin das Göttliche Gottes, daß er liebt und das ist sein Lieben: daß er Gemeinschaft mit uns sucht und schafft. Es dürfte richtig und wichtig sein, in diesem Zusammenhang mit Betonung zu sagen: sein Lieben, d. h. seine Tat als die des Liebenden.

Die hier naheliegende Definition: «Gott ist die Liebe» scheint sich auf 1. Joh. 4, 8 u. 16: ὁ θεὸς ἀγάπη ἐστίν berufen zu können. Es bedeutet aber eine exegetische Gewaltsamkeit, diesen Satz außerhalb seines Zusammenhangs und ohne die ihm durch seinen Zusammenhang widerfahrende Interpretation zu zitieren und definitionsmäßig zu benützen. Wir lesen nämlich einmal in v 9: darin sei die Liebe Gottes unter uns offenbart worden, «daß Gott seinen einzigen Sohn in die Welt gesandt hat, daß wir durch ihn leben sollten», sodann in v 10 (in merkwürdiger Gleichheit der Prädikation!) darin bestehe die Liebe, «nicht, daß wir Gott lieb gewonnen haben, sondern daß er uns lieb gewonnen und seinen Sohn zur Sühne für unsere Sünden gesandt hat», endlich in v 15: darin hätten wir die Erkenntnis und den Glauben an die Liebe, die Gott gegen uns hat, daß wir bekennen, «daß Jesus der Sohn Gottes ist». Die Liebe Gottes oder Gott als die Liebe wird also gerade 1. Joh. 4 als der in der Sendung Jesu Christi vollzogene Akt des göttlichen Liebens interpretiert. Will man den Satz v 8 und v 16 mit M. Dibelius als eine «Gottesgleichung» bezeichnen, so muß man jedenfalls hinzufügen, daß sie als solche (als Gleichsetzung Gottes mit einem abstrakten Inbegriff seines Tuns) sofort wieder aufgelöst und durch eine Bezeugung der göttlichen Tat als solcher ersetzt wird. Und dieser Befund wird bestätigt durch die recht verstandene Stelle Joh. 3, 16: «In der Weise *(Vulg.: sic)* liebte Gott die Welt, daß er seinen einzigen Sohn gab, damit Jeder, der an ihn glaubt, nicht verloren gehe, sondern das ewige Leben habe».

Wenn wir jetzt also die entscheidende Wendung vollziehen, indem wir unsere Aufmerksamkeit auf die uns in Gottes Offenbarung begegnende inhaltliche Bestimmung und Füllung des göttlichen Seins richten, und wenn wir dabei als Erstes gerade den Begriff der Liebe aufnehmen, so kann die Meinung nicht sein, als wüßten wir irgendwoher schon zuvor im Allgemeinen, was Liebe ist als Inbegriff eines in bestimmtem Sinne guten Tuns und als kämen wir von diesem unserem Wissen her dazu, Gott mit diesem Inbegriff gleichzusetzen. Der Vorgang ist vielmehr der, daß wir es, aufgerufen durch die Wirklichkeit der göttlichen Tat, aufgerufen, uns über das Wesen dieser Tat und damit über das Wesen Gottes selbst Rechenschaft abzulegen und angeleitet durch die heilige Schrift selber, wagen dürfen und wagen müssen, den Begriff der «Liebe» — dessen eigentlichen und letzten Sinn wir gerade damit in der uns sonst naheliegenden Verwendung noch nicht zu wissen bekennen — in den Dienst dieser Aufgabe: der Bezeugung der Tat und also des Seins Gottes zu stellen, wobei wir aber ganz offen sein müssen für die Möglichkeit, daß er in diesem Dienst eine Bedeutung bekommt, die ihn in der Weise erfüllt, daß seine Bedeutung in der uns sonst naheliegenden Verwendung geradezu gesprengt wird, um dann und so erst neu geformt zu werden. Wir haben darum absichtlich nicht mit irgendeiner Definition der Liebe begonnen, sondern damit, daß wir Gottes in seiner Offenbarung sichtbare Tat für sich selber sprechen ließen: Gott ist in seiner Tat der, der Gemeinschaft mit uns sucht und schafft. Bezeichnen wir nun dieses sein Tun als Gottes Lieben und also Gott als den Liebenden und (sei es denn, im rechten Verstand!) als die Liebe, dann muß unser Blick auf alle Fälle steif auf die Sache, nämlich auf Gottes Tat gerichtet bleiben und sich nicht in die Irre führen lassen durch den Zwang eines mitgebrachten und vorausgesetzten Allgemeinbegriffs von Liebe. Sagen wir mit 1. Joh. 4: Gott ist die Liebe, so ist uns die Umkehrung: die Liebe ist Gott, so lange verwehrt und verboten, als nicht von Gottes Sein und also von Gottes Tat her ermittelt und geklärt ist, was die Liebe ist, die nun ihrerseits legitim mit Gott identifiziert werden kann und muß. Eben die Erklärung dieser Liebe ist nun unsere Aufgabe.

1. Es geht in Gottes Lieben um ein Suchen und Schaffen von Gemeinschaft um ihrer selbst willen. Es ist die Gemeinschaft des Liebenden mit dem Geliebten selbst und als solche dasjenige, was der Liebende dem Geliebten mitzuteilen, was der Geliebte von dem Liebenden zu empfangen hat. Gott ist also nicht zuerst das Gute und dann insofern auch der Liebende, als er dieses sein Gutsein nicht für sich behält, sondern Anderen mitteilt. Sondern Gott ist der Liebende und als solcher der Gute und der Inbegriff aller Güter. Darin ist Gott gut, daß er der Vater, der Sohn und der Heilige Geist und als solcher unser Schöpfer, Versöhner und Erlöser ist, als solcher uns aufnimmt in seine Gemeinschaft, d. h. in die Gemeinschaft, die er in sich selber hat und ist, und über der als solcher es kein höheres Gut gibt, das uns durch seine Gemeinschaft mit uns erst zu vermitteln wäre. Gott gibt uns, indem er uns liebt, nicht etwas, sondern sich selbst und eben und nur, indem er sich selbst, indem er seinen einzigen Sohn gibt, gibt er uns Alles. Es ist der Liebe Gottes genug, seine Liebe zu sein, um uns eben damit Alles zu werden.

«Der seines eigenen Sohnes nicht verschonte, sondern hat ihn für uns Alle dahingegeben, wie sollte er uns mit ihm nicht Alles schenken?» (Röm. 8, 32.) Eben darum gelten die Erkenntnis und das Bekenntnis, auf die besonders in den johanneischen Schriften so viel Gewicht gelegt wird, nicht dem Licht und nicht dem Leben, nicht dem Weg und nicht der Wahrheit, die uns durch den Sohn Gottes geschenkt werden, nicht den Gaben, obwohl diese bestimmt genug genannt und hoch genug gepriesen werden, sondern dem Geber dieser Gaben und also dem Sohne Gottes als solchem. Darum ist das Reich Gottes bei den Synoptikern keine selbständige Wirklichkeit, sondern schlechterdings gebunden an den erschienenen

Messias, an sein Wort und seine Taten, an den Glauben an ihn. Es ist dieses Reich von seinem König schlechterdings nicht zu trennen. Eben darum lautet die Antwort des von Gott Geliebten nach Ps. 73, 23 f.: «Nun aber bleibe ich stets bei dir, du hältst mich bei meiner rechten Hand. Du leitest mich nach deinem Ratschluß und nimmst mich hernach in die Herrlichkeit. Wen habe ich im Himmel außer dir? Und wenn ich dich habe, so wünsche ich nichts auf Erden. Mag Leib und Sinn mir schwinden, Gott ist ewiglich mein Fels und mein Teil. Denn siehe, die dir ferne bleiben, kommen um; du vernichtest alle, die dir untreu werden. Mir aber ist es köstlich, Gott nahe zu sein; ich setze meine Zuversicht auf Gott den Herrn und verkünde alle deine Werke». Und entsprechend nochmals Paulus: «Ich bin dessen gewiß, daß weder Tod noch Leben, weder Engel noch Gewalten, weder Gegenwärtiges noch Zukünftiges, noch Kräfte, weder Hohes noch Tiefes noch irgend ein anderes Geschöpf uns zu scheiden vermag von der Liebe Gottes, die in Jesus Christus ist, unserem Herrn» (Röm. 8, 38 f.). Ausgegossen in unsere Herzen durch den Heiligen Geist, ist sie allein — die Liebe Gottes als solche — der Grund der nicht zu Schanden werdenden Hoffnung und so der Bewährung und so der Geduld (Röm. 5, 4 f.). Das Alles übersieht man, wenn man die Liebe Gottes mit Thomas v. Aquino bindet an die Definition: *Amare nihil aliud est, quam velle bonum alicui* (*S. theol.* I *qu.* 20 *art.* 2 c), um dann fortfahren zu müssen: *Amans sic fit extra se in amatum translatus, inquantum vult amato bonum et operatur per suam providentiam sicut et sibi* (*ib. ad* 1). Richtig, d. h. biblisch müßte dieser Satz als Beschreibung der Liebe Gottes lauten: *amans sic vult amato bonum et operatur per suam providentiam sicut et sibi, inquantum fit extra se in amatum translatus.* Denn in dieser *translatio* oder besser: *communicatio* als solcher geschieht dem Anderen das Gute, wenn es um das Handeln Gottes geht und nicht umgekehrt. Weil und indem Gott liebt, ist sein Wille ein *velle bonum alicui,* denn nur, weil Gott liebt, gibt es überhaupt ein *aliquid* oder einen *aliquis,* auf den sein Wille sich richten kann oder gerichtet ist. Indem es ein solches Anderes gibt und indem sich der Wille Gottes tatsächlich darauf richtet, also indem er mit ihm Gemeinschaft hält, indem er es liebt, will er sein Gutes. Weil und indem er Er ist, weil und indem es sein Wille ist, der sich auf dieses Andere richtet und also weil und indem er liebt, ist sein Wille guter Wille. Sucht man das Gute Gottes hinter seiner Liebe in einem *summum bonum,* das von seiner Liebe verschieden ist, dann wird man bei der Bestimmung dieses *summum bonum* einem Rückfall in die Idee des reinen, unbewegten Seins schwerlich entrinnen können und mag dann zusehen, wie man diese vor dem Gotteszeugnis der Offenbarung verantworten will. Die Polemik, mit der G. Thomasius diese patristische und scholastische Bestimmung des Wesens Gottes verteidigt hat: die Definition «Gott ist die Liebe» setze «schon einen positiv-guten Gehalt des sich mitteilenden persönlichen Lebens voraus» und außerdem sei sie «eine schlechte Verflüchtigung des Selbst» (Christi Person und Werk[3] 1886, 1. Bd., S. 31) ist in ihren beiden Argumenten hinfällig. Der «positiv-gute Gehalt» des persönlichen Lebens Gottes existiert nicht hinter oder außer seiner Mitteilung, sondern besteht eben darin, daß es das sich mitteilende Leben als solches ist. Und daß es dabei nicht zu einer Verflüchtigung des göttlichen Selbst kommt, dafür ist dadurch gesorgt, daß Gott ja gerade in sich selbst als Vater, Sohn und Heiliger Geist das sich selbst mitteilende Leben ist. Zurechtzustellen ist demgemäß auch die Definition von H. Lüdemann: «Die Liebe Gottes ist seine Selbstmitteilung; sein innerstes Selbst aber ist er als *summum bonum.* Weil er die Welt liebt, will er, daß sie Anteil erlange an seiner Vollkommenheit.» (Dogm. 1926, 2. Bd., S. 261). Nein, sondern sein innerstes Selbst ist seine Selbstmitteilung und indem er die Welt liebt, gibt er ihr Anteil an dieser seiner Vollkommenheit. Und wenn R. Seeberg (Chr. Dogm., 1. Bd. 1924, S. 354) einwendet, daß man doch unmöglich das gesamte Wirken Gottes an der Welt als Liebe zu charakterisieren vermöge, daß diese Bezeichnung vielmehr nur der «spezifisch christlichen Gotteserfahrung» entspreche, so ist daran zu erinnern, daß Gott nach Joh. 3, 16 gerade laut der «spezifisch christlichen Gotteserfahrung» (die doch wohl nicht nur eine neben anderen ist, deren Relevanz also keine Einschränkung dulden kann) in einer allerdings sehr bestimmten Weise die Welt geliebt hat, so daß es sich wirklich nicht empfehlen kann, mit Seeberg die Allmacht Gottes in diesem Zusammenhang an die Stelle seiner Liebe zu setzen.

2. Es geht in Gottes Lieben um ein Suchen und Schaffen von Gemeinschaft ohne Rücksicht auf eine schon vorhandene Eignung und Würdigkeit des Geliebten. Gottes Liebe ist nicht nur nicht bedingt durch irgend eine Gegenliebe, sondern auch nicht bedingt durch irgend eine sonstige Liebenswürdigkeit des Geliebten, durch irgend eine auf seiner Seite schon bestehende Bündnis- und Gemeinschaftsfähigkeit. Ist ihm eine solche zu eigen, so ist sie selber schon die Schöpfung der Liebe Gottes. Sie ist und wird aber nicht deren Bedingung. Sie ist der Gegenstand des der vorangehenden Liebe nachfolgenden göttlichen Wohlgefallens. Der Gegenstand der Liebe Gottes als solcher aber ist ein Anderes, das dieses seines Wohlgefallens an sich gerade nicht bezw. noch nicht würdig ist. Die Liebe Gottes schlägt immer eine Brücke über einen Abgrund. Sie ist immer das aus der Finsternis leuchtende Licht. Sie sucht und schafft in seiner Offenbarung Gemeinschaft, da, wo keine Gemeinschaft und an sich auch keine Fähigkeit dazu vorhanden ist, da, wo es sich um ein Gott gegenüber wirklich Anderes, als Geschöpf Fremdes, als sündiges Geschöpf sogar Feindseliges handelt. Dieses Andere, Fremde, ja Feindselige liebt Gott. Gemeinschaft gerade mit ihm als solchem ist die Gemeinschaft, die er sucht und schafft. Wir werden die Liebe Gottes darum gewiß keine blinde Liebe nennen wollen. Aber was er sieht, indem er liebt, ist eben das ganz von ihm selbst Verschiedene und als solches in sich Verlorene, ohne ihn dem Tode Preisgegebene. Daß er von sich selbst zu diesem Preisgegebenen die Brücke schlägt, daß er in der Finsternis Licht ist, das ist das Wunder der allmächtigen Liebe Gottes.

Darum ist des Menschen Sohn «gesandt zu den verlorenen Schafen aus dem Hause Israel» (Matth. 15, 24), «gekommen zu suchen und selig zu machen, das verloren ist» (Luk. 19, 10). «Die Gesunden bedürfen des Arztes nicht, sondern die Kranken. Ich bin gekommen die Sünder zur Buße zu rufen und nicht die Gerechten» (Luk. 5, 31 f.). Es ist nach Luk. 15 das verlorene Schaf, der verlorene Groschen, der verlorene Sohn der Gegenstand des messianischen Werkes, während zu den Pharisäern Joh. 9, 41 gesagt werden muß: «Wäret ihr blind, so hättet ihr keine Sünde; nun ihr aber sprecht: Wir sind sehend! bleibt eure Sünde». So steht es mit jener in unsere Herzen ausgegossenen Liebe Gottes: Gott beweist sie gegen uns «dadurch, daß Christus für uns gestorben ist, als wir noch Sünder waren» (Röm. 5, 8). Dazu paßt schlecht die Definition des Polanus: *Amor Dei est essentialis proprietas seu essentia Dei, qua oblectans sese in eo quod approbat, ei bonum vult. Hoc enim est amare: oblectare se eo quod placet, eique bonum velle et praestare. (Synt. Theol. chr.* 1609, *col.* 1094). Über die Unzulänglichkeit der offenbar von Thomas v. Aquino übernommenen Formel: *bonum velle* ist schon gesprochen. Der Korrektur bedürftig ist aber auch die andere Angabe: es sei ein vorangehendes Wohlgefallen an dem Geliebten das eigentlich Konstituierende und Bewegende der göttlichen Liebe. Wie könnte uns Gott lieben, wenn es dabei wirklich auf eine uns gebührende *approbatio* ankäme? Und es gilt dasselbe von der Definition von Quenstedt: *Amor Dei est, quo ipse cum obiecto amabili se suaviter unit (Theol. did. pol.* 1685 I *c.* 8 *sect.* 1 *thes.* 30). *Amabilis* wird der von Gott Geliebte als *amatus.* Er wird aber nicht *amatus,* weil er *amabilis* ist! Man hat an das Kreuz Christi, an die Sünde des erwählten und begnadigten Volkes Israel, man hat an die Rechtfertigung des Gottlosen (Röm. 4, 5) und an den Glauben an den, der die Toten lebendig macht und ruft dem, das nicht ist, daß es sei (Röm. 4, 17) nicht gedacht, sondern an einen (auch in sich sehr diskutierbaren) Allgemeinbegriff von Liebe, wenn man solche Definition aufstellte! In Wirklichkeit liegt der Grund der Liebe Gottes außerhalb des von ihm Geliebten in Gott selber. «Ich liebe, die mich lieben» (Spr. 8, 17). «Wer mich liebt, wird von meinem Vater geliebt werden und ich werde ihn lieben» (Joh. 14, 21 vgl. 23). Und: «Er selbst, der Vater, liebt euch, weil ihr mich geliebt und geglaubt habt, daß ich von Gott ausgegangen bin» (Joh. 16, 27). Aber sogar von sich selbst sagt Jesus: «Deshalb liebt mich der Vater: weil ich mein Leben hingebe, um es wieder zu nehmen» (Joh. 10, 17). Und darum wird die Vorstellung von einem *obiectum amabile* auch da nicht maßgebend sein dürfen, wo es sich um das Verhältnis der Liebe des Vaters zum Sohne handelt, mit der «du mich geliebt hast vor Grundlegung der Welt» (Joh. 17, 23—26) und überhaupt der Liebe, die in dem dreieinigen Gott selber von Ewigkeit zu Ewigkeit Ereignis ist. Gewiß ist Gott sich selber *obiectum amabile,* aber wiederum ist er nicht deshalb die ewige Liebe, weil er sich selbst liebenswürdig findet, sondern darin wird er sich selbst liebenswürdig, darin ist er selig in sich selber, daß er, lebendig als der Vater, der Sohn und der Heilige Geist, die ewige Liebe ist.

3. Gottes Lieben ist Selbstzweck. Es sind alle in ihm gewollten und erreichten Zwecke in diesem Selbstzweck und also in diesem Lieben selbst und als solchem enthalten und erklärt. Wie dieses Lieben selber das Gute ist, das es dem Geliebten vermittelt, und wie es sein eigener Grund dem Geliebten gegenüber ist! Gewiß will Gott, indem er uns liebt, seine eigene Ehre und unser Heil. Aber nicht um deswillen liebt er uns, weil er das will. Sondern um seiner Liebe willen will er das. Gott liebt, indem er diese Zwecke verwirklicht. Aber Gott liebt, weil er liebt: weil eben dieses Tun sein Sein, sein Wesen, seine Natur ist. Er liebt auch ohne und bevor er diese Zwecke verwirklicht; er liebt in Ewigkeit. Er liebt, auch indem er sie verwirklicht, weil er liebt. Und es ist das Zweckvolle dieser Verwirklichung nicht in dieser selbst, sondern in seiner Liebe als solcher, in der Liebe des Vaters, des Sohnes und des Heiligen Geistes begründet und sie ist, indem wir an Gott glauben, indem wir ihn wiederlieben, nicht aus sich selbst, sondern nur aus diesem seinem Lieben als solchen zu verstehen.

«Weil der Herr euch liebte und weil er den Eid hielt, den er euren Vätern geschworen, darum hat auch der Herr mit starker Hand herausgeführt und hat dich aus dem Sklavenhause befreit, aus der Hand des Pharao, des Königs von Ägypten» (Deut. 7, 8). «Von ferne her» erschien der Herr seinem Volk in der Wüste und sprach: «Mit ewiger Liebe habe ich dich geliebt; darum habe ich dich aus Güte zu mir gezogen» (Jer. 31, 3). «Nicht ein Bote oder Engel, er selber rettete sie; er selbst in seiner Liebe und Erbarmung erlöste sie» (Jes. 63, 9). Von hier aus wird es schwer oder unmöglich sein, der von A. Ritschl entwickelten Lehre von der Liebe Gottes zuzustimmen. Ritschls allgemeine Definition der Liebe lautet dahin, sie sei «der stetige Wille, welcher eine andere geistige, also gleichartige Person zur Erreichung ihrer eigentlichen höchsten Bestimmung fördert, und zwar so, daß der Liebende darin seinen eigenen Endzweck verfolgt (Unterricht § 12; Rechtf. u. Vers.[4], 3. Bd. 1895, S. 263 f.). Danach wäre das Reich Gottes, d. h. die «sittliche Vereinigung des Menschengeschlechts durch das Motiv der allgemeinen Nächstenliebe» — «als Endzweck der Welt und als höchstes Gut für die geschaffenen Geister», das notwendige Korrelat des göttlichen Selbstzwecks. Indem Gott Beides will: diesen Endzweck der Welt und in und mit ihm seinen eigenen Endzweck, ist er nach Ritschl die Liebe — indem er beides stetig will, die ewige Liebe. «Wenn also Gott ewig die Gemeinde des Gottesreiches liebt (Eph. 1, 4, 6), so liebt er auch die darin zu verbindenden Einzelnen immer schon insofern, als er sie in das Gottesreich aufzunehmen beabsichtigt. Wenn nun solche als Sünder vorauszusetzen sind, so liebt Gott auch die Sünder in Hinsicht ihrer idealen Bestimmung, zu deren Verwirklichung er sie erwählt» (a. a. O. S. 303). Und Ritschl war der Meinung, es sei der so beschriebene Denkakt «auch gar nicht schwer». Er habe nämlich «seine Analogie an dem Selbstgefühl und der Selbstbeurteilung, welche uns in den gehobenen Momenten unseres sittlichen Wollens eigen ist, in denen wir die Macht unserer Selbstbestimmung zum Guten mit Hinwegsetzung über alle in uns und außer uns vorhandenen Hindernisse erleben» (a. a. O. S. 269). Man wird sagen dürfen, daß dieser Denkakt darum nur zu leicht zu vollziehen ist, weil sein Gegenstand der uns allerdings wohlbekannten Betätigung unseres menschlichen Selbstgefühls in dessen gehobenen Momenten nur zu ähnlich ist. So seinem eigenen und des Geliebten Selbstzweck verhaftet, mag der Mensch lieben (obwohl auch er vielleicht doch manchmal auch noch anders als so lieben dürfte!). So ist aber die Liebe nicht zu beschreiben, die nicht nur einen Selbstzweck und den eines anderen verwirklicht, sondern die ihren Zweck in sich selber hat: die göttliche Liebe. Und so, in dieser Verhaftung Gottes, als wäre er nicht Gott, bevor und ohne daß er diesen doppelten Zweck verwirklichte, läßt sich dann doch auch dieses Geschehen nicht als die göttliche Verwirklichung göttlicher Zwecke verstehen. So bleibt er vielmehr in einem Zwielicht stehen, das es möglich macht, es zuletzt doch auch ohne das Vorzeichen des Namens Gottes, als die Aktion des menschlichen Selbstgefühls und also das, was nach Ritschl die Analogie sein soll, als die eigentlich gemeinte Wirklichkeit zu verstehen. Wer das, was Gott in Liebe tut, in Zweckhaftigkeit auflöst, der sehe zu, wie er nachher das Göttliche dieses Tuns, das, was es als heiliges und gnädiges, als anbetungswürdiges und beseligendes Tun auszeichnet, wiederfinde, von dem Pragmatismus alles möglichen anderen Geschehens unterscheide und als das souveräne Tun dieses Subjektes kenntlich mache. Wer diese Aufgabe vor Augen hat, der wird es dem göttlichen Lieben lassen, daß es wie seine Güte, wie seinen Grund, so auch seinen Zweck in unerforschlicher Wirklichkeit in sich selber habe.

4. Gottes Lieben ist zwar notwendig, so gewiß es das Sein, das Wesen, die Natur Gottes selbst ist, aber darum eben ist es auch frei von jedem Bedürfnis hinsichtlich seines Gegenstandes. Gott liebt uns, Gott liebt die Welt laut seiner Offenbarung. Er liebt aber uns und die Welt als der, der der Liebende wäre auch ohne uns, auch ohne die Welt, als der also, der keines Anderen bedarf, um erst auf Grund von dessen Existenz

der Liebende und also Gott zu sein. Gewiß, er ist, der er ist, ganz in seiner Offenbarung, in seiner Zuwendung und also in seiner Liebe zu uns. Er hat sich uns nicht vorenthalten, sondern geschenkt. Es ist also seine Liebe zu uns seine ewige Liebe, unser Geliebtwerden von ihm, unser Aufgenommensein in die Gemeinschaft seiner ewigen Liebe, in der er von Ewigkeit zu Ewigkeit er selber ist. Aber eben: es geht um ein Aufgenommensein. Es gehört nicht zu Gottes Tun und also Sein, daß es als Liebe einen Gegenstand in einem von ihm unterschiedenen Anderen haben müßte. Gott ist sich selber als Gegenstand und also auch als Gegenstand der Liebe genug. Er würde nicht weniger der Liebende sein, wenn er keinen von ihm unterschiedenen Gegenstand lieben würde. Daß er sich selber dazu bestimmt, ein solches Anderes zu lieben, darin überströmt seine Liebe, darin erschöpft sie sich aber nicht, dadurch ist sie nicht begrenzt und bedingt, sondern gerade dies ihr Überströmen ist dadurch bedingt, daß sie sich selbst genügen könnte und nun doch kein Genügen hat an diesem Selbstgenügen, sondern als Liebe zu einem Anderen noch mehr sein kann und will als das, worin sie sich selbst genügen könnte. Indem Gott Alles für sich ist, will er wiederum Alles nicht nur für sich, sondern auch für dieses Andere sein. Indem er Alles nur für sich sein könnte (ohne daß sein Leben deshalb ein zweckloses, regungs- und bewegungsloses Leben, ohne daß es darum weniger herrlich, weniger gerade auch das Leben der Liebe wäre) will er es — das ist die für uns ewig wunderbare doppelte Dynamik seiner Liebe — nicht nur für sich, sondern auch für uns haben. Und eben so gehört es uns ja nicht, das Sein zu haben und indem wir es haben, gehört es uns noch einmal nicht, in diesem unserem Sein Gegenstand der Liebe Gottes zu sein. Wir könnten auch nicht sein und wir könnten sein, ohne deshalb Gegenstand der Liebe Gottes zu sein. Gott ist uns weder unser Sein, noch in unserem Sein seine Liebe schuldig. Sind wir und sind wir Gegenstände der Liebe Gottes, so bedeutet das, daß wir uns selbst Gott schuldig sind, ohne daß er uns etwas schuldig wäre oder würde. Liebt er uns, hat er also unser Sein unserem Nichtsein, unser Geliebtwerden unserem Nichtgeliebtwerden vorgezogen, dann ist das wieder die für uns ewig wunderbare Dynamik seiner Liebe, dann ist das Gnade und nicht Natur, so gewiß es in dem ganzen Einsatz des göttlichen Tuns und Seins Ereignis ist, so gewiß wir hinter dieses Ereignis nicht zurückgehen, Gott nicht anderswo als in diesem Ereignis und nicht als einen Anderen, denn als den hier und so Seienden suchen und denken sollen. Gerade indem wir uns daran halten müssen, muß es uns klar sein, daß es wieder auf jenem Überströmen der göttlichen Liebe beruht, wenn wir uns tatsächlich gerade daran halten dürfen. Die ewige Korrelation zwischen Gott und uns, wie sie in Gottes Offenbarung sichtbar ist, ist in Gott allein und nicht etwa in Gott und in uns begründet. Sie bedeutet unsere Bindung an Gott, aber nicht Gottes

Bindung an uns. Und eben damit zum Höchsten und Letzten (dasselbe gilt schon für das über die Güte, den Grund und den Zweck des göttlichen Liebens Gesagte!) sprengt und übersteigt der Begriff der Liebe Gottes jeden von uns mitzubringenden und vorauszusetzenden allgemeinen Begriff von Liebe. Auch hier und gerade hier muß dieser allgemeine Begriff nach der Besonderheit dieses Gegenstandes interpretiert werden. Gerade in dieser Hinsicht hat man sich vor einer unbedachten Umkehrung und also vor einer Bestimmung der göttlichen Liebe von einem allgemeinen Liebesbegriff her in acht zu nehmen. Die Entgottung Gottes würde die unausbleibliche Folge sein, wenn man sich hier nicht in acht nehmen würde.

Was hier zu vermeiden ist, kann man sich in krasser Gestalt klar machen an einigen von den berühmten Sinnsprüchen des Angelus Silesius:

Ich weiß, daß ohne mich Gott nicht ein Nu kann leben.
Werd ich zunicht, er muß vor Not den Geist aufgeben.

Gott ist so viel an mir, als mir an ihm gelegen
Sein Wesen helf ich ihm, wie er das meine hegen.

Daß Gott so selig ist und lebet ohn Verlangen,
Hat er sowohl von mir, als ich von ihm empfangen.

Was Gott in Ewigkeit begehrn und wünschen kann,
Das schauet er in mir als seinem Gleichnis an.

Gott ist wahrhaftig nichts und so er etwas ist,
So ist ers nur in mir, wie er mich ihm erkiest.

Gott liebet mich allein, nach mir ist ihm so bange,
Daß er auch stirbt vor Angst, weil ich ihm nicht anhange.

Nichts ist als Ich und Du und wenn wir zwei nicht sein
So ist Gott nicht mehr Gott und fällt der Himmel ein.

Der «Cherubinische Wandersmann», in welchem diese frommen Unverschämtheiten zu lesen stehen (Ähnliches hat auch Rainer Maria Rilke auf dem Gewissen!), ist seinerzeit mit dem *Imprimatur* eines römisch-katholischen Bischofs versehen ausgegangen, und man kann sich wohl fragen, ob dieser Bischof ein Schwachkopf war oder ob er mit dem modernen Schalk unter einer Decke steckte. Sicher ist das die unmögliche Rede über das Verhältnis von Gott und Mensch, die aber da unweigerlich möglich und bei einiger Konsequenzmacherei sogar notwendig wird, wo man im Blick auf das für alle menschliche Liebe allerdings unentbehrliche Requisit des von dem Liebenden verschiedenen geliebten Gegenstandes auch die Liebe Gottes wesensmäßig an die Existenz eines solchen Anderen binden und in der Beziehung zu diesem Anderen aufgehen lassen will. Liest man also z. B. bei A. E. Biedermann die Definition, es sei die Liebe Gottes das «Durchsichselbstbestimmtsein zum Aussichsetzen des absoluten Weltprozesses und das diesem als sein Grund Immanentsein des absoluten Gottes» (Chr. Dogmatik 1869, S. 636), so ist in diesem Satz, wenn er erträglich sein soll, das «Durchsichselbstbestimmtsein» so stark zu betonen, daß von ihm aus die gleichzeitige Rede von einem absoluten Gott und von einem absoluten Weltprozeß unmöglich werden und also beseitigt werden müßte. Die Gleichsetzung beider unter dem Zeichen des «Absoluten» müßte nämlich unvermeidlich nach sich ziehen, daß entweder Gott als der Weltprozeß oder der Weltprozeß als Gott verstanden und so oder so sicher die in Gottes Offenbarung sichtbare Wirklichkeit seiner Liebe zugunsten eines allgemeinen (und wiederum in sich selbst nicht einmal unanfechtbaren, des Hegelschen!) Liebesbegriffs übersehen und vergessen würde. Aus demselben Grunde dürfte doch auch die Definition von E. Böhl (Dogmatik 1887, S. 61): Liebe sei« die Hinneigung, das Trachten und Begehren eines Wesens nach einem Anderen, das Ausgehen einer Person aus sich selber mit dem Verlangen, in eine andere überzugehen oder die andere in sich aufzunehmen ... Sie kann nicht einsam sein, sondern sie verlangt nach ihres Gleichen» in ihrer Anwendung auf Gott bedenklich sein. Daß Gott, indem er uns liebt, sich selbst nicht behält, sondern schenkt, das ist gerade darin und so seine und also die über alle unsere Begriffe hinaus wahre Liebe, daß es mit einem Übergang der Person Gottes in die unsere oder der unsrigen in die Gottes nicht verbunden ist, daß Gott uns liebt, indem er sich selber treu bleibt, daß er sich selber gerade darin am höchsten treu bleibt, daß er uns liebt. Im übrigen hat aber gerade E. Böhl hier sehr richtig gesehen und geredet: «Geschöpfe kann der Allerhöchste nur beziehungsweise zum Gegenstand seiner Liebe machen... Sonst käme man auf den Gedanken, daß, weil Gott die Liebe ist, er immer die Geschöpfe, denen er diese Liebe bezeugte, um sich gehabt haben müßte und so würde man auf ein ewiges Bestehen der Welt bei Gott geraten, was die Negation des Kreatürlichen, von Gott erst Gewollten und Erschaffenen sein würde. Es gehört aber nicht zur Vollkommenheit dieser göttlichen Liebe, daß sie sich endlichen, geschaffenen Wesen mitteilt. Ein ganz Anderes ist es, ob Gott nach seinem freien Entschluß die Welt zum Gegenstand seiner Liebe machen will» (a. a. O. S. 62). Wogegen man sich bei gewissen Stellen der angeführten Schrift von H. Cremer (etwa S. 19 f. 25) fragen muß, ob in der Richtung der Betonung des Seins Gottes in seinem Verhalten zu uns die Grenze des Erträglichen nicht bereits überschritten ist. Wenn Cremer (S. 25) schreibt «daß wir ewig das Objekt der Liebe Gottes sind, oder noch bestimmter, daß es das sich uns kundgebende Wesen Gottes ist, sich selbst ewig nicht für irgend Jemanden, nicht in *abstracto* für irgend ein mögliches Objekt, sondern ganz für uns und nur für uns zu wollen und zu sein», so ist zu bemerken: Man wird gewiß nicht deutlich genug sehen und nicht stark genug sagen können: daß Gott sich uns, indem er uns liebt, geschenkt hat und schenkt, und zwar völlig schenkt, indem eben dieses Lieben sein eigenstes Sein und Wesen ist. Was wäre hier zu viel gesagt, da Gott uns in seinem eigenen Sohn geliebt hat, liebt und lieben wird? Wiederum darf aber die Völligkeit seines Seins in der Liebe zu uns dies nicht verdunkeln: daß wir nicht von seiner, der göttlichen Liebe, sprechen würden, wollten wir ihr die Bewegung absprechen, die ihr in sich selber zu eigen ist, auch ohne daß sie ein Verhalten zu uns ist. Es muß dabei bleiben, daß Gott der ist, der Allem Leben und Atem und Alles gibt und der also des Dienstes menschlicher Hände nicht bedarf, um zu sein, der er ist (Act. 17, 25), der Vater der Lichter, von dem alle gute und vollkommene Gabe ἄνωθέν ἐστιν καταβαῖνον (Jak. 1, 17), der μακάριος καὶ μόνος δυνάστης (1. Tim. 6, 15), dessen Wort darum als «das Evangelium von der Herrlichkeit des seligen Gottes» verstanden sein will (1. Tim. 1, 11). Im Blick gerade auf diese Schriftworte hat darum die alte Theologie mit Nachdruck nicht nur von der Liebe, sondern auch (und gewissermaßen darüber hinaus) von der Seligkeit *(beatitudo)* Gottes geredet: *qua nullius indigus et omnium bonorum complementum se ipso fruitur et in se acquiescit (Syn. pur. Theol.* Leiden 1642 *Disp.* 6, 43). *Nam ipse per se et sua natura semper ab omnibus malis liber, semper omnibus bonis affluens est, semper hanc suam felicitatem perfecte cognoscit, semper sibi* αὐτάρκης *et sufficiens, semper se ipso contentus est, nullo nostro bono eget* (hier wurde gerne an Ps. 50, 7 f. erinnert) *eoque nihil extra se appetit* (Polanus, *Synt. Theol. chr.* 1609 *col.* 996). Und es hat schon Augustin die Unterscheidung vorgetragen, es sei das göttliche Lieben, sofern es ein von Gott verschiedenes Anderes zum Gegenstand habe, nicht wie das unsrige (passiv) als ein *frui,* sondern (aktiv) als ein *uti* zu beschreiben, wobei auch *ille usus, qui dicitur Dei, quo nobis utitur, non ad eius sed ad nostram utilitatem refertur, ad eius autem tantummodo bonitatem. (De doctr. chr.* I 31—32). Wir werden nur hinzuzufügen haben, daß eben diese Seligkeit Gottes selber wieder als die Seligkeit seines Liebens zu verstehen ist. *Beatitudo in actu consistit* (Polanus a. a. O.). Der Akt Gottes ist aber sein Lieben. Es ist seine Seligkeit, sofern es auch ohne uns sein Wesen ist: dasselbe Wesen, das er nun doch nicht für sich allein, sondern, indem er es für sich hat, auch in der Gemeinschaft mit uns haben will, ohne unserer zu bedürfen und nun doch kein Genügen findend an seinem Selbstgenügen, ohne Mangel zu leiden, sondern gerade im Überfluß der Vollkommenheit seines Wesens und also seines Liebens uns zugewendet, in und mit seinem Lieben auch dessen Seligkeit uns mitteilend. Es ist diese Seligkeit des Liebens Gottes aber darin begründet, daß er der Vater, der Sohn und der Heilige Geist ist, als solcher uns liebt: als unser Schöpfer, Versöhner und Erlöser, eben als solcher aber auch die Liebe selber, der ewig Liebende ist. Es ist darum gut, sich das Alles klar zu machen, weil eben das uns an das alles Denken übersteigende Geheimnis des göttlichen Liebens, an seine von allem anderen Lieben unterschiedene, alles andere Lieben unendlich übertreffende Göttlichkeit und also daran erinnert, daß wir es, indem wir es in Gottes Offenbarung mit Gottes Sein zu tun bekommen, mit der einen, der wahren Liebe zu tun haben, von der alles andere Lieben nur Zeugnis ablegen kann, nicht aus sich selber, nicht aus einer ihm innewohnenden Zeugniskraft, sondern daraufhin, daß unser geschöpfliches Lieben in Gottes Offenbarung mit dieser einen und wahren Liebe konfrontiert wird, daß wir, die geschöpflich Liebenden, in Gottes Offenbarung als Gegenstände dieses göttlichen, des einen und wahren Liebens, in Anspruch genommen werden.

Dies also ist die besondere Aktualität des göttlichen Seins, der Inhalt dessen, was wir vorher nach seiner Form als Gottes Tun oder Leben beschrieben haben. Dies ist das in der Offenbarung seines Namens sichtbare Wesen Gottes: Gott liebt. Er liebt, wie nur er lieben kann: indem sein Lieben selbst das Gute ist, das er als der Liebende dem Geliebten vermittelt, indem sein Lieben selbst der Grund seines Liebens ist, indem sein Lieben seinen Zweck und seine Zwecke in sich selber hat, indem sein Lieben in der Zuwendung des Liebenden zu einem von ihm selbst unterschiedenen Geliebten ein Überfluß des Liebens ist, mit welchem Gott in sich selber selig ist. Aber eben so liebt Gott. Eben so, wahr und wirklich, liebt nur er. Und eben dieses Lieben ist Gottes Sein in Zeit und Ewigkeit. «Gott ist» heißt «Gott liebt». Was immer wir weiter hinsichtlich des göttlichen Seins zu erkennen und zu bekennen haben werden: es wird unter allen Umständen eine Bestimmung dieses seines Seins als des Liebenden sein müssen. Es werden alle unsere weiteren Sätze darüber, wer und was Gott ist, kreisen müssen um dieses Geheimnis: das Geheimnis seines Liebens. Sie werden in gewissem Sinn alle nur Wiederholungen und Umschreibungen dieses einen Satzes: «Gott liebt» sein können. Wir werden auch bei der im dritten Abschnitt unseres § aufzuwerfenden Frage nach Gottes Geheimnis keinen Augenblick außer acht lassen dürfen, daß wir von Gottes Lieben, von dessen Geheimnis, von dessen Unterschiedenheit und Besonderheit als Gottes Lieben zu reden haben. Es kann und darf uns auch der Blick auf das Geheimnis seiner Freiheit nicht anderswohin führen, nicht zu einem anderen Gott, der nicht der Liebende wäre. Und in derselben Sammlung auf diese Mitte werden wir nachher nachzudenken und zu reden haben, wenn es in der Lehre von den Eigenschaften Gottes um die einzelne Erklärung sowohl des göttlichen Liebens als solchen als auch seiner göttlichen Freiheit gehen wird. Es wird alles darauf ankommen, daß uns die nun gefundene Grundbestimmung: Gott ist der Liebende, nicht mehr loslasse, daß alles Weitere tatsächlich eine Explikation dieser Grundbestimmung sein wird.

Bevor wir aber weitergehen, haben wir an Hand dieser Grundbestimmung des göttlichen Seins eine Bestimmung zu wiederholen und zu unterstreichen, die wir schon im ersten Abschnitt unseres § in der dort gebotenen Allgemeinheit berührt haben und die nun noch ausdrücklicher und genauer als dort zu vollziehen ist. Wir haben dort Gott im Blick auf die Bestimmung seines Seins als eines Seins in der Tat als Person bezeichnet. Daß dies kein willkürliches Postulat (aus dem Begriff einer Tat im Unterschied zu einem bloßen Geschehen) war, dürfte nun, nach der näheren Bestimmung der göttlichen Tat, sichtbar geworden sein. Der uns (in seiner Weise!) liebt, der (in seiner Weise!) Gemeinschaft zwischen sich selbst und uns sucht und schafft, der gibt uns damit auch Bescheid über das, was Person ist, indem er sich selber (in seiner Weise! nicht als wüßten wir von uns aus, was das ist! also so, daß wir es hier erst zu erkennen bekommen!) als Person betätigt. Die Definition einer Person — sie sei ein wissendes, wollendes und handelndes Ich — kann nur den Sinn eines Bekenntnisses zu der in seiner Offenbarung sichtbaren Person Gottes haben, zu dem Liebenden, der als solcher (als der in seiner Weise Liebende!) die Person ist. Gott ist, was der Mensch an sich niemals ist, als was der Mensch sich selber nur im Blick auf ihn verstehen kann, indem er gesteht, daß er im Blick auf sich selbst nicht weiß, was er damit sagt. Der Mensch ist nicht Person, sondern er wird es auf Grund dessen, daß er von Gott geliebt wird und Gott wieder lieben darf. Der Mensch findet das, was Person ist, wenn er es findet in der Person Gottes und sein eigenes Personsein in der Gabe der ihm von Gott in Person gewährten Gemeinschaft. Er ist dann (in seiner Weise, als Geschöpf) Person schlechthin und ausschließlich in der Gemeinschaft mit dem, der es (in seiner Weise, nämlich als sein Schöpfer) in sich selber ist. Eigentlich und ursprünglich heißt also Personsein eben das sein, was Gott ist, heißt also der in Gottes Weise Liebende sein. Nicht wir sind, sondern Gott ist Ich. Denn er allein ist es als der, der ohne ein anderes

Gut, ohne einen anderen Grund, ohne einen anderen Zweck, ohne eine andere Seligkeit als die, die er in sich selber hat, liebt und damit zugleich sich selber ist und als solcher einem Anderen, einem Du gegenübertreten kann. Der ohne von ihm bedingt und begrenzt zu sein, vielmehr selber dessen Bedingung und Grenze, ja dessen Seinsgrund sein kann und das nun doch so, daß er diesem Anderen seinerseits als Du begegnen, von diesem Anderen als Du verstanden und angeredet werden kann. Der also auch gemeinschaftsfähig ist — gemeinschaftsfähig auf Grund seiner eigenen Kraft und Tat, gemeinschaftsfähig und gemeinschaftsverwirklichend in sich selber und ohne Bedürfnis nach jenem Anderen, aber eben so nun auch gemeinschaftsfähig und gemeinschaftsverwirklichend diesem Anderen gegenüber. Das heißt ursprüngliches und eigentliches Ich-Sein. Das Sein und also das Lieben Gottes und nur es hat den Charakter dieses Ich-Seins.

Denn: «Solche Selbstbestimmung... ist die vollendetste Selbstbejahung, solche Betätigung vollendete Selbstbetätigung, vollendetes Leben, in welchem das Subjekt, das eigene Sein und Leben mit der Bestimmung und Betätigung für andere zusammenfällt, so daß Leben vom Leben ausgeht, daß Leben Leben wirkt und schafft» (Cremer a. a. O. S. 21).

Und darum ist nun auch das ursprüngliche und eigentliche Wissen, Wollen und Handeln, das ein Ich von einem Es, das eine Tat von einem bloßen Geschehen unterscheidet, die Eigenschaft und Prärogative nicht des menschlichen, sondern des göttlichen Seins als des Liebenden. In Wahrheit wissend, in Wahrheit wollend, in Wahrheit handelnd, ist ja nur die göttliche Liebe, weil in ihr das wissende und wollende Subjekt, sein Gegenstand, das Suchen und Schaffen der Gemeinschaft mit ihm, Eines sind auch abgesehen von der Existenz eines von ihm selbst verschiedenen Anderen und dann und so auch als Seinsgrund dieses Anderen und als Bestimmung ihres Verhältnisses zu diesem Anderen. So wissen, wollen und handeln, wie Gott es tut als der Liebende in sich selbst und in seinem Verhältnis zu seinem Geschöpf, das heißt (in Bestätigung seines Ich-Seins): Person-Sein. So ist Gott Person und so ist er allein Person. Eben so ist er aber wirkliche und nicht nur ideale, nicht personifizierte, sondern vielmehr die personifizierende Person, die Person, auf deren Existenz hin erst (hypothetisch!) auch von anderen, von ihm unterschiedenen Personen geredet werden kann. Indem Gott uns in seiner Offenbarung begegnet als der Liebende, begegnet er uns als der Eine sondergleichen.

Was wissen wir denn von unserer eigenen Ichheit, bevor uns Gott seinen Namen und wiederum uns selbst bei unserem Namen genannt hat? Was wissen wir, was das heißt, Du zu sagen, bevor Gott uns so genannt und bevor wir, ihm dankend, ihn lobend, ihn bittend, wiederum Du zu ihm gesagt haben? Was wissen wir, was Reden heißt, bevor Gott mit uns geredet hat? Was Hören heißt, bevor wir Gott gehört haben? Was Handeln heißt, bevor Gott uns in Jesus Christus als der für uns Handelnde sichtbar geworden ist? Was Leiden heißt, bevor wieder Gott und er wieder in Jesus Christus als der für uns Leidende uns bekannt ist? Was Macht und Herrschaft ist, ohne die Erkenntnis seiner Macht und seines Herrschens in seinem Wort? Wir denken und reden in lauter matten Abbildern und Nachklängen der Person Gottes, wenn wir den Menschen als Person, als Einen, beschreiben. Es ist das Lieben Gottes in seiner Offenbarung, dem wir es bewußt oder unbewußt verdanken, daß wir den Menschen so beschreiben können und es ist bewußt oder unbewußt nicht das Sein des Menschen sondern Gottes Sein als der Liebende, d. h. Gottes durch sein Wort aufgedecktes Spiegelbild im Menschen, das uns dabei als Wirklichkeit vor Augen steht.

Der Eine, die Person, die wir wirklich kennen als menschliche Person, ist die Person Jesu Christi und eben diese ist ja die Person Gottes des Sohnes, in die die Menschheit, ohne selber Person zu sein oder zu haben, aufgenommen wurde in die Gemeinschaft mit dem Personsein Gottes. Eben dieser eine Mensch ist also das sich uns selbst bekanntgebende Sein Gottes als der Liebende.

Es ist also — und das ist der entscheidende Ertrag dieser ganzen Überlegung — nicht etwa an dem, daß wir gewissermaßen zu erröten hätten, wenn wir, der Redeweise der heiligen Schrift folgend, von Gott gerade nicht in abstrakten Begriffen als von dem «höchsten Gut» oder dem «Absoluten» oder der «Allmacht» oder der «Allweisheit» und dergl., sondern personal als von dem Einen reden, der das Alles ist als wissendes, wollendes und handelndes Ich, wenn wir sogar die Gleichung «Gott ist die Liebe» nach 1. Joh. 4 personal verstehen: Er ist der Liebende. Die personale Redeweise der Schrift ist keineswegs kindlich, naiv, und anthropomorph (oder dieses nicht mehr als jeder Begriff und jede Anschauung, die wir auf Grund von Gottes Offenbarung und im Gehorsam gegen sie in den Dienst des Glaubens und der Verkündigung stellen). Sondern gerade die personale Redeweise der heiligen Schrift ist schlechterdings und ausschließlich der Sache entsprechend: Gott ist nicht Etwas, sondern Einer, der Eine, von dem der Mensch es nur zu Lehen trägt, wenn auch er Einer sein darf. Erröten müßten wir vielmehr jedesmal dann (weil wir jedesmal dann in falscher Weise kindlich, unreif, unangemessen reden würden): wenn uns doch wieder Worte entschlüpfen würden, in denen wir gerade mit der Personalität Gottes nun doch wieder nicht gerechnet oder nicht Ernst gemacht hätten.

Es ist aber auch nicht an dem, daß diese Redeweise etwa in dem Sinn unter Vorbehalt zu stellen wäre, daß sie uns zwar als Element unserer anthropomorphen Vorstellungssprache erlaubt und wohl auch geboten sei, mit der Erinnerung jedoch, daß Gott jenseits dieser unserer Vorstellungssprache nun doch nicht Einer sondern Eines, also z. B. das unpersönliche Absolute, das höchste Gut, der Weltgeist oder Weltgrund u. dergl. sei. Daß wir Gott, indem wir ihn erkennen, nicht erfassen, weil wir ihn nur als Menschen erkennen und nicht so, wie er sich selbst erkennt, das hat mit solchem Vorbehalt (laut dessen ihn ja der Esoteriker schließlich doch erkennen würde, wie er sich selbst erkennt!) nichts zu tun. Erkennen wir Gott nur in menschlicher Weise, so erkennen wir ihn doch in dieser Schranke auf Grund seiner Offenbarung als den, der er ist. Er ist aber der Liebende — alle unsere Anschauungen und Begriffe von Liebe übersteigend, aber eben so der wahrhaft Liebende und eben so Einer, Person. Als der Eine, als die Person übersteigt er alle unsere Anschauungen und Begriffe von Person, aber eben so offenbart er auch, was Einer, was eine Person ursprünglich und eigentlich ist. Uns ist also erlaubt und geboten, in den Schranken des Menschlichen die Wahrheit zu reden, indem wir von ihm als von Einem, indem wir personal von ihm reden: die Wahrheit, hinter der es keine höhere gibt, weil Gott auch in der für uns unauflöslichen Verborgenheit seines Wesens nichts Anderes ist als der Eine, als der er sich uns in seiner Offenbarung anschaulich und begreiflich gemacht hat.

Es ist aber schließlich auch nicht an dem, als bedeutete die Anwendung der personalen Redeweise auf Gott die Anerkennung eines für uns unauflöslichen Paradoxons im Wesen Gottes, indem wir Gott zwar notwendig einerseits als das unpersönliche Absolute, aber zugleich andrerseits (und in unvermeidlichem logischem Widerspruch zu jenem) als Person verstehen müßten. Dazu ist zu bemerken, daß das für uns unauflösliche Paradoxon des Wesens Gottes keineswegs das einer logischen Spannung zwischen zwei uns als solchen einsichtigen und verfügbaren Begriffen ist, als wüßten wir zwar, was das «Absolute» auf der einen und was «Persönlichkeit» auf der anderen Seite ist, als bestünde die Schwierigkeit nur darin, beide miteinander zu vereinigen und als sei Gottes Wirklichkeit nun eben die Überwindung dieser Schwierigkeit. Nein, daß Gott zuerst und eigentlich das Alles ist, was unsere Begriffe meinen möchten und doch von sich aus nicht einmal meinen können, daß Gott sich uns in seinem ursprünglichen und eigentlichen Sein offenbart hat, um uns doch auch in seiner Offenbarung unbegreiflich zu bleiben, um uns aber zu erlauben und zu gebieten, unsere Begriffe in den Dienst seiner Erkenntnis zu stellen, um unseren Gehorsam zu segnen, um uns innerhalb unserer Schranken in Wahrheit erkennbar zu werden, das ist das für uns unauflösliche Paradoxon seines Wesens. Es ist das Paradoxon des Zusammenseins seiner Gnade mit unserer Verlorenheit, nicht das Paradoxon des Zusammenseins von zwei für uns logisch unvereinbaren Begriffen. Gerade in Anerkennung des wirklichen, des göttlichen Paradoxons werden wir Gottes Personsein und Gottes Absolutheit nicht nebeneinander sehen und nebeneinanderstellen in der Weise, wie wir es zur Beschreibung geschöpflicher Wirklichkeiten mit und ohne logische Widersprüche allerdings oft genug tun müssen, sondern werden wir uns daran halten, daß Gott sich uns als der, der er ist, nämlich als der Liebende und also als der Eine, als die Person offenbart hat und daß wir daneben nichts Anderes (sei es nun mit jenem logisch vereinbar oder unvereinbar), sondern in aller Aufmerksamkeit auf dessen einzigartige Eigenart Dieses und nur Dieses, mit allen Konsequenzen dieses Eine zu sagen haben: dieses Eine (daß er der Eine ist!) so, daß es dem entspricht, was er selber uns in seinem Wort darüber vorgesagt hat, wobei dann gewiß auch das, was mit «dem Absoluten» gemeint sein könnte, zu Ehren kommen wird, aber gerade nicht so, als ob dies, daß er der Eine ist, dadurch, daß er «absolut» ist, als dialektisch begrenzt und ergänzt erscheinen würde, als müßten wir nun doch, um Gott zu bezeichnen, über seine Personalität und über seine Absolutheit hinaus in irgend einen leeren Raum weisen, als ob Gott erst dort, in der dialektischen Überwindung dieses Gegensatzes, wahrhaft und wirklich Gott wäre. Er ist es (innerhalb der Schranken unseres menschlichen Erkennens) als der (in seiner Weise!) Liebende und also als der Eine, und er ist Alles, was er ist, indem er dieser Eine ist: nicht dahinter in einem Sein als das Eine, auch nicht in einem Zugleichsein als der Eine und das Eine, auch nicht darüber in einem Jenseits dieses Gegensatzes, sondern schlicht, indem er (in seiner Weise!) der Eine ist.

Wir können von hier aus die Auseinandersetzung über die Persönlichkeit Gottes überblicken, die in der Theologie des 19. und teilweise noch des 20. Jahrhunderts eine beträchtliche Rolle gespielt hat.

Ihr Ursprung ist tief in der Gotteslehre der orthodoxen Zeit, ja des Mittelalters zu suchen. Wir erwähnten schon die in dieser Gotteslehre allgemein übliche Stellung der Trinitätslehre hinter der Entwicklung eines Begriffs vom Wesen und von den Eigenschaften Gottes im Allgemeinen. Schon durch diese Anordnung führte man sich selbst in Versuchung, von Gott zunächst abgesehen von seiner Offenbarung und damit von seinem Sein als der Liebende, auf Grund freier Erwägung dessen, was etwa göttlich sein möchte, zu reden, kam damit unwillkürlich aus der Schule der Schrift in die Schule der heidnischen Antike, bestimmte das Wesen Gottes als jenes mit allen denkbaren Superlativen ausgestattete Neutrum, als das *ens perfectissimum* und *summum bonum*, das als solches, als der *actus purus* des Geistes, auch das *primum movens* sein sollte, und hatte nachher Mühe genug, die Existenz dieses *Deus unus* auch noch mit der des biblischen *Deus triunus* in eins zu setzen. Die Voraussetzung, daß dieser Gott Einer und gerade nicht Eines, sondern Alles als der Eine sei, war bei den Reformatoren sichtbar und wirksam, bei ihren Nachfolgern stillschweigend selbstverständlich, sie hatte aber in dieser ganzen alten Gotteslehre keinen eigentlichen Grund und keine beherrschende Stellung: von jenem Wesens- und Eigenschaftsbegriff her schon gar nicht, aber auch nicht von der Trinitätslehre her. Von der Trinitätslehre her konnte sich vielmehr nur weitere Verdunkelung ergeben, je mehr man dort den Terminus *persona (modus subsistentiae,* Seinsweise) mit der einer «Person» (in unserem Sinn des Begriffs) zu verwechseln und also (sehr im Widerspruch zu den Intentionen der altkirchlichen Trinitätslehre) von drei Persönlichkeiten in Gott zu träumen begann, je weniger man das Sein Gottes als der Liebende und also als der Eine aus dem einen Leben des dreieinigen Gottes in seiner Offenbarung und in sich selbst zu verstehen wußte. In dieser Situation traf dann die Theologie der Einbruch der von dem anhebenden Anthropologismus der Neuzeit herkommenden sogen. «Aufklärung» mit ihrer Reduktion des Gottesbegriffs auf die ewige Wahrheit der theoretisch-praktisch-aesthetischen menschlichen Vernunftideen oder schließlich auf die diese erzeugende (hypostasiert gedachte) Vernunft als solche. Es konnte nicht allzu schwer fallen, dieses angeblich mit der Gottheit identische Gebilde in der von der Orthodoxie vorgetragenen Lehre vom Wesen und von den Eigenschaften Gottes leidlich wiederzuerkennen, bezw. diese alte Gotteslehre ganz leidlich nach Maßgabe jenes Gebildes zu interpretieren. Was war denn auch sie, im Wesentlichen nach den Weisungen der heidnischen Antike gebaut, Anderes gewesen als eben eine Hypostasierung der Ideenwelt, bezw. der Idee aller Ideen, die ebenso gut und wohl besser die Vernunft wie gerade Gott genannt werden konnte?

Diese Gleichsetzung oder Umkehrung ist dann freilich erst das Werk des die Aufklärung angeblich überwindenden, in Wirklichkeit krönenden und vollendenden Idealismus der Wende vom 18. zum 19. Jahrhundert gewesen. Von der theologischen Schule, die sich dessen Anregungen am konsequentesten zu eigen machte, nämlich aus der an Hegel orientierten, ist dann auch der bewußte und förmliche Stoß gegen den Begriff der Persönlichkeit Gottes ausgegangen, den die ältere Aufklärungstheologie, der Tragweite ihres Reduktionsverfahrens noch nicht bewußt oder auch intellektuell-moralisch noch nicht gewachsen, trotz alles längst mitlaufenden Spinozismus zu führen im Ganzen noch unterlassen hatte. War Gott in Wirklichkeit nur die höchste Idee oder der Ursprung aller theoretisch-praktisch-aesthetischen Ideen oder «der Geist», kannte man ihn, indem man diesen Geist kannte und in ihm den Ursprung aller Vernünftigkeit und in diesem das Absolute oder das höchste Gut des Menschen, dann war nicht abzusehen, warum und wieso er Einer, warum und wieso er Person sein konnte und durfte. Was Person sei, das meinte man jetzt zu wissen, indem ein Jeder um sich selbst wußte: Person ist die einzelne Erscheinung des Geistes, seine als solche begrenzte, zufällig notwendige Individualisierung. Wie könnte also Gott Person sein? Der exoterische bezw. der explizite Sinn dieser Frage war: Wie könnte Gott begrenzt sein? Wie reimt sich die Unendlichkeit des Geistes mit der ihm mit dem Begriff der Persönlichkeit zugeschriebenen Endlichkeit? *Omnis determinatio est negatio,* hat man dem Spinoza in allen Tönen nachgesagt. Persönlichkeit bedeute eben *determinatio* und also eine dem Absoluten unerträgliche *negatio* und also könne das Absolute oder Gott nicht Persönlichkeit sein. «Als Personen fühlen und wissen wir uns nur im Unterschiede von anderen gleichartigen Personen außer uns, von denen wir uns unterscheiden, mithin als endliche; in diesem Gebiete der Endlichkeit und für dasselbe gebildet scheint folglich der Begriff der Persönlichkeit außerhalb desselben jeden Sinn zu verlieren und ein Wesen, welches kein anderes seinesgleichen außer sich hat, auch keine Person sein zu können. Von einem persönlichen Gott oder göttlicher Persönlichkeit zu sprechen, erscheint auf diesem Standpunkt als eine Verbindung von Begriffen, deren einer den anderen schlechthin ausschließt und aufhebt. Persönlichkeit ist sich zusammenfassende Selbstheit gegen Anderes, welches sie damit von sich abtrennt; Absolutheit dagegen ist das Umfassende, Unbeschränkte, das nichts als eben nur jene im Begriff der Persönlichkeit liegende Ausschließlichkeit von sich ausschließt: absolute Persönlichkeit mithin ein *non ens,* bei welchem sich nichts denken läßt». (D. F. Strauß, Die chr. Glaubenslehre I. Bd. 1840, S. 504 f.). «Der Begriff der Persönlichkeit kann nicht vom endlichen Geiste so abgenommen werden, daß dabei zugleich vom Moment der Endlichkeit abstrahiert würde. Die Persönlichkeit ist vielmehr die spezifische Subsistenzform des menschlichen Geistes als endlichen, an welcher die endlich sinnliche Subsistenzbasis sowohl für die Form als für den Inhalt der Persönlichkeit ein konstitutives Moment bildet... Die Behauptung der Persönlichkeit Gottes ist daher nur das Schibboleth des noch vorstellungsmäßigen Theismus. Vom strengen Denken aber ist diese Vorstellung in den reinen, Gott allein adaequaten Begriff des absoluten Geistes aufzuheben, der nicht zu seiner Voraussetzung an ihm selbst endliches Dasein hat, sondern der in seinem In-sich-sein selbst die absolute Voraussetzung für die Totalität alles endlichen Daseins ist»

(A. E. Biedermann, Chr. Dogm. 1869, S. 639). Daß die Besinnung auf das Wesen der «Persönlichkeit», auf die Bedingungen, die für deren Entstehen und Bestehen unerläßlich sind, das Reden von einer «Persönlichkeit Gottes» unmöglich mache, ist doch auch noch von H. Lüdemann (Chr. Dogmatik, 2. Bd. 1926, S. 168) mit großer Bestimmtheit behauptet worden.

Man sieht, daß diese Kritik sich selbst die Form eines fast calvinisch-puritanischen Eiferns um die Reinheit und Erhabenheit des Gottesgedankens gegen seine Vermischung mit einer, mit der fundamentalen Selbstbestimmung des Menschen zu geben wußte. Man wird auch an der subjektiven Aufrichtigkeit hinsichtlich dieses Sinnes des von den Hegelianern geführten Kampfes nicht zweifeln dürfen. Die nicht ohne Mitschuld der alten Orthodoxie vorgekommene und durchgedrungene Verwechslung zwischen dem Gottesgedanken und dem allgemeinen Geistgedanken war durch den klassischen Idealismus den philosophisch-theologischen Denkern des 19. Jahrhunderts so undiskutierbar selbstverständlich geworden, daß auch die scharfsinnigsten Erforscher der christlichen Lehre — auch ein Theologe wie Biedermann, der unzweifelhaft seiner Lebtage redlich und mit großer und eindringender Sachkenntnis bemüht war, sich mit der kirchlichen Tradition auseinanderzusetzen, der auch in der modernen Gegenwart unzweifelhaft Kirche bauen und nicht zerstören wollte — nicht fähig waren, einzusehen, daß sie mit der Verherrlichung des absoluten Geistes einem, gemessen an der biblischen Offenbarung, fremden, ja gemessen an demselben Maßstab, nicht göttlichen sondern geschöpflichen Gott dienten. Indem sie einen anderen Gott als diesen (jedenfalls als Theologen!) nicht mehr kannten, mußte es ihnen verborgen bleiben, daß es allerdings höchst folgerichtig war, diesem die Persönlichkeit abzusprechen, daß sie aber eben mit dieser Folgerichtigkeit nur bestätigten, daß sie den Gegenstand einer evangelischen Theologie gänzlich aus den Augen verloren hatten. Der absolute Geist, der der Gegenstand ihrer Theologie geworden war, war in der Tat nicht Person und konnte — darin hatten sie in ihrer Abwehr aller ihrer weniger konsequenten Widersacher ganz recht — als solcher auch nicht gedacht werden. Sie konnten freilich infolge ihrer Befangenheit hinsichtlich jener Verwechslung und also hinsichtlich der wahren Natur ihres ganzen Ansatzes auch den esoterischen bezw. impliziten Sinn der Frage: Wie könnte Gott Person sein? selber nicht sehen, den entscheidenden Grund selber nicht geltend machen, warum ihr Gott durchaus keine Person sein konnte. Ja, warum mußte denn die diesem Gott zugeschriebene Absolutheit und Unendlichkeit gerade den Begriff der Persönlichkeit als den Inbegriff des Endlichen erscheinen lassen und also ausschließen? Doch wohl darum — es steckt ein gewaltiges positives Pathos hinter den scheinbar bloß negativen Feststellungen dieser Theologen — weil in ihrem Denken die Stelle, wo von Persönlichkeit ernstlich, wahrhaftig und wirklich die Rede sein mußte, schon besetzt, und zwar sehr feierlich und endgültig besetzt, weil also dieser Titel kein zweites Mal zu vergeben war. Persönlichkeit schrieb man ja mit derselben Selbstverständlichkeit, mit der man sie dem, was man als «Gott» dachte und bezeichnete, absprach, dem Subjekt dieses Denkens und Bezeichnens, nämlich dem denkenden und bezeichnenden Menschen, zu. Was verschlug es, daß man dieses Subjekt damit im Unterschied zu seinem «Gott» in die Sphäre und Existenzweise der Endlichkeit verwies, da man es ja gleichzeitig mit diesem Prädikat schmückte, da man es ja als das Subjekt verstand, das des Denkens und Bezeichnens des absoluten Geistes, des höchsten Gutes, des unendlichen Seins jederzeit von sich aus fähig sei? Das Subjekt, dem die Würde und Macht zukommt, Subjekt dieses Prädikates zu sein, — wie sollte es nicht den Inbegriff des Personseins, das Wesen des wahren Ich, erfüllen, wie sollte es nicht das wissende und wollende Ich sein? Was sollte ihm seine Endlichkeit anhaben, da es in dieser Beziehung zum Unendlichen, da es diesem in seiner Endlichkeit zugleich so schöpferisch, bewegend und verfügend gegenübersteht, da das Unendliche ja doch offenkundig als solches des endlichen Subjektes Prädikat ist? Ungemächlich, bedrohend, richtend kann ihm dieses Unendliche, kann ihm der Gott, der seiner Kontrolle in dieser Weise unterliegt, offenbar trotz seiner, des Subjektes, eigenen Endlichkeit keinen Augenblick werden. Hinter und über seiner ganzen Unendlichkeit steht ja doch jederzeit die beruhigende Gewißheit, daß es selber, das endliche Wesen, als dieses unendlichen Prädikates Subjekt unzweifelhaft die Person sei, die diesem Unendlichen gegenüber souverän denkend und bezeichnend am Werk ist. Nur an eine Regel muß sich dieses Werk offenbar halten, wenn es nicht zu einer Selbstbedrohung des endlichen Subjektes werden wollte: es darf das Prädikat unter keinen Umständen etwa ebenfalls als Subjekt (in demselben oder vielleicht gar in einem grundsätzlich überlegenen Sinn dem menschlichen Subjekt gegenüber), es darf also Gott unter keinen Umständen als Person gedacht und bezeichnet werden. Das wäre ja das Zugeständnis, daß Gottes Unendlichkeit dessen eigene und nicht des Menschen Unendlichkeit sei. Damit wäre ja jene Voraussetzung: daß Gott der Inbegriff der menschlichen Vernunftidee ist, geleugnet und preisgegeben. Damit hätte man sein so sicheres, nämlich das schlicht auf das menschliche Selbstbewußtsein begründete Wissen um das, was Person ist und damit die Letztwirklichkeit der menschlichen Persönlichkeit aufs schwerste problematisiert. Damit wäre der Mensch seiner eigenen schöpferischen Rolle den sichtbaren und den unsichtbaren, und also allen Dingen gegenüber, schließlich wohl gar entkleidet. Und das war es, was nach den heiligsten Überzeugungen der durch die Aufklärung, die Romantik und den klassischen Idealismus erzogenen Generationen unter keinen Umständen geschehen durfte. Gottes Prädikation als Persönlichkeit mußte für sie geradezu die Absurdität sein, deren man sich als Philosoph oder Theologe unter keinen Umständen schuldig machen durfte. Denn diese Prädikation mußte das prädizierende Subjekt aufheben. Diese Prädikation konnte sinnvollerweise überhaupt nicht mehr als Prädikation verstanden werden, sondern nur noch als die Anerkennung eines aller menschlichen Prädikation schlechterdings vorangehenden Sachverhaltes, als das Ende jener Kontrolle, unter der sich das neutrale Unendliche als des Menschen eigenes, im Akte seines endlichen Personseins sich realisierendes Unendliches, so gemächlich überblicken und meistern ließ. Weil das das Ende aller Dinge war, zu dem es nicht kommen durfte, weil die ganze in jener Gleichung zwischen Gott und der Vernunftidee zusammengefaßte Errungenschaft der Neuzeit zu verteidigen war gegen die Erschütterung des menschlichen Selbstbewußtseins durch die Wirklichkeit oder auch nur Möglichkeit eines von ihm real verschiedenen göttlichen Selbstbewußtseins, weil man in dieser Erschütterung etwas Anderes als einen Einbruch uralter Barbarei in das Gehege der neu entdeckten und doch schon so selbstverständlich gewordenen «Religion innerhalb der Grenzen der bloßen Vernunft» nicht erblicken konnte, — darum haben die Hegelschen Theologen die Persönlichkeit Gottes so scharf und schneidig in Abrede stellen müssen. Sie waren gerade an dieser Stelle die sehr sachkundigen, über den wahren Feind und die von ihm her drohende Gefahr sehr wohl unterrichteten und, von ihrem Standpunkt aus geurteilt, mit Recht höchst wachsamen Apologeten der neuchristlichen Kirche, die sich seit 1700 immer bewußter und entschiedener zu sammeln und zu konsolidieren begonnen hatte. Nur von hier aus ist ihre Bestreitung der Persönlichkeit Gottes wirklich verständlich. Sie war darum unwiderstehlich schlagkräftig, weil sie sich in lauter analytischen Sätzen bewegte, weil sie nur die sozusagen allgemein gewordene Voraussetzung wiederholte, daß der Mensch die Person ist, die, indem sie die Idee ihrer Vernunft denkt, Gott zu denken vermag und daß Gott eben darum und in Bestätigung dessen als absolut und unendlich zu denken ist, unter keinen Umständen aber ebenfalls als Person und damit als der überlegene Konkurrent des Menschen gedacht werden darf. Auf dem Boden der Aufklärung, der Romantik und des Idealismus war und ist diese Bestreitung der Persönlichkeit Gottes nicht abzuwehren, weil sie daselbst einfach lebensnotwendig ist. Wer mit jener Gleichung anfängt, der hat damit, ob er es weiß und will oder nicht, schon bestritten, daß Gott Person ist und wird dies nachher nicht wohl zurücknehmen können; denn eben mit dieser Gleichung hat er die wahre und eigentliche Persönlichkeit dem Menschen als dem Subjekt der Vernunftidee zugeschrieben und damit den Schritt getan, der ihn mit dem Glauben an den persönlichen Gott in unauflöslichen Widerspruch bringen muß.

Daran krankte denn auch alle moderne Verteidigung dieses Glaubens: daß sie sich mit seinen Bestreitern auf den gleichen Boden, nämlich auf den jener Gleichung stellte, wo die Bestreiter notwendig recht behalten mußten. Es hat ja natürlich nicht gefehlt daran, daß den Hegelschen Theologen das Naheliegende geantwortet wurde: ob Gott nicht gerade darum auch Persönlichkeit zugeschrieben werden müsse, weil der Mensch mit diesem Begriffe das Eigentlichste und Beste seiner eigenen Existenz bezeichne und also gerade mit ihm auch die letzte und höchste, ja entscheidende seiner Prädikationen des absoluten Geistes zu vollziehen habe. So hat H. Siebeck argumentiert: Es gehe die innere Entwicklung des Menschen einem Höhepunkt entgegen, der darin bestehe, daß er sich als Einheit gegenüber der Welt wisse: einerseits als Teil, andererseits selbst als Zentrum der Welt. In diesem letzteren Sinn sich selbst verstehend, dürfe er die Welt als Mittel seiner Selbsterhaltung und Selbstbetätigung betrachten, ja noch mehr: die Persönlichkeit erkenne ihre sittliche Eigentümlichkeit als begründet im Grunde der Gesamtwelt; die Welt müsse auf das Hervortreten der Persönlichkeit angelegt sein. Und also müsse der Gottesbegriff nach Analogie des Persönlichen konstruiert werden. (Lehrb. d. Rel. Phil. 1893, S. 168 ff.). «Das Wesen des Persönlichen wird aus der Erfahrung in das Transzendente projiziert» (a. a. O. S. 363). Siebeck gab freilich zu, daß alle Merkmale der empirischen Persönlichkeit, auf ein absolutes Wesen angewendet, ihrer diskursiven Denkbarkeit verlustig gehen. Aber er meinte sich darüber beruhigen zu können durch die Erwägung, daß ohne die wirkliche Persönlichkeit Gottes die ganze Religionsgeschichte für eine Illusion erklärt werden müßte und durch die besonders bestechende Feststellung, daß alle mächtigen geistigen Bewegungen der Geschichte immer aus dem Tiefengehalt des Lebens bestimmter geistesmächtiger Persönlichkeiten heraus geboren worden seien (a. a. O. S. 364 f.). Ähnlich hat H. Lotze argumentiert: «Der Sehnsucht des Gemütes, das Höchste, was ihm zu ahnen gestattet ist, als Wirklichkeit zu fassen, kann keine andere Gestalt des Daseins als die der Persönlichkeit genügen oder nur in Frage kommen. So sehr ist sie davon überzeugt, daß lebendige, sich selbst besitzende und genießende Ichheit die unabweisliche Vorbedingung und die einzig mögliche Heimat alles Guten und aller Güter ist, so sehr von stiller Geringschätzung gegen anscheinend lebloses Dasein erfüllt, daß wir stets die beginnende Religion in ihren mythenbildenden Anfängen beschäftigt finden, die natürliche Wirklichkeit zur geistigen zu verklären; nie hat sie hingegen ein Bedürfnis empfunden, geistige Lebendigkeit auf blinde Realität als festeren Grund zurückzuführen» (Mikrokosmos[3] 3. Bd. 1880, S. 563 f.). So hat R. Rothe erklärt, es sei «ein bornierter Wahn, zu meinen, man müsse sich den lieben Gott so vornehm denken, daß ihm auch alles das abzusprechen sei, was gerade die eigentümlichen Vorzüge des menschlichen Wesens ausmacht» (Ethik, 1. Bd. 1867, S. 122). Und so hat A. Ritschl sagen können, die Anerkennung der Persönlichkeit der Götter verrate «den Wert, welchen die Religion für das menschliche Geistesleben behauptet» (Rechtfert. u. Versöhnung[1], 3. Bd. 1874, S. 173). Es ist bei allen diesen Überlegungen deutlich, daß sie die Voraussetzung mit den Leugnern der Persönlichkeit Gottes gemeinsam haben: daß Gott als der Inbegriff menschlicher Höchstwerte zu verstehen ist. Eben auf diesem gemeinsamen Boden vermögen sie aber der von der Gegenseite geübten Kritik nicht standzuhalten.

Sie sind zunächst technisch nicht durchführbar: Die Unendlichkeit des Geistes oder des Guten oder des Seins, sofern diese als der Inhalt einer menschlichen Idee gedacht werden, erträgt nun einmal, soll sie nicht geleugnet und aufgehoben werden, keine andere Endlichkeit als die, die dem Subjekt dieser Idee als solchem zukommt, die aber eben darum in dem Prädikat dieses Subjektes notwendig als aufgehoben gedacht und also geleugnet werden muß. Ist das Absolute das Absolute der menschlichen Idee, dann ist der Begriff einer «absoluten Persönlichkeit» mit Strauß (a.a.O. S. 505) als *Nonsens* oder mit Biedermann (a.a.O. S. 643) als *contradictio in adiecto* zu bezeichnen. Denn immer gibt er dann dem Prädikat jene schöpferische Endlichkeit, die als solche nur dem Subjekt zukommen kann. Immer wird dann das Subjekt gegen die ihm drohende Konkurrenzierung mit jenem Eifer um die Reinheit seines Prädikates nur zu einleuchtend verteidigt werden, und immer wird dann allzu leicht gezeigt werden können, daß es dem Merkmal des Subjekts als solchem schlecht bekommt, ins Prädikat erhoben zu werden. Man kann nicht gut vorgehen. wie Lotze es wollte, der zunächst den die menschliche Persönlichkeit konstituierenden Gegensatz von Ich und Nicht-Ich reduziert auf den Gegensatz des Geistes zu seinen (allerdings auf Veranlassung einer eigentlichen Außenwelt entstandenen) Vorstellungen, um dann umgekehrt einen unbedingten Geist zu postulieren, der, indem er «selbst alles ist, was ist», keiner solchen äußeren Veranlassung bedarf, um dennoch in beständiger Tätigkeit und also Persönlichkeit zu sein. «Wenn wir das innere Leben des persönlichen Gottes, den Strom seiner Gedanken, seiner Gefühle und seines Willens als einen ewigen und anfangslosen, nie in Ruhe gewesenen und aus keinem Stillstand zur Bewegung angeregten bezeichnen, so muten wir der Einbildungskraft keine andere und größere Leistung zu, als ihr von jeder materialistischen oder pantheistischen Ansicht angesonnen wird.» (Lotze, a.a.O. S. 569—80; Grundzüge der Rel. Phil.[3] 1894, S. 39—45). Daß auch die materialistische und pantheistische Ansicht der Einbildungskraft allerhand zumuten, dürfte doch ein schlechter Trost sein angesichts der Verlegenheit, in der man sich solcher Verteidigung des persönlichen Gottes gegenüber befindet, sofern in ihr nicht einmal das deutlich wird, ob dabei das Absolute durch die Persönlichkeit oder die Persönlichkeit durch das Absolute oder vielleicht Eines durch das Andere verschlungen wird, sofern der Leser in einem vollkommenen Nebel sogar hinsichtlich der Frage zurückgelassen wird, ob er sich hier nicht ebenfalls und trotz der Versicherung des Gegenteils im Raume einer materialistischen oder pantheistischen Ansicht befinde. Es war kein gutes Zeichen für die Umsicht der protestantischen Theologie der Neuzeit, daß sie (von Rothe bis zu Ritschl und z. T. noch bis in die Gegenwart hinein) gerade diese Lotze'sche Verteidigung der Persönlichkeit Gottes für eine besonders meisterliche und hilfreiche Sache glaubte halten zu sollen.

Diese Verteidigung und die ähnlichen Versuche seiner Gesinnungsgenossen hatten ja zweitens auch die fatale Eigentümlichkeit, daß sie den eigentümlichen Postulatcharakter der ganzen modernen Gotteslehre in einer nun wirklich kompromittierenden Weise bloßlegten. Wie hatte doch, lange vor Lotze und Siebeck, L. Feuerbach geschrieben: «Die Theologie ist Anthropologie, d. h. in dem Gegenstande der Religion, den wir griechisch *Theos*, deutsch Gott nennen, spricht sich nichts Anderes aus als das Wesen des Menschen, oder: der Gott des Menschen ist nichts Anderes als das vergötterte Wesen des Menschen». (Das Wesen der Religion 1848, 3. Vorl.) «Das Christentum warf dem Heidentum Götzendienst vor, der Protestantismus warf dem Katholizismus, dem alten Christentum Götzendienst vor, und der Rationalismus wirft jetzt dem Protestantismus, wenigstens dem alten, orthodoxen, Götzendienst vor, weil er einen Menschen als Gott, ein Bild Gottes also — denn der Mensch ist ja ein solches — statt des eigentlichen Originals, statt des eigentlichen Wesens, verehrt habe. Ich aber gehe noch weiter und sage: auch der

Rationalismus, ja jede Religion, jede Religionsweise, die einen Gott, d. h. ein nicht wirkliches, ein von der wirklichen Natur, dem wirklichen Menschenwesen abgezogenes und unterschiedenes Wesen an die Spitze stellt, zum Gegenstand ihrer Verehrung macht, ist Bilderdienst und folglich Götzendienst... Denn nicht Gott schuf den Menschen nach seinem Bilde, wie es in der Bibel heißt, sondern der Mensch schuf, wie ich im ‚Wesen des Christentums' zeigte, Gott nach seinem Bilde. Und auch der Rationalist, der sogen. Denk- oder Vernunftgläubige schafft den Gott, den er verehrt, nach seinem Bilde; das lebendige Urbild, das Original des rationalistischen Gottes ist der rationalistische Mensch. Jeder Gott ist ein Wesen der Einbildung, ein Bild und zwar ein Bild des Menschen, aber ein Bild, das der Mensch außer sich setzt und als ein selbständiges Wesen vorstellt» (a. a. O. 20. Vorlesung). «Weil dem Christen der Geist, das fühlende, denkende, wollende Wesen sein höchstes Wesen, sein Ideal ist, so macht er es auch zu seinem ersten Wesen, d. h. er verwandelt seinen Geist in ein gegenständliches, außer ihm existierendes, von ihm unterschiedenes Wesen... Ist der unendliche Geist nicht eben der unendlich, der vollkommen sein wollende Geist des Menschen?... Wünscht nicht der Mensch frei von den Schranken des Leibes, wünscht er nicht allwissend, allmächtig, allgegenwärtig zu sein? Ist also nicht auch dieser Gott, dieser Geist der verwirklichte Wunsch des Menschen, unendlicher Geist zu sein? Haben wir nicht also auch in diesem Gotte das menschliche Wesen vergegenständlicht?... Ist also ihr Gott, ihr unendlicher Geist etwas Anderes als das Vor- und Musterbild von dem, was sie einst selbst werden wollen, das Urbild und Abbild ihres eigenen, in der Zukunft sich entfaltenden Wesens?... Der unendliche Geist ist nichts als der Gattungsbegriff des Geistes, welcher aber von der Einbildungskraft auf Befehl der menschlichen Wünsche und Glückseligkeitstriebe als ein selbständiges Wesen versinnbildlicht wird» (a. a. O. 28. Vorl.). Man sieht, wie hier das Geheimnis der modernen Gotteslehre: das Wesen Gottes ist das Prädikat des menschlichen Subjektes, von einem ebenfalls aus der idealistischen Schule kommenden, an der Kirche nun allerdings gar nicht mehr interessierten Philosophen längst rücksichtslos ausgeplaudert war. Man kann sich wundern darüber, daß sein Einwand auf die Leugner der Persönlichkeit Gottes nicht mehr Eindruck machte, sofern er sich doch auch und gerade gegen ihre positiven Voraussetzungen richtete. Man muß sich aber doch noch mehr darüber wundern, wie deren Verteidiger mit ihren Hinweisen auf die Sehnsucht des Menschenherzens, auf den Höchstwert der menschlichen Persönlichkeit, auf den Sinn aller Religionsgeschichte, auf die Bedeutung der Persönlichkeit in der Geistes- und Weltgeschichte, mit ihrer ganzen offenkundigen und ausdrücklichen Projektion des menschlichen Selbstbewußtseins ins Transzendente diesem Feuerbachschen Einwand so geradeswegs und ohne sich von seiner Existenz auch nur Rechenschaft zu geben, in die Arme laufen konnten. Konnte man den Charakter der neueren Theologie als eine in erhöhtem Ton vorgebrachte Anthropologie gewiß nicht zum Nutzen der Sache, der man dienen wollte, so verschweigen und verdecken, wie es ein kirchlich gesinnter Moderner wie Biedermann für möglich hielt, so bedeutet es doch erst recht eine Ahnungslosigkeit sondergleichen, diese Angelegenheit nun geradezu a u s z u s c h r e i e n, wie es nicht die Leugner sondern die Verteidiger der Persönlichkeit Gottes getan haben! Und es konnte nicht anders sein, als daß sie auf diesem Weg den Satz, den sie vertreten wollten, nur noch verdächtiger machen, ja daß sie mit ihrer im Gegensatz zu jenen Anderen vorgebrachten Ergänzung die gemeinsame Lehre von Gott als dem unendlichen Geist als solche und als Ganzes in Frage stellen mußten.

Aber nehmen wir an, ihr Versuch wäre nicht an seiner technischen Unzulänglichkeit gescheitert und es wäre möglich gewesen, ihn von einem Selbsteingeständnis des Illusionismus der modernen Gotteslehre wirksam zu unterscheiden — nehmen wir an, er hätte bewiesen, was bewiesen werden sollte, nämlich daß der unendliche Geist, mit Recht mit Gott gleichgesetzt, als solcher auch Person, also selber Subjekt, wissendes und wollendes Ich in realer Unterschiedenheit zum menschlichen Ich sei — nehmen wir an, daß man (die Folgerichtigkeit, in der man das wirklich tun wollte, ist allerdings gerade bei Lotze nicht zweifelsfrei) diese Prädikation des höchsten Wesens wirklich wagen wollte: wie sehr war man dann der ganzen Intention der modernen Gotteslehre untreu geworden! Welche Perspektiven hinsichtlich des menschlichen Subjektes als des angeblichen Maßes aller Dinge hatte man eröffnet, indem man ihm statt des gemächlich zu überblickenden und zu meisternden neutralen Absoluten ein mit dessen Absolutheit ausgestattetes göttliches Ich gegenüberstellte! Indem man die Persönlichkeit Gottes konzedierte, machte man sich offenbar gerade jener Absurdität schuldig, die den Einbruch in das Heiligtum der Gott und Welt im Menschen zusammenschließenden Lebenseinheit und damit das Ende des modernen Selbstbewußtseins bedeutete, mit dem man doch den christlichen Glauben zu vereinigen, ja als dessen tiefste Weisheit man doch den christlichen Glauben darstellen und empfehlen zu können gehofft hatte. Nur die Dunkelheit und Mattheit der von diesen Verteidigern der Persönlichkeit Gottes vorgetragenen Gedankengänge konnte verhindern, daß dieses Ende aller Dinge hereinbrach. Hätte jemand die Sache, mit der Lotze und Siebeck im Grunde doch bloß spielten, plötzlich ernst genommen, hätte jemand auf einmal daraufhin über Gott zu denken und von Gott zu reden begonnen, daß Gott als solcher die reale, die redende, die handelnde Person sei, hätte jemand dies (wie es ja anders nicht wohl geschehen konnte) nicht etwa auf Grund spekulativer Erwägungen, sondern auf Grund dessen getan, daß Gott als diese Person in seiner Offenbarung faktisch auf dem Plane ist, dann wäre mitten in den 80er und 90er Jahren des 19. Jahrhunderts die grundsätzliche Störung jedenfalls des theologischen und damit indirekt auch des philosophischen und damit, nochmals indirekt, des allgemeinen Denkens Ereignis geworden, die der vom 18. Jahrhundert her so selbstverständlich übernommenen und fortgesetzten Entwicklung jedenfalls gerade diese ihre Selbstverständlichkeit genommen hätte. Es kam nicht dazu. Die von Lotze u. a. vertretene Reaktion konnte dem modernen Selbstbewußtsein faktisch nicht gefährlich werden, weil sie dessen Voraussetzungen teilte. Man versteht aber, weil sie ihm tatsächlich hätte gefährlich werden können, daß sie der Zeit unheimlich sein mußte und schon darum keinen geschichtlichen Erfolg haben konnte. Das wird man ihr freilich nicht absprechen können, daß sie in ihrer ganzen Hinfälligkeit objektiv ein Symptom dafür war, daß, der herrschenden Lehre zuwider, mit ihren Grundvoraussetzungen unvereinbar, die Erinnerung an den biblischen Gottesbegriff nicht einfach verschwunden war, sondern innerhalb der ihm fremden Umgebung des modernen anthropologischen Denkens und auf dem seltsamen Umweg ausgerechnet über den Begriff der menschlichen Persönlichkeit sich immerhin auch noch geltend machte.

Daß das Problem, den eigenen Intentionen und der eigenen Systematik entgegen, gestellt war und gestellt blieb, das haben ja seltsamerweise auch die beiden klassischen Bestreiter der Persönlichkeit Gottes, Strauß und Biedermann, zum Schaden der Klarheit und Konsequenz ihrer Position damit zugestehen müssen, daß sie sich beide auf dem Höhepunkt ihrer Kritik dann doch zu einem gewissen Kompromiß geneigt erwiesen haben. Es endigen nämlich die Darlegungen von Strauß (a. a. O. S. 523 f.) dann doch mit der Feststellung, Gott sei nicht bloß «allgemeine Substanz», zu deren Sein das Insichsetzen der Persönlichkeit nicht mitgehörte. Eine Person neben und über anderen sei er freilich auch nicht, wohl aber «die ewige Bewegung des sich stets zum Subjekt machenden Allgemeinen, das erst im Subjekte zur Objektivität und wahrhaften Wirklichkeit kommt und somit das Subjekt in seinem abstrakten Fürsichsein aufhebt». Indem er die ewige Persönlichkeit sei, lasse er ewig das Andere seiner selbst, die Natur, aus sich selbst hervorgehen, um ewig als selbstbewußter Geist in sich zurückzukehren. Seine Persönlichkeit müsse nicht als Einzelpersönlichkeit sondern als «Allpersönlichkeit» gedacht werden. Statt das Absolute zu personifizieren, müßten wir es als das ins Unendliche sich selbst personifizierende begreifen lernen. Hat Strauß damit etwas Anderes gesagt als das, was später Lotze gegen ihn zu sagen gemeint hat? Daß er mit dieser Abwandlung der Hegelschen Trinitätslehre einerseits den biblischen Begriff des persönlichen Gottes nicht nur von ferne nicht erreichte, sondern vielmehr erst recht leugnete und daß er sich mit dieser «Allpersönlichkeit» andererseits selber sein technisches Konzept verdarb — hat er doch zuvor das Absolute so definiert, daß es den Begriff der Persönlichkeit nun einmal unwiederbringlich ausschloß — das darf nicht übersehen lassen, wie stark doch offenbar auch in seinem Denken eine auf ihm fremd gewordenen Voraussetzungen beruhende andere Konzeption vom Wesen Gottes nachwirkte und seinen Absichten zuwider sich geltend machte. Und noch deutlicher zeigt sich dieser programmwidrig faktische Zwang des Problems bei Biedermann (a. a. O. S. 645 f.). Nachdem auch er mustergültig gezeigt, wie der Begriff einer «absoluten Persönlichkeit» notwendigerweise in seine Komponenten zerfallen müsse, wie eine die andere notwendig ausschließe, fährt er erstaunlicherweise fort: die Erlaubnis, eine absolute Persönlichkeit uns vorzustellen, bleibe darum doch, ja noch mehr: «Wenn wir Gott recht und vollständig als absoluten Geist denken, so können wir ihn, wenn wir ihn überhaupt uns auch noch vorstellen, dann allerdings nur als absolute Persönlichkeit vorstellen». Die pantheistischen Vorstellungen einer durch das All ausgegossenen Lebenskraft oder Weltseele sind auch nach Biedermann unzulässig. Gott ist absoluter Geist und also unpersönlich im Begriff; er ist aber absolute Persönlichkeit in unserer Vorstellung, im «Wechselverkehr der Religion» der «zwischen dem unendlichen und dem endlichen Geist innerhalb des endlichen menschlichen Geisteslebens vorgeht, also durchweg in der Form des letzteren sich vollziehen muß». Auch durch diesen Vorbehalt wird die durch die vorangegangene Leugnung der Persönlichkeit Gottes vollzogene Beschädigung bezw. Beseitigung des biblischen Gottesbegriffs selbstverständlich nicht rückgängig gemacht, wie sie ja auf dem Boden der modern-anthropologischen Voraussetzung überhaupt nicht rückgängig gemacht werden kann, weil sie schon mit dieser Voraussetzung selbst und als solcher vollzogen ist. Der in seiner Offenbarung redende und handelnde und so seiende Gott wird in der Biedermannschen «Vorstellung» (welches auch deren Inhalt, wie biblisch gefüllt sie immer sein möge) so wenig wiederzuerkennen sein wie in dem gnostizisierenden Gebilde, das Strauß schließlich positiv als das Wesen Gottes angeben zu können meinte, schon darum nicht, weil die Biedermannsche «Vorstellung» eben ausschließlich und unwiderruflich nur Vorstellung sein, nur subjektive Wahrheit haben soll. Dieses «nur» macht die Biedermannsche Lehre von Gott trotz der Konzession, mit der sie endigt, kirchlich unerträglich. Der Gott, der zwar in subjektiver Wahrheit Person, in objektiver Wahrheit aber gerade nicht Person sondern ein unpersönliches Absolutes ist, mag sein, was er will, mit dem Gott der biblischen Offenbarung ist er jedenfalls nicht gleichzusetzen. Und man wird auch bei Biedermann ernstlich fragen müssen, ob er sich durch diese Konzession nicht sein eigenes technisches Konzept bis zur Unkenntlichkeit verdorben hat. Denn: läßt sich die Unterscheidung von Begriff und Vorstellung in der Weise durchführen, daß mit dem Begriff das Erfassen der objektiven, mit der Vorstellung aber das einer bloß subjektiven Wahrheit zu bezeichnen und beide einander dann doch wie eine höhere und niedere Stufe derselben Erkenntnis sich gegenseitig zuzuordnen wären? Wie kommt es hier zur Unterscheidung? Und wenn zur Unterscheidung, wie zur Zuordnung? Kann auch der reinste Begriff mehr sein als eine von aller Anschaulichkeit möglichst gereinigte, eine möglichst mathematisierte Vorstellung? Inwiefern sollten wir uns im Begriff auf einer grundsätzlich höheren Stufe der Wahrheitserkenntnis befinden? Und hat nicht jede noch so naive Vorstellung auch etwas von der Würde und von dem Anspruch des Begriffs notwendig an sich? Inwiefern befinden wir uns hier grundsätzlich auf einer niedereren Wahrheitsstufe? Der Unterschied zwischen Begriff und Vorstellung kann doch bestenfalls nur ein Unterschied der Deutlichkeit sein; und wie oft wird zu fragen sein, ob nicht gerade die Vorstellung den höheren Grad von Deutlichkeit gegenüber dem Begriff für sich hat? Sollte aber die Unterscheidung auf Grund irgend einer besonderen Erkenntnistheorie nun dennoch als die Unterscheidung objektiver und subjektiver Wahrheitserkenntnis behauptet werden — wie kommt man dann dazu, beide als Stufen nun doch derselben Erkenntnis sich zuzuordnen und also z. B. von demselben Gegenstand zu sagen, daß ihm ein bestimmtes Prädikat hier unmöglich zukommen könne, dort notwendig zukommen müsse? Wie kommt man dann dazu, von Stufen der Wahrheitserkenntnis statt von einem Widerspruch der wahren gegen eine falsche, einer falschen gegen die wahre Erkenntnis zu reden? Läßt sich aber entweder die Unterscheidung oder die Zuordnung nicht wirklich durchführen, gibt es entweder nur ein so oder so auf die eine Wahrheit gerichtetes Erkennen oder aber nur den Widerspruch zwischen wahrem und falschem Erkennen, dann hat sich Biedermann gegenüber dem ganzen Gewicht seiner eigenen Kritik zu verantworten, wenn er den Begriff der «absoluten Persönlichkeit» zwar auf der Stufe des Begriffs als unmöglich erklären, auf der Stufe der Vorstellung aber nun dennoch festhalten will. Entweder es muß nun auch auf der Stufe der Vorstellung zum Konflikt, oder es muß nun auch auf der Stufe des Begriffs zur Auflösung des Konfliktes kommen. Wie es ein Drittes geben soll, wird nur dann erfindlich, wenn es, was Biedermann nun doch noch nicht behaupten wollte, eine doppelte Wahrheit gäbe. Daß Strauß und Biedermann mit ihrer Konzession ihrer eigenen Systematik untreu wurden, ist merkwürdig genug. Noch merkwürdiger ist doch das Andere, daß sie damit in der Wirkung schließlich doch dasselbe — und auf dem Hintergrund ihrer vorangehenden Kritik dasselbe sogar noch eindrucksvoller — taten, wie jene Philosophen mit ihrem Versuch einer direkten Rettung der Persönlichkeit Gottes. Der Intention der ganzen modernen Gotteslehre zuwider war offenbar auch nach ihrem Verständnis und Zugeständnis mindestens das Problem der Persönlichkeit Gottes als solches faktisch nicht zu leugnen. Gerade das Problem, das man doch schon mit dem ganzen Ansatz der Fragestellung leugnen wollte! Man war bei aller Energie der idealistischen Reduktion und Reinigung des Gottesbegriffs, bei aller Kraft des dahinter stehenden Anliegens der Bewahrung des menschlichen Subjekts vor der ihm von der Persönlichkeit Gottes her drohenden überlegenen Konkurrenz faktisch nicht in der Lage, ganz zu ignorieren, daß der Gottesbegriff, ob man sich dessen freute oder nicht, einst mehr bezeichnet hatte und in der noch immer gelesenen Bibel dauernd mehr bezeichnete, als jenen Inbegriff menschlicher Ideen und die diesem als solchem eigene Unendlichkeit. Erreichte man zwar den biblischen Gottesbegriff mit den bewußten Konzessionen so wenig, wie ihn die neuzeitlichen Verteidiger der Persönlichkeit Gottes erreichen konnten, so bezeugte man doch, indem man gerade als Bestreiter der Persönlichkeit Gottes zum Schluß die bewußten Konzessionen machte, daß man den biblischen Gottesbegriff faktisch nicht losgeworden, daß er als Frage und Drohung, als Irrtum, dem man irgendwie Genüge tun mußte, noch immer vorhanden war.

Indem man zwischen der Intention dieses Gottesbegriffs und der modernen bezw. antik-heidnischen Gotteslehre in einer unglücklichen Mitte schwankte und schwebte — indem man diese bejahte, aber offenbar nicht durchführen konnte und wollte, jene zwar nicht wahr haben und widerwillig doch mit ihrem Vorhandensein rechnen mußte — indem man so irrte und im Irren doch zögerte, den Irrtum zwar beging und die Verirrung doch nicht vollenden konnte, bewies man, wie es der Neuprotestantismus auch in vielen anderen Stücken getan hat, daß es zwar leicht ist, in der

Kirche durch Einführung fremder Lehre Störung und Zerstörung anzurichten, aber nicht so leicht, die Kirche durch Aufrichtung einer konsequenten Gegenlehre und also Gegenkirche nun wirklich zu sprengen. Der Neuprotestantismus des 18. u. 19. Jahrhunderts hat es zwar versucht, die Kirche in das erneuerte antike Heidentum zurückzuführen; er hatte aber notorisch nicht die Kraft, diesen Versuch auch nur mit letztem Ernst anzusetzen, geschweige denn die, ihn durchzuführen. Er ist heute vielleicht doch schon zu überblicken als ein Zwischenspiel — vergleichbar etwa mit dem des Marcionitismus in der alten Kirche — und es lohnt sich vielleicht heute schon nicht mehr, seinen Vertretern so böse zu sein, wie man es, wenn man die innere Ohnmacht der ganzen Angelegenheit außer acht läßt, gelegentlich sein möchte. Weiß man, daß man schon die in der orthodoxen Gotteslehre übliche Umsetzung des Wesens Gottes in ein neutrales Absolutes, den heimlich dort schon wirksamen Anthropozentrismus in Verantwortung gegenüber der Offenbarung Gottes nicht mitmachen kann, dann sieht man sich auch nicht in jene unglückliche Mitte gedrängt, dann kann man die dort notwendig entstehende Dialektik mit ihren Inkonsequenzen und Aporieen sich selber überlassen, ohne sich durch sie mitbedrängt zu fühlen, dann wird man auch gegen die in dieser Dialektik Befangenen keine allzu große Entrüstung mehr aufbringen können. Der Streit um die Persönlichkeit Gottes ist dann zu einer historischen — als solche sehr interessanten, nach allen Seiten sehr bewegenden und lehrreichen, aber eben doch historischen Angelegenheit geworden.

Wir schließen mit zwei terminologischen Erklärungen: Zum Ersten. Es liegt in unserem Zusammenhang Alles an dem Satz: Gott ist der Liebende. Es liegt aber an sich gar nichts an dem Satz: er ist oder er hat Persönlichkeit. Dieser zweite Satz ist ja auch der Bibel und dem altkirchlichen und reformatorischen Dogma unbekannt. Er ist aufgetaucht, als das Richtige und Wichtige, was damit gemeint ist, aus den erörterten Gründen problematisch zu werden begann, als von den Einen bestrittener, von den Anderen vertretener Kampfsatz. Er sagt aber für sich selber genommen das Richtige und Wichtige gerade nicht, was er sagen sollte. Er kann das nur sagen im Zusammenhang des Satzes: Gott ist der Liebende, als die ausdrückliche Erklärung und Bestätigung: Gott ist nicht Etwas und nicht Eines, sondern Einer, der Eine, das redende und handelnde Subjekt, das ursprüngliche und eigentliche Ich. Aber als der er ist und also als der Liebende ist er dies. Der Begriff der Persönlichkeit als solcher ist zu blaß, als daß wir uns zur Bezeichnung des gemeinten allerdings schlechterdings unentbehrlichen Momentes des Wesens Gottes gerade auf ihn festlegen müßten. Wir können ihn gebrauchen und werden dies, wo es not tut, auch tun. Wir können und müssen aber, da wir an dem modernen, gerade um diesen Begriff geführten Streit kein sachliches Interesse mehr haben können, eingestehen, daß wir ihn, wenn das, was damit gemeint ist, gesichert und festgehalten ist, auch entbehren könnten. In der Verkündigung ist mit ihm nichts zu gewinnen und nichts zu verlieren. Alles wird dort darauf ankommen, daß Gottes Wort wirklich als das Wort des Einen, des Liebenden, als das Wort, das ihn selbst als solchen zum Gegenstand und Inhalt hat und ja nicht als ein Ausdruck unserer eigenen Unendlichkeit und also ja nicht als das Wort von einem allgemeinen, neutralen Wahr- und Gutsein verkündigt wird. Aber nicht daß Gott Person, sondern welche bestimmte Person er ist, wird dann verkündigt werden müssen. Wenn das geschieht, dann geschieht Alles, was nötig ist. Und das wird weithin geschehen können und müssen, ohne daß die Begriffe «Persönlichkeit» und «Person» als solche zur Anwendung kommen. — Zum Zweiten. Wenn wir den Begriff der Persönlichkeit Gottes aufnehmen, so müssen wir uns der gewissen Unklarheit bewußt sein, die dadurch entsteht, daß man auch in der Lehre von der Dreieinigkeit Gottes bis in die Neuzeit hinein (in der Mehrzahl!) von göttlichen «Personen» geredet hat. Gemeint ist dort das Sein Gottes in den drei Seinsweisen des Vaters, des Sohnes und des Heiligen Geistes. Wir sind in unserer Behandlung der Trinitätslehre dafür eingetreten, den Begriff «Personen» zur Bezeichnung dieser Sache fallen zu lassen, weil er faktisch von der ganzen klassischen Theologie nie in der Richtung verstanden und interpretiert worden ist, in der man heute bei dem Begriff «Person» zu denken pflegt. Die christliche Kirche hat nie gelehrt, daß es in Gott drei Personen und also drei Persönlichkeiten in dem Sinn eines dreifachen Ich, eines dreifachen Subjektes gebe. Das wäre der Tritheismus, den man vielmehr gerade mit dem Begriff *persona*, verstanden als *modus subsistentiae*, abwehren wollte. Das Richtige und Wichtige, was mit dem Begriff der Persönlichkeit im modernen Sinn des Begriffs als Bezeichnung Gottes gemeint sein kann, hängt freilich mit der Trinitätslehre nicht nur eng, sondern unlöslich zusammen. Indem Gott in sich selber der Vater, der Sohn und der Heilige Geist ist, ist er der in sich selber Lebende und Liebende und also Einer und also der Eine und immer, indem wir ihn als den Vater, den Sohn und den Heiligen Geist erkennen, erkennen wir ihn als den uns Liebenden und also als den uns begegnenden und uns als Du anredenden und behandelnden Einen. Es ist gerade die ganze göttliche Trinität als solche, in dem Zusammensein des Vaters, des Sohnes und des Heiligen Geistes in Gott selber und in seinem Werk — es sind nicht die einzelnen Seinsweisen für sich, in denen Gott das ist und hat, was wir als Persönlichkeit bezeichnen können. Nicht dreifach, sondern dreimal — und dreimal nicht in einem Fürsichsein je einer der drei Seinsweisen, sondern in ihrem Miteinander- und Füreinander- und Ineinander-Sein, in ihrer Perichorese, ist der eine trinitarische Gott der Lebende und Liebende und also Einer, der Eine und also, wenn wir es so nennen wollen, Persönlichkeit. Es gibt nicht drei Angesichte sondern nur ein Angesicht, nicht drei Willen, sondern nur einen Willen, nicht drei Rechte sondern nur eine Rechte, nicht drei Worte und Werke, sondern nur ein Wort und Werk Gottes. Schlechterdings der eine Gott ist uns offenbar in Jesus Christus, schlechterdings derselbe eine Gott ist er auch in sich selber. Eben dieser eine Gott als der trinitarische ist, sei es denn: der persönliche Gott.

3. GOTTES SEIN IN DER FREIHEIT

Gottes Wesen ist s e i n Wesen. Gottes Tat ist s e i n e Tat. Gottes Lieben ist s e i n Lieben. Gott ist als Person, in diesem seinem Sein und Tun, der e r ist. Wir können nach Allem, was wir bis jetzt gehört, diese Unterstreichungen in der Bezeichnung des göttlichen Seins nicht stark genug machen. Aber was meinen wir mit dieser Unterstreichung? Es gibt ja offenbar auch andere Wesen, andere Taten; es gibt auch andere Liebende, auch andere Personen. Das ist sicher: wenn wir betonen, daß es gerade um i h n, um G o t t geht, dann zeichnen wir ihn nicht nur so aus, wie wir mit einem Personal-, Demonstrativ- oder Possessiv-Pronomen auch ein anderes Subjekt als eben dieses im Unterschied zu anderen seiner Art auszeichnen. Sagen wir von Gott: «Er», «Dieser», «Sein», geben wir dem Worte «Gott» in jedem Satze ausgesprochen oder unausgesprochen den Ton und das Gewicht, die ihm gebühren, dann sagen wir, indem wir unterscheidend gerade auf ihn hinweisen, zugleich etwas Sachliches, in gewisser Hinsicht geradezu d a s Sachliche, was von ihm zu sagen ist. Seine Tat ist in e i n z i g a r t i g e r Weise s e i n e Tat. Sein Lieben ist in einzigartiger Weise sein Lieben. Er ist in einzigartiger Weise, der er ist. Dies ist das Sachliche, was von Gott zu sagen ist: die Bezeichnung dieser einzigartigen Weise der Form und des Inhalts seines Seins und indem wir ihn von Allem, was sonst ist, unterscheiden, müssen wir notwendig zugleich dieses Sachliche aussprechen. Wir konnten schon von Gottes Leben und Lieben nicht wohl reden, ohne dauernd auf diese einzigartige Weise seines Lebens, seines Liebens hinzuweisen. Wir hätten von Gottes Leben und Lieben offenbar unsachlich geredet, wenn wir nicht dauernd unterschieden und damit diesen Hinweis vollzogen, wenn wir nicht dauernd in diese Tiefe des göttlichen Wesens geblickt und uns vor Augen gehalten hätten, daß wir es wohl mit einem Leben und Lieben, aber nicht mit diesem und jenem, sondern mit dem Leben und Lieben Gottes zu tun hatten. Dieser Gegenstand erlaubt und gebietet uns wohl, von Leben und Lieben, von einem lebenden und liebenden Ich zu reden zu seiner Bezeichnung, Bezeugung und Verkündigung. Aber indem er uns das erlaubt und gebietet, nötigt er uns auch, ihn über alle unsere Anschauungen und Begriffe hinaus als das in seiner einzigartigen Weise lebende und liebende Ich zu verstehen und zu benennen, ihm eine Ehre zu geben, die keinem der uns sonst bekannten lebenden und liebenden Wesen als solchem auch nur von ferne zukommen kann eine Ehre, die wir vielmehr allen uns sonst bekannten lebenden und liebenden Wesen ausdrücklich absprechen müssen, weil sie eigentlich und ursprünglich schlechterdings nur seine Ehre ist, weil wir alles andere Leben, Lieben und Sein nur als kraft seiner Schöpfung und also als Abbild und Nachklang seines Lebens und Liebens wirklich verstehen können. Nur wenn uns die Tiefe vor Augen steht, in welcher er lebt und liebt und ist, haben wir sein Sein in der Tat, sein Sein als der Liebende und also wirklich sein, Gottes Wesen, als solches erkannt und anerkannt.

Wir wenden uns nun zu der Frage nach dieser Tiefe des göttlichen Wesens. Wir haben sie bis jetzt beiläufig gestellt und beantwortet, sie muß uns aber, soll unsere Besinnung über Gottes Sein nicht unvollständig sein, wohl oder übel auch direkt beschäftigen. Wir müssen wissen, was wir meinen und tun, wenn wir von Gottes Leben und Lieben nicht ohne Hinweis auf dessen Einzigartigkeit, nicht ohne jenes Unterscheiden geredet haben. Wir müssen wissen, um was es sich handelt bei der besonderen Sachlichkeit, die gerade mit diesem Hinweis und Unterschied zu betätigen ist. Wir müssen nach derjenigen Bestimmtheit des Wesens Gottes fragen, die unsererseits gerade diese Sachlichkeit notwendig macht. Die Schwierigkeit und die Bedenklichkeit dieser Frage ist offenkundig. Ihre Schwierigkeit: Wie sollen wir gerade hinsichtlich des Besonderen und Unterscheidenden im Wesen Gottes auch nur ein Wort zu fragen, geschweige denn zu antworten wissen? Und ihre Bedenklichkeit: Wird hier nicht notwendig an Gottes offenbarem Wesen vorbei nach etwas Anderem, vermeintlich dahinter Liegendem gefragt? Wird hier nicht notwendig auf Grund irgend eines anderen, vielleicht nun doch auf Grund irgend eines vermeintlichen allgemeinen Wissens um Gott geantwortet werden? Wir nehmen sofort Stellung zu dieser zweiten Frage: Eben dies ist es, was natürlich unter keinen Umständen geschehen darf! Wir fragen auch jetzt, wenn wir nach dem Besonderen und Unterscheidenden des Lebens und Liebens Gottes fragen, nicht nach dem Inhalt eines allgemeinen Gottesbegriffs, als ob dieser uns über das Besondere und Unterscheidende belehren könnte. Wir fragen fernerhin unter der Voraussetzung, daß der Gegenstand jedes allgemeinen, d. h. jedes anderswie als im Blick auf Gottes Offenbarung in Jesus Christus gebildeten Gottesbegriffs notwendig ein anderer ist als der, der der Herr und das Heil und so der Gegenstand des Glaubens der Kirche und als solcher der allein wahre Gott ist. Wir fragen nicht nach einem Merkmal, das dieser Gott mit anderen Göttern als Göttlichkeit überhaupt gemeinsam hätte. Wir fragen nicht nach einer Idee des Göttlichen, unter die wir den allein wahren Gott mit anderen Göttern subsumieren würden. Wir bleiben uns bewußt, daß wir damit in Wirklichkeit gar nicht nach der Idee Gottes, sondern mit den Verehrern jener anderen Götter zusammen nach der Idee des Menschen, nach dem Inbegriff seiner Wünsche und Sehnsüchte, nach der höchsten Vergegenständlichung und Verabsolutierung unseres eigenen Wesens fragen würden. Wir fragen also nach wie vor nicht an Gottes Offenbarung vorbei, sondern nach wie vor im Blick auf sie und nur auf sie.

Es ist die entscheidende Schwäche der mehrfach erwähnten und in ihrer Grundrichtung so mutig vorstoßenden Schrift von H. Cremer, daß sie darin wenigstens formell in der Tradition befangen bleibt, daß sie zuletzt doch mit dem Vorhandensein und der Maßgeblichkeit eines «auch den Heiden bekannten Gottesbegriffs», eines allgemeinen «gottheitlichen Prädikats» rechnet, das freilich seinen Inhalt erst durch das Subjekt, nämlich durch den allein wahren in Jesus Christus offenbaren Gott erhalte, das also «im Lichte» dieser Offenbarung verstanden und ausgelegt werden müsse (S. 32 f.). Die Energie, mit der dies letztere bei Cremer versucht und durchgeführt wird, soll nicht verkannt sein. Aber ist die biblische Gottesbotschaft nicht auch hinsichtlich des «gottheitlichen Prädikates», hinsichtlich dessen, was Gottes Leben und Lieben als das seinige, das göttliche, auszeichnet, mehr als eine besondere Auffassung und Auslegung eines allgemeinen Begriffs von Gott, den die Propheten Jahves dann wohl mit denen des Baal, den die Apostel mit den Vertretern der Mysterienreligionen usf. zunächst und als solchen geteilt hätten? Gehört nicht mit dem neuen Subjekt «Gott» auch das Prädikat, die Gottheit Gottes zu dem anderen Text, in welchem die Propheten und Apostel gelesen und in welchem sie als Propheten und Apostel allein gelesen haben? Ist hier nicht auch das Prädikat in dem Sinn ein neues geworden, daß es nur noch in dieser seiner Neuheit und gar nicht mehr — oder eben nur noch polemisch — im Rückblick auf seine alte, auf eine allfällig allgemeine Bedeutung gewürdigt werden kann?

Es konnte sich, schon als wir zuerst von Gottes Leben, dann von Gottes Lieben, zuerst von seinem Sein in der Tat, dann von seinem Sein als dem Liebenden sprachen, nicht um einen Wechsel des Themas handeln: als wüßten wir zuerst und im Allgemeinen um Gottes Leben als solches, um dann erst dieses Allgemeine mit dem besonderen Prädikat zu versehen: daß es das Leben und Walten der Liebe sei. Sondern Gottes Leben selbst und als solches ist in alle seine Tiefen hinein Gottes Lieben und nur zur Vorbereitung dieser Erkenntnis, nur in Entfaltung des logischen Vordersatzes: Gott ist handelndes Subjekt, verweilten wir zunächst einen Moment — aber sachlich doch eben nur einen Moment — bei dem Sein Gottes in der Tat, die doch nicht Tat im Allgemeinen, sondern die konkrete, besondere Tat seines Liebens ist. Und so kann es sich auch jetzt, wenn wir nach dem Besonderen und Unterscheidenden, nach der Gottheit Gottes, nach der eigentümlichen Tiefe seines Wesens als solcher fragen, nicht um ein neues Thema handeln, nicht um einen Blick hinter die Kulissen, bei welchem wir, die Frage: Wer ist Gott? sozusagen hinter uns, *in abstracto:* Was ist Gott? fragen könnten. Wie Gott kein Es sondern ein Er ist, so ist er auch kein solcher Er, der an irgend einem Es erst teilnehmen müßte, um dieser Er zu sein. In Gott ist kein Es, das nicht Er selbst wäre, kein Allgemeines, das nicht sein Besonderes, das Besondere seiner Tat und also seines Lebens und also seines Liebens wäre. Wir können, auch indem wir jetzt fragen: Was ist Gott? sein göttliches und also ihn als Gott Unterscheidendes? nur noch einmal fragen: Wer ist Gott? Denn er hat, was er ist, nicht nur in sich, an sich, bei sich, sondern indem Er ist, ist Alles, was er ist. Es gibt genau genommen kein «gottheitliches Prädikat», keinen «Gottesbegriff», der im besonderen das zum Inhalt haben könnte, was Gott ist, es gibt genau genommen nur das göttliche Subjekt als solches und in ihm die Fülle seines gottheitlichen Prädikates. Es kann der Gottesbegriff genau genommen nur dies göttliche Subjekt als solches zum Inhalt haben und in ihm selbst als solchem das gottheitliche Prädikat, das außerhalb dieses Subjektes keine Existenz hat und also auch nicht Inhalt eines Begriffs werden kann. Fragen wir jetzt nach dem, was Gott ist, dann ist diese Frage nur dann nicht unangemessen, nur dann nicht töricht und blasphemisch, wenn wir sie uns sofort nehmen und zurechtstellen lassen, wenn wir uns bewußt sind, daß wir dabei nur noch einmal, in der größten Kindlichkeit, die hier auch der größte, der allein mögliche Tiefsinn ist, danach fragen: wer er ist? Wir brauchen bloß stehen zu bleiben an dem Ort, den wir von Anfang an bezogen haben: bei der Frage nach der Wirklichkeit Gottes in seiner Offenbarung, in welcher er sich selbst treu ist, in welcher wir also auch sein Wesen in sich selbst vor uns haben — dann verliert die Frage nach der Tiefe seines Wesens, nach der ihm besonderen, ihn unterscheidenden Gottheit jene Bedenklichkeit, die ihr zunächst anzuhaften scheint. Aber auch ihre scheinbare Schwierigkeit braucht uns dann keine weitere Sorge zu machen. Sie ist so schwierig, sie ist aber nicht schwieriger wie jede Frage, die uns durch Gottes Offenbarung gestellt ist und die wir im Blick auf sie zu beantworten haben. Wir können wohl wissen, was wir meinen und tun, wenn wir von Gottes Leben und Lieben als von einem besonderen reden. Es ist nötig und recht und es ist auch nicht unmöglich, uns darüber Rechenschaft abzulegen. Es muß uns nur klar bleiben, daß wir eben nach dem Besonderen dieses Lebens und Liebens und nach diesem nicht unter irgend welchen allgemeinen Maßstäben und Gesichtspunkten, sondern im Blick auf dessen durch Gott selbst uns offenbarte Wirklichkeit zu fragen haben.

Und nun dürfen wir uns wohl daran erinnern, daß wir an unsere Frage, indem wir sie jetzt direkt aufwerfen, insofern nicht mit ganz leeren Händen herantreten, als wir schon unsere Besinnung auf das Leben und Lieben Gottes als solches gar nicht vollziehen konnten, ohne uns das Besondere des göttlichen Lebens und Liebens eben in seiner Besonderheit auf Schritt und Tritt zu vergegenwärtigen. Wir haben Gottes Sein als bewegtes, aber als durch sich selbst bewegtes Sein, als das aus sich selbst lebende Leben verstanden und sein Lieben als ein Lieben um seiner selbst willen, als ein unbedingtes, sich selbst seinen Grund und seinen Zweck setzendes, ein schlechterdings souveränes Lieben. Ohne diese Näherbestimmung, ohne diese Bezeichnung der Einzigartigkeit seines Lebens und Liebens würden wir offenbar nicht von Gottes Leben und Lieben, sondern im Allgemeinen von Leben und Liebe und dann bestimmt nicht von Gott geredet haben. Eben bei dieser Näherbestimmung haben wir jetzt einzusetzen. Sie wurde im Titel unseres § und dieses dritten Abschnitts angegeben mit dem Begriff der Freiheit. Die Meinung kann nicht die sein, als ob mit diesem Begriff auch nur von ferne alles zu umfassen und zu erschöpfen wäre, was in Beantwortung unserer Frage zu sagen ist. Er kann gerade nur die Richtung angeben, in die hier zu blicken ist. Das aber kann er. Gottes Sein als der Lebende und Liebende ist sein Sein in der Freiheit. So, nämlich frei, lebt und liebt er. Und so und darin, daß er in der Freiheit lebt und liebt, ist er Gott, unterscheidet er sich von anderen Lebenden und Liebenden. So, als die freie Person unterscheidet er sich von anderen Personen, ist er die eine, ursprüngliche und eigentliche Person, durch deren Schöpfermacht und Schöpferwillen alle anderen Personen allein sind und erhalten werden. Wir sagen mit dem Begriff der Freiheit nichts Anderes, als was wir sagen würden, wenn wir Gott schlicht als den Herrn bezeichnen würden. Aber eben seine Herrschaft ist unter allen Umständen die seines Lebens und Liebens. Und eben um das Wie seiner Herrschaft und also seines Lebens und Liebens geht es jetzt: um die göttliche Näherbestimmung, in der er als der Lebende und Liebende der Herr ist. Dieses Wie ist dadurch gekennzeichnet, daß es schlechterdings Gottes eigenes, in keiner Weise von außen ihm aufgedrängtes, durch keine höhere Notwendigkeit als die seines eigenen Wählens und Entschließens, Wollens und Tuns bedingtes Wie ist. Fragen wir, was Gottes Herrschaft nach seiner Offenbarung in Jesus Christus als göttliche von anderen Herrschaften unterscheidet, dann müssen wir antworten: sie ist freie Herrschaft. Nur der Wahn könnte dieses Wie auch anderen Herrschaften, auch einem anderen Leben und Lieben als dem Gottes zuschreiben. Es gibt auch andere Herrschaften, aber die Freiheit ist die Praerogative der göttlichen Herrschaft. Freiheit ist ja mehr als Unbeschränktheit, Ungehemmtheit, Unbedingtheit. Das ist nur ihre negative und insofern uneigentliche Seite: uneigentlich sofern sie nach dieser Seite eines Anderen mindestens insofern bedarf, als sie als Freiheit von ihm Freiheit ist. Freiheit heißt aber positiv und eigentlich: durch sich selbst und in sich selbst begründet, durch sich selbst bestimmt und bewegt sein. Eben dies ist die Freiheit des göttlichen Lebens und Liebens. In dieser positiven Freiheit ist Gott dann auch unbeschränkt, ungehemmt, unbedingt nach außen: der freie Schöpfer, der freie Versöhner, der freie Erlöser. Aber daß seine Göttlichkeit in seiner Offenbarung auf der ganzen Linie diese seine Freiheit nach außen ist: freies Reden und Handeln, freies Beginnen und Vollenden, freies Richten und Begnadigen, freie Macht und freier Geist, darin erschöpft sich seine Göttlichkeit nicht, sondern in dem allem wird sie nur offenbar: daraufhin, daß er sie in sich selber hat auch ohne alles Andere, von dem er frei ist, daß er in sich selber die Macht, die Wahrheit, das Recht ist, daß er es aus sich selbst nehmen kann in eigener Vollmacht zu leben und zu lieben, wie wir ihn in seiner Offenbarung leben und lieben sehen.

Es gibt keine deutlichere Umschreibung der Gottheit Gottes als das im Pentateuch und dann wieder im Buch Hesekiel so häufige: «Ich bin der Herr», dem dann das Andere: «Ich bin der Herr, euer (oder dein) Gott» analysierend auf dem Fuße folgt und das in dem «Ich bin» des johanneischen Jesus seine genaue neutestamentliche Parallele hat. Es ist ja offenkundig, wie in diesem biblischen «Ich bin» das Subjekt sich selber und eben damit sich selber als den lebenden und liebenden Herrn setzt. Indem es das tut, ist dieses Subjekt Gott. Der das tut, dieser ist der Gott der Bibel. Weil er dieser ist, der das tut, darum hängt Alles, was außer ihm ist, an seinem Wohlgefallen oder Nicht-Wohlgefallen. Darum ist sein Thron «hoch und erhaben» (Jes. 6, 1), von ihm selbst «im Himmel errichtet» (Ps. 103, 19), «über den Cherubim» (2. Kön. 19, 15). Darum sehen seine Augen «herab auf die Erde» (Ps. 11, 4; 33, 13 f.; 102, 20). Darum ist niemand wie er (Ex. 8, 10; 15, 11; Ps. 86, 8; 89, 7), darum ist er allein Gott und keiner sonst (Deut. 4, 35; 2. Kön. 19, 15; 1. Chron. 17, 20). Darum ist er «der Herr aller Herren, der König aller Könige» (I. Tim. 6, 15; Apc. 17, 14; 19, 16); darum ist er das A und das O, der Anfang und das Ende, der Erste und der Letzte (Jes. 44, 6; Apc. 1, 8, 17; 21, 6; 22, 13). Darum Röm. 11, 35 f.: «Wer hat ihm etwas zuvor gegeben, daß ihm wieder zu vergelten wäre?» ὅτι ἐξ αὐτοῦ καὶ δι' αὐτοῦ καὶ εἰς αὐτὸν τὰ πάντα. αὐτῷ ἡ δόξα εἰς τοὺς αἰῶνας.

Die Erhabenheit, die Souveränität, die Majestät, die Heiligkeit, die Herrlichkeit — auch das, was man die «Transzendenz» Gottes nennt — was ist das Alles real Anderes als eben dieses Sichselbstbestimmen, diese

Freiheit des göttlichen Lebens und Liebens, der göttlichen Person? Werden wir später alle Näherbestimmung der Eigenschaften der göttlichen Liebe nicht anders vollziehen können als in Berücksichtigung ihrer Göttlichkeit, d. h. ihrer göttlichen Erhabenheit, so werden wir umgekehrt diese Göttlichkeit Gottes selbst in allen ihren Eigenschaften verstehen müssen als den Inbegriff dieser seiner Freiheit.

Wir bezeichnen mit «Freiheit» das, was in der altkirchlichen Theologie die *aseitas Dei* genannt wurde. Der Begriff ist in der Sache schon in den bei den griechischen Vätern beliebten Zusammensetzungen der Attribute Gottes mit dem Worte αὐτός sichtbar: Gott eignet αὐτουσία, αὐτοζωή, αὐτοαγαθία, er ist αὐτάρκης αὐτοκράτωρ, αὐτόθεος usf. Zum ersten Mal formuliert erscheint er bei Anselm v. Canterbury: *summa natura ... per se ipsam et ex se ipsa est, quidquid est (Monol. 6); summa veritas ... nulli quidquam debet nec ulla ratione est, quod est, nisi quia est.* (*De verit.* 10) ... *te tibi omnino sufficiens et nullo indigens quo omnia indigent, ut sint et ut bene sint* (*Proslog.* 22). Und ausdrücklich: *Ille igitur solus a se habet, quidquid habet (De casu diab.* 1). Dementsprechend haben auch die altprotestantischen Dogmatiker eine Bestimmung wie: *a se ipso ab aeterno existens* (Wolleb, *Comp. Theol. chr.* 1626 I *c.* 1, 1) oder dergl. häufig schon in die Definition des Wesens Gottes als solches aufgenommen. Man bezeichnete die Sache in der Regel als die göttliche *independentia*, von der dann etwa von W. Baier (*Comp. Theol. pos.* 1686 I *c.* 1, 6) folgendes an sich richtig gesagt wurde: *Per hoc enim sicut Deus ab aliis rebus omnibus adaequate distinguitur, ita nihil est, quod a Deo, tanquam proprium et determinatum conceptum prius concipere possis, quam quod non sit ab aliis adeoque a se et necessario exsistat.* Aber schon der Ersatz des Begriffs der *aseitas* durch den der *independentia* und dann doch auch der Inhalt dieser Erklärung zeigen, daß man geneigt war, das Positive, um das es hier primär gehen muß, wenn es wirklich um das Wesen Gottes gehen soll, die Freiheit Gottes, sich selbst zu sein, weniger bestimmt zu sehen und weniger wichtig zu nehmen als das Negative: die göttliche Freiheit von allen fremden Bedingungen. Der Anschluß an den biblischen Gottesbegriff, dem man doch an dieser Stelle, wo man Ex. 3, 14 mit besonderer Vorliebe zitierte, sehr nahekam, mußte auf diesem Wege in der Folge verfehlt werden.

Der Akzent in der Bestimmung des Begriffs darf auf keinen Fall auf diese seine negative Seite fallen. Gewiß ist auch diese seine negative Seite höchst bezeichnend nicht nur für Gottes Verhältnis zur Welt, sondern auch für sein eigenes Wesen. Wir können den Begriff der Schöpfung und Vorsehung Gottes, wir können aber schon den Begriff seiner Allmacht, seiner Allgegenwart und Ewigkeit unmöglich erfassen und entfalten, ohne dauernd auch auf diese negative Seite seiner Freiheit Bezug zu nehmen. Wir können und werden das aber doch nur dann legitim tun, wenn es geschieht auf dem Hintergrund der Erkenntnis, daß Gottes Freiheit gerade die eigentliche Positivität nicht nur seines Tuns nach außen, sondern auch seines eigenen inneren Wesens ist. Das biblische Zeugnis von Gott sieht seinen Vorzug vor all dem, was von ihm verschieden ist, nicht nur in dieser seiner Verschiedenheit als solcher, die dann am Höchsten und entscheidend als seine Freiheit von aller Bedingtheit durch dieses von ihm Verschiedene zu bezeichnen ist, sondern darüber hinaus darin, daß er in dieser seiner Verschiedenheit und Freiheit, ohne sie aufzugeben, ja gerade indem er sie betätigt, nun dennoch mit der von ihm verschiedenen Wirklichkeit als Schöpfer, Versöhner und Erlöser in Gemeinschaft tritt und ihr in dieser Gemeinschaft Treue hält. Gott hat nach dem biblischen Zeugnis den Vorzug, frei zu sein ohne Beschränkung durch diese seine Freiheit von aller äußeren Bedingtheit, frei auch dieser seiner Freiheit gegenüber, frei dazu, sich, ohne sich ihrer zu begeben, ihrer nun doch auch dazu zu bedienen, sich in jene Gemeinschaft zu begeben und in jener Gemeinschaft jene Treue zu betätigen und eben so wirklich frei, frei in sich selber zu sein. Gott muß nicht nur unbedingt, Gott kann und will in seiner Unbedingtheit, in dem er jene Gemeinschaft aufnimmt, auch bedingt sein. Der das kann und tut, der ist der Gott der heiligen Schrift, der dreieinige Gott, den wir aus seiner Offenbarung kennen. Dieses in seinem Handeln bewährte und bewiesene Können ist seine Freiheit.

Eben darum bedeutete es einen Rückschritt, als der Begriff der Aseität Gottes interpretiert oder vielmehr verdrängt wurde durch den der *independentia* oder *infinitas* und später durch den des Unbedingten oder Absoluten. Nicht als ob diese Begriffe an ihrem Ort nicht dienlich, zulässig und sogar notwendig wären. Aber an ihrem Ort und das heißt: auf dem Hintergrund eines positiven Begriffs von Gottes Sein, der dann als solcher (aber eben als solcher!) auch ein ganz bestimmtes Nicht-Sein in sich schließt, der sich aber in diesem Nicht-Sein nicht erschöpft, der vielmehr vorausgesetzt sein muß, wenn sein Nicht-Sein wirklich sein, das göttliche und nicht irgend ein ganz anderes Nicht-Sein sein soll. Es bezeichnet der hier ebenfalls als Ersatz eingeschobene Begriff der «Transzendenz» Gottes das Wesen Gottes doch nur dann, wenn man bedenkt, daß er sich nicht etwa darin erschöpfen kann Gottes Gegensatz zu der von ihm verschiedenen Wirklichkeit zu bezeichnen, daß er in der Beziehung Gottes zu dieser Wirklichkeit vielmehr auch Gottes Gemeinschaft mit ihr und also auch seine «Immanenz» bedeuten, ja daß er hier, weil es Gott tatsächlich gefallen hat, diese Gemeinschaft aufzurichten und aufrecht zu erhalten, sogar zuerst «Immanenz» und nur in ihrem Rahmen und als Erklärung ihres Wie auch das bedeuten kann, was er zunächst und an sich sagt: daß er das Wesen Gottes also nur dann bezeichnet, wenn er ihn wieder in seiner, in der ihm auch jenseits seines Gegensatzes zu der von ihm verschiedenen Wirklichkeit eigenen Freiheit bezeichnet.

Wird das nicht bedacht, sieht man das Wesen Gottes nach der verhängnisvollen Anleitung des Neuplatonismus in seiner abstrakt verstandenen Transzendenz d. h. dann aber in seinem im Verhältnis zum Sein der von ihm verschiedenen Wirklichkeit als Nicht-Sein bestimmten Sein, dann hat man den biblischen Gottesbegriff ersetzt durch einen Begriff, der unschwer als der höchste Begriff des Menschen von sich selbst zu erkennen ist. Denn was ist der Begriff des Unendlichen, Unbedingten oder Absoluten an sich Anderes als der Begriff unserer eigenen Grenze, die als solche doch auch unser Ziel und als Ziel offenbar auch unser Ursprung ist, die wir aber als solche doch nur als unsere Grenze und also als die Negation, als das Nicht-Sein alles dessen, was wir sind, begreifen können? Interpretieren wir dieses unser Nicht-Sein als das wahre Sein, machen wir diese unsere Grenze gar zum Gegenstand einer Apotheose, dann bezeugen wir damit keineswegs Gott, sondern unter dem Namen und also unter Mißbrauch des Namens Gottes unsere Gewißheit, in dieser Grenze zugleich unser Ziel und unseren Ursprung zu haben, die tiefe Schätzung und Verehrung, die wir diesem unserem Ziel und Ursprung und damit unserem eigenen, von aller Unvollkommenheit zuversichtlich gereinigten, aber hinsichtlich seines Seins (und nun gar noch seines göttlichen Seins) doch schlechterdings nur postulierten Idealbild entgegenbringen.

Gottes Freiheit ist seine eigene Freiheit: seine Freiheit zu sein, nicht nur wie die von ihm verschiedene Wirklichkeit, sondern als deren an und in ihr handelnder Schöpfer, Versöhner und Erlöser und also als ihr Herr, aber auch nicht nur in der Verschiedenheit seines Seins von ihrem Sein, sondern in sich selber der zu sein, der, wie er es tatsächlich tut, mit dieser Wirklichkeit Gemeinschaft haben und halten kann in seiner ganzen Verschiedenheit ihr gegenüber.

Nach dem Selbstzeugnis seiner Offenbarung hat Gott die Freiheit, seine Existenz innerhalb der von ihm verschiedenen Wirklichkeit selbst zu beweisen. Man bemerke: seine Existenz, also das Dasein des von dieser ganzen Wirklichkeit verschiedenen Seienden! aber seine Existenz, d. h. sein von seinem Gedachtwerden unabhängiges, ihm vorangehendes, es allererst begründendes, schlechthin gegenständliches Dasein! und diese seine Existenz innerhalb der von ihm verschiedenen Wirklichkeit, sodaß sie in dieser Wirklichkeit, zu der auch der Mensch gehört, und in ihrer ganzen Verschiedenheit von ihr, von diesem erkannt, sodaß der göttliche Selbstbeweis vom Menschen erkannt und anerkannt, im Rahmen seines Erkennens wiederholt werden kann! Das Alles geschieht doch offenbar, indem Gottes Offenbarung stattfindet und Glauben schafft und findet. Das Alles kann also geschehen, zu dem Allem hat also Gott die Freiheit. Er bewährt und beweist in seiner Offenbarung die Freiheit, mit sich selbst anzufangen: Wirklich mit sich selbst als dem, der er ist, ohne Abzug an seinem Wesen, ohne Geheimhaltung eines Anderen, was er auch noch wäre über das hinaus, was er ist, indem er hier selber mit sich selber anfängt. Mit sich selbst anzufangen, d. h. seine Existenz nicht anders, denn als eben mit oder vielmehr in seiner Existenz selbst zu begründen. So mit sich selbst anzufangen, daß kein Denken an dem unüberhörbaren, unwiderleglichen, unvergeßlichen Ereignis dieses Anfangs vorbeidenken kann — und das hier: inmitten einer Wirklichkeit, die von ihm so verschieden ist wie er von ihr, hier also, wo seine Existenz von beiden Seiten gesehen als unmöglich erscheinen muß. Die Freiheit, sie dennoch zu beweisen, bewährt und beweist Gott in seiner Offenbarung. Das ist doch die Freiheit seiner in der Erwählung und Regierung Israels vorgebildeten Inkarnation in Jesus Christus, die Freiheit seines Wortes, die Freiheit seines Geistes, die Freiheit seiner Gnade. Sie ist auf der ganzen Linie die Freiheit seines Existenzbeweises, den jeder menschliche Beweis der Existenz Gottes nur nachbuchstabieren kann, wenn er wirklich seine Existenz, wenn er nicht etwas ganz Anderes, nämlich letztlich eben die Existenz des Menschen aus dem Bewußtsein seiner Grenze beweisen will.

Daß er diese Bedingung erfüllt, das ist die einzigartige Größe des (fälschlich so genannten und im Zusammenhang damit dauernd mißverstandenen) «ontologischen» Gottesbeweises des Anselm von Canterbury (Prosl. 2—4). Am Rande des großen neuplatonischen Irrtums von dem Gott, dessen Sein doch nur der hypostasierte Inbegriff seines Nicht-Seins im Verhältnis zu allem anderen Sein, von dem Gott, der als Inbegriff des Menschen wohl zu denken, dessen gegenständliches Dasein als solches immer nur durch Sophismen zu beweisen sein wird — hart am Rande dieses Irrtums hat Anselm Halt gemacht und Gottes Dasein bewiesen daraus, daß Gott sich selbst bewiesen hat, beweist und beweisen wird, indem er sich selbst, des Dankes würdig und das Gebet erhörend, als den Anfang setzt, über den kein Denken zurück und hinausgehen kann, mit dem alles Denken anfangen muß, weil Gott in jenem Ereignis seines Selbstbeweises der ist, *quo maius cogitari nequit:* der, durch dessen heiligen Namen seine Nichtexistenz nicht nur, sondern auch der Gedanke seiner Nichtexistenz ausgeschlossen ist, weil diese Übertretung dem Menschen dadurch verwehrt ist, daß Gott sich seinem Erkennen zum Gegenstand gegeben und den Menschen zugleich zum Erkennen dieses Gegenstandes erleuchtet hat.

Diese Freiheit seines Existenzbeweises ist die Freiheit Gottes in seiner Offenbarung. Und eben diese seine Freiheit zu existieren, die er in seiner Offenbarung ausübt, ist dieselbe, die ihm auch in sich selber, die ihm auch abgesehen von dieser ihrer Übung nach außen eigen ist. Eben der in seiner Offenbarung so mit sich selber Anfangende ist der von Ewigkeit her mit sich selbst Anfangende und so der eigentlich und notwendig Existierende. Und eben dies: daß er dieser ist, ist Gottes Sein in der Freiheit.

Die katholische Dogmatik (Bartmann, Lehrb. d. Dogm.[7] 1. Bd. 1928, S. 106 f.; Diekamp, Kath. Dogm.[6] 1. Bd. 1930, S. 151 f.) setzt sich an dieser Stelle auseinander mit einer Theorie des Modernisten Hermann Schell, nach welcher die Aseität Gottes zu verstehen wäre als «göttliche Selbstverwirklichung», «Selbstsetzung», «Selbstverursachung»: *Deus est causa sui,* wie Schell im Anschluß an ein Wort des Hieronymus sagen wollte. Die formal-logischen Einwände, die man gegen diesen Satz erhoben hat — *causa* muß etwas Anderes sein als das *causatum,* sie muß diesem logisch vorangehen usf. — sind weniger durchschlagend als der sachliche: daß Gott als die *causa prima* nicht zugleich *causa* und *causatum,* sondern eben nur *causa* sein kann. Dahin darf die Aseität als die göttliche Selbstverwirklichung, als das Anfangen Gottes mit sich selber auf keinen Fall interpretiert werden: als entstehe Gott gewissermaßen aus sich selber, wo es sich doch offenbar nur um den Grund und die Verwirklichung seines keines besonderen Entstehens und Bestehens bedürftigen Seins handeln kann. Der aus sich selbst entstehende oder durch sich selbst bestehende Gott wäre — weil gewissermaßen durch die Möglichkeit seines eigenen Nicht-Seins beschränkt — nicht der freie Gott. Dennoch wird man Schells Anliegen als solches anerkennen müssen. Seine, der katholischen Schuldogmatik gegenüber durchaus beachtliche, auf katholischem Boden freilich schwer oder nur unglücklich zu realisierende Absicht war nämlich der Widerspruch gegen die scholastische Gleichsetzung Gottes mit dem «unbewegten Bewegenden» des Aristoteles und positiv: die Fruchtbarmachung der Lehre von der ewigen Hervorbringung des Sohnes durch den Vater, des Heiligen Geistes durch den Vater und den Sohn. Ist das innere Leben Gottes das Leben des Vaters, des Sohnes und des Geistes und also sein Leben in diesen Hervorbringungen, dann wird man gegen dessen Bezeichnung durch den Begriff einer göttlichen «Selbstverwirklichung» — Schell redete übrigens später zurückhaltender von «Selbstwirklichkeit» und «Selbsttat» — schwerlich etwas Entscheidendes einwenden können. Unter der doppelten Bedingung freilich, daß bedacht wird, daß 1. von den drei Seinsweisen Gottes die des Vaters nicht einmal Gegenstand einer «Selbstverwirklichung» ist, womit die Begrenzung dieses Begriffs in seiner Anwendung auf das Leben Gottes offenbar gegeben ist — und daß 2. eine ewige Selbstverwirklichung, wie sie bei Gott allein in Frage kommen kann, mit einer Entstehung Gottes aus sich selbst nichts zu tun haben kann, durch den Begriff *causa sui* also mindestens sehr unzulänglich bezeichnet ist. Das Wort «Selbstverwirklichung» kann also, wenn es legitim gemeint ist, jedenfalls nur die Freiheit des keiner Entstehung (auch keiner Entstehung aus sich selbst) bedürftigen göttlichen Seins meinen.

Das ist die Freiheit, in der Gott ist: daß er auch seines eigenen Seins nicht «bedarf», um zu sein, der er ist, und zwar darum nicht, weil er sein Sein immer schon hat, ja selber ist, weil ihm auch aus sich selbst nichts zukommen kann, was er nicht zuvor schon hätte und wäre, weil also sein Sein in der Tat oder die Tat seines Seins auf keinen ihm auferlegten Zwang antwortet, sondern nur die Bestätigung seiner eigenen Fülle und also in der Freiheit Ereignis ist. Sagen wir also, daß Gott *a se* ist, so sagen wir nicht, daß Gott sich selbst schaffe, hervorbringe, verursache, wohl aber: daß er (wie es in dem Verhältnis des Vaters, des Sohnes und des Heiligen Geistes offenbar und in Ewigkeit wirklich ist) der ist, der in sich selber Alles schon hat und ist, was als sein Sein Gegenstand seines Schaffens, Hervorbringens, Verursachens sein müßte, wenn er eben nicht Er, wenn er nicht Gott wäre, der als solcher sein eigenes Sein immer schon hat und ist, dessen Sein also keines Entstehens und Bestehens bedarf, der also auch dieses seines Seins nicht «bedürftig» sein kann, weil er es bestätigt, indem er ist, der er ist. Nicht weil er dieser Bestätigung bedürfte, sondern weil er es damit faktisch bestätigt! Und was er schafft, hervorbringt, verursacht, was des Entstehens und Bestehens bedürftig ist, um zu sein, was seines Seins bedürftig sein kann, das ist nicht er, das ist nicht seine, sondern die von ihm verschiedene Wirklichkeit. Sagen wir, daß Gott frei ist zu existieren, so sagen wir gerade nicht, daß Gott sich selber sozusagen von der Nicht-Existenz in die Existenz erhebe, sich selber zur Existenz befreie, wohl aber daß ihm diejenige Existenz zu eigen ist, die von aller Begrenzung durch die Möglichkeit seiner Nicht-Existenz unbelastet ist, der in sich selber der Existierende ist, der mit seinem Existieren keinem Zwange folgt, als müßte er erst existieren, um zu sein, der er ist, sondern der eben mit seinem Existieren wiederum nur sich selbst bestätigt. Nicht weil er dessen bedürfte, sich selber zu bestätigen, sondern weil er, indem er ist, der er ist, sich selbst und damit seine Existenz faktisch bestätigt! Sagen wir, daß Gott mit sich selbst anfange, so sagen wir nicht, daß er einer Begründung bedürfe, in der er sich von dem, was er nicht ist, oder von seiner eigenen Nicht-Existenz erst abheben und abgrenzen müßte, um innerhalb dieser Grenze sein Sein und seine Existenz zu haben, wohl aber, daß er selbst, indem er ist, seine eigene Begründung ist und mit seiner Begründung auch die Abgrenzung seines Seins von dem, was er nicht ist, seiner Existenz von seiner Nicht-Existenz, ja von der Denkbarkeit seiner Nicht-Existenz und daß er in der Tat seines Seins eben diese Begründung und Abgrenzung bestätigt. Wieder nicht, weil sie auch nur der Bestätigung bedürfte, wohl aber weil die Tat seines Seins, frei von allem Bedürfnis, diese Bestätigung faktisch ist! Das also ist primär Gottes Sein in der Freiheit, in der Aseität.

Es bedeutet eine Gefährdung der damit formulierten Erkenntnis, wenn man den Begriff der Aseität Gottes mit der katholischen Dogmatik (etwa Diekamp, a. a. O. S. 153) vervollständigen und vertiefen zu müssen meint durch den weiteren Satz, daß Gott notwendig sei, daß er also als das *ens necessarium* zu bezeichnen sei: «Es ist innerlich unmöglich, daß er nicht sei oder anders sei.» Aus dem Begriff der «lauteren Wirklichkeit» oder aus dem des «ersten Seins» soll sich das ergeben. Aber eben sofern sich diese Feststellung aus einem solchen Begriff nur zu leicht ergibt, werden wir sie mit großer Zurückhaltung entgegennehmen müssen. Das deutsche Wort «notwendig» mindestens ist hier mehr als bedenklich. Denn in Gott und für Gott gibt es keine Not, die er durch sein Sein erst zu wenden, von sich abzuwenden hätte. Aber auch in dem lateinischen *necesse, necessarium, necessitas* steckt ja die Verbindung von *ne* und *cedere* und also die Vorstellung von einem nicht möglichen Ausweichen, um von der griechischen ἀνάγκη, die ja geradezu «Enge» bedeutet, nicht zu reden! Der Fall ist typisch dafür, wie unsere Worte jedenfalls einer völligen, bis zur Verwandlung in das Gegenteil gehenden Veränderung ihres Wortsinnes bedürfen, wenn sie in der Anwendung auf Gott nicht in die Irre führen sollen. Mag es von der «lauteren Wirklichkeit» oder von dem «ersten Sein» noch so wahr gesagt sein, daß das Gemeinte «notwendend», unausweichlich, «in die Enge getrieben» sein muß, um das Gemeinte zu sein — von Gott kann man das nicht sagen, Gott kann das unter dieser Bestimmung Gemeinte jedenfalls gerade nicht sein. Von Gott kann man nur sagen, daß er in der Tat seines Seins faktisch dessen Bestätigung ist, faktisch allerdings so, daß in der Tat seines Seins sein Nicht-Sein oder Anderssein ontisch und noetisch ausgeschlossen ist, zur Unmöglichkeit und zwar zur absoluten, also keiner Möglichkeit gegenüberstehenden Unmöglichkeit gemacht ist. Es besteht aber im Unterschied zu dem in jenen Begriffen Gemeinten kein Bedürfnis, auf Grund dessen Gott sein müßte. Sondern wenn Gott ist, dann ist eben dies das Werk seiner keine Not, keine Unausweichlichkeit, keine Enge kennenden Freiheit. Indem er faktisch ist, ist freilich (und das ist das Richtige an jenem Satz) schlechterdings entschieden darüber, daß er ist und also nicht nicht ist, ja nicht einmal nicht sein kann, ja als nicht-seiend nicht einmal gedacht werden kann. Aber eben in seinem faktischen Sein als der, der Er ist, fällt diese Entscheidung und angesichts und im Gehorsam gegenüber dieser faktischen Entscheidung, indem er in ihr gesucht und angebetet wird, ist zu sagen, daß er nicht nicht-sein und nicht anders sein kann. Sucht man die «innere Unmöglichkeit» dessen, daß Gott nicht sein oder anders sein könnte, sucht man also die «Notwendigkeit» seines Seins und Soseins anderswo als in dieser seiner faktischen Entscheidung, dann sehe man wohl zu, ob man nicht einen «Gott» meint, der in seiner Seinsbedürftigkeit offenbar nicht Gott wäre, sondern die postulierte Apotheose des geschöpflichen Seins. Und man sehe dann wohl zu, ob die Zuversicht, in der man von der Notwendigkeit des Seins dieses Gottes reden zu können meint, standhält in der Anfechtung der dennoch und dennoch aufsteigenden Frage: ob Gott nicht auch nicht sein? ob er nicht auch ganz anders sein könnte? Die echte «Notwendigkeit» der Verneinung dieser Frage kann nur in dem Gott selbst liegen, der keine Notwendigkeit kennt, der, seines eigenen Seins nicht bedürftig, sein eigenes Sein faktisch hat und sich eben damit, aber auch dessen nicht bedürftig, faktisch als der Seiende bestätigt. Der Unterschied zwischen jener unechten und dieser echten Verneinung jener Frage besteht freilich darin, daß jene in der Entwicklung eines Begriffs im Handumdrehen, diese aber nur im Hören des Wortes Gottes und unter Gebet und Flehen, nur in der Erfahrung des Kampfes zwischen Geist und Fleisch, nur in der wirklichen Überwindung der wirklichen Anfechtung gewonnen werden kann. Der Weg der katholischen Dogmatik ist hier ein merkwürdig leichter und ebener Weg. Wir sehen aber nicht ein, wie wir ihn im Gehorsam — und wir sehen auch nicht ein, mit welcher Verheißung wir ihn gehen könnten. Denn es kann keine Verheißung haben, sich an etwas vermeintlich Höheres und Besseres halten zu wollen als an den Gott, der eben in der Freiheit ist, der er ist.

Wenn dieser erste Satz feststeht, daß Gott der ist, der frei ist in sich selber, dann können wir seine Aseität jetzt auch aussprechen in dem zweiten Satz: daß er der ist, der frei ist von aller Begründung, Bedingung, Bestimmung von außen, von einem Anderen her. Das konstituiert Gottes Freiheit nicht, aber darin betätigt er sich, darin besteht seine Göttlichkeit nicht, aber darin ist er göttlich: daß er von jeder anderen Wirklichkeit in jeder Hinsicht unabhängig ist. Bedarf er seines eigenen Seins nicht und keiner Begründung und Begrenzung durch sich selber, hat und ist er sich selber Sein, Grund und Grenze, indem er faktisch ist und also in der ihm eigenen Freiheit, wie sollte er dann eines anderen Seins oder der Begründung und Begrenzung von ihm her bedürftig sein? Gott ist «absolut», d. h. losgelöst von Allem, was nicht er ist. Gott ist, gleichviel ob alles Andere ist oder nicht ist, so oder anders ist. Gibt es ein Anderes, dann kann es Gott nicht zuvorkommen, Gott nicht in Abhängigkeit von sich selbst versetzen, Gott nicht einschränken, Gott nicht verändern. Gibt es ein Anderes, dann kann es nur durch Gott und von Gott her sein und so sein. Gibt es ein Anderes, dann kann es nur unter Gott sein, ihm nur dienen. Gott aber war, ist und wird sein, der er ist, ohne daß das Sein und Sosein dieses Anderen für ihn eine andere Bedeutung haben könnte als die, die er selber ihm geben will. Das Alles können und müssen wir nun also auch sagen: nachdem wir es abgelehnt haben, es zuerst zu sagen, nachdem wir uns zuerst haben sagen lassen: daß Gott frei ist in sich selber.

Denn das müssen wir uns zuerst sagen lassen durch die in Gottes faktischer Existenz fallende Entscheidung, das muß vorangehen als Inhalt einer Erkenntnis, deren Gegenstand kein Begriff, sondern eben nur Gott selber in seinem Existenzbeweis sein kann: daß Gott frei ist in sich selber. Wie sollte sonst der zweite Satz: daß Gott frei ist von aller äußeren Bedingtheit, von einem Satz über unser eigenes Wunschbild zu unterscheiden sein? Absolutes, von aller äußeren Bedingtheit gereinigtes Sein als solches, das könnte ja, wie wir sahen, an sich auch das Sein bedeuten, das wir selber uns selber so gerne zudenken möchten und, wenn auch in einiger Unsicherheit und Unbestimmtheit, als «lautere Wirklichkeit» auch tatsächlich zudenken können. Inwiefern haben wir damit Gott und nicht uns selbst bezeichnet? Offenbar genau insofern, als wir zuvor Gottes Freiheit auch abgesehen von dieser seiner Freiheit von aller äußeren Bedingtheit erkannt und anerkannt, genau insofern, als wir es gelernt haben, die *faktische* Bestätigung des göttlichen Seins *als solche* zu respektieren und so mit ihm zu rechnen als mit dem, der absolut ist auch jenseits der Absolutheit, in der er einem Anderen gegenübersteht und in der ihm gleichkommen zu wollen uns so unwiderstehlich naheliegt — mit ihm zu rechnen als mit dem, der *allein absolut* ist, können wir nun gleich sagen und also als mit dem, dem wir nicht gleichkommen können, nicht gleichkommen wollen dürfen, weil uns eben dies mit seinem eigenen Existenzbeweis, durch die faktische Bestätigung seines Seins verwehrt und verboten ist. Ist uns das klar, dann werden wir uns vor aller bei der Erklärung dieser sekundären Freiheit Gottes so leicht unterlaufenden Selbstapotheose zu hüten wissen. Es wird uns freilich diese Voraussetzung sehr klar sein und bleiben müssen, wenn es zu solcher Selbstapotheose nicht heimlich oder offen doch wieder kommen soll.

Und noch ein Zweites ist ohne weiteres klar, wenn es bei der Geltung dieser Voraussetzung sein Bewenden hat, dies nämlich: daß die Existenz und das Sein einer von Gott verschiedenen Wirklichkeit in ihrer Verschiedenheit dem absoluten Gott gegenüber dann keine Verlegenheit bedeuten kann. Das muß sie bedeuten *dem* Absoluten gegenüber, das als des Menschen eigenes Spiegelbild seine Absolutheit nur in diesem Gegensatz, nur in der Leugnung seiner Bedingtheit durch jenes Andere hat. Es wird die Bestimmung *dieses* Absoluten immer schwanken zwischen den beiden Extremen seiner konsequenten Behauptung, durch die dann das Sein und die Existenz dieses Anderen problematisiert und letztlich ausgelöscht, die wirkliche Welt in das fahle Licht des Nicht-Seienden gerückt wird — und seiner Auflösung dadurch, daß ihm dieses Andere inkonsequenterweise nun doch als irgendwie selbständige Wirklichkeit gegenübergestellt, das angebliche Absolute also doch wieder gewissen Bedingtheiten durch dieses Andere, die angebliche Gottheit also doch einer durchgehenden Bestimmtheit durch die ihr zugeordnete Welt unterworfen wird. Dieses Dilemma ist aufgehoben und beseitigt, wenn die Freiheit Gottes zuerst und eigentlich als Gottes Freiheit in sich selbst und dann erst und von da aus als seine Freiheit von der Welt und also als seine Absolutheit im üblichen Sinn des Begriffs verstanden wird. Gott hat ja dann seine Absolutheit, er hat das, was sie zur wahren Absolutheit macht, nicht entscheidend in seinem Verhältnis zur Welt. Eben darum kann er nun auch ein wirkliches Verhältnis zu dieser haben, kann es ihm gegenüber eine wirkliche, durch seine Absolutheit nicht bedrohte oder gar ausgelöschte, sondern eine gerade kraft seiner Absolutheit gesetzte Welt geben, die gerade vom Gottesbegriff her kein *pudendum,* die nicht als Widerspruch zu ihm, sondern als seine Bestätigung, als eine Veranstaltung zur Verherrlichung Gottes zu verstehen ist. Mit aller Weltfremdheit oder gar Weltfeindschaft des absoluten Gottes (oder vielmehr einer einen Götzen dieses Namens verehrenden Mystik) wird es dann, wenn die Welt *sub specie aseitatis,* d. h. aber im Lichte der primären, der positiven Freiheit Gottes betrachtet werden darf und muß, vorbei sein. Und Gott hat dann seine Absolutheit entscheidend in sich selber. Eben darum kann nun ein solches Sein und Existieren jenes Anderen, das eine Konkurrenzierung der göttlichen Absolutheit bedeuten, dessen Anerkennung eine Einschränkung seiner Freiheit, eine auch nur teilweise Umkehrung des Abhängigkeitsverhältnisses nach sich ziehen würde, gar nicht in Betracht kommen. Seine Relativität ist dann durch Gottes Absolutheit notwendig (hier gilt der Begriff!) und zwar unaufhebbar notwendig gemacht. Mit aller Weltvergötterung, mit allen Dämonisierungen dieses Anderen wird es dann auch zu Ende sein. M. e. W.: ist die Freiheit Gottes primär als seine ihm eigene Freiheit verstanden, dann kann und muß sie sekundär, in seinem Verhältnis zu dem, was nicht er, sondern durch ihn und unter ihm ist, als seine echte Immanenz ebenso wie als seine echte Transzendenz verstanden werden.

Man bemerke auch hier die Gefährlichkeit jeder anderen, jeder rein begrifflichen Begründung dieser sekundären Absolutheit Gottes. «Das Sein selbst oder die lautere Wirklichkeit hängt von niemandem ab, bedarf keines Anderen, um zu sein und zu wirken, und kann von keinem Anderen irgendwelche Ergänzung des Seins erhalten» (Diekamp, a. a. O. S. 152 f.). Das kann wohl, das muß aber nicht von Gott gesagt sein. Denn wieder ist die «lautere Wirklichkeit» nicht als solche Gott, sondern nur indem Gott Wirklichkeit ist, ist Er (als der Er ist!) wohl auch so etwas wie lautere Wirklichkeit. Die «lautere Wirklichkeit» als solche könnte auch das Spiegelbild unserer eigenen Existenz sein und würde uns als solches notwendig in das Dilemma führen, entweder konsequent denkend die Realität der von ihr verschiedenen «unlauteren» Wirklichkeit, oder aber inkonsequent denkend die Eingeschränktheit jener «lauteren» Wirklichkeit durch die «unlautere» behaupten zu müssen. Womit sich dann doch wohl die Verschiedenheit des mit diesem Begriff Gemeinten von Gott an den Tag stellen würde.

Wir versuchen auf diesem Hintergrund und unter dieser Voraussetzung eine allgemeine Erklärung der göttlichen Freiheit nun auch in diesem sekundären Sinn des Begriffs: als der «Absolutheit» Gottes. Daß Gott frei ist in seinem Verhältnis zu allem, was nicht Gott ist, das bedeutet offenbar schon noetisch dies, daß Gott mit nichts von dem, was er nicht ist, unter eine Kategorie, unter einen gemeinsamen Art- oder Gattungsbegriff zusammengestellt, zusammengefaßt, zusammengeordnet werden kann. Es gibt keine Synthese, in welcher dasselbe, heiße es nun Sein oder Geist oder Leben oder Liebe, im gleichen Sinn von Gott und von einem Anderen auszusagen, in welcher also Gott von der Synthese umfaßtes Element neben anderen Elementen wäre. Wenn und wo wir Gott mit einem Anderen zusammenstellen (mit der explizierten oder nicht explizierten Kopula «und» oder anderswie), da müssen wir uns klar sein darüber, daß eine Synthese dabei nicht in Frage kommen kann, daß durch das in eine Reihe mit anderen Elementen gestellte Element «Gott» jede denkbare Synthese, noch bevor sie versucht ist, gesprengt ist, daß das Element «Gott» allen anderen Elementen so gegenübersteht, daß sie bei aller Verschiedenheit untereinander dadurch als ein einziges Element charakterisiert werden, daß sie alle von jenem durch ihre innere Verschiedenheit von ihm so getrennt sind, daß eine höhere, in einem gemeinsamen Oberbegriff auszudrückende Einheit zwischen ihnen und ihm nicht besteht. Besteht hier eine Einheit, dann jedenfalls gerade keine höhere, das heißt keine Gott und sie umfassende und also in einem Oberbegriff als dem Begriff dieses Höheren auszudrückende Einheit. Denken und reden wir von Gott als von einem Element in einer Reihe und Folge mit anderen, dann muß schon der Begriff oder die Anschauung der Reihe und Folge als solcher es erleiden, dadurch grundsätzlich gestört (d. h. aber in diesem Fall sachgemäß interpretiert!) zu werden, daß das Element «Gott» in der Reihe zugleich von allen anderen Elementen aber auch von der Reihe und Folge als solcher in der Weise unabhängig ist, daß es, was auch dort das Verbindende sein möge, gerade nicht mit unter dieses Verbindende fällt, sondern eben diesen verbundenen Elementen, sowohl als auch ihrer Verbindung untereinander unverbunden, selbständig, unabhängig gegenüber steht und stehen bleibt. *Deus non est in genere,* haben wir schon früher gehört.

Die theologische Konsequenz gleich dieses ersten Satzes ist methodisch so umfassend, daß sie hier nur in einigen Beispielen angedeutet werden kann. Weil *Deus non est in genere,* darum muß gegen das Verfahren der römisch-katholischen Theologie Einspruch erhoben werden, die — man sollte denken: im unbegreiflichen Widerspruch zu diesem Satz des Thomas von Aquino!! — bei jeder Gelegenheit auf den Gott und das, was nicht Gott ist, umfassenden Begriff des Seins zurückgreifen und im Grunde die ganzen Beziehungen zwischen Gott und dem, was nicht Gott ist, in Form einer Explikation dieses allgemeinen Seinsbegriffs erklären zu können meint. Weil *Deus non est in genere,* darum ist die Gotteslehre Kants unerträglich, schon darum, weil die Idee Gottes in ihr in einer Reihe mit den gleichermaßen höchsten Ideen der Freiheit und der Unsterblichkeit steht und offenbar mit diesen zusammen der allerhöchsten Idee der Vernunft unterworfen ist. Weil *Deus non est in genere,* darum ist jedes theologische Verfahren als untheologisch abzulehnen, in welchem Gottes Offenbarung zwar scheinbar als solche anerkannt, aber zugleich einem höheren Begriff, sei es dem der Wahrheit oder dem einer göttlichen Offenbarung im Allgemeinen, sei es dem der Religion, sei es dem der Geschichte subsumiert wird und darum notwendig von diesem Oberbegriff her interpretiert werden muß. Wir haben gehört, wie sich die Bibel gerade solches «Vergleichen» Gottes mit anderen Instanzen, solche Überhöhungen Gottes, als wäre er nicht der Höchste, nicht das A und das O, verbittet. Wo man sich das nicht sagen läßt, wo man solche Gleichstellungen und Subsumtionen, solche Einklammerungen Gottes wagt, da kann, was dann auch innerhalb der Klammer geschehen möge, nicht mehr oder noch nicht redlich und ernstlich von Gott geredet werden. Der Einsatz, die Leidenschaft und der Ernst, mit dem man auch von dem in solche

Klammer gesetzten Gott zu reden versuchen kann, gelten dann letztlich und entscheidend doch nicht ihm, sondern dem ihn einklammernden Höheren, repräsentiert durch den jeweils gewählten Oberbegriff. Die Absolutheit Gottes erlaubt uns keinerlei solche Einklammerungen.

Aber hinter dieser noetischen Absolutheit Gottes steht entscheidend seine ontische. Entscheidend insofern, als es in Gottes Offenbarung real um Gottes ontische Absolutheit geht, der dann jene noetische notwendig folgen muß. Daß Gott frei ist in seinem Verhältnis zu Allem, was nicht Gott ist, das bedeutet: er ist von allem Anderen verschieden, ihm gegenüber selbständig und unabhängig, und zwar in einzigartiger, in eminenter Weise verschieden, selbständig und unabhängig: so wie kein Wesen es einem anderen gegenüber ist. Keine anderen Wesen sind ja in der Weise unabhängig voneinander, daß sie nicht so oder so auch von einander abhängig wären und zwar bei aller Unabhängigkeit, die ihnen relativ zu eigen sein mag, in der Weise, daß letztlich keines von ihnen das Sein und sein Sosein hat außerhalb des Zusammenhangs mit dem Sein und Sosein aller Anderen. Gott aber ist ihnen allen gegenüber schlechthin unabhängig, d. h. er wäre nicht weniger und nichts Anderes, auch wenn sie alle nicht wären oder anders wären. Gott ist in unendlichem Abstand zu ihnen, nicht in dem endlichen Abstand, in welchem sie unter sich sind. Haben sie alle ein Sein und haben sie alle ihr bestimmtes Sosein, so hat Gott es ihnen gegeben in seiner Freiheit: nicht weil er es mußte, nicht weil er in seinem Sinn bedingt wäre durch ihr Sein und Sosein, sondern indem ihr Sein und Sosein schlechthin durch das seinige bedingt ist. Gehören sie ihm und gehört er ihnen, so ist auch dieses doppelte Gehören kein Erfordernis seines Wesens, das vielmehr dasselbe wäre, auch wenn sie ihm nicht, wenn er ihnen nicht gehörte. Gibt es eine Beziehung und Verbindung zwischen ihm und ihnen, so ist Gott auch in dieser Beziehung und Verbindung unabhängig von ihnen, der er ist. Er teilt sein Sein nicht mit dem ihrigen. Er setzt sich mit ihnen nicht zusammen zu einem Sein dritter Art. Er vermischt und vermengt sich nicht mit ihnen. Er verwandelt sich nicht in sie. Er bleibt auch in der Beziehung und Verbindung mit ihnen, der Er ist. Er schafft und erhält diese Beziehung und Verbindung. Er regiert in ihr in schlechthiniger, im Größten wie im Kleinsten ungebrochener und vorbehaltloser Hoheit. Er wäre, der er ist, auch ohne diese Beziehung und Verbindung. Alle tatsächlich bestehende Beziehung und Verbindung Gottes mit einem Anderen muß, wie sehr dadurch jeder uns zunächst zur Verfügung stehende Begriff von Beziehung und Verbindung gestört (oder vielmehr zurechtgerückt!) werden mag, dahin interpretiert werden, daß sie zwischen zwei schlechterdings ungleichen Partnern stattfindet, wobei die schlechthinige Ungleichheit darin besteht, daß keine Selbstbestimmung des zweiten Partners eine Bestimmung des ersten bedeuten kann, während die Selbstbestimmung des ersten zugleich die die Selbstbestimmung des zweiten zwar nicht aufhebende, wohl aber ihr schlechterdings vorangehende souveräne Vorherbestimmung ist.

Alle diejenigen Vorstellungen und Ideen von Gott kommen von da aus *a limine* und endgültig in Wegfall, die auf der Linie des sogen. Pantheismus oder auch Panentheismus liegen. Gott ist mit keinem Anderen zusammen ein Ganzes, weder in Identität mit ihm, noch als ein aus sich und diesem Anderen zusammengesetztes oder vermengtes Drittes (das ja dann wohl der Gegenstand jenes so oft gesuchten und gefundenen Oberbegriffs, das ja dann wohl jenes Höhere oberhalb Gottes und dessen, was nicht Gott ist, wäre!). Auch indem Gott faktisch mit einem Anderen zusammen ist, bildet er kein solches Ganzes mit ihm. Weder die Vorstellung einer Identität Gottes mit dem Universum in seiner Totalität ist also annehmbar, noch auch die einer Identität Gottes mit einem das Universum konstituierenden Elementarsein, mit der einst in Jonien die Geschichte der abendländischen Philosophie begonnen hat, noch auch die seiner Identität mit einer das Universum als *élan vital* durchdringenden oder durchflutenden Weltseele oder Weltvernunft oder mit dem Inbegriff seiner geistigen Wirklichkeit, gleichviel, ob man diese mehr statisch-idealistisch als das in sich ruhende Prinzip alles menschlichen Geistes oder mehr dynamisch-idealistisch als die bewegende Kraft der menschlichen Geistesgeschichte oder wohl auch Religionsgeschichte verstehe. Die Mythologie einer solchen bloß teilweisen, gewissermaßen ausgewählten Identität Gottes mit der Welt, die man als Panentheismus oft für die bessere Möglichkeit gegenüber einem sog. krassen Pantheismus gehalten hat, ist eher noch schlimmer als die des letzteren. Und es wäre wiederum kurzsichtig, innerhalb des Panentheismus gerade dem Idealismus einen allzu großen Vorzug zu geben, als ob seine beiden Spielarten oder doch die eine von ihnen nun vielleicht geeignet wären, den Grundirrtum, auf dem auch sie beruhen, wieder gut zu machen, zum christlichen Gottesbegriff zurückzuführen. Die jonische Möglichkeit war ja innerhalb des ganzen Irrtums in ihrer Art auch nicht schlecht. Und so hat es denn auch nicht fehlen können, daß in der zweiten Hälfte des 19. Jahrhunderts zur Abwechslung auch ein solcher Panentheismus vorgetragen worden ist, der nun gerade den sog. Stoff oder die Atome oder ein anderes für die Naturseite des Universums repräsentatives Mythologumen in derselben Weise, wie es die Anderen mit dem Geist, mit der Seele, mit der Vernunft taten, auswählen und mit dem höchsten Sein oder mit der Gottheit identifizieren wollte. Wenn man dieses Unternehmen nun ebenfalls als «kraß», nämlich als «krassen Materialismus» beschimpft und sich weithin daran erfreut hat, nachzuweisen, daß die Behauptung einer von aller Geistigkeit gereinigten Natürlichkeit so leicht nicht sei, wie die Unbesorgteren unter den Materialisten sich das vorstellten, so hätte man doch bedenken müssen, daß von der Behauptung einer von aller Natürlichkeit gereinigten Geistigkeit mindestens dasselbe gilt und daß dieser krasse Materialismus schließlich nur der Rückschlag war gegen einen vorher ebenso kraß auftretenden Spiritualismus, und daß schließlich beide einem einfachen, undifferenzierten und insofern «krassen» Pantheismus so viel nicht vorzuhalten hatten, weil sie doch nur Aktion und Reaktion innerhalb derselben Anschauung darstellten, laut derer Gott überhaupt mit einem Anderen identisch sein könnte. Wollte man diese Identifizierung im Unterschied zum Pantheismus nur teilweise wagen, dann mußte man Gott über die gewählte Identifikation hinaus auch noch mit einem Anderen vermengen: die Spiritualisten mit der unvermeidlichen Natur des Universums, die Materialisten mit dem ebenfalls nicht ganz zu vermeidenden Geist. Insofern ist der Panentheismus in seinen beiden Gestalten eher noch «krasser» als der «krasse» Pantheismus! Es wäre aber einzusehen, daß hier alle gegenseitige Diffamierung darum ebensogut unterbleiben kann, weil bei jeder Identifizierung Gottes mit einem Anderen der Grundfehler schon begangen ist, der sich dann wohl in doppelter und dreifacher Dialektik in sich und als solcher entfalten, auf dessen Boden es aber zu einer Rückkehr zu einem redlichen und ernsten Denken und Reden von Gott doch nicht kommen kann. Hier wäre grundsätzlich einzusehen, daß Gott mit keinem Anderen zusammen ein Ganzes ist oder bildet, weder so noch so. Die Bibel redet von dem Gott, der das nicht ist und nicht tut. Sie redet von dem absoluten Gott. Eben darum redet sie redlich und ernstlich von Gott. Und eben das ist es, was jedenfalls in der christlichen Kirche zum Zeugnis gegen alle Pseudogötter ebenfalls geschehen muß.

Und nun bedeutet gerade diese streng verstandene Absolutheit Gottes dies: daß Gott die Freiheit hat, dem, was nicht Gott ist, in einer Weise gegenwärtig zu sein, sich ihm mitzuteilen, sich mit ihm und es mit sich zu vereinigen, die alles das schlechterdings hinter sich läßt, was an gegenseitiger Gegenwart, Mitteilung und Verbindung zwischen anderen Wesen Ereignis werden kann. Gerade Gottes recht verstandene Absolutheit kann gar nicht nur seine Freiheit zur Transzendenz allem Anderen gegenüber, gerade sie muß auch seine Freiheit zur Immanenz bedeuten, und zwar zu einer solchen Immanenz, die es unter anderen Wesen schlechterdings nicht gibt. Kein Wesen kann ja dem anderen innerlich gegenwärtig sein, innerlich in Gemeinschaft mit ihm treten und stehen; kein Wesen kann das andere schaffen und erhalten, keines das andere ernstlich führen und regieren, keines sich dem anderen und keines das andere sich verbinden in ewiger Treue, in gänzlicher Hingabe. Es ist das Wesen jedes anderen Wesens, endlich zu sein und also seine Grenzen zu haben jedem anderen gegenüber und diese Grenzen eifersüchtig bewahren zu müssen. Es ist sein Wesen, sich selber in der Weise treu sein zu müssen, daß es beim besten Willen keinem anderen schlechterdings treu sein kann. Es ist sein Wesen, daß es sich selbst nicht anders behaupten kann als in der Weise, daß es sich gegen andere behauptet. Eben darum können alle anderen Wesen einander nur andeutend, nur versuchsweise, d. h. aber im Grunde nicht wirklich gegenwärtig sein, sich mitteilen, sich verbinden, sich gegenseitig angehören. Eben darum gibt es zwischen allen anderen Wesen wie keine echte Transzendenz, so auch keine echte Immanenz. Es braucht immer schon eine pantheistische oder panentheistische Verwechslung zwischen Gott und einem Anderen dazu, um das Stattfinden einer wirklichen Immanenz auch zwischen anderen Wesen, statt zwischen Gott allein und allen anderen Wesen zu behaupten. Es braucht viel «Poesie» zu solcher Behauptung! Gott aber ist frei. Er ist frei auch zur Immanenz, zu einer einzigartig innigen, zur echten Immanenz seines Seins in und mit dem von ihm verschiedenen Sein.

Also: Gott kann wohl (und das ist seine Transzendenz) allem Anderen jenseitig genug sein, um sein Schöpfer aus dem Nichts zu werden und zugleich frei genug, sein Sein teilweise oder ganz und gar zu ändern oder auch es ihm wieder zu nehmen, wie er es ihm gegeben hat. Aber Gott kann, wenn man so sagen darf, noch mehr als dies: Er kann (und das ist seine Immanenz) allem Anderen so inseitig sein, daß er, indem er sein Schöpfer und also der Geber seines Seins ist und indem er ihm dieses sein Sein nicht wieder nimmt, diesem seinem Sein in der ganzen Verschiedenheit seines eigenen, des göttlichen Seins sich nun nicht etwa entzieht, ihm (nachdem es durch seinen Willen entstanden ist, indem es durch seinen Willen Bestand hat) nicht etwa als Fremder unbeteiligt gegenübersteht, sondern als das Sein seines Seins gegenwärtig ist in eben jener ewigen Treue, deren kein Geschöpf dem anderen gegenüber fähig ist. Gott kann dieses Andere, von ihm gänzlich Verschiedene, nun doch und als solches leben, weben und sein lassen in ihm selber. Er kann ihm sein besonderes, von seinem eigenen verschiedenes Sein ganz und gar gönnen, gewähren und lassen und es nun dennoch und gerade so und also in seiner geschöpflichen Freiheit ganz und gar durch sein eigenes Sein erhalten, tragen, regieren, ganz und gar sein Anfang, seine Mitte und sein Ende sein. Ihm tatsächlich näher sein als es sich selber ist, es besser verstehen als es sich selbst versteht, es intimer bewegen als es sich selbst bewegt: unendlich viel näher, besser, intimer sogar und dies Alles nun doch nicht in Auflösung sondern in Bestätigung seiner göttlichen Eigenheit und wiederum nicht in Auflösung sondern in Bestätigung der Eigenheit auch des Anderen! Daß Gott das kann, das ist seine Freiheit in seiner Immanenz.

Aber wir müssen noch mehr sagen: Gott ist frei genug, dem Anderen im Blick auf dessen eigene Unterschiedenheit in der verschiedensten Weise inseitig zu sein. Die ganze Fülle der Bewegung, in der wir Gott nach dem Zeugnis der Bibel in seinem Verhältnis zur Kreatur finden, kann und darf darum nicht uneigentlich, sie kann und muß darum im strengsten Sinn als Realität interpretiert werden, weil er eben in dieser Bewegung als Gott im Unterschied zu einem Götzen und das heißt als frei bezeugt wird: im Unterschied zu der Gebundenheit eines Seins, das sich eben darin, und wenn es die höchsten Attribute trüge, als geschöpfliches Sein verraten würde, daß es sich zu anderem geschöpflichen Sein, von diesem her gesehen, nur so und so und nicht anders verhalten könnte. Auch Gott kann sich in seinem Verhältnis zur Welt allerdings immer nur so und so und nicht anders verhalten: nämlich so und so und nicht anders, als es von ihm aus gesehen sein muß, als es seinem göttlichen Sein und Wesen entspricht, als er es in seiner Freiheit beschließt und will. Aber in dieser seiner Freiheit, in der er sich selbst je und je in bestimmter Weise an die Welt bindet, ist er von der Welt und von ihrem So- und Sosein her gesehen schlechterdings ungebunden. Seine «Unveränderlichkeit» fällt nicht zusammen mit irgend einer unserer Stetigkeiten. Seine Treue ist seine Treue und nicht die metaphysische Entsprechung irgend einer der regelmäßigen Bestimmtheiten kreatürlichen Daseins. Seine Gegenwart im Sein und Leben der Welt ist seine persönliche und also aktuelle und also seine in souveränen Entscheidungen je so und so gestaltete Gegenwart.

Sie ist also nicht die starre Gegenwart eines Seins, dessen Natur wir auf dieses oder jenes Prinzip sozusagen festlegen könnten. Gott ist frei, der Kreatur darin gegenwärtig zu sein, daß er sich ihr schenkt und erschließt oder auch darin, daß er sich ihr verbirgt und entzieht. Gott ist frei, in der Kreaturwelt unbedingt, er ist aber auch frei, in ihr bedingt zu sein und zu wirken. Gott ist frei, innerhalb dessen, was wir für die Gesetze des Weltgeschehens halten und eben so frei, auch im Wunder sein Werk zu tun. Gott ist frei, dem Weltgeschehen seine Immanenz zu gewähren, indem er in dessen eigener Tiefe oder auch indem er in der fernen Höhe über ihm ist. Gott ist frei, sich in seiner Gottheit der Kreatur gegenüber zu verbergen, ja selber Kreatur zu werden und frei, seine Gottheit wieder offen an sich zu nehmen. Gott ist frei, seine Distanz als Gott ihr gegenüber zu wahren und ebenso frei, mit ihr ins Bündnis zu treten, ja noch mehr: die Kreatur selbst im strengsten vollkommensten Sinn in die Einheit mit seinem eigenen göttlichen Sein, in die Einheit mit sich selbst zu erheben. Gott ist frei, über die Welt zu herrschen in vollkommenster Majestät, aber ebenso frei, in der Welt zu dienen als der geringste und schlechteste aller Knechte, frei auch dazu, der in der Welt und von der Welt Verstoßene und Verworfene zu sein. Gott ist frei, das Leben der Welt in seiner ganzen Herrlichkeit zu seinem eigenen Gewand zu machen; aber Gott ist ebenso frei, den Tod, der alles weltlichen Lebens Ende ist, selber zu sterben in letzter Verlassenheit und Finsternis. Gott ist frei, der Welt gegenüber ganz unbegrenzt zu sein: nicht gebunden durch ihre Endlichkeit, nicht gebunden auch an ihre Unendlichkeit, nicht eingeschlossen in ihren Raum und in ihre Zeit im Ganzen und nicht eingeschlossen in irgend einen Einzelraum, irgend eine Einzelzeit — und zugleich frei, sich selbst zu begrenzen: ewig zu sein in der kleinen Unendlichkeit unseres Sternenhimmels oder auch unserer Begrifflichkeit, ewig aber auch in unserer Endlichkeit, eingeschlossen in das Ganze unserer Raumzeitlichkeit, aber auch in aller Demut eingeschlossen in diese und jene bestimmte Raumzeitlichkeit im Unterschied zu andern Raumzeitlichkeiten. Gott ist frei, sich innerhalb seiner Schöpfung mit dem Geist gegen die rebellische Natur, aber auch frei, sich mit der Natur gegen den wohl noch viel rebellischeren Geist zu verbünden. Gott ist frei zu zürnen und frei gütig zu sein, frei zu segnen und frei zu strafen, frei zu töten und frei lebendig zu machen, frei uns in den Himmel zu erheben und frei uns in die Hölle zu verstoßen. Gott ist frei, der Kreatur ganz innerlich und zugleich als Er selbst ganz äußerlich zu sein: *totus intra et totus extra,* und — wohlverstanden! — das Alles als Gestalten seiner Immanenz, seiner Gegenwart, der von ihm selbst gewählten, gewollten und geschaffenen Beziehung und Gemeinschaft zwischen ihm und ihr. Gerade so begegnet er uns ja in Jesus Christus. Gerade seine Offenbarung in Jesus Christus umschließt ja alle diese unter sich scheinbar so verschiedenen und widersprechenden Möglichkeiten. Sie sind alle seine Möglichkeiten! Man bestreite ihm eine einzige von ihnen, so bestreitet man Jesus Christus und damit Gott selber, so hat man sich, statt Gott zu erkennen und anzubeten, einen Götzen gemacht, indem man ihm, seiner faktisch bewiesenen Freiheit zum Trotz, eine Gefangenschaft auferlegte, die keine andere als die unseres Eigensinns sein kann, der als solcher Gott leugnen, sich selber an die Stelle Gottes setzen möchte. Bricht das Wort Gottes erst hindurch durch die Mauer dieses unseres Eigensinns, dann kann der Lobpreis der gerade in seiner Immanenz betätigten Freiheit Gottes keine Grenzen haben: es erscheint aller Pantheismus und Panentheismus wohl erst dann in seiner ganzen Dürftigkeit; denn welcher dürftige, so oder so beschränkte Gott und welche dürftige, so oder so sich selbst behauptende Welt sind es, deren Grenzen in jenen Systemen ganz oder teilweise ineinander verschwimmen, die da ganz oder teilweise als Einheit interpretiert werden sollen! Es kann von da aus, wenn der grenzenlose Lobpreis der Freiheit Gottes in seiner Immanenz einmal als notwendig erkannt und angestimmt ist, einen Rückfall in jene Systeme schlechterdings nicht mehr geben.

Aber nun müssen wir noch mehr sagen: Gott ist frei genug, seine Gegenwart nicht nur mit Rücksicht auf die Verschiedenheit der Kreatur, sondern auch in sich selbst, d. h. in seiner eigenen Absicht auf die Kreatur in entscheidender Weise ins Unendliche zu differenzieren. Es ist die Beziehung und Gemeinschaft Gottes mit der Welt nicht gebunden an ein bestimmtes Schema, an ein einförmig von ihm ausgehendes *quantum* und *quale* einer bestimmten Aktionsweise.

Sie ist, obwohl und indem er in seinem ewigen Sein und in seinem Tun nach außen ungeteilt und unteilbar Einer und Derselbe, obwohl er immer ganz ist, der er ist, eine andere in der Fleischwerdung seines Wortes, in der einmaligen und einzigartigen Aufnahme der menschlichen Natur in die Einheit mit seinem ewigen Sohn, in die Gemeinschaft mit dessen göttlichem Sein — eine andere in dem weiteren Reich seiner Gnade: im Leben der Kirche und der Kinder Gottes, in der Kraft der Predigt und der Sakramente, in der Kraft der neuen Zeugung und Geburt des Menschen zum Glauben durch den Heiligen Geist — eine andere in der Schöpfung, Erhaltung und Regierung der Existenz und des Soseins der Welt und des Menschen, kraft derer sie immer auch neutrale Wirklichkeit sind — und wieder eine andere in der künftigen Vollendung, in der Wiederkunft Christi, in der Auferstehung der Toten, im letzten Gericht und dann, wenn er selbst Alles in Allem sein wird. Er handelt und redet anders in den Propheten, anders in den Aposteln, anders in der Predigt und anders im Sakrament, anders in der heiligen Schrift und anders in den Vätern und Bekenntnissen der Kirche, anders gestern, anders heute und anders morgen. Er ist in seiner Beziehung und Gemeinschaft mit den Engeln bestimmt anders als in der mit der übrigen Welt, in der mit den Menschen anders als in der mit der übrigen Geistnatur, in der mit den Glaubenden anders als in der mit den Menschen im Allgemeinen, anders in der Kirchengeschichte und anders in der Weltgeschichte als solcher, und endlich anders in seiner Beziehung jedem Engel, jedem Ding, jedem Menschen, jedem Glaubenden je allen Anderen gegenüber.

Es gibt nicht nur jene grenzenlose Individualisierung des göttlichen Tuns nach außen, von der wir zuerst sprachen, sondern es gibt als deren Grund im Sein und Willen Gottes selbst, in seinen Dekreten, eine ganze Hierarchie seiner Beschlüsse und Vollstreckungen, deren Verschiedenheit seine Einheit nicht aufhebt sondern bestätigt als die göttliche Einheit in ihrem Unterschied von der einer Naturmacht oder eines Geistprinzips. Es geht nicht um Spekulation, wenn man das feststellt. Es wäre vielmehr Spekulation, unerlaubte Vereinfachung, es würde Vergötzung Gottes bedeuten, dies nicht festzustellen, da es in Gottes Offenbarung unzweideutig so festgestellt ist. Es ist für die Kirche, für den Glauben jedes Einzelnen und für dessen ewige Seligkeit lebensgefährlich, auch nur eine einzige jener offenbarten Andersheiten der Immanenz Gottes zu übersehen, zu leugnen, zu verwischen, einzuebnen in irgend ein Allgemeines, das dann als solches sicher nicht das Göttliche sein kann.

Man kann sagen, daß speziell die Dogmatik, bei der es ja fortwährend um ein Sondern und Scheiden geht (und zwar um ein notwendiges, um der Reinheit und Fülle der kirchlichen Lehre willen ja nicht zu unterlassendes Sondern und Scheiden!) an dieser Stelle ihre Legitimierung und Rechtfertigung im Gottesbegriff hat. Wer die Dogmatik etwa nicht liebt um des in ihr unvermeidlichen Distinguierens willen, der sehe wohl zu, ob er nicht etwa gegen Gott selbst anrennt, der nun einmal die Freiheit hat, in seinem ganzen *opus ad extra* in einer scheinbar unübersehbaren Fülle von notwendig zu beachtenden Distinktionen der Eine zu sein, der er ist, der uns übersichtlicher Gegenstand unserer Erkenntnis nur werden kann, wenn wir ihm diese Freiheit und damit den scheinbar unübersichtlichen Reichtum seines Sichunterscheidens nicht absprechen, sondern gerade mit ihm in aller Gewissenhaftigkeit auf der ganzen Linie rechnen, gerade ihn uns zum Bewußtsein, gerade ihn zur Geltung zu bringen bemüht sind.

Gottes Freiheit in seiner Immanenz triumphiert gerade in jener Hierarchie seines Seins und Tuns im Verhältnis zu dem von ihm verschiedenen Sein. Und nun doch wieder nicht so — wie würde es sich sonst um eine Hierarchie handeln? — daß wir diesem Reichtum Gottes als einem tatsächlich unübersichtlichen Ozean von allen und jeden Möglichkeiten gegenüberstehen würden. Sondern nach dem Zeugnis derselben Offenbarung, die zunächst einfach diesen Reichtum als solchen vor uns ausbreitet, die uns zunächst einfach einladet, Gott je in dieser und dieser seiner Andersheiten als Gott ganz ernst zu nehmen, ist es so, daß alle diese Möglichkeiten göttlicher Gegenwart und Wirkung eine ganz bestimmte Mitte, daß sie nämlich in Jesus Christus ihren Grund und ihre Spitze, ihren Sinn, ihr Maß und ihr Gesetz haben. Die in Jesus Christus vollzogene Einheit zwischen göttlichem und menschlichem Sein ist ja gewiß zunächst eine von diesen Möglichkeiten göttlicher Immanenz neben anderen, aber darüber hinaus in ihrer Einmaligkeit und Einzigartigkeit zugleich die Möglichkeit aller anderen Möglichkeiten. Denn der Sohn Gottes, der in Jesus Christus Fleisch geworden ist, ist als ewige Seinsweise Gottes selbst nicht mehr und nicht weniger als das Prinzip aller Weltimmanenz Gottes und also das Prinzip dessen, was wir die sekundäre Absolutheit Gottes genannt haben.

Wir sahen, wie Gottes Freiheit ursprünglich, als seine Freiheit in sich selbst, als seine primäre Absolutheit ihre Wahrheit hat in dem innertrinitarischen Leben des Vaters mit dem Sohne durch den Heiligen Geist. Eben hier, und zwar im besonderen in der Seinsweise Gottes als des Sohnes, des «Ebenbilds des unsichtbaren Gottes» (Kol. 1, 15) — eben hier hat nun auch seine Freiheit in der Beziehung und Gemeinschaft zu einem Anderen in Gott selbst, seine sekundäre Absolutheit ihre ursprüngliche Wahrheit. Sie ist hier noch nicht Beziehung und Gemeinschaft zu einem Anderen außer Gott, zur geschaffenen Welt. Es wäre der von der Kirche der ersten Jahrhunderte sofort zurückgewiesene Irrtum des Philo und der Gnosis, wenn man den Sohn Gottes etwa mit der Welt identifizieren und so die Welt gewissermaßen als notwendiges Element, ja als göttliche Seinsweise in die Gottheit selbst hineinversetzen wollte. Von einer Freiheit Gottes ihr gegenüber könnte dann offenbar nicht die Rede sein. Wohl aber ist der Sohn Gottes in Gott selbst die prinzipielle Wahrheit eines Anderen. Dieser Andere ist als der Sohn Gottes Gott selbst; aber eben Gott selbst wird sich selbst in seinem Sohne ein Anderer. Es bedarf nicht erst der Welt, damit es für ihn eine Andersheit gebe. Er hat vor aller Welt auch die Andersheit in seinem Sohne von Ewigkeit und in Ewigkeit in sich selber. Aber eben weil dem so ist, ist die Schöpfung und Erhaltung der Welt, ist seine Beziehung und Gemeinschaft mit ihr, so gewiß sie in seiner vollkommenen Freiheit, so gewiß sie ohne Zwang, ja ohne Notwendigkeit Ereignis wird, keine fremdartige, keine widerspruchsvolle, sondern eine natürliche, ja geradezu die natürliche Betätigung des Wesens Gottes nach außen. Die Welt ist, weil und indem der Sohn Gottes ist. πάντα δι' αὐτοῦ ἐγένετο καὶ χωρὶς αὐτοῦ ἐγένετο οὐδὲ ἕν ὃ γέγονεν (Joh. 1, 3) ὁ κόσμος δι' αὐτοῦ ἐγένετο (Joh. 1, 10). Hören wir nun, daß von demselben Sohn Gottes darüber hinaus auch dies gesagt ist: σὰρξ ἐγένετο (Joh. 1, 14), daß er also darüber hinaus, daß er der Schöpfer ist, auch selbst Geschöpf wurde, so ist es klar, daß wir in dieser besonderen, höchsten, in der Inkarnation aufgerichteten Beziehung und Gemeinschaft zwischen Gott und der Welt zugleich das Wesen und den Inbegriff aller in Betracht kommenden Beziehung und Gemeinschaft überhaupt und als solcher, daß wir in der hier betätigten Freiheit Gottes zugleich die Urform und das Gesetz aller anderen Formen, in denen er seine Freiheit in dieser Beziehung und Gemeinschaft betätigt, vor uns haben. Indem der Sohn Gottes in die Reihe aller anderen Geschöpfe tritt, tritt er notwendig an deren das Ganze beherrschende Spitze, ist er notwendig der πρωτότοκος πάσης κτίσεως (Kol. 1, 15) und was immer sonst geschaffen ist, es ist als δι' αὐτοῦ zugleich ἐν αὐτῷ und εἰς αὐτόν geschaffen. Und in welcher Freiheit sich Gott auch sonst in diesem Raume der Geschöpfwelt betätigt: in der Form, in der er sie hier und nur hier betätigt, werden wir zugleich den Sinn, das Maß und das Ziel aller anderen Formen, in denen er dies auch noch und ganz anders tut, zu erkennen haben.

So erkennen wir trotz des fast verwirrenden Reichtums der Gestalten der göttlichen Immanenz eine Hierarchie, eine heilige Ordnung, in welcher Gott der Welt gegenwärtig ist. Wir brauchen bloß einzusehen, daß Jesus Christus der Mittelpunkt und Höhepunkt, aber eben nicht nur der Mittelpunkt und Höhepunkt aller Beziehung und Gemeinschaft zwischen Gott und Welt, sondern als solcher zugleich ihr Prinzip, ihre innergöttliche Möglichkeit und Voraussetzung ist, um eben von da aus Gottes Freiheit sich entfalten und gestalten zu sehen: gerade nicht als ein Chaos, gerade nicht als ein Meer von Einzelheiten und Widersprüchen und auch nicht als ein zufällig willkürliches Gebilde, in dessen Zusammenhang dieses auch fehlen, jenes auch ganz anders sein könnte, auch nicht als eine Pyramide, deren Spitze eben doch nur die Spitze wäre, gegründet auf Elemente ganz anderer eigenartiger Natur und Herkunft, mit denen zusammen sie dann ein Ganzes bilden würde — sondern als ein einziges Werk einer und derselben Weisheit, die keinen Zufall und keinen Widerspruch zuläßt, die auch nicht Verschiedenes will und Verschiedenes nebeneinander setzt, sondern die in der ganzen Fülle ihres Wirkens nur Eines, nämlich sich selber will und setzt zu ihrer eigenen Verherrlichung, aber eben so auch zum Leben und Heil des Anderen, das durch sie und in ihr sein Sein hat. Also: Alles, wozu Gott frei und Alles, worin Gott frei ist, wird von uns dann als die Einheit der Freiheit seines Wesens verstanden werden, es wird uns dann in seiner Mannigfaltigkeit nicht verwirren, sondern trösten, mahnen und erfreuen, wenn wir es so verstehen — als von dem Sohne Gottes Jesus Christus herkommend, ihn bezeugend, ihm dienend, zu ihm hinführend — wie es uns in Gottes Offenbarung tatsächlich vor Augen gestellt und zu Gehör gebracht wird. Gottes Freiheit ist keine Willkür. Es ist auch die Treue, die er in seiner Freiheit seiner Schöpfung gegenüber beweist und bewährt, wohl seine Treue und also nicht auf den Nenner irgend einer kosmischen Stetigkeit zu bringen, aber darum nun doch nicht in der Weise uns verborgen, daß wir faktisch und praktisch nicht wüßten, an wen und was wir uns zu halten hätten, wenn wir seine Treue im Glauben bejahen und ergreifen, wenn wir uns von ihr rufen, wenn wir uns ihrer trösten und wenn wir sie wiederum anrufen möchten. Sondern, was sie meint und will und daß sie wirklich Treue, verantwortliches Handeln und nicht ein unverantwortliches Spiel mit uns ist in allen ihren Gestalten, das steht fest. Daß Gott uns zugewandt ist und bleibt, ob er uns ferne oder ob er uns nahe, ob er im schweigenden Geheimnis oder ob er offen mit uns redet, ob er uns segnet oder straft, tötet oder lebendig macht — daß er kein Anderer ist als der Schöpfer, kein Anderer als der Herr der Kirche, kein Anderer als der Meister unserer Herzen und Gewissen, kein Anderer als der Richter am jüngsten Tage, kein Anderer dir und mir und kein Anderer seinen Engeln und Erzengeln, kein Anderer gestern, heute und morgen, kein Anderer jetzt und hier und in den fernsten Ländern und Zeiten: immer anders in seiner Freiheit, aber eben in seiner Freiheit kein Anderer, nie und nirgends ein Anderer! — das steht fest. Es steht aber darin und nur darin fest, daß Gott Jesus Christus und Jesus Christus Gott ist, daß Gottes Immanenz in allen ihren Möglichkeiten und Gestalten in Jesus Christus ihren Ursprung und darum in ihm, aber auch nur in ihm die Einheit in ihren verschiedenen Aktionen und Stufen hat. Eben darum kann nicht eifrig genug darüber gewacht, eben darum kann dies in der Kirche und durch die Kirche in der Welt nicht dringlich genug gemacht werden: daß wir Gott allein in Jesus Christus und daß wir in Jesus Christus den einen Gott erkennen. Eben darum muß in dieser Sache immer wieder zur Entscheidung aufgerufen werden und kann alle Entscheidung, zu der aufzurufen ist, letztlich immer nur die Entscheidung in dieser Sache sein. Jede Abweichung hier oder dort, jedes Vorbeischauen an Jesus Christus, nach allerlei vermeintlich anderer Gegenwart Gottes oder jeder Abstrich an der Vollkommenheit der Gegenwart Gottes in ihm würde uns angesichts des in der Freiheit Gottes begründeten Reichtums seiner Gegenwart in unabsehbares Dunkel stürzen, weil wir ihm dann, ohne den Schlüssel zum Ganzen, überall da, wo er zweifellos auch gegenwärtig ist, zwar objektiv auch begegnen, ihn aber als Gott nicht finden würden, als Gott nicht erkennen und preisen könnten, weil wir ihm dann nur in der Verschiedenheit, in den kuriosen Einzelheiten und rätselhaften Widersprüchen seiner Gegenwart begegnen würden. Wir wären dann darauf angewiesen, diese seine Gegenwart in der Welt nach bestem Wissen und Gewissen von uns aus, nach unserem Ermessen von irgend einem andern Punkte auf irgend eine andere Einheit zu bringen. Wir würden Gott dann hier und dort suchen und würden nicht einmal objektiv Unrecht haben; denn wo sollte er nicht zu suchen sein als der, der uns in Jesus Christus zuerst gesucht und gefunden hat? Mit welchem Sinn und Erfolg sollte er aber irgendwo zu suchen sein, wenn er uns gerade als dieser etwa unbekannt, wenn er von uns nun gerade hier als der eine Gott etwa nicht anerkannt sein sollte? Gerade hier, wo er als die Einheit im Reichtum seiner Gegenwart, gerade hier, wo er selbst sich zu finden gegeben hat! Alle hier und dort gesuchten und vermeintlich gefundenen Einheiten seiner Immanenz würden dann, weil anderswo gesucht und gefunden als da, wo sie von Gott selber offenkundig gemacht, wo er uns zuerst gesucht und gefunden hat, die Einheit seiner Immanenz nicht sein können. Sondern einen Trümmer seiner Immanenz, der als solcher gesehen und aufgenommen, ihn nicht bezeugen, sondern verleugnen würde, hätten wir dann zum Götzen gemacht, in dessen Anbetung und Dienst wir uns gegen den wahren, seiner Schöpfung gegenwärtigen Gott erst recht nur verschließen könnten.

So entstehen die verschiedenen Heidentümer, so freilich auch die verschiedenen, d. h. die häretischen Christentümer. Die Heidentümer entstehen da, wo der Mensch von der Einheit der Gegenwart Gottes in Jesus Christus überhaupt nicht weiß oder nicht wissen will. Die häretischen Christentümer entstehen da, wo der Mensch mit der erkannten Einheit der Gegenwart Gottes in Jesus Christus nicht ernst macht, wo er gerade aus ihrer Offenbarung, statt Jesus Christus und in ihm das Ganze zu ergreifen, willkürlich dies und das herausgreift und zum Nebenzentrum macht: eine Schöpfung als solche vielleicht, oder das Sakrament als solches, oder das Leben der Seele oder auch das Reich Gottes als solches, die Erneuerung des Menschen als solche oder auch das Bekenntnis, die Lehre als solche. Es gibt eine Vergötzung Gottes auch in der Form, daß ein Glied oder eine Stufe jener Hierarchie seiner Gegenwart aus ihrem Zusammenhang mit ihrem Haupt herausgenommen und an sich und als solche für die Wahrheit und Wirklichkeit Christi genommen wird — in Verkennung dessen, daß sie als Ganzes und in ihren Teilen nur begründet in Jesus Christus und zusammengefaßt in ihm christliche Wahrheit und Wirklichkeit ist, daß sie als Ganzes und in ihren Teilen, als Zentrum neben ihm behauptet, verkündigt und geglaubt, die Kirche notwendig in das Heidentum und seinen Elementardienst zurückführen muß.

Weil die außer und neben Jesus Christus gesuchte und vermeintlich gefundene Freiheit der göttlichen Immanenz praktisch immer nur unsere Gefangennahme durch irgend einen Nicht-Gott bedeuten kann, darum muß den Heiden ganz allein Jesus Christus als der gegenwärtige Gott verkündigt werden, darum muß in der Kirche so streng darüber gewacht werden, daß Alles von Jesus Christus und von Jesus Christus Alles erwartet, daß er als der Weg, die Wahrheit, das Leben erkannt werde und bleibe (Joh. 14, 6). Mit christlichem Absolutismus hat jenes und mit kirchlicher Engstirnigkeit hat dieses darum nichts zu tun, weil eben in Jesus Christus, aber auch allein in ihm, die Fülle des Reichtums der göttlichen Gegenwart beschlossen und erschlossen ist. Hat man ihn nicht, dann hat man keineswegs, sondern dann entbehrt man gerade die Fülle der göttlichen Gegenwart. Trennt man sich von ihm, dann ist man nicht etwa auf dem Weg zu jenem Reichtum, sondern auf dem Weg zurück in die Armut, wo der allgegenwärtige Gott gar nicht erkannt wird. Die Freiheit Gottes will als seine Freiheit und das heißt: sie will so, wie sie in Gott besteht und so, wie Gott sie betätigt hat, erkannt sein. Sie besteht aber in Gott in seinem Sohne Jesus Christus und eben in ihm hat er sie auch betätigt. Sie ist in allen ihren Möglichkeiten und Gestalten diese eine in Jesus Christus bestehende und betätigte Freiheit. Wir können, indem wir sie erkennen und preisen, nicht anderswoher als von ihm her kommen und nicht anderswohin als zu ihm hin gehen.

Es ist also die Christologie, die für die Erkenntnis und für das Verständnis der göttlichen Freiheit in seiner Immanenz die Voraussetzung und Richtschnur bilden und bleiben muß. Man kann jeden Satz über das Verhältnis von Gott und Mensch, bezw. Gott und Welt daran auf seine Legitimität erproben, ob er auch als Interpretation der in Jesus Christus geschaffenen und aufrecht erhaltenen Beziehung und Gemeinschaft verstanden werden, ob er es ertragen kann, an den Grunderkenntnissen der Kirche über die Person und das Werk Christi als an der *analogia fidei* gemessen zu werden, oder ob er diesem fremd und selbständig gegenübersteht, als Vordersatz oder Nachsatz mit jenen erst zusammengehängt werden muß, ohne daß er aus ihnen hervorgegangen wäre oder ohne daß er zu ihnen zurückführen würde. Es gibt streng genommen keine der Christologie gegenüber selbständigen christlichen Themata und die Kirche muß es auch der Welt gegenüber vertreten: es gibt streng genommen überhaupt keine der Christologie gegenüber selbständigen Themata. Unter Berufung auf Gott und seine Freiheit jedenfalls wird man das Gegenteil nicht behaupten können. Unter Berufung auf Gott und seine Freiheit wird man, direkt oder indirekt, letztlich nur dies eine Thema entfalten und erläutern können.

Damit ist nun schon entscheidend gesagt, was zum Schluß dieses Teils und dieses ganzen § noch zu sagen ist. «Gottes Sein in der Freiheit» haben wir diesen Teil überschrieben und von Gottes Aseität, von seiner primären und sekundären Absolutheit haben wir darin geredet. Erinnern wir uns jetzt noch einmal: Wir haben bei dem Allem nicht an Gottes Offenbarung vorbei in eine irgendwo dahinter liegende Tiefe seines Wesens geblickt. Wir haben kein gottheitliches Prädikat, keinen allgemeinen Gottesbegriff etwa beschrieben, sondern die Tiefe eben des offenbaren Gottes: seine Aseität, seine primäre und seine sekundäre Absolutheit. Wehe uns, wenn wir jetzt von einer Freiheit überhaupt und im Allgemeinen gesprochen und diese als solche dann Gott zugeschrieben hätten als ein Attribut, um dessen Sinn wir auch abgesehen davon, daß es göttliches Attribut ist, wissen könnten. Wir hätten dann gerade an dieser Stelle das schlimmste aller Götzenbilder errichtet. Gott ist nicht frei, sondern Gott ist frei. Was Freiheit ist, in welchem legitimen Sinn Gott als der in der Freiheit Seiende zu erkennen und zu verstehen ist, das konnte und das kann nur in Form einer Befragung Gottes selbst und in Anhörung der von ihm selbst gegebenen Antwort sichtbar gemacht werden. Darum sind wir von Gottes Leben und Lieben ausgegangen; darum müssen wir jetzt noch einmal ausdrücklich darauf zurückweisen und darauf aufmerksam machen: wir sind von Gottes Leben und Lieben nicht etwa weggegangen, sondern eben die Aseität, die Freiheit des göttlichen Lebens und Liebens und nur insofern die Göttlichkeit dieses Lebens und Liebens, die Göttlichkeit Gottes war es, was uns auch in diesem letzten Abschnitt beschäftigt hat. Wir können über Gott und zwar über Gott selbst in seiner Offenbarung nicht hinausgehen, um dann von außen fragen und sagen zu wollen, was er ist. Wir können uns nur sagen lassen und daraufhin nachzusagen versuchen, was nur er selber uns sagen kann, was er selber uns aber auch gesagt hat: wer er ist. Er ist aber, der er ist, als der Liebende, nicht in irgend einer Substanz, in der er mehr oder weniger oder etwas Anderes als der Lebende wäre. Wir sahen ja, wie auch das Leben oder Tun Gottes das Leben und Tun seiner Liebe ist. Nur darum müssen wir zwischen dem Leben und dem Lieben Gottes überhaupt unterscheiden, weil er nicht nur die Idee der Liebe, sondern in der Tat seiner Existenz der Liebende ist. Es ist nicht so, als ob Gott zuerst lebte und dann wohl auch noch liebte. Sondern Gott liebt und so lebt er. Haben wir nun das Göttliche dieser seiner Tat oder also die Göttlichkeit Gottes als seine Freiheit verstanden, so konnte und kann mit dieser Freiheit wieder nichts von ihm, dem Liebenden, Verschiedenes, kein Allgemeines, an dem er als der Liebende nur partizipieren würde, sondern wiederum nur die Art, und zwar die schlechthinige Eigenart seines Liebens gemeint und bezeichnet sein. Sein Lieben ist, wie wir nun gesehen haben, das freie, in sich selbst begründete, keines Anderen bedürftige und nun doch auch eines Anderen nicht entbehrende, sondern einem Anderen souverän zugewendete und sich schenkende Lieben. In dieser Freiheit ist es das göttliche Lieben. Wir müssen aber auch umgekehrt sagen: in diesem göttlichen Lieben und nur in ihm ist die von uns beschriebene Freiheit die göttliche Freiheit. Man denke Gottes Liebe und also Gottes Person weg, so haben wir trotz aller Vorsicht und Umsicht doch nur ein Weltprinzip beschrieben! Man darf und soll also Gottes Lieben oder Gottes Person keinen Augenblick wegdenken, wenn man von Gottes Göttlichkeit das Rechte denken will. Er ist frei. Eben darum mußte zum Schluß ausdrücklich gesagt werden: die Freiheit Gottes ist die in seinem Sohne Jesus Christus bestehende und betätigte Freiheit. In ihm hat Gott von Ewigkeit her sich selbst, in ihm hat er auch die Welt geliebt, gerade in ihm, in der Freiheit, die sein Leben zum göttlichen und damit zum herrlichen, siegreichen und hilfreichen Leben macht.

§ 29

GOTTES VOLLKOMMENHEITEN

Gott lebt sein vollkommenes Wesen in der Fülle vieler, einzelner und unterschiedener Vollkommenheiten, deren jede für sich und mit allen andern zusammen darin vollkommen ist, daß sie, sei es als eine Gestalt der Liebe, in der Gott frei ist, sei es als eine Gestalt der Freiheit, in der Gott liebt, nichts Anderes als Gott selber, sein eines, einfaches, ihm eigenes Wesen ist.

Gottes Wesen ist dies: der in Freiheit Liebende zu sein. Darin ist er das vollkommene Wesen — das Wesen, das selbst das Vollkommene und damit das Maß aller Vollkommenheit ist: das Wesen nämlich, das sich selbst und damit jedem wirklichen Bedürfnis genügt, das in sich selbst keinen Mangel leidet und durch sich selbst jedem wirklichen Mangel gegenüber aufkommt. Dieses Wesen ist Gott. Er ist es, indem er es lebt. Indem wir jetzt auf das Leben als auf die Grundbestimmung des göttlichen Seins zurückkommen, kommen wir vorwärts zu Gottes Vollkommenheiten. Das eine Vollkommene Gottes, sein Lieben in der Freiheit, ist als das von ihm gelebte identisch mit einer Fülle vieler, einzelner und unterschiedener Vollkommenheiten. Keine Erkenntnis des Vollkommenen Gottes, die sich nicht vollzöge als Erkenntnis seiner Vollkommenheiten. Es gilt auch das Umgekehrte: Erkenntnis der göttlichen Vollkommenheiten gibt es nur in der des Vollkommenen Gottes, seines Liebens in der Freiheit. Aber eben diese letztere Erkenntnis ist — so gewiß Gott sein vollkommenes Wesen lebt — ein Weg: der Weg, den wir im Angesicht des lebendigen Gottes gehen müssen. Anders ausgedrückt: eben in Erkenntnis des einen Vollkommenen Gottes stehen wir vor Gottes Reichtum. Der wirkliche Gott ist der eine, in Freiheit liebende und eben als solcher der «ewig reiche Gott». Ihn erkennen heißt: ihn wieder und wieder, anders und wieder anders erkennen. Ihn und nur ihn, aber eben ihn den Vollkommenen in der Vielheit, Einzelheit und Unterschiedenheit seiner Vollkommenheiten.

Indem wir das eine Wesen Gottes unter diesem Aspekt verstehen, betreten wir das Gebiet des Lehrkomplexes, den die alte Dogmatik unter dem Titel der «Lehre von den Eigenschaften Gottes», von seinen *appellationes, virtutes, attributa, proprietates* oder eben: *perfectiones* behandelt hat. Wir wählen aus diesem Angebot von Begriffen — indem wir uns gelegentliche Verwendung auch der andern vorbehalten — den letzten, weil er statt bloß auf ein Formales sofort auf die Sache hinweist und weil er statt etwas Allgemeines sofort das hier einschlagende Besondere sagt. Daß Gottes Wesen «Eigenschaften» hat, das hat es mit dem Wesen anderer Größen gemeinsam. Daß es identisch ist mit einer Fülle von Vollkommen-

heiten, das ist — wenn dieser Begriff streng genommen wird — Gottes und nur Gottes «Eigenschaft».

Das alte Problem der «Lehre von den Eigenschaften Gottes» ist so umfassend, daß wir ihm in diesem § zunächst eine allgemeine Betrachtung widmen müssen, um es dann in den beiden folgenden §§ konkret zu entfalten.

Versuchen wir zunächst, das Problem als solches zu fixieren. Wir stellen dazu vor allem dies fest: es soll auch hier von nichts Anderem als von Gott selber die Rede sein. Aber eben weil von Gott selber, darum von dem Einen, der zugleich, in Bestätigung und Verherrlichung seiner Einheit, Vieles ist. Wir werden uns hüten, zu sagen: Alles. Es gibt Vieles, was Gott nicht ist. Gott ist nicht Kreatur. Gott ist nicht Sünde. Gott ist nicht Tod. Er ist aber Vieles, gerade nicht nur Etwas, gerade nicht nur Eines. Er ist, der er ist und was er ist, in Einheit und Vielheit zugleich. Er ist der Eine, der dieses Viele ist und das Viele, das dieser Eine ist. Der Eine als solcher ist der in Freiheit Liebende. Das Viele als solches sind seine Vollkommenheiten: die Vollkommenheiten seines Lebens. Nur Vollkommenheiten kommen hier in Betracht; denn was er ist, das ist darum vollkommen, weil er es ist. Und jegliche Vollkommenheit, die es geben kann, kann nur seine Vollkommenheit sein. Wie könnte er etwas sein, was er nicht in Vollkommenheit wäre und was könnte anderswo als in ihm vollkommen sein? Es ist aber Alles, was hier genannt werden mag, darum und darin vollkommen, daß er es ist: nicht nur hat, sodaß auch Andere es haben könnten, sondern zu eigen hat, sodaß er es allein hat, und nicht nur zu eigen hat, sondern eben: ist, sodaß es in ihm sein Wesen und seine Existenz hat.

Sed certe quidquid es, non per aliud es quam per te ipsum. Tu es igitur ipsa vita, qua vivis et sapientia qua sapis et bonitas ipsa qua bonis et malis bonus es (Anselm v. Canterbury, *Prosl.* 12).

Indem Gott der Vater, der Sohn und der Heilige Geist ist und das heißt: liebt in der Freiheit, ist ihm jede Vollkommenheit wesentlich zu eigen.

Deo autem hoc est esse, quod est fortem esse, aut iustum esse, aut sapientem esse et si quid de illa simplici multiplicitate vel multiplici simplicitate dixeris, quo substantia eius significetur (Augustin, *De Trin.* VI 4, 6 vgl. VI 7, 8). *Hoc enim est Deo esse quod velle, et hoc velle, quod sapere* (*Conc. Tolet.* XV 688, Denz. Nr. 294). *Sicut nefas est putare, quod substantia supremae naturae sit aliquid, quo melius sit aliquo modo non ipsum, sic necesse est ut sit, quidquid omnino melius est quam non ipsum ... Quare necesse est eam esse viventem, sapientem, potentem et omnipotentem, veram, iustam, beatam, aeternam et quidquid similiter absolute melius est quam non ipsum* (Anselm v. Canterbury, *Monol.* 15). Und so wollte Calvin alle Eigenschaften Gottes als *virtutes* seiner *aeternitas* καὶ αὐτουσία verstanden wissen (*Instit.* I 10, 2).

Von Gottes «Eigenschaften» reden, wie wir es ja tun müssen und tun dürfen, indem wir auf Grund seiner Offenbarung von ihm reden, heißt also noch einmal und erst recht, konkret bezeichnend jetzt, von seinem Wesen reden. Keine Erkenntnis Gottes selbst, die nicht Erkenntnis einer göttlichen Vollkommenheit und keine Erkenntnis einer göttlichen Vollkommenheit, die nicht *eo ipso* Erkenntnis Gottes selbst wäre: Erkenntnis des Dreieinigen, der als solcher der in der Freiheit Liebende ist. Denn als dieser Dreieinige existiert er in seiner Offenbarung und in sich selbst in diesen Vollkommenheiten und diese Vollkommenheiten wieder existieren in ihm und nur in ihm als in dem, der in seiner Offenbarung und in Ewigkeit derselbe ist. Diesen Zusammenhang zu sehen und zu verstehen, ist die Aufgabe der «Lehre von den Eigenschaften Gottes». Wir haben in dieser Lehre die Erkenntnis zu vollziehen, daß Gott — die deutsche Sprache bietet hier eine Ausdrucksmöglichkeit, die andere so nicht haben — nicht nur der Herr, sondern als solcher herrlich und andererseits: daß jegliche Herrlichkeit die Herrlichkeit Gottes des Herrn ist.

Wir berühren, indem wir von der «Herrlichkeit» Gottes ausgehen, einen Begriff, mit dessen Erklärung und Entfaltung wir die ganze Darstellung dieser Lehre und damit die Lehre von der Wirklichkeit Gottes überhaupt schließen werden. Es ist nicht gut anders möglich, als daß wir hier eben mit diesem Begriff schon anfangen müssen.

Es versteht sich nicht von selbst, daß Gott (nach 1. Kor. 2, 8, Jak. 2, 1 Jesus Christus!) — beides gleich nachdrücklich betont — der Herr der Herrlichkeit ist und als solcher erkannt und anerkannt wird. Immer droht hier eine Zerreißung: nach beiden Seiten gleich gefährlich, nach beiden Seiten nicht weniger als alles in Frage stellend.

Es kann Gott als der Herr sozusagen punktuell oder linear gesehen und verstanden werden: ein überaus aktuell Seiender und vielleicht auch nach unserer Definition überaus liebend und überaus frei, aber als solcher ein vielleicht sehr intensives, aber gewissermaßen auch unendlich schmales, um nicht zu sagen: dürftiges, um nicht zu sagen: gespenstisches Wesen, das wohl erst dadurch lebendig würde, erst dadurch Fülle, Anschaulichkeit, Greifbarkeit und damit Wirklichkeit für uns bekäme, daß es eben zu uns in Beziehung tritt, daß es eine Welt und vor allem den Menschen in mannigfacher Bewegtheit sich gegenüber hat, im Verhältnis zu der es selber Bewegtheit empfinge. Gerade in dieser Bewegtheit, gerade in seiner Herrlichkeit wäre es nicht so recht, nicht letztlich ernst zu nehmen, gerade mit seiner Herrlichkeit wäre nicht eigentlich zu rechnen, weil Alles, was uns seine Offenbarung darüber zu sagen scheint, nur als eine Art göttlicher Ökonomie aufzufassen wäre, die als solche doch mehr in der Natur der Welt, bezw. in unserer eigenen Natur als in der Natur Gottes begründet wäre, während diese als solche, als das eigentliche Sein Gottes nun doch in jener Unlebendigkeit hinter und über dieser Ökonomie stünde. Daß Gott mächtig, heilig, gerecht, barmherzig, allgegenwärtig ist, das wäre dann doch mehr im Blick auf eine Bilderwelt gesagt, in der er für uns existiert, als im Blick auf ihn selbst als den, der er in Wirklichkeit ist. Der Glaube an ihn könnte dann im Grunde doch nie ganz frei werden von einem allerletzten Mißtrauen gegen einen Herrn, dem es gefällt, sich so und so, in diesen und diesen Gestalten zu einer Art von Spiel mit uns herzugeben, ohne doch sich selbst in Wirklichkeit herzugeben, ohne uns doch die Gewähr dafür zu geben, daß er nicht in sich selbst noch einmal ein so ganz Anderer, von den Gestalten des mit uns gespielten Spiels seiner Herrlichkeit so Verschiedener sein könnte, daß es sich vielleicht doch nicht lohnte, sich an diesem Spiel oder an dieser Ökonomie zu beteiligen. Der Mensch könnte und kann der so verstandenen Herrlichkeit Gottes gegenüber Lust bekommen, dem dunklen Geheimnis seiner eigenen Existenz (als dem ihm immerhin naheliegenderen Geheimnis!) jener ganzen, bloß ökonomischen Herrlichkeit Gottes bezw. dem sich dahinter verbergenden Unbekannten, jenem unlebendigen Sein gegenüber den Vorzug zu geben. Der Mensch stünde dann in der starken Versuchung, letzten Endes trotz der Fragwürdigkeit seiner eigenen Existenz, trotz der Löcherigkeit seiner eigenen Herrlichkeit, lieber mit diesen Lumpen vorliebnehmen, lieber sich selbst der Nächste sein zu wollen, statt sich auf eine Uneigentlichkeit einzulassen, der gegenüber er schließlich doch nicht wissen kann, in wessen Händen er sich, wenn er sich ihr anvertraut, befindet. Es wäre für den Glauben an Gott gefährlich und im letzten Grunde tödlich, wenn Gott nicht der Herr der Herrlichkeit wäre, wenn wir nicht die Gewähr dafür hätten, daß er Alles das, als was er uns in seiner Offenbarung begegnet: der Allmächtige, der Heilige, der Gerechte, der Barmherzige, der Allgegenwärtige und Ewige bei und trotz aller Bildhaftigkeit der Sprache, in der wir das Alles sagen, ohne allen Vorbehalt tatsächlich ist: nicht weniger sondern unendlich viel mehr als wir es fassen können, in Wirklichkeit und das heißt nicht nur für uns sondern in sich selber. So redet die heilige Schrift von Gott, daß sie uns diese Gewähr gibt. Sie weist uns über die ganze Herrlichkeit Gottes nicht hinaus auf jenes punktuelle oder lineare Wesen, als ob dieses der eigentliche und wahre Gott, seine Herrlichkeit aber nur seine Offenbarungs- und Erscheinungsweise wäre. Sondern indem sie uns Gottes Herrlichkeit bezeugt, bezeugt sie uns, daß eben dieser Herrliche als solcher der eigentliche und wahre Gott ist. Eben damit und so ruft die Schrift uns zum ernsten und eigentlichen Glauben an Gott selbst auf und nicht bloß dazu, uns auf die Ökonomie bezw. auf das Spiel eines großen Unbekannten, möge er auch der in der Freiheit Liebende heißen, einzulassen. Diese biblische Einheit des Herrn mit seiner Herrlichkeit zu bezeugen und darzustellen, ist die Aufgabe der Lehre von den göttlichen Vollkommenheiten.

Man muß diese Aufgabe aber auch von der anderen Seite sehen: es kann die Herrlichkeit Gottes zerstreut, aufgelöst und herrenlos gesehen und verstanden werden. Sie besteht dann gewissermaßen in einer Versammlung von mächtigen Potentaten, von denen sich der Mensch umgeben sieht und von denen er nun auf Grund der Offenbarung glauben soll, daß er es in ihnen allen mit «Gott» zu tun habe. Er soll an ein Alles durchdringendes, in Allem gegenwärtiges Eines glauben und an dessen unendliche und unwiderstehliche Macht. Er soll nun aber auch an eine über ihm und der Welt waltende Heiligkeit und Gerechtigkeit glauben, an der er gemessen und der er verantwortlich ist, ohne ihr jemals genügen zu können. Er soll aber darüber hinaus auch noch an eine Güte und Barmherzigkeit glauben, an eine Geduld, die über Allem waltet, wohl auch an eine Weisheit, die Alles aufs Beste ordnet, zusammenhält und zum Ziele führt und schließlich an eine Ewigkeit, von der er, der Mensch, schlechterdings herkommt, der er schlechterdings entgegengeht. Wie wird ihm bei alledem? Was für eine fremdartige, offenbar unübersichtliche, ungeordnete und widerspruchsvolle Welt letzter Dinge, in der er sich da befindet — um so widerspruchsvoller, je ernster er jetzt diesen, jetzt jenen von jenen göttlichen Potentaten nimmt, je aufrichtiger er es zu Herzen nehmen will, daß er es in ihnen allen mit der Gottheit zu tun habe! Wirklich mit der Gottheit? Wirklich mit Gott selber? Das ist ja eben die Frage, ob diese ganze vermeintliche Herrlichkeit Gottes nicht in Wirklichkeit eine Welt von Ideenmächten, von Herrschaften, Fürstentümern und Gewalten sein möchte, die als die objektivierte Projektion des menschlichen Wünschens und Fürchtens schließlich doch nicht weniger, ja in gewissem Sinn noch viel mehr Welt wäre als die übrige Welt und als der Mensch selber. Wo und wer ist Gott in dieser seiner angeblichen Herrlichkeit? Ist er mehr als ein Sammelname für allerlei vermeintlich Höchstes und Letztes, das als solches wohl auch ohne ihn göttlich wäre? Wie muß man an dieser Herrlichkeit irre werden, wenn die Erkenntnis, daß sie Gottes Herrlichkeit ist, ein bloßer, nachträglicher und als solcher ohnmächtiger Zusatz ist zu der eigentlichen Meinung, in der sie doch nur der Kosmos oder vielmehr: das Chaos gewisser hypostasierter Prinzipien ist! Welche Knechtschaft bedeutet dann der vermeintliche Gottesdienst, die vermeintliche Frömmigkeit! Und welcher Aufruhr steht dann auch hier im Hintergrunde unserer Unterwerfung, welche Lust zum Ausbrechen aus der Knechtschaft unter Herren, die ihren Herrschaftsanspruch schon durch ihre Vielzahl so offenkundig kompromittieren, mit denen man offenbar allenfalls auch so fertig werden kann, daß man sich ihnen allen gegenüber unabhängig zu machen versucht, d. h. daß man die Verfügung darüber, was heilig, gerecht, gut, ewig und was in dem Allem das Eine sein möchte, sich selber zuschreibt. Wieder müßte es für den Glauben gefährlich und letztlich tödlich sein, wenn Gott nicht der Herr der Herrlichkeit wäre, wenn wir nicht die Gewähr dafür hätten, daß alles, was im Himmel und auf Erden wahrhaft herrlich und also Macht, Güte, Gerechtigkeit, Weisheit usw. sein kann, von ihm selbst nicht verschieden, sondern schlechterdings Er selber ist. Wiederum liegt hier von der heiligen Schrift her Alles ganz klar. Sie weist uns, indem sie uns die Herrlichkeit Gottes bezeugt, nicht dahin und dorthin, nicht auf allerlei Potentaten, von denen wir uns dann nachträglich sollten sagen lassen, daß sie Gottes Vertreter und Diener seien. Sondern nach der Schrift ist alle Herrlichkeit Gottes gesammelt, zusammengerafft und geeint in ihm selber als dem Herrn der Herrlichkeit. In der Schrift haben wir es, indem Gott ganz bestimmte Eigenschaften, eine Fülle von Vollkommenheiten hat, nie mit diesen Eigenschaften oder Vollkommenheiten als solchen, sondern mit ihnen als den seinigen und so immer unmittelbar mit ihm selbst zu tun. Darum und so kann die Schrift uns zum Glauben aufrufen, der nicht in der Bejahung von allerlei Höchstem und Letztem, sondern in der Bejahung einer einzigen echten über uns aufgerichteten Herrschaft besteht, einer Bejahung, die mit knechtischer Unterwerfung nichts zu tun hat, die keine Furcht und darum auch nicht den Keim des Aufruhrs in sich trägt. Aufruhr gegen diesen Herrn gibt es nur in Form der Rückkehr in die Knechtschaft, in den vermeintlichen Gottesdienst, in die vermeintliche Frömmigkeit, die wir einer diffusen Herrlichkeit, die nicht die Gottes ist, meinen darbringen zu sollen. Die biblische Einheit aller Herrlichkeit mit ihrem H e r r n darzustellen: das ist die Aufgabe der Lehre von Gottes Vollkommenheiten von ihrer anderen Seite gesehen.

Man bemerke, daß wir es in dieser Sache mit einer genauen Parallele zu dem Anliegen der T r i n i t ä t s l e h r e zu tun haben. Dem H e r r n der H e r r l i c h k e i t hier entspricht dort der e i n e Gott in den d r e i Seinsweisen. Wie es dort entscheidend wichtig ist, die drei Seinsweisen nicht nur im Sinn des Modalismus ökonomisch, sondern entsprechend dem Ernst der göttlichen Gegenwart und Wirkung gerade in der Ökonomie seiner Werke, als Seinsweisen des einen ewigen Gottes selbst zu verstehen, so ist es hier entscheidend wichtig, zu erkennen, daß Gott selbst von seiner Herrlichkeit, von seinen Vollkommenheiten, nicht entblößt, daß er nicht nur nachträglich, erst in seinem Handeln mit der Welt mit ihnen bekleidet ist, daß sie vielmehr seine ihm eigene ewige Herrlichkeit bilden. Und wie es dort entscheidend wichtig ist, den einen Gott nicht tritheistisch in drei Gottheiten aufzulösen, sondern die drei Seinsweisen streng als die Seinsweisen des einen Gottes zu verstehen, mit dem wir es in allen seinen Werken zu tun haben, so ist es hier entscheidend wichtig, Gottes Herrlichkeit und seine Vollkommenheiten nicht für sich und als solche, sondern als die Herrlichkeit des Herrn zu verstehen, der allein sie als wirkliche Herrlichkeit zu konstituieren, zu offenbaren, und zu bestätigen vermag. — Die Eigenschaften oder Vollkommenheiten Gottes sind sozusagen die Buchstaben des göttlichen Wortes. Nur durch den Zusammenhang und die Einheit dieser B u c h s t a b e n ist es Wort. Aber wiederum nur in ihrem Z u s a m m e n h a n g und in ihrer E i n h e i t können die Buchstaben Wort sein. So wird die Lehre von Gottes Vollkommenheiten auf Schritt und Tritt nur in der Entfaltung und Bestätigung der Lehre von seinem W e s e n bestehen, wir werden tatsächlich nur fortfahren können zu sagen, daß er d e r L i e b e n d e i n d e r F r e i h e i t ist. Eben zu dieser Entfaltung und Bestätigung der Lehre von Gottes Wesen, eben zum Begehen dieses Weges muß es aber in der Lehre von Gottes Vollkommenheiten kommen.

Wir richten unsere Aufmerksamkeit zunächst auf die Frage: inwiefern hier tatsächlich von Vollkommenheiten (in der Mehrzahl) inwiefern von der Herrlichkeit Gottes als von einer Vielheit von Vollkommenheiten und also von diesen in ihrer Einzelheit und Unterschiedenheit gesprochen werden kann, darf und muß. Dieses Können, Dürfen und Müssen ist nicht selbstverständlich.

Daß es eine solche Vielheit, daß es Einzelheiten und also Unterschiedenheit objektiv in Gott selbst gebe, das ist im Gegensatz zu dem, was wir eben als das Verhältnis von Einfachheit und Reichtum im Wesen des Herrn der Herrlichkeit angedeutet haben, in der Geschichte der christlichen Gotteslehre auf breiter Front, mehr oder weniger konsequent und ausdrücklich, aber in der Sache bestimmt bestritten worden. Es ist die Vielheit der Eigenschaften im Gegensatz zu der Einheit des Wesens Gottes immer wieder als uneigentlich, es ist die Einheit seines Wesens immer wieder als die allein eigentliche Bezeichnung seines Seins behauptet worden. Wir werden zwischen einem extremen und einem gemäßigten, bezw. vermittelnden Gegensatz, mit dem wir es hier zu tun haben, unterscheiden müssen, ohne doch übersehen zu können, daß wir ihm in beiden Formen gleich bestimmt entgegentreten müssen.

Der extreme Gegensatz ist die streng nominalistische These, wie sie im Altertum von Eunomius und im Mittelalter von Wilhelm v. Occam und Gabriel Biel vertreten worden ist, nach denen alle einzelnen und unterschiedlichen Aussagen über Gottes Wesen als solche keinen andern Wert als den von rein subjektiven Vorstellungen und Benennungen (*conceptus, nomina*) haben, denen in Gott, dem schlechthin Einfachen, keine Realität entspricht. Nach Eunomius wäre Gott tatsächlich nur als *nuda essentia* zu bezeichnen! Im Sinn dieses extremen Gegensatzes — der in Gestalt einer These von Meister Eckhart (*nulla distinctio in ipso Deo esse potest aut intelligi*) durch Papst Johannes XXII 1329 als unkirchlich verurteilt worden ist — ist doch wohl auch Schleiermacher zu verstehen, nach welchem alle Eigenschaften, die wir Gott (dessen Wesen sich nach ihm in dem Begriff der Ursächlichkeit erschöpfen würde) beilegen, nicht etwas Besonderes in Gott bezeichnen, sondern nur etwas Besonderes in der Art, das schlechthinige Abhängigkeitsgefühl auf ihn zu beziehen, um verschiedene Momente des religiösen Selbstbewußtseins als solchen (Der chr. Glaube § 50). «Entsprechend der absoluten Einheit Gottes werden wir in den Eigenschaften nichts Anderes erblicken als einen für unser Denken unvermeidlichen Ausdruck der an sich schlechthin einheitlichen Gottheit» (R. Seeberg, Chr. Dogmatik 1. Bd. 1925, S. 399).

Nach dem in dieser Sache die Mitte bildenden Hauptstrom der theologischen Überlieferung wäre nun freilich der Nachdruck im Unterschied zu diesem strengen Nominalismus weniger auf die Negation, weniger auf das «nur» als auf das Positive zu legen, daß die Aussagen von einer in Gott bestehenden Vielheit von Vollkommenheiten tatsächlich Aussagen unserer Erkenntnis Gottes seien. — Das konnte entscheidend im Blick auf die Eigenart, d. h. auf die Beschränktheit des menschlichen Erkennens als solchen diesem Gegenstand gegenüber gesagt werden. So definierte Irenäus die Eigenschaften Gottes als *earum virtutum quae semper sunt cum Deo appellationes, quemadmodum possibile est et dignum hominibus audire et dicere de Deo.* (*Adv. o. h.* II 13, 9). So schrieb Thomas v. Aquino: *De Deo loquentes, utimur nominibus concretis, ut significemus eius subsistentiam, quia apud nos non subsistunt nisi composita: et utimur nominibus abstractis, ut siginificemus eius simplicitatem. Quod ergo dicitur Deitas vel vita vel aliquid huiusmodi, esse in Deo, referendum est ad diversitatem, quae est in acceptione intellectus nostri et non ad aliquam diversitatem rei (S. theol.* I *qu.* 3 *art.* 3 *ad* 1*). Deus in se consideratus est omnino unus et simplex: sed tamen intellectus noster secundum diversas conceptiones ipsum cognoscit, eo quod non potest ipsum ut in se ipso est, videre. Sed quamvis intelligat ipsum sub diversis conceptionibus, cognoscit tamen quod omnibus suis conceptionibus respondet una et eadem res simplex.* (*ib. qu.* 13 *art.* 12 *c.*) Und noch positiver: *Sicut diversae res uni simplici rei, quae Deus est, similantur per formas diversas, ita intellectus noster per diversas conceptiones ei aliqualiter similatur ... Et ideo de uno intellectus noster multa concipiens non est falsus neque vanus, quia illud simplex esse divinum hujusmodi est, ut ei secundum formas multiplices aliqualiter assimilari possint* (*S. c. gent.* I 35). So Polanus: *Proprietates Dei essentiales ut non realiter, ita nec ex natura rei sed ratione distinguuntur, aut modo potius, id est nostra conceptione et comprehensione seu nostro intelligendi modo (Synt. theol. chr.* 1609, *col.* 902.) So Quenstedt: *Quia intellectus noster finitus infinitam et simplicissimam Dei essentiam uno conceptu adaequato adaequate concipere nequit, ideo distinctis et inadaequatis conceptibus essentiam divinam inadaequate repraesentantibus eandem apprehendit, qui conceptus inadaequati dicuntur affectiones et attributa Dei* (*Theol. did. pol.* 1685 I *c.* 8 *sect.* 1 *th.* 3). Was dann von Wegscheider gröblich auch so formuliert werden konnte: *Cognitio attributorum Dei... ob mentis nostrae imbecillitatem ita comparata est, ut... anthropopathiam plus minusve redoleat, nec nisi analogice, symbolice atque imperfecte esse possit (Inst. Theol.* 1815 § 60). — Es konnte der Ton aber auch darauf gelegt werden, daß Gott selbst sich, indem er in jener Vielheit seiner Eigenschaften erkannt wird, zu uns herabgelassen, sich unserem Erkenntnisvermögen angepaßt hat. So meinte es wohl Joh. Damascenus: Gott ist ohne Namen, «läßt sich aber aus Güte benennen nach dem, was uns entspricht» (*Ekd.* I 12). So Calvin: Die Eigenschaften Gottes sagen *non quis sit apud se, sed qualis erga nos: ut ista eius agnitio vivo magis sensu quam vacua et meteorica speculatione constet* (*Inst.* I 10, 2). So Wolleb: *Proprietates divinae sunt attributa Dei, quibus se nobis infirmis cognoscendum praebet et a creaturis distinguit (Chr. Theol. comp.* 1626 I 1, 2). Und so sind die Eigenschaften Gottes nach C. I. Nitzsch begriffliche Auffassungen der wirklichen Beziehungen Gottes zur Welt: «Die Idee Gottes schließt sich nur auf Anlaß der Bewegungen und Veränderungen des Selbst- und Weltbewußtseins eigenschaftlich auf» (Syst. d. chr. Lehre[6] 1851, S. 149). — Der nominalistische Hintergrund und Sinn aller dieser Sätze ist doch unverkennbar. Das ist deutlich: man möchte auf diesem Boden die Eigenschaften Gottes als solche nicht einfach preisgeben und leugnen, man möchte sie sogar behaupten und man tut das auch. Sogar Schleiermacher tut das und erst recht Thomas v. Aquino, erst recht die protestantische Orthodoxie, die sich durchgängig auf diesen Boden stellte. Man konnte sogar mit Quenstedt die These vertreten: *Attributa divina ante omnem intellectus nostri operationem revera et proprie sunt in Deo (Theol. did. pol.* 1685 I *c.* 8 *sect.* 2, *qu.* 2), mit der die nominalistische Grundanschauung scheinbar — aber doch nur scheinbar — gesprengt war. Auch Polan wußte: *Proprietates essentiales Dei sunt in Deo ab aeterno in aeternum... non sunt posteriores essentia Dei quia reipsa sunt idem... Sine proprietatibus divinis essentialibus Deus esse non potest, ne sine seipso sit* (*ib. col.* 903 f.). Und auch Petrus van Mastricht: *Omnia attributa vere Deo competere. Est enim, non per cogitationem tantum nostram, sed ex naturae suae conditione bonus, sapiens, justus etc. (Theor.-pract. Theol.* 1698 II *cap.* 5, 7). Aber unmittelbar darauf fährt Polan dann doch fort: *Non sunt proprie loquendo multae proprietates in Deo sed una tantum, quae nihil aliud est quam ipsa divina essentia...*

sed respectu nostri quasi multae proprietates dicuntur, quia in nobis sunt multae. Und so nimmt sich auch Quenstedt zurück: *Si enim proprie et accurate loqui velimus, Deus nullas habet proprietates sed mera et simplicissima est essentia quae nec realem differentiam, nec ullam vel rerum vel modorum admittit compositionem ... Quia vero simplicissimam Dei essentiam uno adaequato conceptu adaequate concipere non possumus, ideo inadaequatis et distinctis conceptibus inadaequate essentiam divinam repraesentantibus eum apprehendimus, quos ... attributa vocamus. Et sic intellectus noster distinguit, quae ex parte rei distincta non sunt* (ib. *ekth.* 3). So auch Petrus van Mastricht: *Attributa Deo competere quasi in esse quodam secundo, quatenus prius essentiam Dei concipimus velut radicem a qua attributa oriuntur. Concipimus enim, Deum esse, antequam concipere possumus, eum misericordem, sapientem, justum esse* (a. a. O.). Man konzedierte zwar gerne, dieser *modus concipiendi* sei *non destitutus omni fundamento in re* (Quenstedt, ib. *font. sol.* 5) und gründete darauf das Recht und die Notwendigkeit *vere et proprie* und nicht nur anthropopathisch von Gottes Eigenschaften zu reden — auch in der dem Thomas folgenden katholischen Dogmatik ist von diesem *fundamentum in re* viel die Rede — man hat sich aber nie darauf eingelassen, zu erklären, was unter diesem *fundamentum* nun etwa zu verstehen sei. Man konnte sich auch nicht darauf einlassen; denn die Voraussetzung war festgelegt: unter dem Wesen Gottes sollte nun einmal seine *essentia* als solche, d. h. aber im Grunde doch seine *nuda essentia* zu verstehen sein, deren Einfachheit begriffsmäßig das Erste, Letzte und Eigentliche, das *proprium* sein mußte, von dem in dieser Sache zu reden war, dem gegenüber jede andere Aussage keinen anderen Charakter als den einer Konzession, einer bloß sekundär gültigen Wahrheit bekommen konnte. Es ist gerade bei Polan, Quenstedt und van Mastricht sehr deutlich, daß sie bemüht sind, dem Gewicht, mit dem die Bibel von einem eigenschaftlich bestimmten Wesen Gottes redet, gerecht zu werden. Es kann der Satz, daß die *proprietates Dei* keine *qualitates aut accidentia* seines Wesens, sondern dieses Wesen selbst seien, geradezu als der Kernsatz der alten Eigenschaftslehre bezeichnet werden. Seine Interpretation aber geschah nun doch unfehlbar und auf der ganzen Linie zu ungunsten der *proprietates:* so nämlich, daß die *proprietates* ihre Eigentlichkeit letztlich verlieren mußten zugunsten der *essentia,* so also, daß sie als nicht in dieser *essentia* als solcher, sondern — trotz gelegentlicher Vorbehalte, ja trotz gelegentlicher glücklicher Behauptungen des Gegenteils — so oder so doch nur als in deren Relationen zu uns bezw. als in unseren Relationen zu ihr begründet erklärt wurden. Daß man das Wesen Gottes in jenem reinen Sein zu finden gemeint, daß man seinen Gottesbegriff nicht von der Trinitätslehre, sondern auch seine Trinitätslehre von einem allgemeinen Gottesbegriff (dem der antiken Stoa und des Neuplatonismus) her bestimmt hatte, das rächte sich jetzt an empfindlichster Stelle. Von jenem Gottesbegriff her mußte man den Begriff der Einfachheit Gottes zu jenem Alles beherrschenden Prinzip, zu jenem Götzenbild erheben, das, alles Konkrete verschlingend, im Hintergrund aller jener Sätze steht. Von ihm her konnte man das nicht fruchtbar machen, was noch Augustin mit seinem Wort von der *multiplex simplicitas* oder *simplex multiplicitas* so glücklich angedeutet hatte: die in Gott bestehende und triumphierende Einheit des Herrn mit der Herrlichkeit, der Herrlichkeit mit dem Herrn. Von ihm her konnte man nur schwankend von der Realität der göttlichen Vollkommenheiten reden. Von ihm her mußte man, wenn man von Gott redete, im Grunde nur die Einfachheit und nicht den Reichtum, im besten Fall die Einfachheit seines Reichtums, im Grunde aber doch nur die Einfachheit meinen. Von ihm her konnte man durch alle Bestimmtheit hindurch letztlich doch nur in das Loch der *nuda essentia* zielen und zeigen. Daß man dies nur «letztlich» tat, daß man wenigstens schwankte, daß man das durch die Bibel gestellte Thema nicht einfach fallen ließ, sondern trotz der fremdartigen Voraussetzung und im Rahmen der damit vorgegebenen Bedingungen wenigstens aufnahm und zur Geltung zu bringen suchte, das war das Beste an allen diesen Entwürfen. Aber daß man zwischen Realität und Nicht-Realität, zwischen objektiver und bloß subjektiver Unterscheidung der göttlichen Eigenschaften tatsächlich schwankte, daß man sich damit, wie D. F. Strauß (Die chr. Glaubenslehre 1840 1. Bd., S. 541) spottete, in eine «unglückliche Mitte» stellte, das ist nicht zu bestreiten. Sie mußte darum eine «unglückliche» Mitte sein, weil daselbst die Eigenschaften Gottes zwar *proprie* behauptet werden sollten und doch nicht behauptet werden konnten, weil das *proprie,* indem man es in den Mund nahm, als ein *improprie* interpretiert werden mußte, weil man daselbst nur behaupten konnte, was man mit dem ganzen Ansatz schon geleugnet hatte.

Es gehört zum Ruhm einiger deutscher Theologen des 19. Jahrhunderts, daß sie hier nicht nur mit dem ganzen, sondern auch mit dem halben Nominalismus der thomistischen und protestantisch-orthodoxen Überlieferung grundsätzlich gebrochen haben: «Der christliche Glaube lebt im Angesichte des ewigen und allgegenwärtigen, des heiligen und gnädigen Gottes und so wenig fallen ihm diese Bestimmungen ... in das subjektive Gebiet bloßer Anschauung von Gott, die nicht etwas in Gott Seiendes ausdrückte, hinein, daß Gott ohne solche Attribute für ihn aufhören würde, der reale und lebendige Gott zu sein — er würde zu einem unlebendigen schattenhaften Abstractum. Daß damit Gott in seinem Ansichsein Vieles, Mannigfaltiges, Unterschiedenes beigelegt wird ... kümmert den Glauben nicht und macht ihn nicht irre an Gottes Absolutheit und Einheit. Im Gegenteil, er würde Gott gar nicht als den Realen, Absoluten, Einen anerkennen, wenn er ihm nicht das Attribut der Ewigkeit und der Allmacht und der Heiligkeit beilegen dürfte als ihm objekiv eignende». Es kann die «dogmatische Auffassung dieser Eigenschaften nur dann dem Glaubensbewußtsein entsprechen, wenn beide Seiten, die objektive Realität der Attribute als dieser mannigfachen und ihrem Begriff nach nicht zusammenfallenden — und zugleich die ungebrochene Einheit Gottes, auf welche die Eigenschaften zurückgehen, ja die sie erst zu dem macht, was sie in ihrer Mannigfaltigkeit Reales sind, für die Erkenntnis hervortreten und sich widerspruchslos vermitteln». (F. H. R. Frank, Syst. d. chr. Wahrh.[2] 1885, 1. Bd., S. 222 f.) Der Satz, daß die Eigenschaften Gottes nichts Anderes sind als das Wesen Gottes, ist richtig — und richtig ist auch der andere Satz, daß sich in ihnen das Verhältnis Gottes zu Anderem, Geschaffenem kundgebe; nicht richtig ist es aber, diese beiden Sätze sich so gegenüberzustellen, «als wäre um deswillen, weil Gottes Verhältnis zu Anderen sich darin kundgibt, den Eigenschaften weniger oder nicht das göttliche Wesen oder als wäre dadurch daß die Attribute in der Tat das göttliche Wesen sind und ausdrücken, irgendwie ausgeschlossen, daß sie es sind und ausdrücken in der Relation zu Anderem. Denn zu dem göttlichen Wesen müssen sie doch wohl gehören, müssen das göttliche Wesen konstituieren und bezeichnen, wenn sie überhaupt göttliche Eigenschaften sind und Alles, was göttlich ist, Gott nicht erwächst aus Anderem, was nicht er selbst ist» (a. a. O. 226). «Steht Gott nur im Verhältnis zur Welt, so sind auch alle seine Eigenschaften nur Beziehungen, Offenbarungen und Wirkungsweisen nach außen ... und diese Ansicht gefährdet die Unabhängigkeit Gottes von der Welt; denn er wird dann immer erst durch die Beziehung zur Welt, was er ist ... Nun besteht aber ein Verhältnis Gottes zu sich selbst ... Und eben darauf beruht das Recht, immanente oder wesentliche Eigenschaften Gottes festzustellen» (G. Thomasius, Christi Person und Werk[3] 1886, 1. Bd., S. 38). Auf derselben richtigen Linie hat auch I. A. Dorner argumentiert: «Kann oder will Gott uns kein Wissen von seinem in sich Sein, sondern nur von seinem Sein in der Welt gönnen, so offenbart er in der Welt, weil nicht sich, notwendig ein Anderes als sich selbst» (System der chr. Glaubenslehre[2], 1. Bd. 1886, S. 191). «Da Gott weder anders kann scheinen wollen als sein, noch eine dualistische Macht seinen Offenbarungswillen hindert, so wird nur übrig bleiben, in Gottes

Offenbarungen seiner selbst Offenbarungen davon, was und wie er ist (nicht was und wie er nicht ist), also die Offenbarung objektiver Eigenschaften zu sehen» (a. a. O. S. 186). — Dies ist die Linie, auf der wir weiter zu denken haben.

Wir entwickeln die Wahrheit der Vielheit, Einzelheit und Unterschiedenheit der Vollkommenheiten Gottes — im Blick auf deren nominalistische Bestreitung und auf deren halbnominalistische Abschwächung und in Auseinandersetzung mit beiden — in drei erklärenden Sätzen:

1. Die Vielheit, Einzelheit und Unterschiedenheit der Vollkommenheiten Gottes ist die seines *einen* und also nicht die eines mit ihm verbundenen anderen göttlichen Wesens. Man hat der realistischen Auffassung der göttlichen Vollkommenheiten gegenüber die Frage aufgeworfen: ob mit ihr nicht die Existenz eines zweiten, eines uneigentlich Göttlichen in Gott behauptet werde? Diese Frage ist rundweg zu verneinen. Indem Gott allmächtig, ewig, weise, barmherzig usw. ist, kommt zu seinem Sein als der Liebende in der Freiheit nichts Neues, nichts Anderes, nichts Halbgöttliches hinzu. Sondern eben Gottes Sein als der Liebende in der Freiheit ist sein göttliches Sein in der Vielheit, Einzelheit und Unterschiedenheit dieser seiner Vollkommenheiten. Er hat nicht diesen Reichtum, sondern Er selbst ist dieser Reiche. Er ist, was er ist, nicht irgendwo in der Höhe oder Tiefe jenseits dieser seiner Vollkommenheiten in ihrer Vielheit, Einzelheit und Unterschiedenheit, sondern er ist selbst der Vollkommene in der Vielheit, Einzelheit und Unterschiedenheit dieser seiner Vollkommenheiten. Es kann jede Frage: Wie ist Gott? sich selber nur verstehen als Wiederholung der Frage: Wer ist Gott? und jede Beantwortung jener Frage nur als Wiederholung der Antwort, die uns auf diese Frage durch Gott selber gegeben ist, der Antwort, die diese Frage: Wer ist Gott? und also auch die Frage: Wie ist Gott? als Fragen möglich und notwendig macht. Indem wir Gott allmächtig, ewig, weise, barmherzig nennen, wiederholen wir nur diese Antwort, nennen wir ihn nur noch einmal und noch einmal den Liebenden in der Freiheit. Aber eben diese Antwort ist von ihrem Ursprung, von dem Lebendigen her, der der Liebende in der Freiheit ist, so beschaffen, daß wir sie noch und noch einmal wiederholen müssen: ohne von einem anderen Wesen als von Gottes einem Wesen zu reden, aber in Erkenntnis und Betätigung des Reichtums eben des einen Wesens Gottes: noch und noch einmal. Gott ist Alles, was er ist, wesentlich. Er ist aber wesentlich nicht nur Eines, sondern Vieles, Einzelnes, Unterschiedenes. Und dies eben sind seine Vollkommenheiten.

Der der realistischen Auffassung dieser Vollkommenheiten entgegengestellte Satz: *In Deum non cadit accidens* ist also an sich schon richtig. Er muß aber, gerade weil er so richtig ist, nach beiden Seiten zur Anwendung gebracht werden. Wenn Gilbert de la Porrée († 1154) lehrte, die Gottheit als die Fülle der göttlichen Eigenschaften sei real verschieden von Gott, Gott sei Gott durch die Gottheit, wie der Mensch Mensch sei durch die Menschheit, so trat ihm Bernhard von Clairvaux und so trat ihm die Synode von Reims (1148) in Gegenwart von Papst Eugen III. mit Recht entgegen mit der Feststellung: *non aliquo sensu catholico posse negari, quin divinitas sit Deus et Deus divinitas. Si vero dicitur: Deum sapientia sapientem, magnitudine magnum, aeternitate aeternum, unitate unum, divinitate deum esse et alia huiusmodi — credimus nonnisi ea sapientia, quae est ipse Deus, sapientem esse, nonnisi ea magnitudine, quae est ipse Deus, magnum esse, nonnisi ea aeternitate, quae est ipse Deus, aeternum esse, nonnisi ea unitate, quae est ipse Deus, unum esse, nonnisi ea divinitate, Deum, quae est ipse, id est se ipso sapientem, magnum, aeternum, unum Deum* (Denz. Nr. 389). — Zwei Jahrhunderte später hat dieselbe Sache, leider mit ganz entgegengesetztem Resultat, auch die griechische Kirche beschäftigt. Es waren die Mönche vom Berge Athos, die unter Führung des Gregorius Palamas die Lehre vortrugen von einem ewigen, ungeschaffenen und doch der Kreatur mitteilbaren ewigen Lichte, das unter anderem auf dem Berge der Verklärung geleuchtet habe und auch ihnen aufgegangen sei. In der durch den Widerspruch des Mönches Barlaam hervorgerufenen Diskussion haben diese sogen. Hesychasten (so genannt, weil sie es eigentlich auf eine theologische Begründung der Mystik abgesehen hatten!) die Anschauung herausgearbeitet: daß dieses Licht, obwohl ἄκτιστον, überirdisch und göttlich als Inbegriff aller göttlichen Wirkungen, Zuflüsse und Kraftäußerungen in seinem Verhältnis zur Welt vom eigentlichen Wesen Gottes unterschieden werden müsse und gleichsam eine Mittelstufe des Göttlichen darstelle, auf der es einer Berührung mit der Kreatur fähig werde und dieser ihrerseits eine höhere Natur vermitteln könne. «Es sind die von Gott ausgehenden und doch unlöslich mit ihm verbundenen Gottheiten (θεότητες) die Ausstrahlungen der in sich geschlossenen Trinität» (P. R. E.[3] Bd. 8 Art. Hesychasten). Darauf ist von der Gegenseite, besonders von Nicephorus Gregoras leider vergeblich erwidert worden: Eine solche Unterscheidung zwischen dem Wesen und der Wirksamkeit Gottes müsse entweder zur Behauptung einer weiteren göttlichen Hypostase und also zu einer Quaternität Gottes oder aber zur Annahme einer subjektlosen göttlichen Wirksamkeit in der Welt führen, zu einer Lehre von zwei Göttern, einem ὑπερκείμενος und einem ὑφείμενος. Gottes Wesen sei in sich nicht wirkungslos und Gottes Wirken sei das seines Wesens; Gott habe aber nicht nur, sondern Gott sei αὐτοενέργεια und in ihm selber sei auch alle Duplizität und Multiplizität, die er in seinem Verhalten zur Welt beweise und bewähre, zu suchen und zu finden. Aber die abstrakte Konzeption von der Einfachheit des göttlichen Wesens auf der einen und das Drängen auf eine in der Mystik unmittelbar zu erlebende Wirksamkeit Gottes auf der anderen Seite waren in der griechischen Theologie und Kirche von jeher viel zu stark gewesen, als daß es hier ein Aufhalten hätte geben können: eine Synode von Konstantinopel 1351 hat sich — übrigens ohne begriffliche Klarheit zu schaffen, — auf Seiten der Hesychasten gestellt und auf deren Lehre muß die östliche Orthodoxie bis auf diesen Tag angesprochen werden. Die Westkirche hat sich mit Recht auf Seiten des Barlaam und seiner unterlegenen Anhänger gestellt; denn die hesychastische Lehre trennt, was nicht getrennt werden darf, wenn aus dem Wesen und den Eigenschaften Gottes nicht in der Tat zwei getrennte göttliche Bereiche, wenn das Wesen Gottes nicht völlig gestaltlos und die Gestalt Gottes nicht völlig wesenlos werden sollen. — Es muß aber gefragt werden, ob sich die westliche Orthodoxie, sofern sie sich auf die seminominalistische Linie verlegte, und also die Eigenschaften Gottes entscheidend doch nur in seinem Verhalten nach außen suchen wollte, nicht selber (man beachte z. B. den oben angeführten Satz des Petrus van Mastricht von dem *esse quodam secundo,* in welchem die Attribute Gottes ihre Realität hätten!) auf dem Wege zu den Irrtümern des Gilbert de la Porrée und des Gregorius Palamas befunden hat. Will man diese Irrtümer vermeiden, dann wird man nicht nur die Trennung der Eigenschaften vom Wesen Gottes bestreiten, sondern auch das in unserem Satz ausgedrückte Positive beachten und unterstreichen müssen: daß die Vollkommenheiten Gottes in ihrer Vielheit, Einzelheit und Unterschiedenheit nicht nur die seines Verhaltens zur Welt, sondern die seines eigenen Wesens, seines Seins als der Liebende in der Freiheit sind.

2. Die Vielheit, Einzelheit und Unterschiedenheit der Vollkommenheiten Gottes ist die seines *einfachen* und also nicht in sich geteilten und zusammengesetzten Wesens. Vielheit, Einzelheit und Unterschiedenheit sind in Gott in keinem Widerspruch mit der Einheit. Sondern das ist gerade die Einheit seines Wesens: die Vielheit, Einzelheit und Unterschiedenheit seiner Vollkommenheiten, die als die seinigen keiner Auflösung und also keiner Trennung, keiner Nicht-Identität und die wiederum als die seinigen doch echter Vielheit, Einzelheit und Unterschiedenheit fähig sind. Das Viele, was von Gott zu sagen ist, kann also auch in seiner Vielheit, weil es um das Viele Gottes geht, nur das Eine meinen. Es muß aber das Eine, was von Gott zu sagen ist, ebenso notwendig, weil es das Eine Gottes ist, das Viele meinen. Es kann jedes Einzelne, was von Gott zu sagen ist, nur das Eine, es muß aber das Eine, was von ihm zu sagen ist, notwendig auch jedes Einzelne als solches und die Gesamtheit alles Einzelnen meinen. Es kann jede Unterschiedenheit in Gott nur so behauptet werden, daß sie zugleich seine Einheit und also auch die Nichtverschiedenheit des Unterschiedenen behauptet. Aber wiederum wäre das nicht die Einheit Gottes, in der keine Unterschiedenheit erkannt und anerkannt würde. Unser Satz bedeutet also einerseits: daß jede einzelne Vollkommenheit Gottes nichts Anderes ist als Gott selbst und also auch nichts Anderes als jede andere seiner Vollkommenheiten. Er bedeutet aber andererseits ebenso streng: daß Gott selbst nichts Anderes ist als jede einzelne seiner Vollkommenheiten in ihrer Einzelheit und daß jede einzelne seiner Vollkommenheiten mit jeder anderen und mit der Fülle aller anderen identisch ist.

Totus ipse sibimet ipsi similis et aequalis est; totus quum sit sensus et totus spiritus et totus sensualitas et totus ennoia et totus ratio et totus auditus et totus oculus et totus lumen et totus fons omnium bonorum (Irenaeus, *Adv. o. h.* II 13, 3). Καθ' ὅλον γὰρ οὐδὲν ἐφ' ἑαυτοῦ τῶν ὑψηλῶν τούτων ὀνομάτων διεζευγμένων τῶν ἄλλων ἀρετὴ κατὰ μόνας ἐστίν. Außerhalb der Einheit mit allen anderen wird ja keine der göttlichen Vollkommenheiten gut und also göttlich sein (Gregor von Nyssa, *Or. cat.* 20). *Proprietates in Deo non sunt ... res ab essentia aut a se invicem diversae* (Wolleb, *Comp. Theol. chr.* 1626 I 1, 2 c. 1). *Proprietates Dei non sunt partes essentiae divinae, sed quaelibet proprietas essentialis est ipsamet Dei essentia tota et integra, ita ut essentia Dei et essentialis Dei proprietas non sunt aliud et aliud, sed unum et idem ... Quicquid Deus est aut in sese agit, uno et eodem actu, qui est ipsius essentia, id est aut in sese agit; ideo uno et eodem actu simplex, infinitus, immutabilis est, uno et eodem actu vivit, intelligit, vult, amat etc.* (Polan a. a. O. *col.* 902 f.). Man muß aber demgegenüber gleich stark betonen, was Polan auch gesagt hat (s. o.): *Proprietates essentiales Dei sunt in Deo ab aeterno in aeternum ... non sunt posteriores essentia Dei, qua reipsa sunt idem ... Sine proprietatibus divinis essentialibus Deus esse non potest, ne sine seipso sit: ipse enim ipsissima sapientia, bonitas, potentia est.* Man wird also den seminominalistischen Vorbehalt: als ob schließlich doch nur *improprie* von den *proprietates Dei* geredet werden könne, als ob eine undialektisch zu verstehende *simplicitas* doch das eigentlichste und innerste Wesen Gottes sei, gerade zu streichen haben. Tut man das nämlich nicht, weigert man sich, zu anerkennen, daß Gottes Wesen über dem Gegensatz von *simplicitas* und *multiplicitas* steht und beide in sich schließt und vereinigt, dann ist wieder nicht einzusehen, wie man einerseits der Anschauung von einem in seiner reinen Einfachheit zwar höchst erhabenen, aber auch gänzlich leeren wirklichen Gott entrinnen und mit welchem Recht und Nachdruck man dann anderseits doch im Blick auf Gottes Verhalten zur Welt von seinen verschiedenen Vollkommenheiten als von den Vollkommenheiten des einen wirklichen Gottes reden kann. Ist Gott der in sich selber reiche Gott und ist er auch in seinen Werken nach außen der eine wirkliche Gott, dann wird man sich weder an seine *simplicitas* noch an seine *multiplicitas* so binden dürfen, als ob man es in der einen oder in der anderen *in abstracto* mit dem Wesen Gottes zu tun habe, nicht so also, daß die eine die andere ausschließen dürfte. Man wird sich dann eben an Gottes *simplicitas* und an Gottes *multiplicitas* zu halten und einzusehen haben, daß sie sich als solche nicht ausschließen, sondern gegenseitig einschließen, vielmehr in Gott selber gegenseitig eingeschlossen sind.

3. Die Vielheit, Einzelheit und Unterschiedenheit der Vollkommenheiten Gottes ist in seinem *eigenen* Wesen und nicht in dessen Teilnahme an anderen Wesen begründet. Die Erkenntnis und Anerkennung göttlicher Eigenschaften kann und darf nicht dies bedeuten: daß wir Gott unter allgemeine Begriffe, unter die Höchstbegriffe unserer Erkenntnis der geschöpflichen Wirklichkeit subsumieren, ihn an deren Vollkommenheiten teilnehmen lassen. Es kann nicht an dem sein, daß wir Gott in seiner Unendlichkeit, Gerechtigkeit, Weisheit usf. erkennen und anerkennen daraufhin, daß wir von anderswoher schon wissen, was das Alles ist, um es in irgend einer eminenten Bedeutung nun auch auf Gott anzuwenden und also ein Bild Gottes nach unserem Bild der Welt, d. h. aber letztlich nach unserem eigenen Bilde zu entwerfen. Und erst recht ist es in der ontischen Ordnung nicht an dem, daß Gott an irgendwelchen von ihm selbst verschiedenen Wahrheiten und Wirklichkeiten teilnehmen, irgendwelchen allgemeinen Gesetzen des Seins überhaupt unterworfen sein würde, um dann in dieser Teilnahme, bezw. Unterordnung so oder so bestimmt, dieser und dieser Eigenschaften teilhaftig zu sein. Gott steht unter keiner Idee, in der er begründet, an der er gemessen wäre. Es gibt nicht zuerst im Allgemeinen Macht, Güte, Erkenntnis, Wille und dergleichen und dann im Besonderen auch Gott als eines von den Subjekten, denen das Alles als Prädikat zukommen würde. Sondern Alles, was Gott und in Gott ist, das ist (als Ursprung alles dessen, was von ihm verschieden, was Prädikat auch anderer Subjekte sein kann) zuerst und eigentlich in ihm, ja zuerst und eigentlich er selber als der Liebende in der Freiheit, er selber in seinem eigenen Wesen. Gott leiht sich also das, was er ist, nicht von außen, nicht von einem Anderen; sondern das ist umgekehrt das Problem alles Anderen, das außer ihm ist,

daß es, was es ist, nur sein kann auf Grund der ihm von Gott verliehenen Wahrheit und Wirklichkeit. Gott ist das Sein alles Seins und das Gesetz aller Gesetze und also auch das Sosein alles Soseins und darum ist er in sich selbst reich, vielfach, einzeln, verschieden und bedarf es nicht, das Alles erst zu werden, indem er mit dem «goldnen Überfluß der Welt» in Beziehung tritt.

Die alte Dogmatik hat dies logisch zum Ausdruck gebracht mit der Feststellung, daß Gottes Eigenschaften nicht etwa *formae accidentales seu accidentia* seien, daß sie nicht dahin verstanden werden dürften, daß Gott unter die Kategorien des Seins bezw. unseres Denkens falle: *Nihil est in Deo non per se subsistens,* also nichts, was Quantität, Qualität, Bewegung, Erleiden, Raum, Zeit und dergl. als allgemeine Möglichkeiten voraussetzt. Sondern ohne alle solche Voraussetzungen ist Gott in sich selber (als reiner Akt ohne Potentialität) die Voraussetzung aller solcher Voraussetzungen und also in sich selber in seinem Wesen unendlich, gut, weise, barmherzig. *Proprietates Dei essentiales sunt actus, prout Deus actus purissimus est et simplicissimus* (Polan, a. a. O. *col.* 904). Das alles wäre in seiner Weise ausgezeichnet, wenn darauf nur nicht der seminominalistische Pferdefuß folgte, der notorisch alles wieder in Frage stellt mit der Erklärung: *Proprie loquendo* gebe es doch nur eine *proprietas Dei,* nämlich seine *essentia — sed respectu nostri quasi multae proprietates dicuntur, quia in nobis sunt multae: in Deo autem sunt una reipsa; ratione tantum differunt, rationeque multae sunt; et quidem non ipsius Dei sed nostri ratione, nimirum magis ut intelligentiae nostrae accomodantur, quam ut revera sunt (quae enim creatura eas ut sunt, intelligeret?) inter se distinguuntur, quoniam tam* ὑπερούσιον καὶ ὑπερουράνιον φύσιν *explicare aut intelligere non nisi nostris verbis et pro nostri captus ratione possumus. Intellectus noster non potest uno simplici actu, sed necesse habet multis distinctisque actibus, ut alia omnia, ita et Deum cognoscere.* (a. a. O. *col.* 904.) Die Fiktion, die hinter dieser Erwägung steht, besteht immer wieder darin, daß man, gewissermaßen geblendet durch den platonisch-aristotelischen Begriff des Seins, in welchem man Gott zu erkennen meinte, dem Begriff des Einen gegenüber dem des Vielen eine prinzipiell höhere Dignität glaubte zuschreiben zu sollen — so viel höher, daß man in der Anwendung dieses Begriffs des Einen nun doch *proprie* von Gott glaubte reden zu können — als ob man nicht auch so *respectu nostri, pro nostri captus ratione* von Gott redete! Als ob nicht im Blick auf Gottes (aber eben Gottes!) Verborgenheit — in seiner Offenbarung — auf der ganzen Linie zuzugeben wäre, daß unsere Begriffe — unter ihnen auch der des Einen! — an sich unangemessen und ungenügend sind, Gott zu erfassen! Und als ob unter Voraussetzung dessen, daß Gott sich uns in seiner Verborgenheit offenbart und uns zur Anwendung unserer Begrifflichkeit auf ihn im Wissen um deren Beschränktheit ermächtigt und autorisiert hat, mit der Vielheit seines Seins nicht ebenso ernst gemacht werden müßte wie mit dessen Einheit! Indem man sich dieser Fiktion hingab, und auf Grund einer philosophischen Voreingenommenheit den Unterschied von *proprie* und *improprie* da einführte, wo an sich Alles *improprie,* auf Grund und nach Maßgabe von Gottes Offenbarung aber auch Alles *proprie* zu verstehen und zu sagen ist, hat man gerade das, was man doch vermeiden wollte, getan: man bestimmte einerseits das vermeintlich *proprie* zu bezeichnende Wesen Gottes zwängerisch so, als stünde es nicht über sondern unter der Idee nun gerade der Einheit. Und man machte andererseits die Fülle der göttlichen Eigenschaften als solche, die man Gott nur *improprie* zuschreiben wollte, abhängig von der Diskursivität des menschlichen Intellekts, bezw. von der Mannigfaltigkeit der geschaffenen Welt. Man arbeitete hier wie dort — programmwidrig genug — mit der Voraussetzung einer in sich feststehenden Ordnung der Ideen, innerhalb derer man Gott damit die Ehre zu geben gedachte, daß man ihn unter die Idee des Einen subsumierte, unter die vermeintlich tieferstehende Idee des Vielen dagegen nicht subsumierte — wo doch alles darauf ankommen mußte, Gott überhaupt nicht (weder hier noch dort) subsumieren zu wollen, dafür aber seinem offenbarten Wesen als solchem begrifflich standzuhalten, d. h. Gott in seiner Vielheit ebenso ernstlich und eigentlich wie in seiner Einheit die Ehre zu geben und also auch in seiner Vielheit als solcher ohne Vorbehalt ihn selber — ihn selber als den Einen, aber als den Einen in seiner Vielheit! — zu erkennen.

Die weitere grundsätzliche Frage, an die wir nun herantreten müssen, ist aber diese: inwiefern gibt es diese vielen einzelnen und verschiedenen Vollkommenheiten Gottes? Wie kommen wir dazu, sie als solche zu erkennen und — *proprie,* d. h. auf Grund der Offenbarung Gottes und in Verantwortung dieser Offenbarung gegenüber ohne Vorbehalt hinsichtlich ihrer Wahrheit — von ihnen als solchen zu reden?

Es ist die Bemühung, die in der theologischen Überlieferung bekannt ist unter dem Titel des Problems der Ableitung und Einteilung der göttlichen Eigenschaften, der wir uns nun zuzuwenden haben. Die Unangemessenheit dieser Begriffe leuchtet ohne weiteres ein. Wie naheliegend und versuchlich der ganze oder halbe Nominalismus ist, kann uns wohl erst hier ganz klar werden. Was soll es da «abzuleiten» und «einzuteilen» geben, wo es sich um das Wesen Gottes und seine Vollkommenheiten handelt? Haben wir nicht selbst zum vornherein feststellen müssen, daß jede der göttlichen Vollkommenheiten mit jeder anderen aber auch mit der Fülle aller anderen, aber auch mit Gott selbst in der Sache identisch ist? daß jede Aussage über die göttlichen Vollkommenheiten nur eine Wiederholung der Aussage über sein Wesen sein kann? Woher soll hier «abgeleitet» und wie soll hier «eingeteilt» werden? Nun, so kann und muß in der Tat gefragt werden. Es ist ein großer Gewinn unserer vorangehenden Überlegung, daß wir von dorther einsehen können, daß diese Frage jedenfalls nicht sinnlos, sondern notwendig ist. Daß Gott in allem Vielen der Eine und daß alles Viele in ihm er selbst, der Eine, ist — das ist nur die eine Seite der Sache, die wir bestimmt im Auge behalten müssen. Aber wiederum steht auch geschrieben, daß Gott allmächtig, ewig, gerecht, weise, barmherzig — nicht nur erscheint, sondern ist: nicht nur für uns sondern in sich selber. Und wenn er uns in dem Allem verborgen ist, sofern alle diese Worte unsere Worte und als solche nicht sein eigenes Wort über sich selber sind, so bleibt es doch dabei, daß wir durch seine Offenbarung aufgerufen und ermächtigt sind, ihn mit diesen unseren Worten zu benennen in dem Vertrauen, daß wir uns eben so in der Wahrheit und nicht in der Lüge bewegen, sofern wir dauernd ihn selbst den Ausleger dieser unserer durch ihn auf unsere Lippen gelegten menschlichen Worte sein lassen. Ist dem aber so, dann kann die Frage nach einem Verständnis seines Wesens im Einzelnen, in der Wiederholung, kann also die Frage nach einer Ableitung und Einteilung seiner Eigenschaften auf alle Fälle, so unangemessen solche Begriffe auf den ersten Blick erscheinen mögen, weder sinnlos noch nichtig sein. Wer sich der Aufgabe, zu sagen, wer und wie Gott ist, nicht überhaupt entschlagen will — und das kann man in der christlichen Kirche, das kann man jedenfalls in der Theologie und das kann man speziell in der Dogmatik auf keinen Fall tun — der wird sich gerade dieser Aufgabe, so wunderlich sie ihn anschauen mag, auch nicht entschlagen. Ist Erkenntnis Gottes wirklich Erkenntnis und kein vages Ahnen und Fühlen, wäre das keine Erkenntnis, die sich auf keine Worte bringen ließe oder die sich die Mühe ersparen würde, sich selbst auf Worte zu bringen, muß mit der Objektivität Gottes in seiner Offenbarung ernst gemacht werden und darf es also Gott gegenüber weder bei einem andächtigen Schweigen noch bei einem entzückten Lallen sein Bewenden haben, besteht die Demut unserer Erkenntnis Gottes nicht in der Faulheit jenes Knechtes, der sein eines Pfund nahm und vergrub es (Matth. 25, 18), sondern darin, daß wir Gott, durch seine Offenbarung nun eben dazu aufgerufen und ermächtigt, die Ehre geben, die ihm gebührt, so gut — wirklich nicht weniger gut! — als es in unserem Vermögen steht, d. h. als er selber uns das Vermögen dazu gibt, dann darf nicht nur, dann m u ß in menschlichen Worten und Begriffen gefragt werden nach dem, was Gott ist und nicht ist und nach der Art und Weise, in der er ist, was er ist und darum dann auch gewissermaßen nach einem Oben und Unten, Links und Rechts, nach den Konturen seines Wesens. Und das eben ist die Frage nach der Ableitung und Einteilung seiner Eigenschaften. Wer sich dessen weigert, danach zu fragen, der sehe zu, ob er nicht heimlich der Meinung ist, auf Erkenntnis Gottes lieber verzichten zu wollen oder aber sich dabei seiner Willkür oder dem Zufall zu überlassen! Er sehe zu wie er das Eine oder das Andere dem Faktum der Offenbarung Gottes gegenüber verantworte, durch das uns der Vorwand unseres Unvermögens nun einmal genommen ist, dem gegenüber wir also keine Entschuldigung haben, wenn wir — etwa im Blick auf die Fülle der in der Geschichte der Theologie in dieser Sache schon unternommenen Versuche — die Faulheit dem Fleiß oder die Liederlichkeit der Ordnung vorzuziehen wünschen sollten.

Keine irgendwie ernsthafte Inangriffnahme der christlichen Gotteslehre hat sich denn auch tatsächlich der vor uns liegenden Aufgabe ganz entziehen können, obwohl offenbar Jeder oder die Meisten von denen, die sich mit der Sache beschäftigten, an dieser Stelle eine gewisse Hemmung zu überwinden hatten. Es entbehrt nicht des Humors, wie immer wieder die jeweils vorliegenden Versuche der Früheren, hier etwas zu sagen, wie besonders das angebliche Chaos der Verschiedenheit dieser Versuche zunächst die Verwunderung, das Mitleid und das etwas skeptische Lächeln der neu hinzukommenden Späteren erweckten, die dann offenbar am liebsten gar nichts von der ganzen Sache gehört hätten, um nun doch selber nicht umhin zu können, sich mit der Aufgabe ihrerseits auseinanderzusetzen, irgendwie zu ihren Problemen Stellung zu nehmen und schließlich die Fülle des bisherigen Angebots um weitere Möglichkeiten zu bereichern!

Sieht man genau zu, so ist nun doch die Aufgabe so unüberwindlich schwierig nicht, wie sie auf den ersten Blick wohl erscheinen mag. Es wäre schon viel zu viel gesagt, wenn man angesichts der unbestreitbaren Fülle der bisherigen Lösungsversuche einfach von einem Chaos reden wollte, angesichts dessen man den Mut verlieren, bezw. die Frage selbst als sinnlos erkennen und fallen lassen müßte. Es ist auch gar nicht an dem, daß jeder zu dieser Aufgabe neu Hinzukommende eine andere Lösung gefunden hätte, sodaß wir selber vor der Notwendigkeit stünden, unsererseits irgend eine neue originelle Lösung ausfindig zu machen, weil alles bisher Geleistete durchaus uneinheitlich und unbrauchbar wäre. Es ist vielmehr so, daß hier zwar eine Reihe von Irrtümern zu vermeiden und zurückzuweisen sind, daß aber auch diese sich verhältnismäßig leicht überblicken, zusammenfassen und als solche durchschauen lassen und daß es andererseits doch auch eine klassische, gewissermaßen ökumenische Linie der theologischen Überlegung schon gibt, in die jedenfalls unser bisheriger Weg ohne weiteres einbiegt, auf dem wir uns gewiß in unserer eigenen Weise zu bewegen haben werden, auf dem wir aber, wenn wir uns selbst von seiner Richtigkeit überzeugen können, aus der Anwesenheit vieler Gefährten zur Rechten und zur Linken jedenfalls den Schluß ziehen können, daß es keines besonderen Geistreichtums bedarf, um sich in der ganzen Sache nun eben doch einigermaßen zurecht zu finden.

Irrtümer sind in dieser Sache offenbar alle diejenigen Formen einer «Eigenschaftslehre», die die Vollkommenheiten Gottes so zu bestimmen und zu ordnen versuchen, als wären sie die verschiedenen Prädikate eines als bekannt vorauszusetzenden allgemeinen Wesens dieser oder jener Art, wo doch in Wirklichkeit eine jede von ihnen das besondere Wesen des in seiner Offenbarung sich erschließenden Gottes selber ist. Der richtige Weg wird im Gegensatz dazu darin bestehen, die Vollkommenheiten Gottes zu verstehen als die dieses seines besonderen Wesens selber und also als die seines Lebens, seiner Liebe in der Freiheit.

Es ist bemerkenswert, daß jene Irrtümer als solche, obwohl sie ihre letzten Gründe in den Fehlern haben, die schon die altkirchliche Gotteslehre durchgängig belasteten, nun doch erst in der neueren Theologie zum offenen Ausbruch gekommen sind, während die Orthodoxie bei aller Bedenklichkeit schon ihres Ansatzes mit einer gewissen Instinktsicherheit nun dennoch wenigstens grundsätzlich auf den richtigen Weg geraten und so oder so auch darauf geblieben ist. — Wir vergegenwärtigen uns zunächst die verschiedenen Versuche, von denen wir hier auf Grund unserer bisherigen Überlegungen Abstand zu nehmen haben. Es sind drei Typen, die dabei in Frage kommen:

1. Man hat versucht, die Eigenschaften Gottes sozusagen in einem psychologischen Schema unterzubringen. Das hat seinen Anlaß und sein relatives Recht darin, daß die heilige Schrift Gott unzweifelhaft als Person und also als ein solches Subjekt bezeichnet, das denkt oder weiß und das will. Vom *intellectus* und von der

voluntas Dei an dieser Stelle zu reden, hat darum schon die altkirchliche Dogmatik mit Recht nicht unterlassen und werden wir, indem wir Gott als den in der Freiheit Liebenden verstehen, auch nicht unterlassen können. In der Theologie des 19. und 20. Jahrhunderts hat man dann dieses einfachste psychologische Schema noch erweitern zu sollen geglaubt, indem man (wie etwa A. E. Biedermann, Dogmatik 1869, S. 635 und R. Seeberg, Chr. Dogm. 1. Bd. 1925, S. 334, 428 f.) auch von einem Gefühl Gottes redete. Das Wesensmoment der Freiheit oder Absolutheit oder Aseität Gottes, das bei diesem Versuch zurückzutreten scheint, wird von seinen Vertretern als die alle diese psychologischen Kategorien umfassende und charakterisierende Klammer verstanden. Wobei dies bei Biedermann, wie wir sahen, so gemeint ist, daß es jene faktisch in sich aufsaugt, die psychologische Form des Gottesbegriffs zur bloßen, letztlich nicht wahren, sondern nur vorstellungsmäßigen Form des an sich unpersönlichen absoluten Geistesprozesses macht. Eben in dieser Konsequenz verrät sich aber schon etwas von der Bedenklichkeit dieses ganzen Versuches. Die Orthodoxie, die diese Konsequenz nicht zog, sondern, wenn auch unter dem leidigen nominalistischen Vorbehalt, den psychologischen Eigenschaften Gottes ihre Wahrheit lassen wollte, hat neben ihnen ebenso bestimmt von den anderen Eigenschaften Gottes gesprochen, die in kein psychologisches Schema zu bringen sind, weil sie nun eben die Eigenschaften der göttlichen Freiheit, Absolutheit oder Aseität und doch als solche nicht weniger (auch nicht mehr!) sondern gleich sehr und gleich wahr die Eigenschaften des einen göttlichen Wesens sind. Das psychologische Schema kann und muß als Ableitungs- und Einteilungsprinzip an seiner Stelle zu seinem Rechte kommen, so gewiß Gott der in der Freiheit Liebende ist. Zum übergeordneten Prinzip der ganzen Eigenschaftslehre kann es sich darum nicht eignen, weil dabei übergeordnet wird, wo, da Alles Gott selber ist, schlechterdings nichts überzuordnen ist und dann auch nicht nachträglich doch wieder, wie es bei Biedermann sichtbar wird, untergeordnet werden kann. Gottes Freiheit ist nicht bloß die Form seiner Liebe, wie seine Liebe nicht nur die Form seiner Freiheit ist. Es ist nur die böse Willkür des Unternehmens, das Wesen Gottes entscheidend dem Wesen des Menschen entsprechen zu lassen, in Gott den verabsolutierten Menschen wiederzufinden, die diesen psychologischen Versuch auf die Bahn bringen konnte. Und diese Willkür verrät sich auch in seinem leeren Formalismus: Denn was ist mit der Bestimmung des Wissens, Wollens und Fühlens im allgemeinen gerade über Gott ausgesagt? Wo bleibt hier die Voraussetzung, daß es sich bei den Eigenschaften Gottes nicht um neutrale Bestimmungen, sondern nur um göttliche Vollkommenheiten handeln kann? Sollte etwa Gottes Weisheit nur eine Näherbestimmung seines Wissens, sollten Gottes Gerechtigkeit, Heiligkeit und Barmherzigkeit nur Näherbestimmungen seines Willens sein? Wo bleibt die Wohltat und wo bleibt die Verbindlichkeit der Existenz eines so menschlichen und zugleich im Grunde so neutral bestimmten Gottes?

2. Man hat weiter eine religionsgenetische Ableitung und Einteilung der göttlichen Eigenschaften in Vorschlag gebracht. Dieser zweite, in seiner Weise interessante Typ ist vertreten durch Schleiermacher und seinen genuinsten Schüler Alexander Schweizer. Wir hörten schon, wie Schleiermacher die Eigenschaften Gottes als Objektivierung der einzelnen Momente des frommen Selbstbewußtseins verstehen wollte. Aus dem frommen Bewußtsein an sich (abgesehen von dem Gegensatz von Sünde und Gnade) ergeben sich nach ihm: Gottes Ewigkeit, Allgegenwart, Allmacht und Allweisheit, aus dem frommen Bewußtsein unter dem Gegensatz (dem Bewußtsein der Sünde): Gottes Heiligkeit und Gerechtigkeit, aus dem frommen Bewußtsein in der Ausscheidung des Gegensatzes (dem Bewußtsein der Gnade): Gottes Liebe und Weisheit. Bei Alex. Schweizer (Chr. Glaubenslehre² 1. Bd. 1877) findet das fromme Gefühl Gott in der Naturwelt: als

Allmacht, Allwissenheit, Ewigkeit und Allgegenwart, in der sittlichen Welt: als Güte, Heiligkeit, Weisheit und Gerechtigkeit, im spezifisch christlichen Heilsleben endlich als Liebe und Gnade, als Vaterweisheit und Barmherzigkeit. Man wird diesem Versuch zunächst zugestehen müssen, daß er in seiner Weise — auch er freilich in den Schranken der nominalistischen Voraussetzung — offenbar ernstlich über einen bloß formalen Gottesbegriff hinauszukommen, daß er in seiner Weise die Wohltat und die Verbindlichkeit der Existenz Gottes ins Licht zu stellen versucht hat. Aber mit welchem Recht wurde hier diesen zeitlichen oder sachlichen Stufen des religiösen Bewußtseins oder Gefühls je eine besondere Entsprechung im Wesen Gottes zugeschrieben? Mit welchem Recht konnte etwa von dem Bewußtsein der Sünde als solchem gesagt werden, daß mit ihm die Erkenntnis der Heiligkeit und Gerechtigkeit oder von dem frommen Gefühl gegenüber der Naturwelt, daß mit ihm die Erkenntnis der Allmacht und Allwissenheit Gottes verbunden sei? Wo bleibt hier die in der Orthodoxie mit Recht so ängstlich gewahrte Einsicht, daß das göttliche Wesen sich nicht auseinanderreißen läßt in eine Reihe von je für sich wirklichen und wahren Eigenschaften? Gibt es auf Schweizers erster Stufe wirklich eine Erkenntnis von Gottes Ewigkeit, ohne die angeblich erst auf der zweiten verwirklichte von Gottes Heiligkeit und ohne die angeblich erst auf der dritten erkennbare seiner Barmherzigkeit? Und ist die angeblich schon auf der zweiten Stufe erkennbare Gerechtigkeit wirklich die Gottes ohne die angeblich erst auf der dritten erkennbare Gnade? Ist das Kriterium, daß wir es wirklich mit einer Eigenschaft Gottes zu tun haben, nicht dieses, daß sie eine Eigenschaft des einen Gottes selbst sein und darum jede andere und die Gesamtheit aller anderen in sich schließen muß? Erkennen wir das Wesen Gottes anders als indem wir ihn selbst und ihn ganz erkennen und also in jeder einzelnen Eigenschaft jede andere und deren Gesamtheit? Die konstitutive Rolle, die dem religiösen Subjekt bei diesem Versuch zugeschrieben wird, und insbesondere die ihm offenkundig zugrundeliegende Einführung einer natürlichen Theologie macht sich hier geltend in Form einer geradezu katastrophalen Auflösung und Zerstörung des ganzen Gottesbegriffs. Schleiermacher und Schweizer wollten diese Auflösung gewiß nicht. Aber wenn man sie wirklich nicht will, wenn man die verschiedenen Stufen, wie dies Schleiermachers ausdrückliche Meinung war, als gleichzeitige Schichten oder Momente des einen und selben religiösen Bewußtseins auffassen will — woher dann das Interesse an deren Selbständigkeit, woher dann ihre Würde als je besondere Erkenntnisquellen? Nimmt man dagegen den genetischen Charakter dieser Stufe ernst, wie dies Schweizer im Unterschied zu Schleiermacher getan hat, dann führt diese Ableitung und Einteilung nicht sowohl zu den Eigenschaften des einen Wesens Gottes, als vielmehr zu einer Hierarchie von allgemeinen und besonderen, unter- und übergeordneten, wesenlos in der Luft hängenden göttlichen oder vielmehr religiösen Ideen und Hypostasen. Es ist die ganze Mißlichkeit der nominalistischen Behandlung der Eigenschaftslehre, die in diesem Versuch, die bei Schleiermacher und Schweizer an den Tag kommt: Man findet, was man gesucht — aber eben wirklich nicht mehr als man gesucht hat: die gigantischen Reflexe oder Projektionen des menschlichen religiösen Bewußtseins; man findet den Menschen selbst und als solchen auf seinem vermeintlichen Wege zu Gott, der in Wirklichkeit doch nur der Weg zu seinem eigenen innersten Selbst ist und wird sich nur mit Mühe nun doch wieder einreden können, bei diesem Anlaß auch Gott gefunden zu haben. «Diese Zerstreuung, wonach für die Schleiermacherianer Gott der Schöpfer die Attribute der Gerechtigkeit, Weisheit, Barmherzigkeit u.a. gar nicht besitzt, ist die ganz natürliche Folge davon, daß man die Idee Gottes aus dem menschlichen Verstand und Bewußtsein konstruieren will und demnach Dinge von Gott aussagt, welche in sich gar keine Gewähr und Realität, sondern bloß formale Geltung haben» (J. Wichelhaus, Die Lehre der hl. Schrift[3] 1892, S. 333).

3. Den dritten Typ bezeichnet man vielleicht am besten als den historisch-intuitiven und er ist derjenige, demgegenüber vielleicht die stärkste Mißbilligung am Platze ist, weil er — der wegen seiner angeblichen «starken Vereinfachung und religiösen Vertiefung» (Fr. Nitzsch, Lehrb. d. ev. Dogm., 3. Aufl. v. H. Stephan 1912, S. 452) eine Zeitlang besonders dringend empfohlen worden ist — das ganze Problem in einer Weise verkürzt und verharmlost, die seinem Ernst trotz des Richtigen und Wichtigen, das auch hier gesehen ist, nun doch völlig unangemessen ist. Um was es geht, kann man sich beispielsweise an der Dogmatik von Julius Kaftan (3.—4. Aufl. 1901, § 13—18) veranschaulichen: Man erklärt zunächst, daß das, was wir als die Freiheit des göttlichen Wesens bezeichnet haben («das Absolute») überhaupt nur durch die weltflüchtige Form der altkirchlichen Frömmigkeit und durch die philosophische Überlieferung des Altertums in die christliche Theologie hineingekommen und dann leider auch von der von der Scholastik abhängigen protestantischen Orthodoxie, ja bedauerlicherweise (in *De servo arbitrio*) sogar von Luther festgehalten worden sei. Demgegenüber gelte es nun wieder auf die in der Schrift bezeugte, im Glauben aufzunehmende Gottesoffenbarung, wurzelnd und hervorbrechend vor allem in dem «Innersten des Personlebens» Jesu zurückzukommen. Während «das Absolute» nur das Schema der Gotteserkenntnis in jeder geistigen Religion sei, sei der Offenbarung zu entnehmen, daß Gott überweltlicher, persönlicher Geist sei, wobei aber «überweltlich» nur dies bedeute: daß sein Sein und Leben mit dem der Welt (gemeint ist: der materiellen Welt) «unverworren» sei — und daß dieses Geistes Eigenschaften seien: seine Liebe, Heiligkeit und Allmacht. Es soll dabei die Heiligkeit als das Prädikat der Liebe und wiederum die Allmacht als das Prädikat der «heiligen Liebe» verstanden werden. Was ist hier geschehen? Gänzlich abgeschüttelt scheint hier der Neuplatonismus der orthodoxen Tradition und mit ihm auch die Willkür seiner liberal-spekulativen Erben. Und Gottes in der Schrift bezeugte Offenbarung scheint jetzt zu Worte gekommen zu sein. Ist dem wirklich so? Doch nur insofern, als jetzt der als «Liebe» bezeichnete, als «heilige» Liebe ausgezeichnete und schließlich mit «Allmacht» ausgestattete «Geist» (vom «Geist» der Hegelianer unterschieden durch seinen ausgeprägt moralischen Charakter), der nun auf einmal das Geheimnis des «Personlebens» Jesu ausmachen soll, als das göttliche Wesen proklamiert und Gott nun eben dieser Metaphysik und diesem Begriffsschema unterworfen wird. Dieser Geist ist aber noch einmal und erst recht nicht der göttliche, sondern eine bestimmte Interpretation des menschlichen Geistes. Das beweist die Direktheit, in der hier seine Wirklichkeit aus dem «Personleben» Jesu kraft historischer Intuition abgelesen wird wie von einer Wandtafel. So liest man aus der «Offenbarung» heraus, was man zuvor als ein bekanntes Allgemeines in sie hineingelesen hat! So konstruiert man das Wesen eines auch ohne Offenbarung nur zu wohlbekannten Gottes: Wäre hier die orthodoxe Tradition in ihrem entscheidenden Mangel wirklich überwunden, wäre hier wirklich der Offenbarung Gottes selbst das Wort gegeben worden, dann wäre es ganz unmöglich gewesen, das in der orthodoxen Tradition und auch von den spekulativen Liberalen mit Recht aufgewiesene, wenn auch unglücklich behandelte Problem der Aseität (der Freiheit!) Gottes einfach fallen zu lassen. Das ist es aber, was da notwendig geschieht, wo man sich vor der Skylla der Spekulation zu der Charybdis der historischen Intuition meint flüchten zu können. Inwiefern ist die Liebe, die Heiligkeit, die Allmacht, von der man da redet, gerade göttliche Liebe, Heiligkeit und Allmacht? Das ist die Frage, auf die man bei den Ritschlianern ebensowenig Antwort bekommt, wie bei den Orthodoxen und ihren liberalen Erben auf die Frage: Inwiefern das unendliche einfache Sein, das ihnen «Gott» heißt, gerade göttliches Sein zu heißen verdienen möchte? Fehlt der von diesen letzteren mit Recht betonten Freiheit die Liebe, so fehlt der von den Ritschlianern wieder mit Recht betonten Liebe die Freiheit. «Starke Vereinfachung» kann man das,

was bei beiden geschieht, wohl nennen und «religiöse Vertiefung», wenn man will, ebenfalls. Christliche Vereinfachung und Vertiefung ereignet sich offenbar weder hier noch dort, sondern auf das Christliche gesehen wird man das auf beiden Seiten geübte Verfahren vielmehr als Verflachung bezeichnen müssen.

Es gibt aber neben den drei genannten einen weiteren und besseren Weg, den hier — in allerhand Variationen, in denen doch das Grundthema unverkennbar ist — die ältere Theologie und ihr folgend dann doch auch manche von den Neueren gegangen sind. Dieser Weg war und ist, kurz zusammengefaßt, dadurch charakterisiert, daß mit jener Doppelfrage, auf die wir im vorangehenden § geantwortet haben: Wer? und: Was ist Gott? sowohl hinsichtlich der Unterschiedenheit als auch hinsichtlich der Einheit ihrer beiden Bestandteile ernst gemacht, daß also die Eigenschaftslehre streng als das verstanden und vorgetragen wird, was sie allein sein kann: als eine Wiederholung und Entfaltung der Lehre vom Wesen Gottes. Auf diesem Weg — der für uns bedeuten wird, daß wir nach den Vollkommenheiten des göttlichen Liebens und nach denen der göttlichen Freiheit zu fragen haben werden — haben die lutherisch-orthodoxen Dogmatiker des 17. Jahrhunderts mit mehr oder weniger Glück und Genauigkeit, z. T. nicht ohne gefährliche Einwirkung ihres gefährlichen Grundbegriffs, aber in der Sache offenbar einheitlich und richtig, unterschieden zwischen den *attributa negativa* und *positiva*, oder *quiescentia* und *operativa*, oder *interna* und *externa*, oder *absoluta* und *relativa*, oder *immanentia* und *transeuntia*, oder *primitiva* und *derivata*, oder *metaphysica* und *moralia*. Die Unterscheidung in den alten reformierten Schulen lautete fast durchgängig: *attributa incommunicabilia* und *communicabilia*. Es unterschied unter den Neueren Wegscheider (*Instit. Theol.* 1815 § 62 u. 64): Attribute der *substantia perfectissima infinita per se spectata* und Attribute der *substantia perfectissima spiritualis*. Es fragte Martensen (Chr. Dogm. 1856, S. 85) nach dem Verhältnis der Einheit und des Gegensatzes, in welchem Gott sich zur Welt befindet. Es wollte Frank (Syst. d. chr. Wahrh.[2] 1885 1. Bd., S. 232 f.) die Eigenschaften zunächst als Eigenschaften des absoluten und sodann als solche des persönlichen bezw. des dreieinigen Gottes verstehen, wobei doch nicht einmal der Schein bestehen dürfe, «als seien die zunächst auf den absoluten Gott zurückgeführten Eigenschaften nicht zugleich die seiner Persönlichkeit und die zunächst an den persönlichen Gott angeschlossenen nicht auch seiner Absolutheit eigen». Es unterschied R. A. Lipsius (Lehrb. d. ev. prot. Dogm.[2] 1879, S. 224) «metaphysische» und «psychologische» Eigenschaften Gottes, während Wichelhaus (Die Lehre der hl. Schrift[3] 1892, S. 333) und Ed. Böhl (Dogmatik 1887, S. 45 f.) derselben Unterscheidung an Hand des Unterschiedes der biblischen Gottesnamen Elohim und Jahve, θεός und κύριος nachzugehen unternahmen. Aber bis in die Reihen der Ritschlianer hinein läßt sich trotz deren ganz anderer Orientierung die Spur dieses klassischen Schemas verfolgen: Es unterscheidet O. Kirn (Grundriß d. ev. Dogm.[8] 1930, S. 55) «formale (metaphysische) Bestimmungen, welche Gottes Erhabenheit über die Welt ausdrücken» und «materiale (ethische) Bestimmungen, welche den Inhalt und die Richtung des göttlichen Willens und Tuns aussagen». Es unterscheidet Th. Haering (Der chr. Glaube 1906, S. 320): Eigenschaften der heiligen Liebe und Eigenschaften der absoluten Persönlichkeit Gottes. Und es haben sich die Eigenschaften Gottes schließlich sogar für E. Troeltsch (Glaubensl. 1925, S. 183 f. u. 212 f.) und für H. Stephan (Glaubensl.[2] 1928, § 12 u. 13) zusammengedrängt unter die Gesichtspunkte der Heiligkeit und der Liebe, bezw. der «Nähe» Gottes. Es ist aber bemerkenswert, daß auch der in dieser Sache so eigene Wege gehende H. Cremer (Die chr. Lehre von den Eigenschaften Gottes[2] 1917) jedenfalls in der Sache zu keiner anderen Einteilung gekommen ist. Dieselbe Zweiteilung: Eigenschaften des göttlichen Seins und Eigenschaften der göttlichen Tätigkeit beherrscht aber auch die Darstellung der römisch-katholischen Dogmatik (J. M. Scheeben, Handb. der kath. Dogmatik 1. Bd. 1925, S. 513 u. 616; H. Hurter, *Theol. dogm. comp.*[12] 1907, 2. Bd., S. 23 u. 52; B. Bartmann, Lehrb. d. Dogm.[7] 1928, 1. Bd., S. 116 u. 132; Fr. Diekamp, Kath. Dogm.[4] 1930, S. 150 u. 184). Man wird bei aller Verschiedenheit in der Nomenklatur, in der Begründung und Durchführung dieser Einteilung und bei allen Bedenken, die man im Einzelnen so oder so fast überall anmelden kann und muß, nicht gut übersehen oder leugnen können, daß hier mit mehr oder weniger Schärfe letztlich Eines und Dasselbe gesehen und gemeint, daß ein gewisser breiter Consensus der christlichen Theologie an diesem nicht unwichtigen Punkte tatsächlich vorhanden ist. Es geht auf der einen Seite um das Wesensmoment der göttlichen Aseität, Absolutheit oder Freiheit: um Gott, in der ihm eigenen Hoheit in sich selbst und gegenüber Allem, was nicht er selbst ist. Und es geht auf der anderen Seite um das Wesensmoment der Liebe Gottes, um das Sein und den Akt seiner Persönlichkeit. So groß wie es auf den ersten Blick erscheinen möchte, ist das Chaos der Meinungen in dieser Sache gerade nicht und es dürfte deutlich sein, daß wir nach allen unseren bisher erarbeiteten Voraussetzungen nicht etwa nötig haben, uns nach einer grundsätzlich neuen Lösung umzusehen, daß wir sogar gar keine andere Wahl haben, als uns grundsätzlich — genauere Erklärung und Bereinigung vorbehalten — auf den Boden dieses vierten, man darf wohl sagen, dieses klassischen Versuches zu stellen.

Eine zugleich völlig nüchterne und völlig aufgeschlossene Lehre von Gottes Eigenschaften wird zunächst davon auszugehen haben, daß Gott uns in seiner Offenbarung ebenso völlig enthüllt wie völlig verhüllt ist. Man kann nicht sagen: teilweise enthüllt und teilweise verhüllt, sondern man muß tatsächlich sagen: völlig enthüllt und völlig verhüllt. Völlig enthüllt, sofern unsere menschlichen Anschauungen und Begriffe durch die Gnade seiner Offenbarung zur Teilnahme an Gottes Wahrheit angefordert und erhoben und also zu Mitteln wirklicher Erkenntnis Gottes (in seinem Sein für uns und in sich selber!) wunderbar gemacht werden. Völlig verhüllt, sofern unsere menschlichen Anschauungen und Begriffe (die einzigen zur Erkenntnis Gottes uns zur Verfügung stehenden und von Gott selbst dazu in Anspruch genommenen Mittel) an sich und als solche das Vermögen, Gott zu fassen, nicht, auch nicht im geringsten, haben. Eine Lehre von Gottes Eigenschaften wird unter allen Umständen von beidem, von Gottes Enthüllung und von seiner Verhüllung, Zeugnis und Rechenschaft ablegen müssen. Das Erkennen Gottes darf nicht verschwinden im Nicht-Erkennen. Wiederum darf das Nicht-Erkennen nicht verschwinden im Erkennen. Durch Gott selbst in seiner Offenbarung ist uns in gleicher Weise Beides auferlegt: der Gehorsam des Erkennens und die Demut des Nicht-Erkennens. Und Gott ist, indem er uns dieses und jenes auferlegt, gleich sehr Gott, derselbe eine Gott. Es ist Beides die eine Gnade seiner Offenbarung und weil seine Offenbarung seine Wahrheit ist, müssen wir fortfahren: es ist Beides er selber, seine eigenste Wirklichkeit. Und er ist uns auch in Beidem: darin, daß er uns enthüllt und darin, daß er uns verhüllt ist, zugleich erkennbar und unerkennbar. M. a. W.: er hat sich uns in seiner Offenbarung ganz zum Gegenstand unseres Erkennens gemacht, in seiner Enthüllung und in seiner Verhüllung, wie er uns auch in Beiden (eben in seiner Offenbarung) ganz unerkennbar bleibt. Beides verhält sich nicht so zueinander, daß wir ihn zwar in seiner Enthüllung zu erkennen, in seiner Verhüllung aber nicht zu erkennen hätten, daß wir dort zu reden, hier aber zu schweigen hätten. Wir haben ihn vielmehr ganz und also in Beiden zu erkennen und darum gewiß überall zu schweigen aber auch überall zu reden. Die Ehre, die wir ihm so oder so geben, ist in sich gleich problematisch. Wir sind aber zu Beidem gleich sehr aufgerufen und können uns darum Beidem nicht entziehen, also auch dem nicht, ihn zu erkennen in seiner Verhüllung wie in seiner Enthüllung. Es wird wohl dafür gesorgt sein, daß er uns hier wie dort, indem wir ihn erkennen dürfen und sollen, völlig unerkennbar bleibt, daß wir mit unserem Denken und Reden von ihm nicht seine Herren werden, sondern ganz und gar seine Knechte, und zwar seine ganz und gar unnützen Knechte bleiben und immer wieder werden müssen. Es ist aber auch — und das muß ebenso nachdrücklich gesagt werden — dafür gesorgt, daß er uns hier wie dort völlig erkennbar wird, nicht auf Grund unseres Vermögens, unseres Denkens und unserer Sprache, wohl aber auf Grund der Gnade seiner Offenbarung, der wir uns nicht verweigern können, so wenig wir uns ihrer jemals überheben dürfen. Um diesem ganzen Sachverhalt gerecht zu werden, ist einer Lehre von Gottes Eigenschaften offenbar ein Doppeltes zu sagen auferlegt. Wir können gar nicht in einem zeitlichen Zugleich Beides bekennen, unser Erkennen und unser Nicht-Erkennen. Und wir sollen das auch nicht. Denn eben so, daß es kein zeitliches Zugleich gibt, sondern nur ein Neben- bezw. Nacheinander — eben so hat sich Gott in Jesus Christus geoffenbart. Eben ein solches zeitliches Zugleich entspricht also, wenn wir seiner Offenbarung trauen wollen, auch nicht Gottes eigener Wirklichkeit. Wiederum können und sollen wir nicht etwa das Eine zu Ungunsten des Anderen bekennen wollen und also unser Erkennen aufgehen lassen in einem vermeintlich eigentlichen und letzten Nicht-Erkennen oder umgekehrt: unser Nicht-Erkennen in einem vermeintlich eigentlichen und letzten Erkennen. Denn in Gottes Offenbarung und also in Gottes Wirklichkeit gibt es kein solches Aufgehen des Einen im Anderen, sondern das ist Gottes Wirklichkeit, daß hier Eines mit dem Anderen, Eines im Anderen und zwar immer auch Eines neben und nach dem Anderen ist, ein ewiges Zugleich *und* Nicht-Zugleich, sodaß wir uns auch hier nicht auf die Schranken unseres Erkenntnisvermögens zurückzuziehen genötigt sind, sondern schlicht im Blick auf die Realität des Gegenstandes selber reden, wenn wir sagen, daß in einer Lehre von Gottes Eigenschaften Beides auch nebeneinander und also nacheinander und also besonders zur Geltung kommen muß: Gottes Enthüllung *und* seine Verhüllung.

Diese Einheit und dieser Unterschied trifft nun aber zusammen mit der Einheit und dem Unterschied in Gottes Wesen: zwischen seiner Liebe und seiner Freiheit. Indem Gott uns liebt, ist er, indem er — so gewiß wir seiner Offenbarung trauen dürfen als seiner Selbstoffenbarung — auch in sich selber der Liebende ist, völlig erkennbar. Indem Gott uns liebt in seiner Freiheit, indem er — so gewiß wir seiner Offenbarung auch hier trauen dürfen als seiner Selbstoffenbarung — auch in sich selber der Freie ist, ist er uns völlig unerkennbar. Eben in der Gnade seiner Offenbarung ist ja Beides wahr: er liebt uns und er tut das in seiner Freiheit. Ist seine Offenbarung seine Wahrheit, dann ist er in Wirklichkeit in Einheit und Unterschiedenheit beides: der Liebende in der Freiheit. Dann ist eben das sein Wesen: daß er Beides ist, nicht in einer Trennung, sondern in der Einheit, aber wiederum nicht in der Aufhebung, sondern in der Unterscheidung dieses Doppelten. Und dieses Doppelte als das Wesen des einen Gottes muß dann den Inhalt der Lehre von seinen Vollkommenheiten bilden: sie muß dann von den Vollkommenheiten seiner Liebe und sie muß dann von den Vollkommenheiten seiner Freiheit handeln. Darum kann es nach allem Gesagten nicht gehen, daß wir jetzt von zwei verschiedenen Subjekten zu sprechen beginnen würden. Die Einheit von Enthüllung und Verhüllung, von Erkennbarkeit und Unerkennbarkeit Gottes konstituiert ja den biblischen Begriff der Offenbarung Gottes und wiederum die Einheit von Liebe und Freiheit den biblischen Begriff des Wesens Gottes. Wir werden also hier wie dort — und hier wie dort bei allen einzelnen Bestimmungen — von dem einen ganzen Gott und darum (explizit oder implizit), wenn wir von der Liebe Gottes reden, auch von seiner Freiheit, wenn wir von seiner Freiheit reden, auch von seiner Liebe, wenn wir hier oder dort von einer einzelnen Bestimmung reden, dann auch von allen anderen zu reden haben. Es ist aber die Einheit Gottes, wenn wir uns von der heiligen Schrift nicht entfernen wollen, zu verstehen als diese in sich bewegte und insofern unterschiedene Einheit seiner Liebe und seiner Freiheit. Es handelt sich also um eine völlige Reziprozität in der Bezeichnung desselben Subjektes, in der je einer der sich gegenüberstehenden Begriffe den anderen nicht nur ergänzt sondern schlechterdings füllt, ohne daß doch der eine den anderen überflüssig machen und verdrängen würde, so vielmehr, daß jeder von den beiden nur mit dem anderen zusammen — und mit ihm zusammen dasselbe sagend das Subjekt Gott bezeichnen kann.

Außer Frank war es unter den Neueren besonders Th. Haering, der, wie er in dieser Sache auch sonst eine glückliche Hand hatte, gerade für diese Reziprozität ein feines Verständnis aufbrachte. Er hat sie damit zum Ausdruck gebracht, daß er auf der einen Seite von der «absoluten Persönlichkeit», auf der anderen von der «heiligen Liebe» Gottes redete, hier durch das Adjektiv und dort durch das Substantiv also die Erinnerung an den jeweils gegenüberstehenden und zum Verständnis unentbehrlichen zweiten Begriff aufgerufen und wachgehalten hat: die Erinnerung daran, daß die Eigenschaften des persönlichen Gottes auch die des aseitarischen sind und umgekehrt, wie wir denn unter diesem oder jenem Namen nur von einem und demselben Gott reden können. Aber eben von diesem einen

Gott werden wir nicht anders recht reden können als in der gegenseitigen Bezeichnung und Begrenzung dieser beiden Namen, seiner Liebe durch seine Freiheit, seiner Freiheit durch seine Liebe.

Auch für uns ergibt sich also die Notwendigkeit, von Gottes Eigenschaften in einer doppelten Reihe zu reden. Es ist die Einheit und Unterschiedenheit von völligem Vertrauen und völliger Demut, in der sich die christliche Gotteserkenntnis (angesichts der völligen Enthüllung und der völligen Verhüllung des einen Gottes in seiner einen Offenbarung) vollzieht und es ist die Einheit und Unterschiedenheit, in der Gott liebt als der Freie und frei ist als der Liebende, die uns einen anderen Weg als diesen unmöglich macht. Es werden also diese beiden Grundzüge des Wesens Gottes: Gottes Liebe und Gottes Freiheit in ihrer Einheit und Unterschiedenheit die beiden Richtungen angeben müssen, in denen wir jetzt, da es ja nicht mehr um eine Analyse unserer Erkenntnis Gottes als solcher, sondern um die Darstellung des Erkannten selbst gehen muß, zu denken haben werden. Von den Vollkommenheiten des göttlichen Liebens und von den Vollkommenheiten der göttlichen Freiheit werden wir darum in den nächsten §§ zu handeln haben.

Bevor wir diesen Weg antreten, von dem wir wissen, daß er jedenfalls grundsätzlich und allgemein der viel begangene Weg einer ganzen theologischen Tradition ist, müssen wir uns aber Rechenschaft darüber ablegen, in welchem Sinn wir uns dabei dieser Tradition anschließen und nicht anschließen. So einheitlich, unzweideutig und ungefährlich ist das, was auf diesem im Allgemeinen und grundsätzlich gutzuheißenden Weg versucht worden ist, nun auch wieder nicht, daß wir nicht von allem Einzelnen abgesehen, schon hinsichtlich der Fragestellung Mißverständnisse abzuwehren und Korrekturen anzubringen hätten. Es handelt sich entscheidend um drei Punkte:

1. Es liegt im Wesen der Sache, daß wir, indem wir von Gottes Liebe reden, zunächst an Gott in seiner Gemeinschaft mit einem Anderen, allgemein gesagt: mit der von ihm geschaffenen Welt zu denken veranlaßt sind. Und es scheint umgekehrt, wenn wir von Gott in seiner Freiheit reden, zunächst um seine Hoheit gegenüber Allem, was nicht er selber ist und also gegenüber der von ihm geschaffenen Welt zu gehen. Aber diese Unterscheidung kann keine eigentliche und prinzipielle sein. Denn um Gottes Hoheit gegenüber Allem, was nicht er selber ist, geht es auch in seiner Gemeinschaft mit der von ihm geschaffenen Welt. Und wiederum ist diese seine Hoheit selbst keine andere als eben die, die er in seiner Gemeinschaft mit der von ihm geschaffenen Welt beweist und betätigt. Gott ist ja nicht der Liebende, um dann irgendwo und irgendwie im Unterschied dazu auch noch frei zu sein, wie er auch, indem er liebt,

seine Freiheit nicht preisgibt, sondern aufs Höchste betätigt. Es kann und darf also die Einteilung, der wir uns hier anschließen, nicht dies bedeuten, daß wir aus dem in Gottes Offenbarung freilich angezeigten aber auch aufgehobenen Unterschied zwischen einem Gott in sich und einem Gott für uns nun doch wieder eine Trennung machten, um dann das Wesen Gottes wahrscheinlich entscheidend doch wieder dort: in der Freiheit Gottes in sich und in deren Vollkommenheiten: in seiner Ewigkeit, Allmacht usw. zu suchen, die Liebe Gottes aber und ihre Vollkommenheiten, seine Heiligkeit, Gerechtigkeit, Barmherzigkeit usw. nominalistisch oder seminominalistisch als Sache einer bloßen Ökonomie, als uneigentlich zu verstehende, vielleicht wohl bloß noetische Bestimmungen zu behandeln, sodaß das letzte und entscheidende Wort der Gotteslehre eben doch der Satz von Gott als dem unpersönlichen Absoluten wäre.

Es läßt sich nicht leugnen (es wäre ja auch verwunderlich, wenn es anders wäre!), daß die verschiedenen von den lutherisch-orthodoxen Theologen vorgeschlagenen Einteilungen mehr oder weniger deutlich in diese Richtung weisen. Wir werden also, wenn wir diese Einteilung an sich und als solche nicht ablehnen, sondern für richtig halten, erläuternd hinzufügen müssen: Es gibt keine *attributa absoluta,* die nicht auch *relativa,* keine *quiescentia,* die nicht auch *operativa,* keine *metaphysica,* die nicht auch *moralia,* und umgekehrt: keine *externa,* die nicht auch *interna,* keine *transeuntia,* die nicht auch *immanentia,* keine *derivata,* die nicht auch *primitiva* wären. Man wird auch die von den Reformierten bevorzugte Unterscheidung von *attributa incommunicabilia* und *communicabilia* nur als Unterscheidung, aber auf keinen Fall als Trennung gelten lassen können. Denn welche von den Eigenschaften Gottes, an denen er als Schöpfer, Versöhner und Erlöser seine Geschöpfe teilnehmen läßt, wäre als die seine, von den Geschöpfen her gesehen, nicht auch ganz und gar unmitteilbar, d. h. mitteilbar allein durch das Wunder seiner Gnade? Und umgekehrt: Welche von diesen seinen unmitteilbaren Eigenschaften hätte Gott in seiner Offenbarung, hätte er, indem sein Wort Fleisch wurde, dem Geschöpf nun nicht dennoch auch mitgeteilt? Ist uns Gottes Barmherzigkeit nicht völlig unergründlich und unzugänglich? Und hat er uns seine Ewigkeit nicht völlig ins Herz gegeben? Gott hat uns in seinem Sohne nicht weniger als Alles, sich selber und sich selber ganz erschlossen und geschenkt. Wie sollte da seine Freiheit als eine Begrenzung seiner Liebe verstanden, wie sollte sie da anderswo als in seiner Liebe selbst gesucht werden dürfen? Wiederum ist ja damit, daß wir ihn nur daraufhin erkennen und haben, daß er sich uns selber in dem Wunder seiner Gnade erschlossen und geschenkt hat, darüber entschieden, daß er uns in strengster Majestät und Unterschiedenheit gegenübersteht und daß wir seine Liebe schlecht erkennen würden, wenn wir nicht gerade in ihr seine Freiheit erkennen würden. Die Erkenntnis der Majestät Gottes darf nicht mißbraucht werden zur Aufrichtung jenes Götzenbildes des «eigentlich» bewegungs-, sprach- und tatlosen Einen und Absoluten und es darf die Erkenntnis von Gottes Herablassung nicht dazu mißbraucht werden, ihn schließlich nur noch in gewissen Relationen zu suchen, in denen wir zu stehen und die wir als solche zu verstehen haben. Sondern wie Gott dort als die ewige Liebe verstanden sein will, so hier als die in unsere Zeitlichkeit hineingetretene Freiheit in Person. Was er dort in der Höhe auch für uns ist, das ist er hier in der Tiefe auch in sich. Und nur dann reden wir von Gott, wenn wir wissen, daß er Beides — und Beides in dieser gegenseitigen Beziehung, in dieser unterschiedenen Einheit ist.

Wir werden darum der ganzen Unterscheidung zwischen Gott in sich selber und Gott in seinem Verhältnis zur Welt in dieser Sache gerade nicht konstitutive, sondern nur heuristische Bedeutung zuschreiben können. Eine solche hat sie allerdings. Daß Gott uns erkennbar und unerkennbar, daß er der Liebende und der Freie ist, das wird uns in der Tat in dieser Unterscheidung sichtbar. Keines von beiden ist ja selbstverständlich. Keines kann von uns einfach vorausgesetzt werden. Beides muß uns sichtbar werden. Beides ist wahr im Ereignis der göttlichen Offenbarung, in welcher Gott den Schritt von dort nach hier und also von seinem Insichsein zu seinem Sein mit uns vollzieht und eben damit beides als wahr sichtbar macht: nicht als ein Getrenntes, wohl aber als ein Unterschiedenes, als dasselbe in zwei zu unterscheidenden Gestalten. Eben an dieser im Ereignis der Offenbarung sichtbar werdenden Unterscheidung Gottes in seinem Sein in sich und für uns kann und muß uns der Unterschied zwischen seiner Liebe und seiner Freiheit erkennbar werden: seine Liebe darin, daß Gott, wie er in sich ist, Gott für uns sein will — seine Freiheit darin, daß er für uns kein Anderer sein will und kann, als der er in sich ist. An jener Unterscheidung wird uns diese und damit die Einteilung der göttlichen Eigenschaften erkennbar. Eine konstitutive Bedeutung aber können wir jener Unterscheidung nicht zukommen lassen, wenn wir die bekannten Irrwege, die die Orthodoxie in der Gotteslehre gegangen ist, nicht an dieser Stelle aufs neue betreten wollen.

2. Die Einteilung der göttlichen Vollkommenheiten in die beiden genannten Reihen kann sich in versuchlicher Weise verbinden mit einem bestimmten logisch-erkenntnistheoretischen Ableitungsversuch. Wird nämlich die Unterscheidung zwischen Gott in sich und Gott für uns an dieser Stelle als konstitutiv verstanden, dann liegt folgende Erwägung sehr nahe: Ist die Freiheit Gottes identisch mit Gottes Sein in sich in seiner Hoheit gegenüber Allem, was nicht er selber ist, dann können ihre Vollkommenheiten offenbar nicht mit solchen Begriffen bezeichnet werden, deren Gegenstände nur in der von Gott verschiedenen Wirklichkeit gesucht werden können. Ihre Bezeichnung muß sich dann vielmehr in einem Transzendieren dieser Wirklichkeit vollziehen. Wie aber kann es, da unsere Begriffe an die Gegenstände jener ganz anderen Art gebunden sind, zu solchem Transzendieren und damit zur Bezeichnung Gottes kommen? Offenbar nur — aber, so meint man, dann wirklich! — wenn wir rein negative Begriffe, d. h. solche Begriffe bilden, die nur die Verneinung der den menschlichen Begriffen als solchen und an sich zukommenden Gegenständlichkeit aussagen, die aber in solcher Verneinung eben über diese Gegenständlichkeit hinaus und also — so meint man — auf Gott als den dieser Gegenständlichkeit frei Gegenüberstehenden hinweisen. Und ist umgekehrt die Liebe Gottes identisch mit Gottes Sein für uns, in

seiner Gemeinschaft mit der von ihm geschaffenen Welt, dann können die Vollkommenheiten dieser Liebe als göttliche zwar zunächst auch nicht mit solchen Begriffen bezeichnet werden, die das Sein und Sosein der geschaffenen Welt als solches zum Inhalt haben, wohl aber kann es dann unternommen werden, diese Begriffe die geschaffene Welt dadurch transzendieren zu lassen, daß wir sie gewissermaßen dehnen, erhöhen, überschwenglich machen, in ihre Superlative erheben, sodaß sie eine Gestalt bekommen, in der sie nicht mehr die Welt, sondern — so meint man — nur noch die der Welt zugewandten und in der Welt offenbaren Liebe Gottes bezeichnen können. Diese beiden Möglichkeiten lassen sich dann auch noch ergänzen oder auch begründen und zusammenfassen in einer dritten, nach welcher Gott in seinem Fürsichsein und Fürunssein der Welt als deren Grund gegenübergestellt, die Welt also als negatives und positives Zeugnis von der Vollkommenheit ihres göttlichen Grundes betrachtet und daraufhin die eigentlich auf die weltliche Gegenständlichkeit gerichteten menschlichen Begriffe zur Bezeichnung des Wesens Gottes und seiner Vollkommenheiten in Anwendung gebracht werden.

Wir haben es zu tun mit der in der Dogmengeschichte unter dem Namen des Ps. Dionysius Areopagita (*De div. nom.* VII, 3) berühmt gewordenen Lehre von der *via triplex:* der *via negationis* (ἐφαιρέσεως), *eminentiae* (ὑπεροχῆς) und *causalitatis* (αἰτίας). Die Aufstellung dieser Lehre muß nicht notwendig als Aufstellung eines natürlichen Gottesbeweises und also nicht notwendig als ein Ersatz der offenbarten Gotteserkenntnis verstanden werden. Sie kann vielmehr zur Not auch verstanden werden als ein von der Frage der Gotteserkenntnis zunächst unabhängiger Vorschlag zur Methode der theologischen Begriffsbildung. Es leuchtet ein, daß es verlockend sein mußte und daß denn auch manche von den Orthodoxen dieser Verlockung folgen konnten: die Eigenschaften Gottes kurzerhand einzuteilen in negative und positive, d. h. in *via negationis* und *via eminentiae* zu bestimmende, während die dritte, die *via causalitatis,* von Schleiermacher und Alex. Schweizer wohl richtig als die gemeinsame Voraussetzung oder auch Krönung beider interpretiert worden und tatsächlich auch nicht als eine dritte den beiden ersten koordinierte Methode in Anwendung gebracht worden ist.

Nehmen wir den besten Fall: daß wir es hier gar nicht mit einem Versuch natürlicher Theologie, sondern nur mit einer Methode der Begriffsbildung zu tun hätten, so wird dennoch zu sagen sein, daß die Unterscheidung jener beiden Reihen bestimmt nicht von dieser logisch-erkenntnistheoretischen Unterscheidung her vollzogen werden sollte. Es ist nun einmal, was zunächst die *via negationis* betrifft, nicht an dem, daß unsere die weltliche Gegenständlichkeit als solche verneinenden Begriffe in dieser ihrer Abwendung von dem, was nicht Gott ist, *per se* die Zuwendung zu Gottes In-Sich-Sein bedeuten würden. Wie sollte unser Negieren zugleich ein zuverlässiges Transzendieren der geschaffenen Welt und als solches ein zuverlässiges Bezeichnen Gottes sein? Und selbst wenn dem so wäre, selbst wenn solche negativen Begriffe in ihrer Negativität geeignet sein sollten, Gottes In-Sich-Sein zu bezeichnen, so müßte dieser

Weg doch dadurch problematisch werden, daß ja, wie wir sahen, Gottes Freiheit keineswegs mit Gottes In-Sich-Sein der Welt gegenüber identisch, vielmehr in seiner Beziehung zur Welt ebenso wirklich ist wie in seinem Insichsein und also in negativen Begriffen auf keinen Fall erschöpfend zu beschreiben ist: auch dann nicht, wenn wir diesen eine besondere Kraft zur Bezeichnung des überweltlichen Gottes tatsächlich zuschreiben wollten und dürften. Gott ist frei auch in seinem Fürunssein, in welchem er gerade allein mit negativen Begriffen nicht zu erfassen ist. Wiederum ist es, was die *via eminentiae* betrifft, nicht an dem, daß unsere der weltlichen Gegenständlichkeit in Gestalt von Superlativen enteilen wollenden Begriffe als solche der der Welt zugewandten und in der Welt offenbarten Liebe Gottes entgegeneilen würden. Es könnte auch dieses Transzendieren der geschaffenen Welt ein höchst unzuverlässiges Transzendieren und jedenfalls eine höchst unzuverlässige Bezeichnung Gottes sein. Aber selbst wenn es auf diesem Weg ein zuverlässiges Transzendieren geben, selbst wenn unsere Begriffe in dieser Gestalt in irgend einem Sinn geeignet sein oder werden sollten, Gottes Fürunssein zu bezeichnen — und es könnte ja auf Grund der Gnade Gottes hinsichtlich der *via eminentiae* wie hinsichtlich der *via negationis* so sein, daß sie dazu geeignet w ü r d e n — so hätten wir uns dennoch zu erinnern, daß Gottes Liebe keineswegs zusammenfällt mit seinem Fürunssein. Er ist in sich selber der Liebende auch abgesehen von seiner Beziehung zu der Existenz eines Anderen. An diesem seinem Insichsein zerbrechen also die Begriffe, mit denen wir dieses Andere superlativisch zu transzendieren versuchen. Mag also die *via negationis* und die *via eminentiae* immerhin zur Begriffsbildung hinsichtlich der göttlichen Vollkommenheiten ihre bestimmten aber auch begrenzten Dienste tun: dies ist sicher, daß der Unterschied der beiden Reihen der göttlichen Vollkommenheiten mit dem Unterschied dieser beiden Wege der theologischen Begriffsbildung — die ja immerhin nicht die einzigen sind — nicht zusammenfallen können.

Was als sicherer Wahrheitsgehalt der Lehre von der *via triplex* übrig bleibt, gehört nicht in unseren Zusammenhang: es ist das, was, neutral gegenüber jenem Unterschied, mit der *v i a c a u s a l i t a t i s* — wenn der Weg einer natürlichen Theologie damit wirklich nicht gemeint sein sollte — legitim gemeint sein kann. Wir sprachen früher davon: Unsere als solche auf die Welt gerichteten Anschauungen und Begriffe können, dürfen, sollen — nicht kraft einer immanenten Fähigkeit, die ihnen in dieser Hinsicht notwendig abgeht, wohl aber kraft des göttlichen Gebotes und Segens — zu Bezeichnungen Gottes als des Herrn der Welt und so zu theologischen Anschauungen und Begriffen werden. Warum sollte dabei nicht auch die *via negationis* und die *via eminentiae* in Betracht kommen? Es gibt an ihrem Ort eine Notwendigkeit und eine Freiheit zur Anwendung auch dieser logischen Möglichkeiten. Aber daß gerade diese beiden Möglichkeiten d a s Schema der christlichen Gotteserkenntnis, d a s Schema der Einteilung der göttlichen Vollkommenheiten bilden sollten, davon kann keine Rede sein.

3. Es kann nicht gleichgültig sein, in welcher Folge die beiden Reihen der göttlichen Vollkommenheiten zur Sprache gebracht werden. Es ist wohl wahr, daß wir es hier wie dort: ob wir von der Liebe oder von der Freiheit Gottes reden, mit dem einen ganzen Gott, mit der Herrlichkeit des Herrn in ihrer Fülle zu tun haben, in welcher es kein Mehr oder Weniger und also auch kein Vorher und Nachher geben kann, sodaß es auf den ersten Blick wohl scheinen möchte, als könnten wir ohne besonderen Gewinn und ohne besondere Gefahr ebenso gut hier anfangen und dort aufhören wie umgekehrt. Aber diese Folgerung wäre voreilig. Die Vollkommenheit der uns hier beschäftigenden Dialektik kann und darf uns den Blick dafür nicht trüben, daß wir hier nicht mit irgend einer sondern mit einer ganz bestimmten Dialektik, nämlich mit der der Offenbarung und des Wesens Gottes beschäftigt sind, in deren Erkenntnis wir weder dem Zufall noch der Willkür überlassen sind, in deren Erkenntnis wir uns vielmehr der in der Sache selbst vorliegenden bezw. sich ereignenden Ordnung zu fügen haben. Und es wird wichtig sein, diese Ordnung nicht zu verfehlen, wenn nicht mit ihr auch die Sache selbst verfehlt werden soll. Es läßt sich aber nicht leugnen, daß diese Ordnung und mit ihr ein großes Stück weit auch die Sache selbst in der Tradition, der wir uns grundsätzlich angeschlossen haben, fast allgemein verfehlt worden ist: sofern man nämlich fast allgemein zuerst von den *attributa absoluta, quiescentia, incommunicabilia* usw., also von den Vollkommenheiten der göttlichen Majestät oder in unserer Sprache: der göttlichen Freiheit und dann erst von den *attributa relativa, operativa, communicabilia* usw., also von den Vollkommenheiten der göttlichen Liebe reden wollte. Der Grundfehler der ganzen altkirchlichen Gotteslehre spiegelt sich in dieser Anordnung: zuerst Gottes Wesen im Allgemeinen, dann seine Dreieinigkeit — mit allen Zweideutigkeiten und Fehlerquellen, die sich aus dieser Folge ergeben müssen. Ihr Nominalismus oder Seminominalismus spiegelt sich darin; denn zweifellos besagt auch diese Anordnung: es geht zuerst um das Eigentliche des Wesens Gottes in sich selber, dann um sein Uneigentliches in seinem Verhältnis nach außen. Und endlich das sachlich Bedenklichste ihres Gottesbegriffs: Gott ist zuerst und eigentlich in sich selber das unpersönliche Absolute, dann erst, uneigentlich und nach außen, der persönliche Gott der Liebe in seiner Weisheit, Gerechtigkeit, Barmherzigkeit usw Diese Folge entspricht aber weder der Ordnung der Offenbarung noch der des in seiner Offenbarung erkennbaren Wesens Gottes. Sondern es ist zunächst in Gottes Offenbarung so, daß Gottes Enthüllung sachlich das Erste und das Letzte ist, der Ursprung und das Ende der Wege Gottes. Gottes Offenbarung ist zuerst und zuletzt Evangelium, frohe Botschaft, Wort und Tat der Gnade Gottes. Nicht ohne Verhüllung, also nicht ohne daß Gott sich eben indem er sich offenbart als das Geheimnis aller Geheimnisse beweist, nicht ohne

Offenbarung seiner Allmacht und Ewigkeit, seiner Verborgenheit, seiner Majestät, nicht ohne daß das Evangelium uns zum Gesetz und zum Gericht wird, nicht ohne Offenbarung unserer Sünde und Ohnmacht und also unseres Abstandes von Gott und also der Hoheit Gottes gegenüber Allem, was nicht er selber ist. Und das Alles gewiß nicht beiläufig, nicht scheinbar bloß, nicht vorübergehend, nicht so, daß diese Seite seines Redens und Handelns auch übersehen und übergangen werden könnte. Wohl aber so, daß dieses Zweite jenem Ersten folgt, von ihm eingeschlossen, nur in ihm und von ihm her wirklich ins Licht tritt und sichtbar wird. Jetzt erst, indem Gottes Geheimnis sich eröffnet, wird es als Geheimnis sichtbar: was wüßten wir denn ohne Offenbarung von dem Geheimnis Gottes? Jetzt erst, indem Gott sich enthüllt, verhüllt er sich auch. Jetzt erst, indem Gott redet und handelt, wird seine Allmacht und Ewigkeit für uns Wirklichkeit. Jetzt erst, indem er sich uns gibt als der Liebende, entzieht er sich uns auch in seiner heiligen Freiheit. Jetzt erst, in der Kraft des Evangeliums, gibt es für uns ein als göttlich bindendes und verpflichtendes Gesetz, gibt es Erkenntnis unserer Sünde und damit und daraufhin unserer Kreatürlichkeit, unseres Abstandes von Gott und so Erkenntnis der Hoheit Gottes in sich selbst und gegenüber Allem, was nicht er selbst ist. Es ist nicht an dem, daß Gott in seiner Offenbarung weniger dieses Zweite als jenes Erste wäre. Er ist es aber anders; er ist es nämlich in diesem Zusammenhang des Zweiten mit dem Ersten, er ist es also in dieser Folge. Und es wird sich eine an die Ordnung seiner Offenbarung sich haltende Erkenntnis seines Wesens und seiner Vollkommenheiten an diese Folge zu halten haben. Dasselbe ergibt sich aber auch im Blick auf das in Gottes Offenbarung erkennbare Wesen Gottes. Wir sahen, daß das Gottes Wesen ist: der Liebende, d. h. der uns, aber auch der in sich selbst Liebende, der Gemeinschaft Begründende, Erhaltende und Betätigende zu sein. Er ist es als der Freie, in seiner Freiheit, als der aus und durch und in sich selbst Seiende und also unbedingt durch irgend ein Anderes, vielmehr alles Andere selber bedingend. Er ist es also in Majestät, in Allmacht und Ewigkeit. Er ist es als der aseitarische Gott. Und wieder ist er dieser gewiß nicht beiläufig, nicht scheinbar, nicht vorübergehend, nicht so, daß diese Seite seines Wesens übersehen und übergangen werden dürfte. Er ist aber gerade in seiner Freiheit der Liebende. Es ist also seine Gottheit, sofern sie als seine Freiheit zu verstehen ist, die Gottheit seiner Liebe. Als der persönliche dreieinige Gott ist er der aseitarische. Und wenn das bestimmt auch umgekehrt zu sagen ist, dann doch nur daraufhin, daß es zuerst so gesagt werden darf und muß: als der persönliche dreieinige Gott ist er der aseitarische; als der Liebende ist er der Freie. Besteht hier, wie wir sahen, völlige Reziprozität, so besteht doch auch in der völligen Reziprozität diese Ordnung, die kein Mehr oder Weniger, keine Verschiedenheit der Göttlichkeit beider Seiten bedeutet, wohl aber die Bewegung des Lebens, in welchem Gott Gott ist, dem genau entsprechend, wie er als Gott sich offenbar macht. Und eben an diese Ordnung und also an diese Folge werden wir uns bei der Erkenntnis und Darstellung der Vollkommenheiten Gottes zu halten haben.

Es ist klar, daß die alte Schullehre, deren Grundgedanken wir uns formell anschließen, durch die drei genannten Korrekturen und insbesondere durch diese dritte: durch die Umstellung der Folge der beiden Reihen, ein stark verändertes Gesicht bekommt. Es dürfte aber das dem Zwang des Gegenstandes entsprechende Gesicht sein.

§ 30

DIE VOLLKOMMENHEITEN DES GÖTTLICHEN LIEBENS

Die Göttlichkeit der Liebe Gottes besteht und bewährt sich darin, daß Gott in sich selber und in allen seinen Werken gnädig, barmherzig und geduldig und eben damit auch heilig, gerecht und weise ist.

1. GOTTES GNADE UND HEILIGKEIT

Gott ist der, der in seinem Sohne Jesus Christus alle seine Kinder, in seinen Kindern alle Menschen, in den Menschen seine ganze Kreatur liebt. Gottes Sein ist sein Lieben. Er ist Alles, was er ist, als der Liebende. Darum sind alle seine Vollkommenheiten Vollkommenheiten seiner Liebe. Indem unsere Erkenntnis Gottes in seiner Offenbarung in Jesus Christus begründet ist und an sie gebunden bleibt, können wir, wenn wir jetzt im Besonderen und nacheinander bedenken und sagen wollen, wer und was Gott ist, nicht anderswo anfangen als mit der Betrachtung seiner Liebe. In dem Evangelium von dem Messias Israels und von seiner Gesetzeserfüllung, von dem Wort, das Fleisch ward und wohnte unter uns, von dem, der um unserer Sünde willen dahingegeben und um unserer Gerechtigkeit willen auferweckt ist — in diesem Evangelium ist die Liebe Gottes das erste Wort, und wenn wir uns, wie es sich gehört, von diesem Evangelium sagen lassen wollen, wer und was Gott ist, dann müssen wir uns dies als erstes Wort gesagt sein lassen: daß Gott die Liebe ist, dann müssen wir alle seine Vollkommenheiten als die Vollkommenheiten seiner Liebe erkennen und verstehen. Obwohl wir das Göttliche des göttlichen Seins auf den ersten Blick wohl viel eher und viel mehr in Gottes Freiheit, d. h. in Gottes Einheit, Beständigkeit und Ewigkeit, in seiner Allgegenwart, Allmacht und Herrlichkeit suchen zu sollen meinen könnten. Von dieser Freiheit Gottes wird im folgenden § die Rede sein. Gottes Freiheit ist in der Tat nicht weniger göttlich als sein Lieben. Und

Gottes Liebe ist in der Tat nur insofern göttlich, als sie seine Liebe in seiner Freiheit ist. Aber wiederum ist auch Gottes Lieben nicht weniger göttlich als seine Freiheit. Wiederum ist auch Gottes Freiheit nur insofern göttlich, als sie die Freiheit ist, in der er liebt. Und nicht nach Maß und Würde, nicht im Sinn einer Überordnung, wohl aber im Sinn der Ordnung, in der Gott, wie am Ende des vorangehenden § gezeigt wurde, Gott ist, im Sinn der Ordnung seines göttlichen Lebens ist er zuerst der Liebende und dann und als solcher der Freie. Anerkennen wir das, so bedeutet das nicht, daß wir uns zuerst unter vorläufigem Absehen von Gottes Freiheit einseitig der Liebe Gottes als solcher zuwenden könnten und wollten, nachher dann ebenso einseitig seiner Freiheit. Mit einer solchen statischen Systematik würden wir der Ordnung im Wesen Gottes gerade nicht gerecht. Es gibt keine Liebe Gottes an sich und als solche, wie es auch keine Freiheit Gottes an sich und als solche gibt. Gottes Sein ist sein Sein als der Liebende in der Freiheit. So werden wir, seine Liebe bedenkend, seine Freiheit (und nachher seine Freiheit bedenkend, seine Liebe) ständig mitzubedenken haben. Nur um eine Gewichtsverlegung oder nur um eine Veränderung des Vorzeichens kann es sich handeln, wenn wir hier einen gewissen, den durch das einzigartige Sein Gottes selbst geforderten Weg gehen. Er kann nur darin bestehen, daß wir zuerst das Lieben Gottes zu bedenken haben, wie es in seiner Freiheit wirklich ist, dann seine Freiheit, in der sein Lieben wirklich ist. Dieses «zuerst» und «dann», diese Folge aber könnte nur willkürlich und um den Preis großer Künstlichkeit und Mißverständlichkeit umgekehrt werden. Diese Willkür können wir uns nicht gestatten. Darum beginnen wir mit den Vollkommenheiten der göttlichen Liebe: in der Absicht und Zuversicht, gerade so, wenn auch indirekt, auch mit der göttlichen Freiheit zu beginnen. Gott ist gnädig, barmherzig und geduldig: in sich selber und in allen seinen Werken. Das ist sein Lieben. Er ist aber in der Weise gnädig, barmherzig und geduldig, daß er eben damit — weil sein Lieben in seiner Freiheit geschieht — auch heilig, gerecht und weise ist: auch das in sich selber und in allen seinen Werken. Denn das ist die Freiheit, in der er der Liebende ist. Darin also besteht und bewährt sich die Göttlichkeit seiner Liebe: sie ist Gnade, Barmherzigkeit und Geduld und gerade so und damit Heiligkeit, Gerechtigkeit und Weisheit. Das sind die Vollkommenheiten seiner Liebe. Darin besteht und darin bewährt sich ihre Göttlichkeit.

Warum gerade darin? Jede Lehre von Gottes Vollkommenheiten wird sich im Einzelnen an eine gewisse Auswahl und also an gewisse Zusammenfassungen der Begriffe halten müssen — eine Auswahl und Zusammenfassung, die sich als solche weder auf den direkt aufweisenden Vorgang der heiligen Schrift noch auf den von irgendwelchen relativen Autoritäten berufen können wird. Sowohl die kirchlichen Bekenntnisse wie die ältere und neuere Dogmatik haben in dieser Lehre hinsichtlich der Nennung der einzelnen Eigenschaften wie hinsichtlich deren

Zusammenstellung bei gewissen Übereinstimmungen doch auch eine große Verschiedenheit an den Tag gelegt, wie uns denn auch die heilige Schrift in dieser Sache nirgends eine verbindliche Anweisung gibt. Es wiederholt oder spezifiziert sich hier ein Problem, das sich uns schon bei der Frage nach der Anordnung der Dogmatik im Ganzen gestellt hat. *Methodus est arbitraria,* haben wir dort festgestellt und eben das müssen wir auch hier feststellen. Jede solche Auswahl und jede solche Zusammenstellung, wie wir sie nun auch versuchen müssen, kann grundsätzlich nur den Charakter eines Versuches und Vorschlages haben. Willkürlich, d. h. sinnlos oder eigensinnig muß und darf sie darum doch nicht sein. Der hier gemachte Versuch und Vorschlag beruht auf der Überlegung einmal der Frage: Unter welchen Bestimmungen wird die Liebe Gottes — nicht nach einem allgemeinen Begriff von Liebe, sondern als die Liebe Gottes in Jesus Christus, wie sie in der heiligen Schrift bezeugt ist — Ereignis und Wirklichkeit, sodaß wir sie daraufhin als Bestimmungen seines Wesens verstehen dürfen und müssen? Die erste Reihe: Gnade, Barmherzigkeit, Geduld will auf diese Frage Antwort geben. Und sodann auf die Überlegung der Frage: unter welchen Bestimmungen steht die Freiheit Gottes — wiederum nicht eine allgemeine Freiheit, sondern Gottes in Jesus Christus betätigte und in der heiligen Schrift bezeugte Freiheit — in der seine Liebe Ereignis und Wirklichkeit wird? Auf diese Frage will die andere Reihe antworten: Heiligkeit, Gerechtigkeit, Weisheit. Ob diese Antworten richtig, genügend und verbindlich sind, ob also unser Vorschlag brauchbar ist, das wird sich nur aus unserer Darstellung selbst bezw. aus dem Verhältnis zum biblischen Offenbarungszeugnis ergeben können. — Man bemerke: Was hier an unvermeidlicher Systematik sichtbar werden mag, ist Mittel zum Zweck. Der Zweck ist die möglichst konkrete, d. h. dem lebendigen Gott in seiner Selbstdarstellung möglichst folgende und entsprechende Beantwortung der Frage: Wer und was ist Gott? Das Mittel ist eine durch diesen Gegenstand in dessen Selbstdarstellung her möglichst geordnete und von ihm her möglichst übersichtliche Begriffsentwicklung. Eben auf dieses Mittel bezieht sich unser Vorschlag. Eine chaotische oder tumultuarisch irgendwelchen Einfällen sich anvertrauende Begriffsentwicklung, eine sinnlose oder eigensinnige Auswahl und Zusammenfassung würde hier offenbar ein schlechtes, der Ehre des Gottes, der (1. Kor. 14, 33) nicht ein Gott der Unordnung, sondern des Friedens ist, unwürdiges Mittel sein. Eine gewisse Systematik braucht dann noch keinen Übergriff zu bedeuten, wenn sie der anspruchslose Versuch ist, würdig oder doch nicht unwürdig von diesem Gegenstand zu denken und zu reden.

Wir beginnen unsere Betrachtung der göttlichen Liebe mit der des Begriffs der Gnade in unmittelbarer Gegenüberstellung mit dem diesen Begriff von der Freiheit Gottes her bestimmenden und erläuternden Begriff der Heiligkeit.

Wenn Gott liebt und darin der ist, der er ist, daß er liebt und also Gemeinschaft sucht und schafft, dann ist dies insofern das göttliche, von allem anderen Lieben verschiedene Tun und Sein, als sein Lieben Gnade ist. Gnade ist das Sein und Sichverhalten Gottes, das sein Gemeinschaft suchendes und schaffendes Tun auszeichnet als bestimmt durch seine eigene, freie Neigung, Huld und Gunst, die durch kein Vermögen und durch keinen Rechtsanspruch der Gegenseite bedingt, aber auch durch keine Unwürdigkeit und durch keinen Widerstand dieser Gegenseite gehindert ist, sondern jede Unwürdigkeit und jeden Widerstand zu überwinden kräftig ist. Eben in dieser Auszeichnung erkennen wir die Göttlichkeit der Liebe Gottes.

Gratia in Deo residens est essentialis proprietas eius nimirum benignissima voluntas Dei et favor, per quem vere et proprie est gratiosus, quo favet et gratis benefacit creaturae suae (Polanus, *Synt. Theol. chr.* 1609 *col.* 1040). *Gratia Dei est favor eius gratuitus, quo creaturae rationali ac inprimis hominibus credentibus benefacit, vel est benignissima Dei voluntas qua sine merito omni favet et benefacere gaudet* (Quenstedt, *Theol. did. pol.* 1685 I *c.* 8 *sect.* I *th.* 31). Polans Formel dürfte als die umfassendere vor der Quenstedts den Vorzug verdienen.

Wir stellen vor Allem fest: Gnade ist nach dem den biblischen Sprachgebrauch beherrschenden Sinn der Worte *chen, chesed, χάρις* ein inneres Sein und Sichverhalten Gottes selber.

«Wem ich gnädig bin, dem bin ich gnädig» (Ex. 33, 19). Gnade verheißen, erzeigen, geben, widerfahren oder walten lassen, mit Gnade füllen oder krönen, das Alles ist Gottes Werk, daraufhin sich ereignend, daß er selber in sich gnädig ist und darum auch als gnädig sich zu erkennen gibt und gnädig handelt. Wer «Gnade findet», der findet sie «vor seinen Augen» und also bei ihm. Sie ist die Gnade dessen, «der in dem Dornbusch wohnt» (Deut. 33, 16), also des Herrn des Bundes mit Israel und gerade als solche ist sie «ewige Gnade» (Jes. 54, 8; Ps. 89, 3), reicht sie, «soweit die Himmel gehen» (Ps. 108, 5 vgl. Ps. 103, 11). Sie ist nach der bei Paulus ständigen Formel die Gnade unseres Herrn Jesus Christus, d. h. die in Jesus Christus in Person wohnende, erschienene, erkennbare, wirksame und mitgeteilte Gnade. Es geht darum nicht an, die Gnade mit der römisch-katholischen Dogmatik (vgl. z. B. Bartmann, Lehrb. d. Dogm.[7] 2. Bd. 1929, S. 3 f.) zum vornherein und entscheidend als «übernatürliche Gabe» Gottes zu definieren und dann wohl gar ausdrücklich als ein «Drittes» zwischen Gott und der Kreatur zu bezeichnen. Eine Gabe — und allerdings eine sehr «übernatürliche» Gabe! — ist die Gnade auch. Sie ist geradezu der Inbegriff aller göttlichen Gabe: der Offenbarung, Versöhnung und Erlösung nicht erst, sondern schon der Schöpfung. Sie ist es aber — und das ist es, was zum vornherein und was entscheidend von ihr zu sagen ist — sofern der Geber selbst und also Gott selbst sich selbst zur Gabe macht, sich selbst in die Gemeinschaft mit einem Anderen begibt und also sich selbst dem Anderen gegenüber als der Liebende erweist. Und nicht ein Drittes zwischen Gott und Kreatur ist das «Übernatürliche», das dadurch entsteht, daß Gott gnädig ist, sondern das ist Gottes Gnade, daß er als der Erste zwischen sich selbst und jenem Zweiten, seiner Kreatur, unmittelbar Gemeinschaft stiftet und aufrecht erhält. Das Urbild der Gnadengabe Gottes ist die Fleischwerdung seines Wortes, die Einheit von Gott und Mensch in Jesus Christus. Und da entstand kein Drittes zwischen Gott und dem Menschen. Da ist das Geheimnis und Wesen der Gnade vielmehr darin offenbar, daß aus Zweien — ganz und gar durch den Willen und die Macht des Ersten! — unmittelbar Eines, daß zwischen Gott und Mensch jener direkte «Friede» gestiftet wurde, den Paulus im Zusammenhang mit dem Wort «Gnade» und offenbar als dessen inhaltliche Bestimmung so oft zu nennen pflegt. Zwischen dem gnädigen Gott und dem, dem er gnädig ist, darf gerade nicht die gnostizisierende Vorstellung von der Gnade als einem Zwischenreich eingeschaltet werden. Hier hängt Alles an der Unmittelbarkeit und also Alles daran, daß das in Frage stehende Sein und Tun Gottes wirklich als Gottes *essentialis proprietas* d. h. als Gott selbst verstanden wird, der, indem er sich selbst ist und betätigt, gnädig ist. Darum ist im Alten und Neuen Testament so nachdrücklich, auf Gott hinweisend, von «meiner», «deiner» oder «seiner» Gnade die Rede. Darum beten die biblischen Menschen nicht nur: «Hilf mir nach deiner Gnade!» (Ps. 109, 26) «Gedenke meiner nach deiner Gnade!» (Ps. 106, 4) «Erquicke mich durch deine Gnade!» (Ps. 119, 88) «Laß mich hören deine Gnade!» (Ps. 143, 8) und dergl., sondern an den meisten Stellen direkt und einfach: «Sei mir gnädig!» Dagegen m. W. nirgends: Gib mir, verleih mir Gnade u. dgl.! Darum kann Alles, was die Apostel ihren Gemeinden wünschen, zusammengefaßt werden in der bekannten Grußformel: «Gnade sei mit euch!» Darum kann das Wort Gottes Act. 14, 3; 20, 32 auch einfach «das Wort der Gnade» heißen. Darum bilden bei Paulus die Gnade, seine eigene Bekehrung, sein Apostelamt und dessen Ausübung und damit die Verkündigung des Evangeliums ein einziges zusammengehöriges Ganzes: «Durch Gottes Gnade bin ich, was ich bin und seine Gnade an mir ist nicht vergeblich gewesen, sondern ich habe mehr geschafft als sie alle — aber nicht ich, sondern die Gnade Gottes, die mit mir ist» (1. Kor. 15, 10 vgl. Röm. 1, 5). Es bezeichnet eben Gnade umfassend die Art, in der Gott als der, der er *ist*, sich uns zuwendet. Dieses Sich-zuwenden und zwar das eines Höheren zu einem Niedrigeren, als eine Zuwendung, die sich in Form einer Niederbeugung, einer *Herablassung* vollzieht, liegt ja auch im Sinn schon des Wortes χάρις und auch des lateinischen *gratia* und am stärksten des deutschen Wortes «Gnade». In dieser Zuwendung ist, wie besonders die alttestamentlichen Verbindungen, in denen das Wort erscheint, sichtbar machen, Alles beschlossen, was Gott als *Wohltat* am Menschen tut: seine Wahrheit, seine Treue, sein Recht, seine Barmherzigkeit, sein Bund (Dan. 9, 4) oder, nach jener apostolischen Grußformel, sein Friede. Das Alles ist zuerst und grundlegend auch seine Gnade.

Aber Gnade meint Zuwendung nicht auf gleichem Fuß, sondern in Herablassung. Daß Gott gnädig ist, bedeutet: er läßt sich herab, er, der Einzige, der sich wirklich herablassen kann, weil er wirklich hoch, weil er wirklich mit nichts Anderem auf gleichem Fuße steht. Gerade sein innerstes Wesen ist, indem er gnädig ist, nicht etwa dies: nur dort zu sein. Gerade seine Höhe leuchtet vielmehr auf als die Voraussetzung seiner Herablassung, vollzogen in jener heilsamen, alle erdenkbare Wohltat in sich schließenden Zuwendung zu dem, das mit ihm nicht auf demselben Fuße steht. Nicht auf demselben Fuße! Und hier greift nun dies ein, daß Gnade ein Sein und Tun Gottes ist, *auf das niemand und nichts Anspruch hat*. Was das positiv bedeutet, das werden wir aufzuzeigen haben, wenn wir von Gottes Barmherzigkeit reden werden. Im Begriff der Gnade als solcher, bei dem wir hier zunächst stehen bleiben, liegt in dieser Hinsicht nur das Negative: Gottes Zuwendung ist nicht die Antwort und Entsprechung auf eine Leistung, ein Verdienst, eine Würdigkeit der Gegenseite. Wo es eine Gegenseite gäbe, der solche Antwort und Entsprechung zukäme, die auf Gottes Zuwendung einen Rechtsanspruch hätte, die seine Gnade zu bedingen in der Lage wäre, da wäre offenbar von einer wenn auch vielleicht nur teilweisen Gleichstellung dieser Gegenseite mit Gott zu reden. Eine solche Gleichstellung kommt aber Gott gegenüber nicht in Frage. Gerade in Gottes Gnade leuchtet vielmehr auf seine Höhe gegenüber jeder Gegenseite. Gerade daß Gott gnädig ist, bedeutet dies, daß er sich selbst keiner Gegenseite schuldig ist. Seine Herablassung ist freie, d. h. unbedingte, d. h. nur durch seinen eigenen Willen bedingte Herablassung. Seine Neigung, Huld und Gunst, die er in dieser Herablassung der Gegenseite zuwendet, ist Geschenk und Gabe, der etwas, was sie als notwendig hervorriefe, auf der Gegenseite nicht etwa vorausgeht und auch nicht nachfolgen kann, weil, was immer ihr nachfolgen kann, selber nur in ihr seinen Grund haben wird. Sie ist also Geschenk und Gabe im strengsten Sinn dieses Begriffs.

Δωρεὰν ἐλάβετε· (Matth. 10, 8). «Nach gnädiger Auswahl» (κατ' ἐκλογὴν χάριτος) ist der Rest aus Israel, ist die Kirche Jesu Christi zustandegekommen: εἰ δὲ χάριτι, οὐκέτι ἐξ ἔργων, ἐπεὶ ἡ χάρις οὐκέτι γίνεται χάρις (Röm. 11, 5 f.). Gnade bedeutet Rettung: καὶ τοῦτο οὐκ ἐξ ὑμῶν, θεοῦ τὸ δῶρον. οὐκ ἐξ ἔργων, ἵνα μή τις καυχήσηται. αὐτοῦ γάρ ἐσμεν ποίημα, κτισθέντες ἐν Χριστῷ Ιησοῦ ἐπὶ ἔργοις ἀγαθοῖς (Eph. 2, 5, 7—10 vgl. 2. Tim. 1, 9). «Nach dem Wohlgefallen seines Willens zum Lob der Herrlichkeit seiner Gnade hat Gott uns begnadigt in dem Geliebten» (Eph. 1, 5 f.).

Es liegt aber weiter in dem biblischen Begriff der Gnade, daß die sie von Gott empfangende Gegenseite ihrer nicht nur nicht würdig, sondern geradezu unwürdig, daß Gott den Sündern gnädig, daß sein Gnädigsein eine auch durch die Sünde, durch den ihm entgegensetzten Widerstand der Kreatur nicht gehinderte Neigung, Huld und Gunst ist. Wiederum wird das Positive, was dazu zu sagen ist, unter dem Namen der Barmherzigkeit Gottes besonders aufzuzeigen sein. Gnade als solche sagt erst dies, aber immerhin schon dies: Es kann die Sünde der Kreatur, es kann der von ihr Gott entgegengesetzte Widerstand seine Gnade nicht aufhalten, nicht abschwächen, nicht unmöglich machen. Gnade ist vielmehr mächtig über und gegen die Sünde. Gnade setzt das Vorhandensein dieses Widerstandes voraus, rechnet mit ihm, fürchtet ihn aber nicht, wird durch ihn nicht begrenzt, sondern überwindet ihn, triumphiert gerade in diesem Gegensatz und in seiner Überwindung.

Es steht der Übertretung des einen Adam die Gnade des einen Jesus Christus in jenem schlechthinigen Überlegensein und Übergewicht gegenüber, das Paulus öfters durch ein nicht weiter begründetes, sondern einfach hingestelltes πολλῷ μᾶλλον ausdrückt (Röm. 5, 15, 17), das ihm als so entscheidend, so durchschlagend vor Augen steht, daß er schließlich geradezu sagen kann: οὗ δὲ ἐπλεόνασεν ἡ ἁμαρτία ὑπερεπερίσσευσεν ἡ χάρις (Röm. 5, 20). Daß Gott gnädig ist, das schließt nämlich in sich, daß er — und das ist der Vollzug dieser Überlegenheit — dem Sünder seine Sünde vergibt (Ex. 34, 9; Num. 14, 19), d. h. daß er selbst mit seiner Neigung, Huld und Gunst für den, der an ihm gesündigt hat, eintritt, daß ihm sein eigener freier guter Wille diesem Sünder gegenüber wahrer und wichtiger, und zwar unendlich viel wahrer und wichtiger ist als dessen böser Wille, daß er ihn nicht ansieht und behandelt, wie er entsprechend seinem bösen Menschenwillen angesehen und behandelt werden müßte, sondern so, wie er nach seinem ihm zugewendeten guten Gotteswillen angesehen und behandelt werden muß: weil er Gott ist, weil dieses Bedecken und Auslöschen der Sünde, dieses unverdiente, gütige andere Ansehen und Behandeln seiner Kreatur nicht nur in seiner Macht steht, sondern sein Recht und als solches sein majestätischer Wille ist. «Barmherzig und gnädig ist der Herr, langmütig und reich an Güte... Er handelt nicht mit uns nach unseren Sünden und vergilt uns nicht nach unserer Schuld. Denn so hoch der Himmel über der Erde ist, so hoch ist seine Gnade über denen, die ihn fürchten. So fern der Aufgang ist vom Niedergang, so fern tut er unsere Übertretungen von uns» (Ps. 103, 8 f.). Darum, daß dies geschehe und wahr sei für uns, wird gebetet, wenn der biblische Mensch betet: «Sei mir gnädig!» Dies ist es, was Gottes Zuwendung, Neigung, Huld und Gunst für Gott selbst und für uns bedeutet. Dies ist es, worin alle göttliche Wohltat eingeschlossen ist. Sie ist immer Zuwendung zu solchen, die sie nicht nur nicht verdient, sondern die ihr Gegenteil verdient haben.

Man beachte, wie wichtig es gerade bei dieser Spitze des Begriffs ist, daß wir bei dem Verständnis seiner Wurzel im Gegensatz zum römisch-katholischen Gnadenbegriff daran festhalten: Gnade ist nicht nur eine Gabe Gottes, die er geben oder auch nicht geben, nicht nur ein Attribut, das ihm zukommen oder auch nicht zukommen könnte. Nein, Gott selber ist gnädig. Und die Gnade ist selber, ist eigentlich und wesentlich göttlich. Das ist ja das Geheimnis der Sündenvergebung, darum bedeutet sie nicht einen merkwürdigen Zwischenfall, an dessen Tragweite dann doch auch gezweifelt werden könnte, darum kann sie nicht Gegenstand von Ungewißheit, darum kann sie aber auch nicht leichtfertig aufgenommen und behandelt werden, darum widerfährt sie uns nicht trotz, sondern in und mit der ganzen Heiligkeit, Gerechtigkeit und Weisheit Gottes, darum nimmt sie uns heiligend, richtend und zurechtweisend in Anspruch, darum ist sie aber auch unser rechter und endgültiger Trost: weil Gott selber in ihr, in diesem «Überströmen» der Gnade ganz und gar sich selber ist, weil es kein höheres göttliches Sein gibt als das des gnädigen Gottes und keinen höheren göttlichen Ernst als den, den er eben damit beweist, daß er gnädig ist und also Sünden vergibt, weil er in diesem Tun nicht weniger und nichts Anderes als sich selbst für uns einsetzt, mit seinem guten Willen trotz unseres bösen Willens selber unsere Sache und die Verantwortung für uns übernimmt, weil er eben in diesem Tun in der ganzen Majestät seines Seins auf dem Plane ist. Wie wir an Gott selber sündigen, so setzt Gott selber sich für uns ein, indem er uns gnädig ist. Finden wir, erkennen wir, empfangen und haben wir seine Gnade, dann finden, erkennen, empfangen, haben wir nicht weniger, nichts Anderes als ihn selber. Darum und so geschieht gerade durch die Gnade das allein Wirksame gegen die Sünde. Darum wird sie durch die Gnade in der Wurzel angegriffen und ausgerottet. Darum gibt es keine weitere Furcht, darum aber auch keine weitere Willkür, wo Gnade gefunden, erkannt und empfangen wird. Darum kann man sich an der Gnade genügen lassen. Wo Gnade offenbar und wirksam ist, da ist unter allen Umständen Gott selber offenbar und wirksam. Da haben wir nicht nötig, nach einem Höheren, Besseren, Hilfreicheren Ausschau zu halten. Gottes Verheißung aber auch Gottes Gebot, Gottes Wahrheit aber auch Gottes Kraft, Gottes Gericht aber auch Gottes Zurechtweisung können da nicht fehlen, wo Gott gnädig ist. Und wiederum: Wo Gott offenbar und wirksam ist, da ist er es unter allen Umständen als der gnädige Gott. Gott ist *vere et proprie gratiosus*. Er ist es auch als der uns unbekannte und verborgene Gott. Er ist es auch als der von uns geleugnete und gehaßte und also als der uns zürnende Gott. Er ist es auch als der Gott, an dem wir sündigen, und der uns darum richtet und straft. Wir erkennen und verstehen auch unsere Sünde erst, wenn wir sie als Feindschaft eben gegen seine Gnade erkannt und verstanden haben. Und wir bekehren uns von unserer Sünde erst dann, wenn wir uns zu Gottes Gnade bekehren. Alle andere Gottesvorstellung, bei der Gott noch nicht oder noch nicht grundlegend, entscheidend und umfassend als gnädig erkannt ist, meint, ob sie bejaht oder abgelehnt wird, noch irgendwelche Götter und Götzen dieser Welt und nicht den wahren, lebendigen Gott. Und dem entspricht dann auch der Glaube, den wir dem Gegenstand solcher Vorstellung entgegenbringen, die Sündenerkenntnis, in der wir ihm gegenüberzustehen, die Bekehrung zu ihm, die wir vollziehen zu müssen oder schon vollzogen zu haben meinen. Es muß und wird das Alles des ernstlichen Ernstes, der kräftigen Kraft darum sicher entbehren, weil der wirkliche Gott, dem gegenüber es allein wirklichen Ernst und von dem her es allein wirkliche Kraft gibt, der gnädige Gott ist: er ganz allein, weil er ganz allein der wahre und lebendige Gott ist. Grundlegend und entscheidend in seiner Gnade unterscheidet sich Gott von der Kreatur. Grundlegend und entscheidend in seiner Gnade besteht und bewährt sich seine Göttlichkeit. Es darf also nicht nur, sondern es muß als Kriterium dessen, ob wir einen Gott oder einen Götzen gefunden haben und anbeten, dies geltend gemacht werden: ob wir Gnade — nicht im Allgemeinen, nicht in irgend einem willkürlichen Sinn — sondern Gnade vor ihm, bei ihm, bei ihm selbst gefunden haben, ob es die Gnade ist, die wir als Gott zu verehren und anzubeten gelernt haben.

So also liebt Gott, so sucht und schafft er Gemeinschaft zwischen sich und uns. In dieser Auszeichnung erkennen wir die Göttlichkeit seiner Liebe. Denn so, nämlich gnädig, handelt Gott nicht nur nach außen an seiner Kreatur, sondern so ist er auch von Ewigkeit und in Ewigkeit in sich selber.

Man möchte einwenden, daß in ihm selber doch keine Gegenseite und erst recht kein Widerstand dieser Gegenseite sein und also auch keine besondere Zuwendung, keine Herablassung, keine Überwindung des Widerstandes dieser Gegenseite stattfinden und also auch für Gnade kein Raum sein könne. Wir antworten: In der Tat nicht für die Gestalt der Gnade, in der sie für uns und an uns offenbar wird. In der Gestalt, in der die Gnade in Gott selbst und als Gott selbst wirklich ist, ist sie uns in der Tat verborgen und unbegreiflich. Eben darum ist sie uns ja auch in ihrer Offenbarung und Wirksamkeit für uns und an uns das Geheimnis, das nur als solches und also nur im Glauben erkannt werden kann.

Eben darum kann uns Gnade nur durch Gnade offenbar und zu Teil werden. Aber eben in diesem Geheimnis ist sie ja *offenbar* und *wirksam* als *göttliches* Sein und Tun in unserer Mitte. Wie sollte dann aber geleugnet werden können, daß sie zuvor in anderer uns verborgener und unbegreiflicher Gestalt in Gott selbst wirklich ist: in ihm, der als Vater, Sohn und Heiliger Geist Einer ist, in ihm, der ganz und gar bei sich selber und also keiner Zuwendung und Herablassung bedürftig und fähig ist, in ihm, in dem kein Streit und also auch keine Versöhnung stattfindet? Werden wir nicht sagen müssen: gerade *weil* dem so ist, gerade *indem* er der Vater, der Sohn, der Heilige Geist, von Ewigkeit zu Ewigkeit der Ort und Quell aller Einheit und alles Friedens ist, gerade darum kann und muß er der Ursprung und das Wesen dessen sein, was wir als Gnade in so ganz anderer Gestalt kennen. Wie könnte sie in dieser uns bekannten Gestalt göttliche Wirklichkeit haben und sein, wenn sie sie nicht in jener unerforschlichen Gestalt in Gott selber hätte und wäre? Von dorther, wo sie noch nicht besondere Zuwendung, noch nicht Herablassung, noch nicht Überwindung eines Gegensatzes, von dorther, wo sie die reine Neigung, Huld und Gunst ist, die den Vater mit dem Sohne, den Sohn mit dem Vater verbindet durch den Heiligen Geist: von dorther und von dorther allein kann sie das werden, was sie in der uns bekannten Gestalt ist: Zuwendung, Herablassung, Überwindung. Und eben von dorther wird sie das werden, sofern sie in der uns bekannten Gestalt *göttliche* Wirklichkeit hat und ist.

Diesen Begriff der Gnade Gottes stellen wir nun zusammen mit dem seiner *Heiligkeit*. Die Meinung dabei kann nicht die sein, als ob das, was wir mit dem Begriff Gnade bezeichnen, einer Begrenzung und Ergänzung bedürftig sei. Wir haben Gott selbst, den einen ganzen Gott, bezeichnet mit diesem Begriff. Wir werden uns nicht irren, wir werden nichts versäumen und übersehen, wenn wir uns sagen lassen, daß seine Liebe und also sein Wesen ganz und gar, bis in alle Tiefen seiner Gottheit hinein eben dies ist: Gnade. Aber eben, was dies ist: Gnade, das ist in unserem Herzen und Munde, in unserer Erkenntnis, von ferne nicht so völlig, so unzweideutig klar und vor allem auch nicht so reich und tief wie in der Wahrheit Gottes, die wir in diesem Begriff allerdings erkennen — aber so erkennen, wie wir Menschen Gott im Glauben erkennen: so nämlich, daß unsere Erkenntnis weitergehen, wachsen, zunehmen darf, aber auch muß. Eben hier bedarf die Gnade — nicht in sich selber, nicht in Gott, aber in unserer Erkenntnis der Begrenzung und Ergänzung. Es vermag unser Begriff der Gnade die Klarheit und den Reichtum dessen, was Gnade in Gott selber ist, nicht zu fassen.

Geht es uns um die Wahrheit des Gottes, der ganz und gar Gnade ist — dann können und dürfen wir uns an unsern Begriff Gnade nicht klammern, als dürfte und müßte unsre Erkenntnis Gottes nicht wachsen, als hätten wir mit diesem unserem Begriffe eine Macht über Gott gewonnen. Es kann in unserer Erkenntnis des Wesens Gottes nur darum gehen, daß wir uns immer aufs neue veranschaulichen, wie Gott Macht über uns gewinnt. Eben darum dürfen wir uns an keinen unserer Begriffe klammern; eben darum müssen wir dauernd dafür offen und bereit bleiben, unsere Begriffe begrenzen und ergänzen zu lassen. Wir haben das schon anerkannt mit der Voraussetzung der großen gegenseitigen Begrenzung und Ergänzung der beiden Hauptbegriffe der Liebe und der Freiheit Gottes, mit der wir keine Trennung und Zweiheit in Gott statuieren, mit der wir aber die Einheit Gottes in der Klarheit und Fülle seiner Offenbarung und seines Wesens respektieren mußten und wollten. Eben diese Bewegung müssen wir nun aber von einem Schritt zum anderen auch im Einzelnen vollziehen — und also solche Unterscheidung, die doch kein Zweites neben ein Erstes setzen, sondern nur das Eine entsprechend der Klarheit und Fülle, in der es in Gott Eines ist, erkennen und anerkennen möchte. Wir vollziehen also keine Wendung und keinen Themawechsel, wenn wir jetzt von Gottes Heiligkeit reden. Wir fahren damit nur fort, von Gottes Gnade zu reden. Wir werden auch mit allen anderen Begriffen, die uns in diesem und in dem nächsten § weiter beschäftigen werden, nur fortfahren, von Gottes Gnade zu reden. Wir müssen aber, wollen wir fortfahrend von des einen reichen Gottes Gnade reden, tatsächlich in anderen Begriffen weiterreden. Immer von dem Mittelpunkt aus, daß Gott ganz und gar Gnade ist, aber nicht so, daß wir unseren Begriff Gnade als Mittelpunkt festhalten wollten, sondern so, daß wir erkennen und anerkennen, daß derselbe eine Mittelpunkt auch noch andere Namen trägt, so also, daß wir nun auch unter anderen Begriffen denselben Mittelpunkt Mittelpunkt sein und als solchen unser Denken und unsere Sprache regieren lassen.

Gottes Lieben ist darin das göttliche, von allem anderen Lieben verschiedene Tun und Sein, daß seine Liebe heilig ist. Als heilig ist es aber dadurch ausgezeichnet, daß Gott, indem er Gemeinschaft sucht und schafft, der Herr ist und bleibt und also seinen eigenen Willen von jedem anderen unterscheidet und ihm gegenüber behauptet, jeden Widerspruch und Widerstand ihm gegenüber verurteilt, ausschließt und vernichtet und also in dieser Gemeinschaft allein seinen eigenen und als solchen guten Willen gelten und geschehen läßt. In dieser Auszeichnung und allein in ihr ist die Liebe Gottes seine, ist sie göttliche Liebe.

Sanctitas Dei est proprietas eius essentialis, per quam intelligitur naturam eius esse universe et perfectissime iustam, in qua prorsus nihil vitii, nihil iniqui, nihil mali, nihil labis inest, ac perinde esse etiam summe puram et castam amantemque et causam puritatis et castitatis in creaturis rationalibus, contra autem summe abhorrentem ab omni impuritate et immunditie sive interna sive externa eamque severissime detestantem et punientem (Polanus, *Synt. Theol. chr.* 1609 *col.* 1185). *Sanctitas Dei est summa, omnisque omnino labis aut vitii expers in Deo puritas, munditiem et puritatem debitam exigens a creaturis — sive qua Deus summe purus, mundus et sanctus est omnisque puritatis et sanctitatis in creaturis autor* (Quenstedt, *Theol. did. pol.* 1685 I *c.* 8 *sect.* 1 *th.* 34). Wenn wir die von den beiden gleichen Autoren gegebenen Definitionen der Gnade ohne wesentliche Beanstandung zitieren konnten, so wird von diesen ihren Formulierungen des Begriffs der Heiligkeit Gottes zu sagen sein: sie kranken bei aller Richtigkeit im Einzelnen in fataler Weise daran, daß sie gerade im Blick auf die Gnade Gottes die Einheit seines Wesens nicht deutlich machen, sondern Heiligkeit als ein Zweites oder Drittes in Gott neben jener erscheinen lassen. Das gilt auch von der eindringenden Darstellung des Petrus van Mastricht (*Theor. Pract. Theol.* 1698 II 19, 5 f.), welcher in dem Begriff der *sanctitas Dei* unterschieden haben will zwischen: 1. der *segregatio* (in welcher Gott sich von allem Allgemeinen und als solchem «Profanen» abhebt), 2. der *dedicatio* (in welcher Gott um seiner selbst willen, *sibi addictus, seipsum quaerens,* tut, was er tut), 3. der *repraesentatio* (in welcher er der Urheber und zugleich der Erfüller seines Gesetzes ist), 4. der *detestatio* (seiner gänzlichen Fremdheit gegenüber dem von ihm als solches bezeichneten und verworfenen Bösen). Diese Analyse ist bemerkenswert für den Charakter der Heiligkeit als eines Momentes der göttlichen Freiheit. Umso schmerzlicher läßt auch sie den Zusammenhang nach der andern Seite vermissen. Die Aufgabe besteht doch zum vornherein darin, zu zeigen, daß und inwiefern Gott eben als der Gnädige heilig und wiederum als der Heilige gnädig ist. Lassen wir uns über diese Sache aus der Schrift belehren, dann werden wir hier nicht unterscheiden und also kein Zweites neben einem Ersten feststellen, ohne die Zusammenhänge zu sehen und also in der Einheit der Erkenntnis des einen Gottes zu bleiben.

Das Gemeinsame zwischen dem biblischen Begriff der Gnade und der Heiligkeit Gottes liegt schon darin, daß sie beide in eigentümlicher, wenn auch verschiedener Weise auf die Hoheit Gottes gegenüber Allem, was nicht er selber ist, hinweisen. Sagen wir Gnade, so denken wir an die Freiheit, in welcher Gott einem Anderen seine Neigung, Huld und Gunst zuwendet. Sagen wir Heiligkeit, so denken wir an dieselbe Freiheit, die Gott darin bewährt, daß er in dieser Zuwendung sich selbst treu bleibt und durchsetzt. Wie sollte hier getrennt werden dürfen? Die Freiheit, in welcher Gott sich selber treu bleibt, kann nicht herrlicher aufleuchten als in der Freiheit, in der er sich der Kreatur ohne Rücksicht auf deren Verdienst und Würdigkeit zuwendet. Und wiederum kann diese Freiheit doch nicht anders sichtbar und verstanden werden, denn als seine Freiheit, sich selbst treu zu sein. Das Gemeinsame zwischen den Begriffen Gnade und Heiligkeit liegt weiter darin, daß beide auf Gottes Überlegenheit gegenüber dem seinem Tun und Sein begegnenden Widerstand der Gegenseite hinweisen. Sagen wir Gnade, so denken wir daran, daß seine Zuwendung zu seinem Geschöpf sich durch dessen Widerstand nicht erbittern, nicht zunichte machen läßt. Sagen wir Heiligkeit, so denken wir umgekehrt daran, daß seine Zuwendung diesen Widerstand widerlegt und zunichte macht. Sagen wir Gnade, so sagen wir Vergebung der

Sünde. Sagen wir Heiligkeit, so sagen wir Gericht über die Sünde. Aber wie gäbe es, da beide von Gottes Liebe reden, Eines ohne das Andere, Vergebung ohne Gericht, oder Gericht ohne Vergebung? Nur wo Gottes Liebe noch nicht offenbar, noch nicht oder nicht mehr geglaubt ist, könnte hier statt unterschieden getrennt werden. Aus der Sünde heraus würde dann *in abstracto* von Vergebung, und aus der Verdammnis heraus würde dann *in abstracto* vom Gericht geredet: dort nicht von Gottes Vergebung und hier nicht von Gottes Gericht. Reden wir im Glauben und also im Angesichte Gottes und seiner Liebe und also von Gottes Vergebung und Gericht, dann werden wir in wachsender Erkenntnis unterscheiden, aber gerade nicht trennen zwischen Gottes Gnade und Heiligkeit. Das Gemeinsame zwischen beiden besteht ja umfassend und entscheidend darin, daß beide seine Liebe und also ihn selber in seinem Handeln im Bunde, als der Herr des Bundes zwischen ihm und seinem Geschöpf charakterisieren und auszeichnen.

Der heilige Gott der Schrift ist gerade nicht «das Heilige» Rud. Ottos, jenes Numinose, das als *tremendum* an sich und als solches das Göttliche wäre. Sondern der heilige Gott der Schrift ist — das ist das Erste und Grundlegende, was von ihm zu sagen ist — der Heilige Israels. Und das bedeutet nicht etwa zuerst und entscheidend: der über Israel Erhabene, der von ihm Getrennte und ihm Entgegentretende, der von ihm zu fürchten und dem es verpflichtet ist. Das Alles bedeutet die Heiligkeit Gottes freilich auch, aber nur indem sie zuerst und entscheidend dies bedeutet: daß Gott sich Israels angenommen, daß er es erwählt, daß er ihm seine Verheißung gegeben und bereits seine Hilfe geschenkt hat. Man beachte, daß das Wort Ex. 15, 11: «Wer ist wie Du, Herr, unter den Göttern, wer ist wie Du so hehr und heilig, furchtbar in Ruhmestaten, Wunder verrichtend» zu dem Lobgesang angesichts der Errettung am Schilfmeer gehört, das Wort 1. Sam. 2, 2: «Niemand ist heilig, wie Du, Herr, denn außer Dir ist Keiner und es ist kein Fels wie unser Gott» zu dem Lobgesang der Hannah nach der Erhörung ihres Gebetes und das Wort Ps. 77, 14: «O, Gott, dein Weg ist heilig!» zu einem umfassenden Lobgesang auf die Taten Gottes an seinem Volke. Der Heilige Israels ist nach Jes. 41, 14; 43, 3, 14; 47, 4; 48, 17; 49, 7; 54, 5 der Erlöser *(goel)*. Daß die Israeliten seinen Namen heilig halten werden, wird nach Jes. 29, 23 darauf beruhen, daß sie sehen werden, was seine Hände unter ihnen getan haben. An allen diesen und ähnlichen Stellen könnte Heiligkeit offenbar geradezu für Gnade stehen, sofern sie Gott als den bezeichnet, der für Israel ist und handelt. Und dasselbe gilt nun gerade für den wichtigsten Gebrauch, in welchem der Begriff im Neuen Testament auftaucht, nämlich in der Bezeichnung der Zuwendung der Gnade Jesu Christi an seine Kirche und an die Einzelnen in der Kirche durch die Gegenwart und Gabe des Heiligen Geistes. Sicher heißt «heilig» auch hier und gerade hier: abgesondert, entgegentretend, furchtbar, verpflichtend, aber offenbar doch gerade hier zuerst und grundlegend: auszeichnend, segnend, helfend, zurechtbringend und erst dann und so, in diesem positiven Zusammenhang alles jenes Andere.

So, indem Gott seinen eigenen guten Willen in der Weise behauptet und durchsetzt, wie es der Begriff Gnade sagt, so und nicht anders ist dann auch das wahr und wirklich, was Heiligkeit im Besonderen sagt: seine Absonderung und Entgegenstellung dem ihm begegnenden Widerstand gegenüber, sein Gericht über die Sünde. Er übt auch dieses Gericht, sein Gericht, so, daß es als das seinige, als göttliches Gericht nicht anders denn auf diesem Wege, dem Wege der Gnade offenbar wird und wirklich erkannt und erfahren werden kann. Aber das muß nun allerdings gesagt werden: Eben auf diesem Wege kommt es unvermeidlich und unübersehbar zur Wahrheit und Wirklichkeit des Gerichtes und also der Heiligkeit seiner Gnade.

Wir denken jetzt an die feierlichen Verwahrungen des Paulus Röm. 6, 1 u. 15: Ob es möglich ist, in der Sünde zu verharren, damit die Gnade noch größer werde? Ob wir sündigen dürfen, weil wir nicht unter dem Gesetz, sondern unter der Gnade stehen? Antwort: μὴ γένοιτο· Wir sind der Sünde gestorben und können ihr also nicht mehr leben (v 2)! μὴ γένοιτο· Befreit von der Sünde sind wir der Gerechtigkeit dienstbar geworden (v 18)! Das ist die Heiligkeit der Gnade Gottes.

Indem Gott gnädig ist, gibt er sich nicht in die Hand dessen, dem er gnädig ist, findet er sich nicht ab mit dessen Widerstand, ignoriert er ihn auch nicht, geschweige denn, daß er ihn guthieße. Sondern indem Gott gnädig ist, behauptet er sich selbst gegenüber dem, dem er gnädig ist, indem er dessen Widerstand widersteht und ihn bricht und so oder so seinen eigenen guten Willen an ihm geschehen läßt. Es bekommt also der, dem Gott gnädig ist, Gottes Gegensatz zu ihm zu erfahren.

«Wen der Herr lieb hat, den züchtigt er, wie ein Vater den Sohn, dem er wohl will» (Spr. 3, 12). Dieses Wort ist im Neuen Testament an zwei Stellen ausdrücklich aufgenommen worden: Hebr. 12, 6 und Apoc. 3, 19. Und Tit. 2, 11 f. lesen wir: «Es ist erschienen die allen Menschen heilsame Gnade Gottes und züchtigt uns». Das ist die Heiligkeit der Gnade Gottes. Gerade darum, weil Gott gnädig ist, haben wir ihn zu fürchten. Denn: «Wenn wir vorsätzlich sündigen, nachdem wir die Erkenntnis der Wahrheit erlangt haben, so bleibt für solche Sünde kein Opfer mehr übrig, sondern nur eine schreckliche Erwartung des Gerichts und des Eifers des Feuers, das die Widerspenstigen verzehren wird. Wenn jemand das Gesetz des Mose gebrochen hat, muß er ohne Erbarmen sterben auf zwei oder drei Zeugen hin. Wieviel schlimmerer Strafe, meint ihr, wird der schuldig geachtet werden, der den Sohn Gottes mit Füßen getreten und das Blut des Bundes, durch das er geheiligt ist, für gemein geachtet und gegen den Geist der Gnade gefrevelt hat? Denn wir kennen den, der gesagt hat: Mir gehört die Rache, ich will vergelten! und wiederum: Der Herr wird sein Volk richten! Schrecklich ist es, in die Hände des lebendigen Gottes zu fallen!» (Hebr. 10, 26—31). Man beachte den Zusammenhang, in welchem gerade dieses letzte Wort — vielleicht hinsichtlich der Heiligkeit Gottes das ausdrucksvollste in der ganzen Bibel — gesprochen ist. In die Hände des Gottes, der uns seinen Sohn gesandt, der der Herr des durch Jesu Christi Blut geheiligten Bundes, der der Geist der Gnade ist — in die Hände dieses Gottes zu fallen, das — und letztlich nur das ist furchtbar. Aber eben: Das ist furchtbar. Hier kommt es zum Konflikt zwischen Gott und der Kreatur, einem Konflikt, in welchem die Kreatur nur der schlechterdings bedrohte Teil sein kann. Offenbarung Gottes bedeutet, gerade weil und indem sie Offenbarung seiner Liebe und also seiner Gnade ist, Offenbarung seines Gegensatzes zum Menschen, d. h. seines Gegensatzes zu dem Gegensatz, in welchem der Mensch ihm gegenüber existiert.

Nur in diesem Gegensatz wird Gott gerade in seinem Wesen als Liebe und Gnade erkannt. Denn nur in diesem Gegensatz schafft und erhält er tatsächlich Gemeinschaft zwischen sich und uns, schenkt er uns seine Zuwendung. Nur in diesem Gegensatz, indem wir ihn als solchen erfahren und anerkennen, indem wir uns ihm unterwerfen, wird Gott geglaubt, wird Gott das Recht gegeben, das er gegen uns und so an uns hat: dasselbe Recht, auf das wir dann auch unser Vertrauen setzen können. Würde er uns nicht in diesem Gegensatz gegenwärtig sein, dann würde er uns überhaupt nicht gegenwärtig sein. Wollten wir diesen seinen Gegensatz zu uns nicht anerkennen und, wie es sich gehört, erleiden, dann würden wir eben damit auch seine Gnade zurückstoßen. An Gott glauben heißt: daß wir uns diesem seinem Gegensatz zu uns beugen, daß wir ihn uns gefallen lassen, um dann, an uns selbst aber nicht an ihm verzweifelnd, seinen guten Willen über und mit uns unsere Zuversicht sein zu lassen.

Wir könnten dieses Letztere nicht tun, wenn das, was uns von Gott widerfährt, der nackte, abstrakte Gegensatz und nicht der Gegensatz seines guten aber auch gnädigen, hilfreichen und heilsamen Willens mit uns, wenn der Gegensatz zu uns nicht sozus. eingewickelt wäre in das Wunderwerk seiner Erwählung und Zuwendung: wie eben die Gesetzestafeln mit ihren vernichtenden Forderungen und Drohungen geborgen waren in der Bundeslade und also unter dem mit dem Blute des Versöhnungsopfers bespritzten Gnadenthron. Aber wiederum kann dieser Bund nicht bestehen ohne die Offenbarung des Gesetzes Gottes in seiner ganzen Heiligkeit und also nicht ohne die Offenbarung des göttlichen Gegensatzes und Gerichtes, nicht ohne die Offenbarung des Zornes Gottes vom Himmel her über alle Gottlosigkeit und Ungerechtigkeit der Menschen (Röm. 1, 18). Und darum kann auch kein Glaube an Gott stattfinden, der nicht gerade angesichts des Wunderwerks der göttlichen Erwählung und Zuwendung in den entsetzten Ruf des Petrus Luk. 5, 8 ausbrechen müßte: «Herr, gehe hinaus von mir, denn ich bin ein sündiger Mensch!» Wohlverstanden: gerade der Glaubende und nur der Glaubende redet so. Denn gerade von der Gnade und nur von der Gnade geht das Gericht aus, das den Menschen so zu reden nötigt. Es würde der, der keine Gnade gefunden und also nicht glaubt, nicht so reden, er würde sich dem Gericht vielmehr entziehen, er würde es sich verheimlichen, ja, er würde es gar nicht sehen können. Er würde nur faktisch gerichtet und dem Gericht ewig verfallen sein, ohne es zu wissen; er würde leiden, ohne sich dem zu beugen, was ihm widerfährt, ohne Buße, ohne Erkenntnis und damit ohne Hilfe und Hoffnung. Es ist bekannt, daß Luther die Erkenntnis der Sünde, den Schrecken vor Gottes Zorn, die Buße, in der Regel auf eine besondere, von der Offenbarung der Gnade Gottes getrennte Gesetzes-, Heiligkeits- und Zornesoffenbarung, ja, auf ein besonderes Wesen Gottes in seiner Majestät und Verborgenheit zurückgeführt hat. Wir folgen Luther darin nicht, weil dieses Schema sich dem scheinbar komplizierteren, in Wahrheit doch viel einfacheren Zeugnis der Schrift gegenüber mit gutem Gewissen nicht aufrecht erhalten läßt. Wir finden in der Schrift das Gesetz nicht neben dem Evangelium, sondern im Evangelium und darum die Heiligkeit Gottes nicht neben, sondern in seiner Gnade, seinen Zorn nicht neben, sondern in seiner Liebe. Aber Luther scheint sich manchmal in glücklicher Weise widersprochen zu haben. Daß gerade der Heilige Geist — derselbe, der die Welt auch hinsichtlich der Gerechtigkeit (nämlich in der Auferstehung Jesu Christi) und hinsichtlich des Gerichts (über den Fürsten dieser Welt) überführt — dieselbe Welt auch hinsichtlich der Sünde überführt (Joh. 16, 8 f.), das stand schließlich wirksam auch in seiner Bibel. Und so konnte gerade Luther sich in einer Predigt über Petri Fischzug (Luk. 5, 4—11) auch folgendermaßen aussprechen: «Ja, was ist für eine ernstlichere, schrecklichere Anzeigung und Predigt Gottes Zorns über die

Sünde, denn das Leiden und Sterben Christi, seines Sohnes? ... folget doch das daraus, daß der Mensch, wo das Leiden Christi recht in sein Herz fället, wohl von ihm selbst muß darin sehen und fühlen den unerträglichen Zorn Gottes über die Sünde und davon erschreckt werden, daß ihm die Welt zu enge wird, wie auch St. Bernhard zeuget, daß ihm selbst geschehen sei, da er das Leiden Christi recht angesehen, und spricht: Ach! Ich meinete, ich wäre sicher und wüßte nicht von dem Urteil und Zorn, der über mich gegangen war, bis daß ich sahe, daß der einige Gottes Sohn für mich mußte dahintreten etc. Denn es ist dies Bild so schrecklich, daß auch die Verdammten in der Hölle keine größere Pein und Fühlen Gottes Zorns und Verdammnis werden haben, denn von diesem Ansehen des Sterbens des Sohnes Gottes, welches sie haben lassen an ihnen verloren sein; wie auch Judas, der Verräter, da er nicht wollte des Herrn Christi freundliche Vermahnung und Warnung hören, noch bedenken, was er an ihm täte, zuletzt dennoch durch diesen Blick in solch Schrecken getrieben ward, daß er selbst ihm das Gesetz und Verdammnis predigte, da er sprach: Ich habe das unschuldige Blut verraten Matth. 27, 4. Also prediget ihm auch allhier St. Petrus selbst das Gesetz von seiner Sünde und Gottes Zorn, eben aus dieser großen Wohltat Christi» (1538 E. A. Bd. 13, 116 f.). Und Luther zeichnete ein anderes Mal «das traurige, elende, schädliche, jämmerliche, blutige Bild, da wir am Charfreitage von gehöret haben, daß Christus da hängt mitten unter den Mördern und stirbt in großen Schmerzen. Solches Bild sollen wir also ansehen, wie bisher gesagt ist, daß wir gewiß schließen, daß es alles um unserer Sünde willen geschehen sei, daß er, als der rechte und ewige Priester, sich zum Opfer für unsere Sünde gegeben und mit seinem Tode dafür habe bezahlen wollen. Denn da soll ein jeder Mensch wissen, daß seine Sünden Christum also verwundet und elendiglich zugerichtet haben und daß sein Leiden anders nichts denn deine und meine Sünden sind. Derohalb so oft wir an solches trauriges blutiges Bild gedenken, oder es ansehen, sollen wir anders nichts (!) gedenken, denn daß wir unsere Sünden da sehen und daran Gottes schrecklichen Zorn betrachten, darein wir mit unseren Sünden gefallen, welcher so groß ist, daß ihn keine Kreatur hat können ertragen, noch Versöhnung erlangen, denn allein der Sohn Gottes durch sein eigen Opfer und Sterben» (Pred. üb. Matth. 28, 1—10, 1531 nach Dietrich E. A. Bd. 3, 299).

Die Heiligkeit Gottes ist die Einheit seines Gerichtes mit seiner Gnade. Heilig ist Gott darin, daß seine Gnade Gericht, sein Gericht aber auch Gnade ist.

Gerade in diesem Sinn ist Jesus Christus selber «der Heilige Gottes» (Mc. 1, 24 vgl. Act. 3, 14, Apoc. 3, 7). Die Einheit des Alten und Neuen Testamentes ist gerade hier unübersehbar und unwidersprechlich. Gerade jener «Heilige Israels» bei Deuterojesaia ist ja, indem er die exakteste Umschreibung des die ganze Geschichte Israels bestimmenden Jahvenamens ist, zugleich der Inbegriff der Israel gegebenen Verheißung, seiner Hoffnung und Erwartung. Gott handelt mit Israel von den Tagen der Väter über Mose und David bis zu seiner Wiederbringung aus dem Exil daraufhin, daß er sich einst offenbaren und bestätigen wird als der Heilige Israels, d. h. als der, der in Israel seinen eigenen Willen behaupten und durchsetzen wird. Davon kann gar keine Rede sein, daß die Idee der Heiligkeit im Gegensatz zum Offenbarungsgedanken die Unnahbarkeit Gottes seinem Volk gegenüber und als solche eine ältere Schicht im alttestamentlichen Gottesgedanken bezeichne, die dann in der neutestamentlichen Gemeinde zugunsten der Idee der Liebe und Barmherzigkeit Gottes «abgestoßen» worden sei (so A. Ritschl, Rechtf. u. Vers.[4] 2. Bd. 1900, S. 89—102). Offenbarung und Verborgenheit Gottes sind nun einmal schon im Alten Testament wohl zu unterscheiden, aber nicht zu trennen und so auch nicht Gottes Gnade und Gottes Heiligkeit. Indem Gott sich offenbart, offenbart er sich als der Verborgene, aber eben der Verborgene macht sich selbst zum offenbaren Gott. Und eben indem Gott gnädig ist, beweist er seine Heiligkeit und eben als der Heilige ist er gnädig. Eben in dieser Einheit redet und handelt Gott aber auch nach dem Zeugnis des Neuen Testamentes. Heilig ist nach 1. Petr. 1, 15 f. eben der Gott, der die Gemeinde berufen hat als die durch das Blut des unbefleckten und tadellosen Lammes Jesus Christus Losgekauften, die als solche ihre Hoffnung ganz auf die Gnade setzen dürfen. Als «heiligen Vater» ruft Jesus Joh. 17, 11 den an, der die Jünger in seinem Namen, in welchem er sie ihm gegeben hat, bewahren wird, damit sie wie der Vater und der Sohn Eines seien. Der Heilige ist nach 1. Joh. 2, 20 der, von dem die Christen ihre Salbung, ihr Sein in Christus haben. Er ist — wir haben schon darauf hingewiesen — der Heilige Geist, der als solcher geradezu der Inbegriff aller vollzogenen Gemeinschaft zwischen Gott und Mensch, und nach I. Kor. 2, 10 zugleich geradezu der Inbegriff der «Tiefe Gottes» ist. Und gerade die Tatsache, daß der ausdrückliche Hinweis auf die Heiligkeit Gottes im Neuen Testament häufig im Zusammenhang von alttestamentlichen Zitaten erfolgt, beweist doch nur, daß die neutestamentlichen Zeugen gerade in dieser Sache bewußt in Einheit mit dem Alten Testament reden wollten und geredet haben. Es ist aber von allem Wortgebrauch abgesehen, schlechthin rätselhaft, wie man an der Zentralstelle der neutestamentlichen Botschaft, nämlich an der Leidensgeschichte und an dem in so vielen apostolischen Stellen direkt und indirekt bezeugten unauflöslichen Zusammenhang zwischen Tod und Auferstehung Christi so vorbei sehen konnte, daß man auch nur einen Augenblick von der Notwendigkeit loszukommen vermochte, eben im Gericht Gottes seine Gnade und also auch in seiner Gnade sein Gericht zu erkennen.

Weil Gott und Israel laut dessen, was Gott an Israel tut, zusammengehören und indem Gott in dieser Zusammengehörigkeit und als ihr Schöpfer weiter an Israel handelt, ist er heilig. Daß der Begriff so zu verstehen ist, darauf weist ja auch dies hin, daß die von Israel *geforderte* Heiligkeit — «Ihr sollt heilig sein, denn Ich bin heilig!» Lev. 11, 44, 1. Petr. 1, 16 — grundsätzlich und umfassend den Charakter *kultischer* Heiligkeit hat. Heiligkeit von Menschen und menschlichen Handlungen, von Dingen und Orten bezeichnet sozus. ihre Brauchbarkeit in dem von Gott gestifteten und eröffneten Umgang zwischen Gott und Mensch. Unheiligkeit wäre also Unbrauchbarkeit zu dieser Sache. So beschreibt auch die Heiligkeit Gottes die Form seines Verhaltens in diesem Umgang. Sünde ist die Störung und Verunmöglichung dieses Umgangs. Darum hat Gottes Verhalten in diesem Umgang den Charakter der Heiligkeit, der Ausschließung, Verurteilung, Vernichtung der Sünde. Darum ist der heilige Gott gerade dem Menschen, mit dem er Umgang hat, gefährlich. Indem seine Sünde diesen Umgang stört und verunmöglicht, wird der Mensch selbst unmöglich, sofern er als sündiger Mensch vor Gott nicht bestehen, sondern eben nur vergehen kann. Daß er seinerseits heilig werde, ist also nicht ein Gebot, durch das ihn Gott veranlassen wollte, sich ihm gegenüber irgend eine Würde oder Verdienst zu verschaffen, sondern als Gottes Gebot sehr einfach das Gebot, sich an seine Gnade zu halten. Und wiederum ist dieses Heiligungsgebot nicht ein Gebot, das der Mensch erfüllen oder auch nicht erfüllen könnte, sondern als Gottes Gebot sehr einfach das Gebot seiner Selbsterhaltung. Der Mensch vor Gott steht und fällt damit, daß er selbst heilig wird. Er selbst wird aber heilig, vermöge der Heiligkeit des sich selbst für ihn einsetzenden und also gnädigen Gottes. Der ganze konkrete Inhalt des «Heiligkeitsgesetzes» veranschaulicht nur — wie es in der Ökonomie der Offenbarung in der Erwartung Jesu Christi nötig ist — diesen völligen, das ganze Leben umfassenden göttlichen Einsatz für den Menschen. Er erinnert den Menschen — und darum wollen alle diese Gebote gehalten sein — daß auf der ganzen Linie Gottes eigener guter Wille an ihm geschieht, und daß er, der an sich unheilige Mensch, dadurch — nicht indem er sich selbst heiligt, aber indem er im Gehorsam gegen diese Gebote der Heiligkeit Gottes unterworfen wird — gerettet ist. Weil der gute Wille Gottes sein eigener freier Wille ist, darum läßt sich der Inhalt des «Heiligkeitsgesetzes» nicht etwa auf ein allgemeines moralisch-teleologisch bestimmtes System bringen. Man wird hier immer wieder staunen können und müssen darüber, daß dies gerade so und jenes gerade so gefordert wird mit der Begründung: «Denn ich bin der Herr». Es handelt sich in unendlichen Variationen — deren Unendlichkeit darum nicht überflüssig ist, weil eben sie deutlich macht, um was es hier geht — um das Eine, daß Gott in kontingenter Wirklichkeit, persönlich handelnd, gleichsam in eigenwilligen Kurven und Zacken seinen Namen einschneidend in alles persönliche, familiäre und völkische Leben und wiederum in derselben Eigenwilligkeit aus diesem Leben herausschneidend, was er zu seinem Dienst bestimmt oder als seinem Dienst widersprechend erklärt hat, diesem Volke sich selbst verbindet, vergegenwärtigt und schenkt, sein Heiliger und damit selber seine Heiligkeit ist. Und so kann das Halten des «Heiligkeitsgesetzes» von ferne nichts bedeuten, was als verdienstlich sein wollende Werkgerechtigkeit auftreten könnte. Kann es doch nur darin bestehen, daß Israel dieser kontingenten Wirklichkeit seines Gottes Raum gibt, damit er in seiner Herrlichkeit unter ihm wohne, damit er seine Heiligkeit sei, und damit es selbst nicht von Gottes Heiligkeit verzehrt werde. Gehorsam heißt, gerade indem er wesentlich und innerlichst in der Anbetung der Gnade Gottes, im Dank für die Wohltat seines Bundes besteht, sehr schlicht die Scheu vor dem Verderben, das Israel sofort und an jeder Stelle treffen müßte, wo es «übertreten», d. h. jene die kontingente Wirklichkeit Gottes in seiner Mitte umreißende Linie überschreiten und damit in den Bereich des tödlichen Gegensatzes Gottes zu seiner Sündigkeit geraten würde. Da und da erst gibt es Sünde, wo der Mensch Gottes Gebote übertritt, d. h. aber in den Bereich dieses Gegensatzes hinübertritt. Gerade weil Gott Israel so gnädig ist, hat es ihn so gründlich, so total zu fürchten. Gerade so und nicht anders: indem Gott sich selbst heiligt in seiner Mitte und damit auch von ihm Heiligkeit, d. h. aber Respektierung seiner eigenen Heiligkeit fordert, gerade so macht er und erhält er Israel brauchbar für den Umgang mit ihm, für den Umgang, in welchem es als das erwählte Volk das gerettete Volk ist. Es bedeutet keine Eintragung, sondern es ist eine schlichte Feststellung der im Zusammenhang einfach nicht zu überhörenden Aussage der Texte selbst, wenn man sagt, daß die Göttlichkeit der Liebe Gottes an wenig anderen Orten der Bibel so manifest wird, wie gerade in dem so oft verkannten, als dunkel, unfruchtbar oder doch als rein zeitgebunden berüchtigten Buch Leviticus und in den ihm verwandten Partien im übrigen Pentateuch, wobei man ja gleich auch an das von der gleichen Ungunst umgebene Buch des Propheten Hesekiel denken kann. Was heißt messianische Erwartung und Verheißung, wenn sie nicht hier auf dem Plane ist? Gerade hier, wo Natur und Gnade, Vernunft und Offenbarung nun freilich in der unversöhnlichsten Weise aufeinanderstoßen, weil tötendes Gesetz und lebendigmachendes Evangelium Gottes gerade hier in der unerhörtesten Weise bei und ineinander sind! Joh. Wichelhaus hatte wohl recht, wenn er (lange vor Rud. Otto!) in dieser Sache schrieb: «Es kann und will dem Menschen nicht einleuchten, daß Gott, gerade weil er gut, darum heilig ist und daß er, gerade weil er liebt, darum zürnt, züchtigt, verwundet und in den Feuerofen wirft. Die Heiligkeit Gottes ist dem Menschen schrecklich. In seiner Heiligkeit hat Gott für den Menschen den Anschein eines Moloch, eines Saturn, eines verzehrenden Feuers. Gott ist auch in seiner Heiligkeit ein verzehrendes Feuer und muß dennoch, soll ja der Mensch wieder zu Gott gebracht sein, gerade in seiner Heiligkeit von dem Menschen aufs allerhöchste geliebt und gepriesen werden» (Die Lehre der hl. Schrift[3] 1892, S. 343). Es war im Unterschied zu dieser Einsicht wieder A. Ritschl, der Alles das, was das Alte Testament über den Zorn Gottes sagt, reduzieren wollte auf die Vorstellung eines gelegentlich ausbrechenden Affektes und Vernichtungswillens Gottes gegen die Feinde Israels und gegen die Bundbrüchigen in Israel selber, von dem aber die Gerechten nicht getroffen würden, dem sie sich vielmehr nur aus «Sympathie mit dem Volke» unterstellten — eine Vorstellung, die dann mit der von der Heiligkeit Gottes überhaupt im Neuen Testament hinter der von seiner Gnade und Liebe immer mehr zurücktrete, bezw. zu einem «nur eschatologisch» zu verstehenden Ausdruck der endgültigen Willensentscheidung Gottes gegen seine Widersacher werde. «Welches religiöse Interesse könnte uns Christen bestimmen, die Vorstellung vom Zornaffekt Gottes auf gegenwärtige Erfahrungen anzuwenden? ... Wer Gott als seinen Gott anruft, der ist nicht von Gott fern und dem ist auch Gott nicht fern; ein solcher also unterliegt in diesem Augenblick nicht dem göttlichen Zorn» (Rechtf. u. Vers.[4] 2. Bd. 1900, S. 119—156). Ritschl hat — um von aller exegetischen Gewalttat seiner These hier abzusehen — nicht bemerkt, daß er mit der gegenwärtigen Erfahrung des Zornes Gottes auch seine eschatologische Wirklichkeit und mit dem Zorne Gottes überhaupt auch seine Gnade und Liebe eliminiert, bezw. in eine Idee umgedeutet hat, die mit der kontingenten Wirklichkeit, in der sich Gott nach dem Zeugnis des Alten und Neuen Testamentes des Menschen in eigener Person annimmt, kaum noch etwas Gemeinsames hat. Begegnet uns Gott nicht eifrig, eifersüchtig, zornig — genau so, wie er Israel nach dem Zeugnis des Alten Testamentes begegnet, genau so, wie er ihm nachher in der Person seines eigenen Sohnes in dessen Kreuzestod begegnet — dann begegnet er uns überhaupt nicht, dann ist der Mensch — alle Beteuerungen über die Liebe Gottes werden daran nichts ändern können! — faktisch sich selbst überlassen. Daß er nicht sich selbst überlassen, daß Gott ihm real gnädig ist, das erweist sich darin, daß er ihm in seiner Heiligkeit entgegentritt. Eben so ist er ihm gegenwärtig, eben so übernimmt und führt er seine Sache: die Sache, die der sündige Mensch nicht selber führen kann. Eben so versöhnt ihn Gott selber mit sich selber. Indem Gott nicht zuläßt, daß Israel, daß der Gerechte, daß die Kirche verderbe, kann er sie nicht ihres Weges gehen, kann er sie nicht unangeklagt, nicht unverurteilt, nicht ungestraft lassen, wenn sie sind und handeln als wären sie Leute, die solcher Errettung und solchen Schutzes nicht teilhaftig sind. Eben der brennende Dornbusch Ex. 3, 2 kann nicht verzehrt werden. Aber eben der nicht verzehrte Dornbusch muß brennen. Dieser Dornbusch ist Israel. Und dieser Brennende und nicht Verzehrende, nicht Verzehrende und Brennende ist der Gott Israels, ist der heilige Gott. Indem Gott sprach: Es werde Licht! indem es Licht ward und indem Gott sah, daß das Licht gut war, s c h i e d Gott das Licht von der Finsternis und nannte das Licht Tag und die Finsternis Nacht (Gen. 1, 3 f.). Vor dieser Scheidung gäbe es nur dann ein Entrinnen, wenn Gott nicht gesprochen hätte: Es werde Licht! wenn es nicht Licht geworden wäre, wenn Gott nicht gesehen hätte, daß das Licht gut war. Indem das Alles wahr und wirklich ist, muß auch das Andere wahr und wirklich werden: «Das Licht Israels wird zum Feuer werden und sein Heiliger zur Flamme, die wird zünden und seine Dornen und Disteln an e i n e m Tage verzehren. Und die Herrlichkeit seines Waldes und seines Fruchtgefildes wird er vertilgen, Seele wie Leib, und es wird sein, wie wenn ein Kranker dahinsiecht. Und was übrig bleibt von Bäumen in seinem Walde wird zu zählen sein, ein Knabe schriebe es auf» (Jes. 10, 17 f.). Und wie sollten wir hier nicht an Jes. 6, 1 f. denken müssen, wo der Prophet den Herrn auf einem hohen und erhabenen Thron sitzen sieht und seine Säume füllten den Tempel und die Seraphe standen über ihm und riefen einander zu: Heilig, heilig, heilig ist der Herr der Heerscharen! Die ganze Erde ist seiner Herrlichkeit voll! und die Grundlagen der Schwelle erbebten vor der Stimme des Rufenden und das Haus ward voll von Rauch. Da bricht der Prophet (ganz wie Petrus Luk. 5) in den Ruf aus: Wehe mir! ich bin verloren! denn ich bin ein Mensch mit unreinen Lippen und wohne unter einem Volk mit unreinen Lippen — und habe den König, den Herrn der Heerscharen, mit meinen Augen gesehen. Und dementsprechend erfolgt dann jene furchtbare Berührung seiner Lippen mit einem glühenden Stein vom Altar, aber auch die Erklärung: «Siehe das hat deine Lippen berührt und deine Schuld ist gewichen und deine Sünde gesühnt!» Siehe das! Nicht nach, sondern in der Zornes- und Gerichtshandlung erfolgt die Vergebung, die Versöhnung, die Berufung und Befähigung zum Propheten, kurz, die Gnade, die offenbar der Sinn der ganzen Heiligkeitsoffenbarung Gottes von Anfang an gewesen war. Auf dieser Linie muß dann offenbar die dem Jesaja sofort aufgetragene Gerichtspredigt an das Volk, die prophetische Gerichtspredigt überhaupt, verstanden werden, auch da, wo sie durch keine ausdrückliche Heilsweissagung und dergl. ergänzt und erklärt ist. Wie könnte sie als die unmittelbare Konsequenz eben der Heiligkeitsoffenbarung und des Heiligkeitsgesetzes überhört werden? Eben wo der Name, das Volk, die Stadt, das Haus Gottes ist, da muß das Gericht anfangen (Jer. 25, 29; 1. Petr. 4, 17). Indem Gott sich an Israel bindet, bindet er Israel an sich und indem er Israel an sich bindet, wird er ihm zu jenem Feuer, das nicht verlöscht und dessen Flamme nun doch wieder nichts Anderes als die Flamme seiner Liebe ist. Indem er sich zu seinem Gott macht, unterwirft er es seinem Gesetz, seinen Drohungen, seinen Strafen, um ihm doch eben in dieser Unterwerfung seine Wohltat zu erweisen. Indem er es aussondert von den Völkern, muß er Allem dem gegenüber, was in seiner eigenen Art der Art der Völker immer noch gleich ist, eben so, ja unvergleichlich viel strenger als so verfahren wie er es den Völkern gegenüber tut, muß er Israel im Unterschied zu allen Völkern bis auf diesen Tag so unglücklich machen, um eben damit höchst real seine Aussonderung und damit seine Verheißung und damit seine eigene gnädige Wahl und Zuwendung zu diesem Volke zu betätigen. Die Freiheit der Gnade offenbart sich darin, daß sie immer wieder im Gericht offenbar wird. Es ist aber die Freiheit der Gnade, die darin offenbar wird. Ist es Gott, der in Gemeinschaft mit den Menschen tritt, ist es also Gnade und also Erwählung, wenn das geschieht, wie sollte dann nicht der Gegensatz und zwar der verzehrende Gegensatz zwischen Gott und dem sündigen Menschen offenbar werden müssen? Und umgekehrt: Träte Gott nicht in Gegensatz, und zwar in vernichtenden Gegensatz zur Sünde und also zu dem sündigen Menschen, wie träte er — er, der das nur auf Grund von Gnade und Erwählung tun kann — dann wirklich in Gemeinschaft mit ihm? Gottes Gnade annehmen muß darum heißen: Gottes Heiligkeit respektieren und also seine Gebote annehmen, hören, halten, seine Drohung fürchten, seinen Zorn erfahren, seine Strafe leiden. Hieße es etwas Anderes, so würde es sich durch nichts von irgend einem heidnischen Quietismus unterscheiden. Aber wiederum kann Respekt vor Gottes Heiligkeit nur heißen — wiederum wäre das Alles eitel heidnische Furchtreligion, wenn es nicht direkt und unmittelbar hieße: Gottes Gnade annehmen, dankbar sich gefallen lassen, an seiner Gnade sich genügen lassen. «Darum lasset uns, indem wir ein unerschütterliches Reich empfangen, Dankbarkeit hegen, durch die wir Gott wohlgefällig dienen mit Scheu und Furcht. Denn unser Gott ist ein verzehrendes Feuer» (Hebr. 12, 28 f.). Nochmals: wenn irgendwo die Einheit von Altem und Neuem Testament sichtbar ist, wenn man irgendwo vom Christuszeugnis des Alten Testamentes und von Christus als dem Erfüller des Alten Testamentes nicht nur reden darf sondern reden muß, dann gerade in diesem Zusammenhang, wo eine allzu landläufige Exegese beider Testamente Mose und Christus, Gesetz und Evangelium immer wieder hat auseinanderreißen wollen. Denn das ist das Zeugnis des Alten Testamentes und das ist seine Erfüllung: daß Gott seinen eigenen geliebten Sohn, an dem er Wohlgefallen hat (Mc. 1, 11), zur Sünde machte (2. Kor. 5, 21), in ihm die Sünde richtete (Röm. 8, 3), ihm eben um dieser seiner Erniedrigung bis zum Tod am Kreuz willen den Namen gab, der über alle Namen ist (Phil. 2, 9)

— und eben damit, in Bestätigung dessen, was seine Heiligkeitsoffenbarung immer gewesen war, die Heiligung seines Volkes, die Beseitigung seiner Sünde, das Geschehen seines Willens in seiner Mitte zu seiner eigenen Sache machte, um es diesem Volk zu überlassen, im Glauben an ihn sein schon an ihm geschehenes Gericht, aber in diesem Gericht auch die Vergebung seiner Sünden und die Verheißung des ewigen Lebens anzunehmen und wahr sein zu lassen und darum die Sünde so gewiß zu fliehen, als es vor seiner Gnade nicht fliehen wollen kann. «Ich heilige mich für sie, damit auch sie geheiligt seien in der Wahrheit» (Joh. 17, 19). Eben auf Jesus Christus blickend, können wir nicht übersehen, daß und wie die scheinbar verschiedenen Fäden im alttestamentlichen Zeugnis von Gott: von seinem Erwählen und Zürnen, von seinem Sündenvergeben und Gebieten, von seinem Gnädig- und Heiligsein, zusammenlaufen, daß und wie der nach dem Zeugnis des Alten Testamentes an Israel handelnde Herr eben der Eine in dem Allem ist. Wiederum bezeugt und beweist das Alte Testament, daß eben Jesus Christus, in welchem Gott sich dem Menschen so ganz zuwendet, indem er sich selbst so ganz treu bleibt, das zukommt, was in seinem, des Alten Testamentes Sinn, nur mit dem Gottesnamen würdig wiedergegeben werden kann. Ist Gottes Liebe das, was uns in Jesus Christus offenbart ist, ist Jesus Christus selbst die offenbare Liebe Gottes, dann ist des Trennens zwischen Gnade und Heiligkeit Gottes ein Ende, dann bleibt uns nur die Erkenntnis und Anbetung dessen, der gnädig und heilig ist: gnädig, indem er heilig, heilig, indem er gnädig ist.

So liebt Gott, sagen wir jetzt, in gewachsener Erkenntnis, noch einmal. In dieser Auszeichnung: als heilige Liebe, erkennen wir die Göttlichkeit seines Tuns und Wesens. Denn wieder müssen wir hinzufügen: so, als der Heilige, handelt Gott nicht nur, sondern so, wie er handelt, so ist er auch von Ewigkeit zu Ewigkeit. In ihm ist freilich keine Sünde, der er erst widerstehen müßte. Aber in ihm ist mehr: in ihm ist die Reinheit, ja er ist selbst die Reinheit, die als solche Allem widerspricht und Allem widerstehen wird, was ihm nicht gleich ist, die sich aber diesem Ungleichen gerade nicht entzieht, die, indem sie die Reinheit des Lebens des Vaters, des Sohnes und des Heiligen Geistes ist, dem ihm Ungleichen von Ewigkeit her entgegengeht: um ihm, indem sie ihm begegnet, zu widerstehen, um es zu richten, aber um es gerade damit an- und aufzunehmen, um gerade so mit ihm in die es rettende Gemeinschaft zu treten.

2. GOTTES BARMHERZIGKEIT UND GERECHTIGKEIT

Indem wir unter den biblischen Bezeichnungen Gottes zwei weitere, jede für sich und beide in ihrem Zusammenhang untereinander, als göttliche Vollkommenheiten hervorheben, kann es sich nicht darum handeln, das bisher von seinem Wesen Gesagte, zunächst also die Vollkommenheiten seiner Gnade und Heiligkeit hinter uns zurückzulassen, um uns sozus. etwas Anderem in Gott zuzuwenden. Es gibt, wie wir uns bei dieser ganzen Untersuchung und Darstellung vor Augen halten müssen, ein Anderes in Gott nur insofern als auch es das Eine ist. Es gibt aber eine in Gott selbst und darum auch für uns nicht in Armut sondern im

Reichtum und so immer wieder anders, so als die in ihrer Entfaltung anzuschauende und zu begreifende Fülle der göttlichen Vollkommenheiten. Wir fahren fort, die Liebe Gottes und also Gott selbst als den in Freiheit Liebenden zu betrachten und zu bedenken. Eben fortfahrend in der Betrachtung dieses einen Gegenstandes kommen wir, indem wir dem Zeugnis der heiligen Schrift folgen, nach dem ersten notwendig zu dem zweiten Satze: Gott ist barmherzig und gerecht. Fortfahrend! Der erste Satz: daß Gott gnädig und heilig ist, ist also nicht erledigt, nicht erschöpft, nicht zurückgelassen. Im Gegenteil: wir könnten die Aufgabe, die jetzt vor uns liegt, ja wir könnten alle auf diesem Feld noch vor uns liegenden Aufgaben auch ganz schlicht in der weiteren Ausschöpfung und Entwicklung jenes ersten Satzes sehen. Wir werden tatsächlich noch einmal zu sagen und zu verstehen haben, daß Gott gnädig und heilig ist. Wir werden diesen Satz in wachsender Erkenntnis zu wiederholen haben. Unser zweiter Satz und alle weiteren Sätze können auch einfach als Transformationen dieses ersten Satzes verstanden werden. Aber wie das Wesen Gottes in sich selber real Eines ist in realem Reichtum und nicht in der Armut, so kann unsere Erkenntnis Gottes sich wohl auf einem geordneten Wege bewegen und darum doch mehr sein als bloß die logische Entfaltung eines einzigen Prinzips und Satzes. Sie kann nicht nur, sondern sie muß neben ihren ersten Satz einen zweiten und neben diesen einen dritten stellen: nicht in der Meinung, je etwas Neues hinzuzufügen, wohl aber in der Meinung, das Eine, indem uns das zuerst Gesagte als Voraussetzung begleitet, je neu und immer wieder neu zu sagen. In diesem Sinne lassen wir uns jetzt gesagt sein und sagen wir uns jetzt, daß das Eine, was Gott ist, auch Dieses ist: Barmherzigkeit und Gerechtigkeit.

Wir beginnen mit der Vollkommenheit der göttlichen Barmherzigkeit. Schon der deutsche und lateinische, entscheidend aber der biblische, hebräisch-griechische Sprachgebrauch lehren uns, daß wir uns bei diesem Begriff nicht nur in der Nachbarschaft, sondern tatsächlich im Bereich des Begriffs der göttlichen Liebe, und zwar in ihrer besonderen Bestimmtheit als Gnade befinden. In einem allgemeinen Begriff von Liebe wäre der der Barmherzigkeit nicht notwendig enthalten — er so wenig wie der der Gnade. Liebe an sich und im allgemeinen könnte auch unter ganz anderen Bestimmungen stehen. Die Liebe Gottes aber als der Gemeinschaftswille des Schöpfers gegenüber seinem Geschöpf hat notwendig den Charakter der Gnade, d. h. der freien Zuwendung eines unbedingt Überlegenen gegenüber einem ihm ebenso unbedingt Untergeordneten. Wenn das gilt — in der Unbedingtheit, in der es von den beiden hier in Betracht kommenden Partnern gelten muß — dann müssen wir aber diese beiden Partner, den Liebenden und den Gegenstand seiner Liebe, nunmehr noch genauer ins Auge fassen und sofort fortfahren: die göttliche Liebe hat notwendig den Charakter der Barmherzigkeit Das Wort «notwendig» darf und muß hier gerade wörtlich verstanden werden: es handelt sich zwischen dieser Liebe und ihrem Gegenstand, es handelt sich also in der Gnade Gottes um eine Not-Wende. Es erfolgt die freie Zuwendung Gottes zu seinem Geschöpf, die das biblische Zeugnis als Gnade bezeichnet, unter der Voraussetzung, daß das Geschöpf sich in Not befindet und unter der Absicht Gottes, sich seiner in dieser Not anzunehmen, ihm in dieser Not Beistand zu gewähren, seiner Not abzuhelfen. Indem die Gnade, die gnädige Liebe Gottes, in dieser Zuwendung besteht, ist sie, ist also Gott selber barmherzig, ist Gottes Sein und Wesen Barmherzigkeit. Die Barmherzigkeit Gottes ist seine in seinem Wesen liegende, sein Sein und Tun konstituierende Beteiligung am Elend eines Andern und damit sein in seinem Wesen liegender, sein Sein und Tun konstituierender Wille, sich selbst für die Behebung dieses seines Elends einzusetzen. Denn indem Gott an ihm beteiligt ist, ist schon gesagt: er ist real dabei und indem er, Gott, real dabei ist, ist schon gesagt: er will dieses Elend nicht, er will und wird es also beheben. Man sieht sofort: der Begriff der Barmherzigkeit Gottes folgt tatsächlich nicht logisch aus dem Begriff, nämlich aus einem allgemeinen Begriff der Gnade. Gerade allgemein verstanden: als freie Herablassung eines Höheren zu einem Niedrigeren schließt sie die Beteiligung und den Einsatz dieses Höheren gegenüber dem Elend des Niedrigeren an sich nicht in sich. Gnade an sich und im Allgemeinen könnte auch eine teilnahmslose und wirkungslose Zuwendung bedeuten. Wir reden aber von der Gnade Gottes und also von der konkreten Relation, in der sie Ereignis ist: von seiner Gnade gegenüber dem, dem Er gnädig ist. In dieser Relation ist die Barmherzigkeit in der Gnade eingeschlossen, ist Gnade selber Barmherzigkeit. Und in dieser Auszeichnung und in ihr allein erkennen wir die Göttlichkeit der Liebe und Gnade Gottes: daß sie barmherzig ist.

Misericordia Dei est gratiosissima voluntatis divinae propensio, qua Deo cordi est miseria hominis, eandemque benevole sublevatam cupit (Quenstedt, *Theol. did. pol.* 1685 I *c.* 8 *sect.* 1 *th.* 32). Es ist eine Eigentümlichkeit der LXX, daß sie das alttestamentliche *chesed* (wo man χάρις erwarten sollte) in der Regel mit ἔλεος übersetzt haben, dessen alttestamentliche Äquivalente eigentlich *chanan* und *rachan* sind. Sie haben damit doch ganz richtig den Affekt der Liebe, der der biblisch verstandenen Gnade in der Tat eigentümlich ist, zum Ausdruck gebracht und also den Begriff gleich unmißverständlich in seinem im biblischen Zusammenhang vorliegenden konkreten Gehalt wiedergegeben. Es ist bekannt, wie oft Gnade und Barmherzigkeit im Alten Testament nebeneinander auftreten, offenbar Eines das Andere bestimmend und erklärend. Auch die neutestamentlichen Begriffe ἔλεος und οἰκτιρμοί reden allerdings nicht nur von einer Empfindung, sondern auch von einem Handeln, aber eben von einem durch eine Empfindung bestimmten Handeln. Quenstedt hatte exegetisch und sachlich recht, wenn er den Anthropomorphismus der

Wendung: *qua Deo cordi est miseria* nicht scheute. Es geht in der Tat, wie das lateinische und das deutsche Wort gut hervorheben, zunächst darum, daß Gottes Liebe und Gottes Gnade keine mathematischen, keine mechanischen Relationen sind, sondern in der Bewegung des Herzens Gottes ihren eigentlichen Ort und Ursprung haben. Was der Begriff der Persönlichkeit Gottes meint, was, indem man an diesem Begriff festhält, gegen die Vorstellung von Gott als einem unpersönlichen Absoluten zu verteidigen ist, das wird gerade an dieser Stelle einsichtig. In einer anderen Relation zwischen Gott und Kreatur als der in der Bibel bezeugten, in einer zur Not auch mathematisch oder mechanisch zu beschreibenden Relation könnte der Begriff der Persönlichkeit Gottes allenfalls entbehrlich sein. In der Relation zwischen dem barmherzigen Gott und dem erbärmlichen, d. h. der Barmherzigkeit bedürftigen Geschöpf zeigt es sich — hier spätestens muß es sich zeigen! — daß er unentbehrlich ist, daß er die Wahrheit sagt. Es war ganz in Ordnung, wenn Schleiermacher es für unmöglich hielt, Gott «einen durch fremdes Leiden besonders aufgeregten und in Hülfeleistung übergehenden Empfindungszustand» zuzuschreiben und deshalb den Begriff der Barmherzigkeit Gottes vom dogmatischen auf das homiletische und dichterische Sprachgebiet verweisen wollte (Der chr. Glaube § 85). Das Woher des Gefühls schlechthiniger Abhängigkeit hat kein Herz. Der persönliche Gott aber hat ein Herz. Er kann fühlen, empfinden, affiziert sein. Er ist nicht unberührbar. Nicht daß er von außen, sozus. durch fremde Macht, berührt werden könnte. Aber auch nicht so, daß er sich nicht selbst berühren und rühren könnte. Nein, Gott ist berührt und gerührt, gerade nicht wie wir in Ohnmacht, sondern in Macht, in seiner eigenen freien Macht, in seinem innersten Wesen: durch sich selbst berührt und gerührt, d. h. offen, bereit, geneigt *(propensus)* zum Mitleid mit fremdem Leid und also zum Beistand, zum eigenen Einsatz gegenüber diesem fremden Leid. Nur um Mitleid, und zwar nur um freies Mitleid mit fremdem Leid kann es sich handeln. In sich selber findet Gott kein Leid. Und nichts außer Gott kann Gott leid tun, wenn er es nicht in seiner Freiheit so will. Aber eben um Mitleid mit fremdem Leid in der vollen eigenen Freiheit Gottes handelt es sich — handelt es sich wesentlich und eigentlich, wenn wir wirklich an den von der Schrift bezeugten Gott denken, wenn wir von ihm und keinem Anderen reden. Alles, was Gott ist und tut, ist von daher bestimmt und charakterisiert, daß in ihm, ja, daß er selber diese ursprüngliche, freie, mächtige Rührung, daß er für fremde Not, fremdes Elend, fremde Qual in sich selber zum vornherein offen, bereit und geneigt ist, daß sein mitleidiges Reden und Handeln keine nachträgliche Wendung, keine bloße Appropriation an bestimmte Verhältnisse in der von ihm unterschiedenen Kreatur, sondern daß es in seinem Herzen, in seinem Sein und Leben als Gott begründet ist. Polanus hat also schon recht, wenn er sagt: *Deus est misericors sua aeterna et simplici essentia, non autem qualitate aliqua, non affectu, non passione (Synt. Theol. chr.* 1609 *col.* 1119), sofern er mit dieser Negation die Vorstellung eines von außen zu berührenden und zu rührenden Gottes abwehren will. Der Affekt Gottes ist im Unterschied zu allen geschöpflichen Affekten durch sich selbst affiziert. In diesem Sinn aber darf er nicht geleugnet werden. In diesem Sinn ist er eben, wie er auch Gottes Zorn sein kann, Gottes Barmherzigkeit. Wir erinnern uns, daß Luk. 1, 78 ausdrücklich von den σπλάγχνα, dem Innern (den Eingeweiden!) des Erbarmens Gottes die Rede ist, Phil. 1, 8 im selben Sinn von den σπλάγχνα Χριστοῦ Ἰησοῦ, wie diese σπλάγχνα Phil. 2, 1; Kol. 3, 12 mit οἰκτιρμοί zusammengenannt werden und wie das Verbum σπλαγχνίζεσθαι in einer ganzen Reihe von Synoptikerstellen direkt für «Sicherbarmen» zu stehen kommt und immer das Sicherbarmen Jesu bezeichnet. Im Blick darauf werden wir den positiven Teil des Satzes von Polanus mindestens ebenso ernst zu nehmen haben wie den negativen. Es geht bei der Barmherzigkeit Gottes wirklich um seine σπλάγχνα und also nicht weniger als bei allen seinen anderen Eigenschaften um seine *aeterna et simplex essentia.* Der Gott, den Jesus Christus Vater nennt, ist barmherzig (Luk. 6, 36), «reich an Barmherzigkeit» (Eph. 2, 4), «der Vater der Barmherzigkeiten» und als solcher «der Gott alles Trostes» (2. Kor. 1, 3). Alles, was er tut, hat von daher seine Kraft aber auch seinen Charakter. Gnade wird als solche, als freie, ungeschuldete und unverdiente Gnade, aber auch in der Realität und also Wirksamkeit der durch sie bezeichneten Zuwendung — recht empfangen und richtig verstanden, wenn der Zusammenhang wirklich ist und beachtet wird: «Wem ich gnädig bin, dem bin ich gnädig und wessen ich mich erbarme, dessen erbarme ich mich» (Ex. 33, 19). Das kann die «Unveränderlichkeit» Gottes auf keinen Fall bedeuten, daß er nicht selbst sich erbarmen könnte und wirklich erbarmte. Es geht, wo Gnade offenbar und wirksam wird, einerseits immer um des Menschen Elend: darin wird ihre Freiheit sichtbar; sie ist wirklich ein Geschenk, das einem Armen gemacht wird. Es geht aber andererseits immer um nicht mehr und nicht weniger als um das Herz, um das Innerste Gottes, das eben für dieses Elend des Menschen nicht verschlossen, sondern offen ist, in welchem Gott selbst, er, der von außen nicht zu Berührende und zu Rührende, von innen, von sich selbst her teilnimmt und also mitleidet an diesem Elend: darin wird die Kraft der Gnade sichtbar; das bedeutet ja, daß sie tatsächlich nicht bloß eine Gabe Gottes, sondern er selber ist, der Geber, der als Gabe sich selber gibt. Man darf und muß in diesem Zusammenhang auch an solche Stellen denken, wo das Erbarmen Gottes sich auf den ersten Blick, wie etwa Phil. 2, 27 «nur» auf die physische Bedürftigkeit des Menschen zu beziehen scheint. «Sein Erbarmen waltet über allen seinen Werken» (Ps. 145, 9). Gemessen an seiner Herrlichkeit und eben im Sinn von Bedürftigkeit ist ja die ganze Kreatur als solche in Not und Elend und darauf angewiesen, daß Gottes Erbarmen jeden Morgen neu ist (Klagel. 3, 23). Und Gott versagt sich ihr nicht. Er erhält sie, wie er sie geschaffen hat. Er nimmt sich ihrer Bedürftigkeit an, indem er ihr jeden Morgen aufs Neue sich selber gibt. Daß dem so ist, wird aber da sichtbar, wo das Werk Gottes die Gestalt seines Offenbarens, Versöhnens, Heiligens, die Gestalt seines Bundes mit Israel, die Gestalt Jesu Christi gewinnt.

Wir sahen, wie die Gnade in Jesus Christus zum siegreichen Gegensatz zu dem von der Kreatur Gott entgegengesetzten Widerstande wird. Diesen Gegensatz bezeichnet auch die Barmherzigkeit Gottes. Nur daß eben dieser Widerstand — nicht nur im Blick auf seine Folgen und Strafen, also nicht nur im Blick auf das Gericht, das er nach sich zieht, sondern an sich und als solcher im Lichte der Barmherzigkeit der Gnade Gottes als Not, Leid und Elend des Menschen erscheint: der Hochmut als klägliche Torheit, die usurpierte Freiheit als harte Gefangenschaft, die böse Lust als bittere Qual. Daß der Mensch sich selbst in dies Alles gestürzt hat und immer wieder stürzt, das ist auch wahr — und im Blick darauf wird nachher von Gottes Gerechtigkeit zu reden sein. Es ist aber wiederum wahr, daß dieser Widerstand der Kreatur, daß die Sünde des Menschen auch in sich und als solche ganz einfach Torheit, Gefangenschaft und Qual bedeutet. Und eben als solche ist sie Gegenstand der Barmherzigkeit Gottes. Barmherzigkeit Gottes bedeutet also konkret: seine Berührtheit gerade durch das Leid, das der Mensch sich selber zufügt, sein Interesse an dessen Abwendung und Beseitigung, sein Wille, den Menschen in diesem Leid zu trösten und überwinden zu lassen. So frei ist Gott, daß seine Gnade, seine Zuwendung zum Menschen den Sinn und Charakter haben kann, darf und muß, gerade die Sünde und Schuld des Menschen zum Anlaß seines Mitleidens zu machen, daß er die Sünde hassen und eben darum den Sünder lieben, daß er den sündigen und schuldigen Menschen, indem er ihm widersteht, auch einfach nur bedauern und aus diesem Bedauern heraus mit ihm umgehen kann. Und dieses Bedauern ist kein bloßes Sentiment, sondern Kraft und Tat. Dafür bürgt eben dies, daß es Gott selber nicht zu wenig ist, sich dem Menschen eben in dieser Weise zuzuwenden, noch mehr: für den Menschen vorgängig seiner Erschaffung, vorgängig aller Zuwendung eben in dieser Weise von Ewigkeit her offen, der ewig Barmherzige zu sein.

Da iamert Gott ynn ewigkeyt
Meyn ellend uber massen,
Er dacht an seyn barmhertzigkeyt,
Er wollt mir helffen lassen.
Er wand zu myr das vater hertz,
Es war bey yhm furwar keyn schertz,
Er lies sein bestes kosten.

Er sprach zu seynem lieben son,
Die zeyt ist hie zurbarmen,
Far hyn meyns hertzen werde kron
Und sey das heyl dem armen,
Und hilff yhm aus der sunden not,
Erwurg fur yhn den bittern todt
Und las yhn mit dyr leben.

(Luther, «Nun frewt euch lieben Christen gmeyn...» 1523? W. A. 35, 424, 4.) Man bemerke: Gott ist barmherzig, d. h. es kann für ihn Zeit werden, sich zu erbarmen, weil und indem es ihn in Ewigkeit jammert, weil er seiner Barmherzigkeit nur zu gedenken braucht! Die Freiheit und Kraft seiner Barmherzigkeit ist also gerade nicht erst (so noch H. Cremer in seinem Lexikon-Art. ἔλεος), die eines «heilsökonomischen Verhaltens», sondern echt und recht die Freiheit und Kraft seiner ewigen Gottheit. Gott der Vater, der Sohn und der Heilige Geist ist in sich selber barmherzig. Eben in dieser wesentlichen Freiheit und Kraft redet und handelt er barmherzig in seiner Offenbarung, Versöhnung, Heiligung, in seinem Bunde mit Israel, in der Epiphanie und Parusie Jesu Christi.

Wir lesen Röm. 9, 16 in unmittelbarem Anschluß an das Zitat von Ex. 33, 19: «So liegt es nun nicht an Jemandes Wollen und Laufen, sondern an Gottes Erbarmen» und gleich darauf Röm. 9, 18: «Wessen er will, dessen erbarmt er sich». Auf alle Fälle auf dieser Linie ist dann auch Röm. 11, 32 zu verstehen: «Gott verschloß alle unter den Ungehorsam, auf daß er sich aller erbarme.» Gottes Barmherzigkeit ist Gottes Freiheit; darum ist es nicht möglich, unter diesen «Allen» mathematisch und mechanisch die Summe aller Menschen zu verstehen, denen Gott seine Gnade nun doch etwa als solchen schuldig wäre. Sie sind vielmehr nach den Stellen in Röm. 9 unzweifelhaft jenes erwählte Volk, das einst kein Volk war, jetzt aber sein Volk wurde, das Volk jener einst Gnadlosen, die jetzt Gnade gefunden haben (1. Petr. 2, 10). Eben als Gottes Barmherzigkeit ist sie notwendig wählende Gnade und als solche offenbar und wirksam an denen, die ihn lieben (Ex. 20, 6) und fürchten (Ps. 103, 13; Luk. 1, 50). Eben so und an diesen wird sie dann aber auch kräftig, unwidersprechlich, unwiderleglich offenbar und wirksam: so, daß keine menschliche Sünde und Schuld dazwischen treten kann, so, daß gerade die menschliche Sünde und Schuld zum Anlaß des gewaltigen göttlichen Mitleidens wird. Es ist wieder die Freiheit und die Kraft der «herzlichen Barmherzigkeit unseres Gottes», von der es Luk. 1, 78 f. heißt: in ihr sei es geschehen, «daß uns besucht hat der Aufgang aus der Höhe, zu leuchten denen, die da wohnen in der Finsternis und im Schatten des Todes, zu richten unsere Füße auf den Weg des Friedens». Es ist wieder diese Freiheit und diese Kraft der göttlichen Barmherzigkeit, von der es 1. Petr. 1, 3 heißt: nach ihr habe uns Gott «wiedergeboren zu einer lebendigen Hoffnung durch die Auferstehung Jesu Christi von den Toten», oder Tit. 3, 5: nach ihr — nicht auf Grund von Werken in Gerechtigkeit, die wir getan hätten — habe Gott uns gerettet durch das Bad der Wiedergeburt und Erneuerung kraft des Heiligen Geistes. Und wieder sie, wenn es von dem an Barmherzigkeit reichen Gott Eph. 2, 4 f. heißt, daß er uns, die in unseren Übertretungen Toten mit Christus lebendig gemacht habe. Und wieder sie Ps. 78, 37 f.: «Ihr Herz hielt nicht fest zu ihm und sie waren untreu seinem Bunde. Er aber in seiner Gnade und seinem Erbarmen, er vergab ihre Schuld und vertilgte sie nicht.» Und wieder sie Jes. 54, 7—10: «In kurzem Unmut habe ich dich verlassen, doch mit großem Erbarmen werde ich dich versammeln. Im Aufwallen des Zornes verbarg ich einen Augenblick mein Antlitz vor dir, aber mit ewiger Güte habe ich mich deiner erbarmt, spricht der Herr, dein Erlöser ... denn die Berge mögen weichen und die Hügel wanken, aber meine Gnade soll nicht von dir weichen und mein Friedensbund nicht wanken, spricht der Herr, dein Erbarmer.» Man muß in allen diesen und ähnlichen Sätzen die Prädikate vom Subjekt her und dann das Subjekt in diesen seinen Prädikaten verstehen. Daß er, Gott, indem er zürnt, nicht nur zürnt, sondern um dessenwillen, was seinen Zorn erregt, seinem Zorne Grenzen setzt und mitleidig ist und daß dieses Mitleid nun eben sein und also ein eben dort, wo sein Zorn tötet, lebendigmachendes, wiedergebärendes, erleuchtendes Mitleid ist, das ist das Geheimnis und zugleich die einfache, offenbare Wirklichkeit seines Erbarmens.

Man bemerke, daß es, gerade wenn wir bekennen, daß Gott barmherzig ist, von ferne nicht möglich ist, dies als eine irgendwoher deduzierbare Möglichkeit aufzuweisen, sondern daß es sich da schlechterdings nur um die Anerkennung der faktischen Wirklichkeit Gottes handeln kann. Was sollten wir zum Beweis dieses Bekenntnisses geltend machen, als das Faktum, daß Gott sich uns im Namen Jesu Christi so und nicht anders zu erkennen gegeben hat? Wo und wie wollten wir die Wirklichkeit der Barmherzigkeit Gottes anders erkennen als in diesem Namen?

Die Offenbarung dieses Namens als der Inbegriff dessen, auf was Israel gewartet hat, und dessen, wessen die Kirche sich erinnern darf, ist ja auch in der heiligen Schrift zugleich der Inbegriff der Realität der Barmherzigkeit Gottes. Wir können nicht hinter diesen Namen zurückgehen, um zu erfahren, warum Gott barmherzig ist. Wir können aber eben diesem Namen mit unüberwindlicher Gewißheit entnehmen, daß er es ist. Alles kommt bei dieser Erkenntnis und diesem Bekenntnis für uns darauf an, daß wir durch das Wort und den Geist Gottes so an diesen Namen gebunden werden, daß uns in und mit seiner Offenbarung, wie sie uns durch das Wort und den Geist bezeugt werden, sofort die Offenbarung der Barmherzigkeit Gottes vor Augen steht und stehen bleibt, daß wir uns eben durch diesen Namen göttlich und also unwidersprechlich und unwiderleglich getröstet sein lassen. Dadurch getröstet, daß wir es annehmen: Es ist nicht nur unsere Geschöpflichkeit, nicht nur die Bedürftigkeit und also das Elend unserer Existenz in ihrer schlechthinigen Abhängigkeit, sondern es ist wirklich auch das Elend dieses unseres Elendes, nämlich unser Widerspruch und Widerstand gegen den, von dem wir so schlechthin abhängig sind, der Gegenstand seiner *eigenen* Teilnahme, *seiner* Sorge, *seines* Leides und also auch *seines* Beistandes, *seines eigenen* Einsatzes. *Bevor* irgend ein Leid, das wir mit unserer Sünde und Schuld auf uns ziehen, uns getroffen hat oder treffen kann, bevor unsere Sünde als solche uns leid tut und leid tun kann, bevor Tod und Hölle uns schrecken können und bevor der größere Schrecken darüber, daß wir solche sind, die Tod und Hölle verdient haben, uns erreicht hat — *vorher* schon haben wir es eben in dem, an welchem wir sündigen und schuldig werden, eben in dem, dessen Strafe uns deshalb droht, mit dem Gott zu tun, der sich durch unsere Sünde und Schuld selber weh tun läßt, dem sie also keine fremde, sondern eine eigene Sache ist. Und so viel größer er, Gott, ist als wir, seine Geschöpfe, so viel größer ist dieses *sein* Leid um uns als alles Leid, das wir *selber* erfahren oder das wir selber um uns tragen könnten. Erkennen wir Gottes Barmherzigkeit in Jesus Christus, dann muß das bedeuten, daß wir aufhören dürfen, in dem von uns zu erfahrenden oder um uns selbst zu tragenden Leid sozusagen göttliches, ewiges, unaufhebbares Leid erfahren und tragen zu wollen. Weil Gott barmherzig ist, darum ist uns solch göttliches Leiden nicht nur abgenommen, sondern als Anmaßung, als eine im Grunde übermütige Tragik verboten. Es sind die Höhe und die Tiefe, es ist das Äußere und das Innere unseres Leides wirklich Gottes — und dann erst, als von Gott gesehen und getragen — auch unsere Sache. Was ist unser Leid, nachdem Gott es sich so zu Herzen gehen ließ, daß er seinen eigenen Sohn, um es zu wenden, dahingegeben hat? So hat unser Leid uns nicht getroffen, so *kann* es uns gar nicht treffen, wie es *ihn* getroffen hat. So können wir es uns selbst nimmermehr zu Herzen nehmen. Vor *der* Tiefe unseres Leides, wie es von Gott selbst gesehen, getragen und erlitten wird, muß die Klage über die Gestalt, in der es vor unseren Augen steht und auf uns wirkt, verstummen. Unsere Klage kommt zu spät und sie wird immer unverhältnismäßig viel zu schwach, sie wird ja auch immer ohnmächtig und letztlich unwahr sein! Denn was hilft alles Klagen, wenn das das Elend unseres Elends ist, daß wir eben Gott gegenüber Sünder und Schuldige sind — Gott gegenüber, dem gegenüber wir nichts gut machen können? Wer darf da klagen, wo Gott zu klagen hat, wo das Recht dazu allein sein Recht ist? Um sein Herz und nicht um unser Herz geht es, wo wir zu leiden meinen und klagen zu dürfen oder zu sollen meinen. Sein Herz ist verwundet, und zwar durch unser Herz verwundet. Wie könnten wir dieses Verhältnis umkehren und so tun, als ob wir sozus. im leeren Raume, als ob wir göttlich, ewig zu leiden oder um uns selber Leid zu tragen hätten? In der Erkenntnis und im Bekenntnis der Barmherzigkeit Gottes zerbricht gerade das, was man als die Tragik der menschlichen Existenz so ernst zu nehmen pflegt. Es gibt etwas Ernsteres als sie, nämlich dies, daß unsere Not — und zwar gerade die Not unserer Sünde und Schuld — in Freiheit aufgenommen, in Gott selber ist und dort erst, nur dort, wirkliche Not ist. Daß dem so ist, das ist die Barmherzigkeit Gottes. Vor ihr müssen wir verstummen, müssen wir ganz klein und bescheiden werden im Erleiden unserer Not und in der Klage darüber, im Protest und Streit dagegen. Aber dieses Müssen ist ein Dürfen! Denn das ist doch unser Elend in der dritten und entscheidenden Potenz: daß wir meinen, unser Elend, gerade das eigentliche Elend unserer Sünde und Schuld *selber* tragen, uns selbst anzuklagen, zu richten und zu reinigen und dann doch auch wieder uns selber über die Folgen unserer Sünde und Schuld beklagen zu müssen. Eben damit, als Widerstand gegen die Gnade Gottes, kommt ja unsere Sünde erst zu ihrer Eigentlichkeit, wird sie erst hoffnungslos sündig, werden alle ihre Folgen erst auswegslos schmerzlich. Und eben damit greift ja nun die Gnade Gottes als

Gottes Barmherzigkeit, greift Jesus Christus in die menschliche Existenz ein als die große Freude, die allem Volke widerfahren soll: damit, daß er diesen Widerstand gegen die Gnade bricht durch sich selber als die erschienene siegreiche Gnade, d. h. als die königliche Hinwegnahme unserer Sünde und Schuld durch Gott selber. Indem sie in Gottes Herz ist, ist sie nicht mehr die unsrige. Indem er sie erleidet, ist ihr Erleiden, ihre Strafe uns abgenommen, kann uns auch unser eigenes Leiden nur noch eine Erinnerung eben an *sein* Leiden sein. Indem er sich unsere Sünde und Schuld in seinem Sohne zu eigen machte, sind wir befreit von der Notwendigkeit, sie anders denn als die seinige, anders als im Glauben an ihn, und das heißt dann wirklich: anders als die von ihm von uns weggetane Sünde und Schuld zu sehen, zu erleiden, zu beklagen. Uns bleibt nur übrig, die zu sein, an deren Stelle er getreten ist, die also ihr Leben real in ihm haben.

In Freiheit, aber auch in Kraft hat der barmherzige Gott an unserer Stelle gehandelt. In Freiheit: denn unsere Sünde und Schuld war nicht die seine und mußte sie nicht werden. Weil dem so ist, darum glaubt der Glaube an Gottes Gnade und Erwählung, kraft welcher uns widerfährt, was wir nicht verdient haben. Aber auch in Kraft: denn er hat unsere Sünde und Schuld zu der seinigen gemacht und damit wirklich von uns weggetan; darum ist der Glaube Freudigkeit und Dankbarkeit, darum Gewißheit, die nicht mehr rückwärts, sondern nur noch vorwärts blicken kann. In Freiheit und Kraft und also einen demütigen aber starken Glauben erweckend, trat er darum an unsere Stelle, weil er Gottes ewiger Sohn, weil es in ihm offenbar war, daß Gott in sich selber barmherzig ist, weil es also nichts gibt, was hinter oder über dieser Stellvertretung noch wahrer und wirklicher wäre, weil eben diese Stellvertretung das Innerste und Eigentlichste in Gott selber, das Wesen seiner Gottheit ist, dem wir in Freudigkeit und Dankbarkeit die Ehre geben müssen, so gewiß wir nicht gegen ihn freveln dürfen, so gewiß wir Gott Gott sein lassen müssen.

Daß wir *müssen* und daß wir *dürfen*, das erscheint gerade an dieser Stelle, im Lichte der Barmherzigkeit Gottes, aufs neue als ein untrennbar Einziges. *Müssen* die Heiden oder *dürfen* sie Gott preisen wegen der ihnen widerfahrenen Barmherzigkeit (Röm. 15, 9)? Die Frage ist offenbar gegenstandslos. Auf Liebe mit Liebe zu antworten, erlaubt das Evangelium, gebietet das Gesetz Gottes. Aber wie sollte man es nicht auch umgekehrt sagen?

So also *liebt* Gott. Seine Liebe ist barmherzige Liebe. Es liegt im Wesen der Sache, daß wir nicht besonders zu unterstreichen brauchen: so barmherzig, wie er handelt, ist Gott auch in sich selber. Denn der Begriff Barmherzigkeit weist als solcher von Gottes Verhalten und Tun zurück auf Gottes Sein, auf sein Herz, auf seine Gesinnung und so auf ihn selber. Jedes Mißverständnis hinsichtlich des Begriffs der Gnade: als wäre sie etwa nicht ewig in Gott selber, wird unmöglich, wenn wir sie jetzt verstanden haben als barmherzige Gnade. Wie sie von da aus verstanden wird als Hinwendung Gottes nicht nur sondern als freies, kräftiges Mitleiden, so auch nach rückwärts als Erscheinung nicht nur, sondern als Beschaffenheit des Herzens und also des Wesens Gottes. Als barmherzige Gnade steigt die Liebe Gottes zugleich noch tiefer auf die Erde herunter und noch höher in den Himmel hinauf, als der Begriff Gnade an sich und als solcher uns verraten würde. In dem so erklärten Sinn muß er uns nun weiter begleiten.

Wenden wir uns nun zu dem in der heiligen Schrift so besonders bedeutsamen und in der Geschichte des christlichen Bekenntnisses so besonders umstrittenen Begriff der Gerechtigkeit Gottes, so haben wir uns wieder vor Augen zu halten, was uns schon bei dem Übergang vom Begriff der Gnade zu dem der Heiligkeit Gottes beschäftigt, was nachher unsere ganze Erklärung und Darstellung des Begriffs der Heiligkeit beherrscht hat: Hier tritt kein Zweites neben ein Erstes; hier geht es nach wie vor um das Erste und Eine. Nicht auch um das Zweite? Doch, ganz und gar auch um das Zweite. Man könnte sogar sagen: ganz und gar nur um das Zweite, weil ja auch dieses Zweite ganz und gar das Eine ist. In diesem Einen, in Gott selber, im Reichtum seines Wesens findet keine Teilung und also auch keine gegenseitige Begrenzung und Ergänzung seiner Eigenschaften statt. Wohl aber gilt dies von unseren Begriffen, in denen wir ihn auf Grund seiner Offenbarung in der Wahrheit seiner Einheit und seines Reichtums erkennen dürfen: dann nämlich, wenn dies in Demut geschieht und also ohne daß dieser oder jener unter unseren Begriffen herrschen wollen, System bilden wollen darf und also so, daß wir diese Begriffe sich untereinander begrenzen und ergänzen lassen, so also, daß wir, den Einen, das Eine, erkennend und bezeugend in seinem Reichtum, von Begriff zu Begriff weitergehen. Wir können aber nicht nach Belieben, wir müssen in Ordnung, in der durch den Gegenstand, durch die Offenbarung Gottes in Jesus Christus und also durch sein Wesen bestimmten Ordnung weitergehen. In dieser Ordnung muß die Barmherzigkeit Gottes seiner Gerechtigkeit vorangehen, wie seine Gnade seiner Heiligkeit vorangehen mußte. Nicht als ob Gott weniger heilig und gerecht als gnädig und barmherzig wäre. Gott ist Alles, was er ist, ganz. Er ist in Allem, was er ist, er selber. Und er ist Alles, was er selber ist, in unüberbietbarer, von nirgendswoher konkurrenzierbarer Vollkommenheit. Er ist es aber in seiner, nicht in irgend einer willkürlich bestimmten Vollkommenheit, also z. B. nicht in der Vollkommenheit eines Kreises oder einer Kugel, in der Vielheit seiner Vollkommenheiten nicht etwa den vielen dem Mittelpunkt gleich nahen und gleich fernen Punkten der Peripherie oder der Oberfläche eines solchen Gebildes zu vergleichen. Gott ist niemand und nichts zu vergleichen. Gott ist nur sich selbst gleich. Und wer und was er selbst ist, das haben wir weder mathematisch noch logisch noch moralisch noch psychologisch zu konstruieren, darüber haben wir schlechterdings ihn selbst zu hören. Tun wir das, halten wir uns an seine Offenbarung in Jesus Christus, dann ergeben sich aber auf Schritt und Tritt bestimmte Verhältnisse zwischen seinen Vollkommenheiten: nicht obwohl, sondern gerade weil er in jeder von ihnen nicht weniger als in der anderen ganz er selber ist. Wir sahen: es besteht ein Verhältnis zwischen Gottes Gnade und Heiligkeit, ein von der notwendig vorangehenden Gnade bestimmtes Verhältnis gegenseitiger Durchdringung und Erfüllung. Ganz entsprechend steht es nun auch zwischen der Barmherzigkeit und der Gerechtigkeit Gottes. Wir werden nicht weniger stark von Gottes Gerechtigkeit zu reden haben als von seiner Barmherzigkeit. Wir werden hier vielmehr womöglich noch stärker zu reden haben. Wir könnten das aber nicht tun, wir könnten gerade von der in der Bibel so hervorgehobenen Gerechtigkeit Gottes überhaupt nicht reden, ohne dabei von Gottes Barmherzigkeit her zu kommen. Als ein Verhältnis gegenseitiger Durchdringung und Erfüllung wird sich uns auch das Verhältnis von Gottes Barmherzigkeit und Gerechtigkeit darstellen, aber auch es so, daß es von der notwendig vorangehenden Barmherzigkeit Gottes her seine Bestimmung empfängt. Denn so und nur so entspricht es dem beständig zu beachtenden (und durch keine etwa willkürlich eingeführte Symmetrie zu ersetzenden) Schema der Offenbarung und also des Wesens Gottes.

Gottes Lieben ist darin das göttliche, von allem anderen Lieben verschiedene Tun und Sein, daß es gerecht ist. Die Gerechtigkeit Gottes ist, davon haben wir von Anfang an auszugehen, eine Bestimmung der Liebe und also der Gnade und also der Barmherzigkeit Gottes. Es hat aber Gottes Liebe, Gnade und Barmherzigkeit notwendig, wie sie die Bestimmung der Heiligkeit hat, so auch die der Gerechtigkeit. Notwendig: wäre sie nicht heilig, wäre sie nicht gerecht, so wäre sie nicht Gottes Liebe. Das ist aber ihre Auszeichnung und Bestimmung als gerechte und also als Gottes Liebe, daß Gott, indem er Gemeinschaft will und schafft, das tut und vollbringt, was seiner selbst würdig ist und also in dieser Gemeinschaft seine Würde gegenüber allem Widerspruch und Widerstand zur Geltung bringt und also in dieser Gemeinschaft allein seine Würde triumphieren und regieren läßt. In dieser Bestimmung und Auszeichnung und allein in ihr ist die Liebe Gottes seine, ist sie göttliche Liebe.

Die Definition muß so lauten wie angegeben, wenn hier nicht eine Aufspaltung des Wesens Gottes stattfinden, wenn die Gerechtigkeit Gottes in ihrer Einheit mit seiner Barmherzigkeit, aber auch rückwärts in ihrer Einheit mit seiner Heiligkeit sichtbar werden soll. In ihrer Einheit mit seiner Barmherzigkeit: Wir definierten diese als Bestimmung der zeitlichen Liebe und Gnade, u. zw. als Gottes in seinem Wesen liegende aktive Beteiligung am Elend eines Anderen. Daraus folgt nun gewiß nicht logisch, daß Gott gerecht ist, d. h. daß er, indem er in dieser Weise Gemeinschaft mit einem Anderen begründet und erhält, auch das seiner eigenen Würde Entsprechende will, tut und durchsetzt. Ist es aber faktisch so, daß Gott in diesem Sinn gerecht ist — und wir gehen seiner Offenbarung zufolge davon aus, daß er das ist — dann kann man von der eben gegebenen Definition seiner Gerechtigkeit auch dies nicht sagen, daß sie der seiner Barmherzigkeit logisch widerspreche. Gott muß nicht, aber er kann sich in der Weise des Elends eines Anderen annehmen, daß er eben damit, in der Begründung und im Vollzug dieser seiner Gemeinschaft mit einem Anderen, das seiner Würde Entsprechende tut. Unsere Definition der Gerechtigkeit kann neben der der Barmherzigkeit Gottes bestehen und also mit jener zusammen die Einheit Gottes sichtbar machen. Und dasselbe gilt im Blick auf die Einheit von Gerechtigkeit und Heiligkeit Gottes. Wir definierten Gottes Heiligkeit als die in der Begründung und im Vollzug von Gemeinschaft mit einem Anderen stattfindende Selbstbehauptung des Willens Gottes. Wiederum folgt daraus nicht logisch, daß Gott gerecht ist, daß das, was Gott in dieser Gemeinschaft will, tut und durchsetzt, das seiner Würde Entsprechende ist. Daß es eine Würde Gottes gibt, die in jener Selbstbehauptung seines Willens gewahrt, verteidigt, durchgesetzt wird, das ist in jener Selbstbehauptung als solcher nicht logisch notwendig eingeschlossen. Ist es aber faktisch in ihr eingeschlossen, weil es laut Gottes Offenbarung so ist, daß Gottes Heiligkeit seine Gerechtigkeit ist, dann besteht zwischen Gottes Heiligkeit und Gerechtigkeit nach den hier gegebenen Definitionen kein Widerspruch. Sie können dann nebeneinander stehen und in gleicher Weise das eine Wesen Gottes bezeichnen.

Wir sahen, wie die Definitionen der protestantischen Orthodoxie schon in dem Verhältnis von Gnade und Heiligkeit Gottes darin versagten, daß sie eben die Einheit seines Wesens nicht sichtbar machten. Dasselbe gilt auch hier.

Wir hören Quenstedt: *Iustitia Dei est summa et immutabilis voluntatis divinae rectitudo a creatura rationali quod rectum et iustum est exigens. Estque vel remuneratrix, qua bonos praemiis, vel vindicatrix, qua malos suppliciis afficit (Theol. did. pol.* 1685 I *c.* 8 *sect.* 1 *th.* 35). Diese Definition paßt freilich zu der von demselben Autor gegebenen Definition der Heiligkeit Gottes, in der ebenfalls das göttliche *exigere* eine so entscheidende Rolle spielt, nur zu gut. Auf derselben Linie hat später Schleiermacher die Gerechtigkeit Gottes definiert als «diejenige göttliche Ursächlichkeit, kraft deren in dem Zustand der gemeinsamen Sündigkeit ein Zusammenhang des Übels mit der wirklichen Sünde geordnet ist» (Der chr. Glaube § 84). Wo aber bleibt neben der so definierten Gerechtigkeit Gottes das, was auch Quenstedt die *gratiosissima voluntatis divinae propensio, qua Deo cordi est miseria hominis* nennt? Ist Gott in seiner Gerechtigkeit nur fordernd, bezw. die Erfüllung seiner Forderung belohnend, ihre Nicht-Erfüllung bestrafend, wie kann er sich dann in seiner Barmherzigkeit das Elend des Menschen zu Herzen nehmen? Und tut er dieses, wie kann er dann seiner Gerechtigkeit gerecht werden, wenn diese nur als fordernde und distributive zu verstehen ist? Wir stellen der

These dieses lutherischen Autors zur Illustration ihrer sachlichen Bedenklichkeit sofort Luther selbst gegenüber, dessen Einsichten sich im Laufe des 16. und 17. Jahrhunderts in seiner eigenen Kirche merkwürdig verflüchtigt haben. Luther hat sich 1532 in seiner Erklärung des 51. Psalms (zu v 3: *Miserere mei, Deus, secundum magnam misericordiam tuam)* folgendermaßen vernehmen lassen: *Sancti patres, qui in psalmos scripserunt, fere exposuerunt ‚iustus Deus' pro eo, quod iuste vindicat ac punit, non pro eo, quod iustificat. Inde mihi accidit iuveni, ut hanc appellationem Dei odissem et ex illa hexei seu habitu adhuc hodie quasi cohorresco, cum audio Deum iustum dici. Tanta est vis impiae doctrinae, si ea animo in prima aetate imbuantur, et tamen veteres doctores fere omnes sic exponunt. Sed si Deus sic iustus est, ut puniat iuste seu pro merito, quis potest subsistere in huius iusti Dei conspectu? Si quidem omnes sumus peccatores et afferimus ad Deum iustam poenarum infligendarum causam. Procul hinc cum tali iustitia et tali iusto Deo, quia nos omnes sicut «ignis consumens» vorabit. Quia autem Christum salvatorem Deus misit, profecto non hoc modo iustus vult esse, ut puniat pro merito, sed vult iustus esse et dici, ut agnoscentes peccata iustificet et eorum misereatur ...* Und zu v 16 *(Exultabit lingua mea iustitiam tuam): Hoc vocabulum Iustitiae magno sudore mihi constitit; sic enim fere exponebant, iustitiam esse veritatem, qua Deus pro merito damnat seu iudicat male meritos. Et opponebant iustitiae misericordiam, qua salvantur credentes. Haec expositio periculosissima est, praeterquam quod vana est, concitat enim occultum odium côntra Deum et eius iustitiam. Quis enim eum potest amare, qui secundum iustitiam cum peccatoribus vult agere? Quare memineritis, iustitiam Dei esse, qua iustificamur seu donum remissionis peccatorum. Haec iustitia in Deo grata est, facit enim ex Deo non iustum iudicem, sed ignoscentem patrem, qui iustitia sua vult uti non ad iudicandos, sed iustificandos et absolvendos peccatores. Hanc tuam iustitiam, inquit, non iustitiam hominum aut Mosis, ego cum gaudio et laetitia praedicabo, etiam si mihi hostes capiendi sint omnes homines, modo tu hoc facias ut etiam coram ecclesia me absolvas.* (W. A. 40 II, 331, 25 u. 444, 36). Und in der Vorrede zu seinen lateinischen Schriften von 1545 hat Luther dieselbe Sache in der berühmten Zusammenfassung seines theologischen Werdegangs noch einmal so dargestellt: *Miro certe ardore captus fueram cognoscendi Pauli in Epistola ad Rom., sed obstiterat hactenus non frigidus circum praecordia sanguis sed unicum vocabulum, quod est Cap.* 1: *iustitia Dei revelatur in illo. Oderam enim vocabulum istud «iustitia Dei», quod usu et consuetudine omnium doctorum doctus eram philosophice intelligere de iustitia (ut vocant) formali seu activa, qua Deus est iustus et peccatores iniustosque punit. Ego autem, qui me, utcumque irreprehensibilis monachus vivebam, sentirem coram Deo esse peccatorem inquietissimae conscientiae nec mea satisfactione placatum confidere possem, non amabam, imo odiebam iustum et punientem peccatores Deum, tacitaque si non blasphemia, certe ingenti murmuratione indignabar Deo, dicens: quasi vero non satis sit, miseros peccatores et aeternaliter perditos peccato originali omni genere calamitatis oppressos esse per legem decalogi, nisi Deus per euangelium dolorem dolori adderet et etiam per euangelium nobis iustitiam et iram suam intentaret. Furebam ita saeva et perturbata conscientia, pulsabam tamen importunus eo loco Paulum, ardentissime sitiens scire, quid S. Paulus vellet. Donec miserente Deo meditabundus dies et noctes connexionem verborum attenderem, nempe: Iustitia Dei revelatur in illo, sicut scriptum est: Iustus ex fide vivit, ibi iustitiam Dei coepi intelligere eam, qua iustus dono Dei vivit, nempe ex fide, et esse hanc sententiam, revelari per euangelium iustitiam Dei, scilicet passivam, qua nos Deus misericors iustificat per fidem, sicut scriptum est: Iustus ex fide vivit. Hic me prorsus renatum esse sensi et apertis portis in ipsam Paradisum intrasse. Ibi continuo alia mihi facies totius scripturae apparuit. Discurrebam deinde per scripturas, ut habebat memoria, et colligebam etiam in aliis vocabulis analogiam, ut opus Dei, id est, quod operatur in nobis Deus, virtus Dei, qua nos potentes facit, sapientia Dei, qua nos sapientes facit, fortitudo Dei, salus Dei, gloria Dei. Iam quanto odio vocabulum ‚iustitia Dei' oderam ante, tanto amore dulcissimum mihi vocabulum extollebam, ita mihi iste locus Pauli fuit vere porta Paradisi. Postea legebam Augustinum de spiritu et litera, ubi praeter spem offendi, quod et ipse iustitiam Dei similiter interpretatur: qua nos Deus induit, dum nos iustificat ... Istis cogitationibus armatior factus coepi Psalterium secundo interpretari ...* (W. A. 54, 185, 14). Blickt man von da aus auf die These von Quenstedt zurück, so wird man gewiß gewarnt sein davor, das Problem auf der von ihm angegebenen Linie aufzunehmen.

Wir haben aber an dieser Stelle einen Vorbehalt auch gegen den Reformierten Polanus anzumelden. Er definiert die Gerechtigkeit Gottes als *voluntas eius per quam ipse iustus est et omnis iustitiae in creaturis autor,* und fährt dann fort: *Iustitiae divinae regula summa perfectissima et infallibilis est voluntas eius. Nam Deus sibi ipsi lex est. Quicquid Deus fieri vult, eo ipso quod vult, iustum est: Quicquid Deus facit, scit et vult (Synt. Theol. chr.* 1609 *col.* 1157 f.). Man kann von dieser Formulierung der Gerechtigkeit Gottes zwar nicht sagen, daß sie mit der seiner Barmherzigkeit in Streit gerate. Man kann gewiß ohne Widerspruch ergänzen: Gottes Barmherzigkeit ist darum Gerechtigkeit, weil sie sein Wille und weil Gottes Wille, da Gott sich selber Gesetz ist, notwendig gerechter Wille ist. Aber es ist doch folgenschwer, daß dies ergänzt werden muß, daß dieser Zusammenhang, in welchem der Wille Gottes als *eo ipso* gerecht offenbar wird und in welchem er auch in Gott selbst *eo ipso* gerecht ist, hier so wenig wie bei Quenstedt in die Definition aufgenommen ist. Indem dieser Zusammenhang fehlt, bekommt die an sich richtige Begründung der Gerechtigkeit im Willen Gottes als solchem einen eigentümlich willkürlichen Charakter, der nun, umgekehrt als bei Quenstedt, die Heiligkeit Gottes zu kompromittieren droht. Denn wenn Gott in der Tat sich selber Gesetz und insofern gerecht ist, so unterscheidet er sich doch darin von einem Tyrannen, der heute liebkost und morgen schlägt, daß sein seinem eigenen Gesetz gehorchender Wille als guter, als ein seiner selbst würdiger und also wirklich gerechter Wille offenbar wird, und eben solcher Wille in sich selber ist. Dies kann aber in der Abstraktion, in der auch bei Polan von der Gerechtigkeit Gottes die Rede ist, nicht sichtbar werden. Es wäre sichtbar geworden, wenn er die Gerechtigkeit Gottes — auf einer Linie, die er im weiteren Verlauf seiner Darlegung übrigens in glücklicher Weise wieder gefunden hat — im Zusammenhang mit den Begriffen der Liebe und also der Gnade und Barmherzigkeit Gottes, als eine Bestimmung der Art, wie Gott Gemeinschaft begründet und erhält, definiert hätte. Wird bei Quenstedt nicht sichtbar, wie neben der Gerechtigkeit Gottes seine Barmherzigkeit möglich ist, so ist es bei Polan (wenigstens nach seiner Definition) nicht verständlich, wie Gott zugleich barmherzig und doch gerecht sein kann. Und wie man sich gegenüber der Trennung der Gerechtigkeit Gottes von seiner Barmherzigkeit durch Luther zur Ordnung rufen lassen kann, so gegenüber der Trennung der Barmherzigkeit Gottes von seiner Gerechtigkeit durch Anselm von Canterbury, bei dem man nützliche Anregung findet, das Problem, wie es ja geschehen muß, auch von dieser Seite zu sehen und zu bedenken. Wie kann Gott Guten und Bösen gut sein, sich also auch der Bösen erbarmen und doch und gerade so gerecht sein? so hat Anselm die Frage zunächst Prosl. 9—11 gestellt. Er hat sie dort so beantwortet: Gerade von der verborgenen Grundgüte Gottes (dem *altissimum et secretissimum bonitatis tuae* als der unerforschlichen Quelle seines Wesens) geht der Strom seiner Barmherzigkeit aus. Also gerade weil Gott *totus et summe iustus* ist, ist er auch den Bösen — nicht einfach allen Bösen, aber auch Bösen — gut. Er wäre nicht der vollkommen Gute, wenn er nicht Guten und Bösen, sondern etwa nur Guten gut wäre, wenn er nicht auch den Bösen als Richter und als Erbarmer begegnete. Was aus seiner Güte stammt, das ist als solches auch gerecht. *Si misericors es, quia es summe bonus, et summe bonus non es, nisi quia es summe iustus: vere idcirco es misericors quia summe iustus es.* Gottes Barmherzigkeit — wir sehen, wie Anselm hier gerade den umgekehrten Weg geht als Luther, um doch in der Sache zum selben Ergebnis zu kommen — wird erkannt aus seiner Gerechtigkeit: *misericordia tua nascitur ex iustitia tua.* Wie das? Es besteht Gottes Gerechtigkeit darin, daß er sich selbst gerecht ist, d. h. daß er die Güte ist, die größer nicht gedacht werden kann. Diese Güte ist es aber, in der er nicht nur richtet, sondern sich auch erbarmt, indem er aus Bösen Gute macht. *Hoc itaque modo iustus est, ut parcas malis et ut facias bonos de malis.* Erbarmt er sich der Bösen, so tut er es gerade nicht ungerechter, sondern gerechter Weise. Er tut es nicht *quia illorum meritis* (dann täte er es ungerechter Weise!), *sed quia bonitati tuae condecens est ... Ita iustus es, non quia nobis reddio debitum, sed quia facis, quod decet te summe bonum ... Sic ergo nascitur de iustitia tua misericordia tua; quia iustum est, te sic esse bonum, ut et parcendo sis bonus.* Es ist darum gerecht, weil Gott es will. Und was Gott will, ist darum gerecht, weil er will, was seiner würdig ist. Etwas anders, nämlich jetzt konkret in Bezug auf das geschichtliche Handeln Gottes in der Versöhnung, hat Anselm die Frage in *Cur Deus homo?* I, 12 und 24 gestellt. Sollte Gott nicht auch *sola misericordia* und also ohne rechtliche Wiederherstellung seiner verletzten Ehre Sünden vergeben können? Antwort: In Gottes Reich gibt es keine Unordnung. Gäbe es eine durch jene *sola misericordia* sozusagen stehen gelassene und insofern göttlich legitimierte, keiner göttlichen Bestrafung ausgesetzte, keiner göttlich-rechtlichen Wiederherstellung bedürftige Ungerechtigkeit, dann würde diese *iniustitia* Gott gegenüber sozus. den Charakter einer zweiten Gottheit haben. Eben indem uns Gott gebietet, unseren Schuldnern zu vergeben, will er von uns haben, daß wir uns nicht (als Richter) anmaßen, was seine Sache ist. Es ist aber seine Sache eben in der Freiheit seiner Güte, in der er über aller Notwendigkeit steht, unter allen Umständen seine *dignitas* zu wahren. *Libertas enim non est nisi ad hoc, quod expedit aut quod decet, nec benignitas dicenda est, quae aliquid Deo indecens operatur.* Gott kann nur wollen, was seiner würdig ist. Eben das will er aber auch. In der Freiheit seiner Güte kann also das Unterlassen einer rechtlichen Wiederherstellung der durch die Sünde gestörten Ordnung seines Reiches nicht begründet werden. Gerade in ihr ist vielmehr das Gegenteil begründet. Barmherzigkeit wäre das ja gar nicht, die dem Menschen zwar Vergebung vermitteln, ihn aber in seiner Ungerechtigkeit belassen würde. Ungerechtigkeit heißt ja, indem sie nicht nur Unrecht, sondern auch Ohnmacht ist, Unseligkeit. Geht es in Gottes Barmherzigkeit um des Menschen Seligkeit, dann muß gerade sie die Form jener rechtlichen Wiederherstellung und also eines Triumphs der Gerechtigkeit Gottes haben.

Wir haben von Luther von der einen und von Anselm von der anderen Seite zu lernen, daß es keine Gerechtigkeit gibt, die nicht Barmherzigkeit und keine Barmherzigkeit, die nicht Gerechtigkeit Gottes wäre. Ist dem so, dann ist aber einzusehen, daß uns auch ein Schwanken hin und her zwischen Gottes Barmherzigkeit hier und Gottes Gerechtigkeit dort, ein unsicher abwechselndes Betrachten und Ernstnehmen jetzt dieser, jetzt jener, auf keinen Fall weiterführen könnte. Bernhard von Clairvaux hat Gerechtigkeit und Barmherzigkeit die beiden Füße Gottes genannt: *curato, ut neutro frauderis illorum. Si dolore peccati et iudicii timore compungeris, veritatis iudiciique vestigio labia impressisti. Si timorem doloremque divinae intuitu bonitatis et spe consequendae indulgentiae temperas, etiam misericordiae pedem te amplecti noveris. Alioquin alterum sine altero osculari non expedit, quia et recordatio solius iudicii in barathrum desperationis praecipitat et misericordiae fallax assentatio pessimam generat securitatem. (In Cant. serm. 6).* Aber könnte nicht auch dieses Bild von den zwei Füßen der fatalen Vorstellung dienen, als ob es wirklich Gottes Gerechtigkeit sei, die wir ohne seine Barmherzigkeit und Gottes Barmherzigkeit, die wir ohne seine Gerechtigkeit «küssen» könnten? Könnte nicht auch hier den beiden richtig angezeigten Gefahren der *desperatio* und der *securitas* Vorschub geleistet werden? Die Einheit, auf die Luther und Anselm uns aufmerksam machen, scheint Augustin doch schärfer gesehen zu haben als Bernhard: *intendite ipsam misericordiam et iudicium... Ne putetis, quia ista a se possunt in Deo aliquo modo separari. Videntur enim sibi aliquando contraria: ut qui misericors est, non servet iudicium, et qui iudicii tenax est, obliviscatur misericordiam. Omnipotens est Deus, nec in misericordia amittit iudicium, nec in iudicio misericordiam (Enarr. in* Ps. 32, zu v 5).

Wir können zur biblischen Begründung dieses Sachverhalts zunächst davon ausgehen, daß in der heiligen Schrift eben die Bezeugung der Barmherzigkeit Gottes nicht selten die Gestalt einer Mahnung hat: «Dein Erbarmen ist groß, o Herr, erhalte mein Leben nach deinen Ordnungen» (Ps. 119, 156). «Zerreißet euer Herz und nicht eure Kleider und kehret um zu dem Herrn, eurem Gott, denn er ist gnädig und barmherzig, langmütig und reich an Huld und es gereuet ihn des Übels» (Joel 2, 13). «Deshalb, weil wir diesen Dienst haben, gemäß der Barmherzigkeit, die uns widerfahren ist, werden wir nicht müde» (2. Kor. 4, 1). «Ich ermahne euch nun, Brüder, durch das Erbarmen Gottes, eure Leiber darzustellen als ein lebendiges, heiliges, Gott wohlgefälliges Opfer: euer vernünftiger Gottesdienst» (Röm. 12, 1). Oder in noch direkterer Anwendung: «Seid barmherzig, wie euer Vater im Himmel barmherzig ist» (Luk. 6, 36). Und im Gleichnis vom Schalksknecht: «Mußtest du dich nicht erbarmen deines Mitknechtes, wie ich mich deiner erbarmt habe?» (Matth. 18, 33). Diesen Stellen stehen aber gerade auch im Alten Testament mindestens ebenso viele solche gegenüber, in denen umgekehrt gerade die Erinnerung an die Gerechtigkeit und das Gericht Gottes die Form von Äußerungen des Vertrauens, der Dankbarkeit und der Freude bekommt. Wir lesen Jes. 30, 18—21 (in unmittelbarer Fortsetzung einer Gerichtsdrohung) Folgendes: «Und darum harrt der Herr darauf, euch gnädig zu sein und darum erhebt er sich, daß er sich eurer erbarme; denn ein Gott des Rechtes ist der Herr. Wohl Allen, die auf ihn harren! Ja, du Volk in Zion, das zu Jerusalem wohnt, weinen wirst du nicht! Erbarmen wird er sich deiner, wenn du schreist; kaum vernimmt ers, hat er dich schon erhört. Und gab euch der Herr Brot der Not und Wasser der Drangsal, so wird dein Lehrer sich nicht mehr verbergen, sondern deine Augen werden stets deinen Lehrer sehen, und wenn ihr zur Rechten oder zur Linken abweichen wollt, werden deine Ohren den Ruf hinter dir vernehmen: Dies ist der Weg, den gehet!» In seiner Gerechtigkeit leitet der Herr den Weg dessen, der ihn anruft um seiner Feinde willen (Ps. 5, 9). Er errettet ihn nach seiner Gerechtigkeit und läßt ihn nimmermehr zuschanden werden (Ps. 31, 2) und darum ist Gottes Gerechtigkeit und sind seine Rechte, seine Rechtssatzungen und seine Gerichte, wenn man aufs Ganze sieht, ebensosehr ein Gegenstand der Lust (Ps. 119, 16), der Freude (Ps. 48, 11 f.), des Dankes (Ps. 7, 18), wie der Ehrfurcht und des Schreckens. Und darum ist, wenn das Alte Testament von dem Gesetz Gottes als von der Offenbarung seiner Gerechtigkeit redet, auch da, wo es um seine Übertretung und also um seine Drohung geht, sicher durchweg (nicht nur im 119. Psalm!) auch das mitzuhören, daß es die große Wohltat Gottes an Israel — die mißachtete, verschmähte, zurückgestoßene und darum zum Fluch werdende, aber in sich beständige Liebe Gottes ist, wie es ja noch mitten in der paulinischen Polemik gegen den Nomos (Röm. 7, 7, 12—14, 16) immer wieder sichtbar wird. Gerade als der Barmherzige ist Gott nach der Schrift zu fürchten und gerade als der Gerechte ist er zu lieben. Wer hier trennen, ja wer hier auch nur der Umkehrung von Furcht und Liebe ausweichen wollte, der würde einen anderen Gott meinen, als den, der in der Schrift so heißt.

Aber versuchen wir es nun, die Sache im Zusammenhang darzustellen. Der, der in der heiligen Schrift Gott heißt, ist in der Tat — nicht nur auch, nicht nur teilweise, nicht nur nach einer besonderen Seite oder Erscheinung seines Wesens, sondern ganz und gar der Richter, seine Offenbarung ganz und gar das Gesetz, das seinen Willen als Gerechtigkeit kundgibt und von aller Ungerechtigkeit unterscheidet, sein Tun ganz und gar die Durchführung dieses Gesetzes.

Das Neue Testament unterscheidet sich darin nicht vom Alten. Es ist auch der Dienst des Neuen Testamentes der «Dienst der Gerechtigkeit» (2. Kor. 3, 9). Man ruft auch im Neuen Testament «den als Vater an, der ohne Ansehen der Person richtet nach eines jeglichen Werk» (1. Petr. 1, 17). Es ist auch der Stuhl des im Neuen Testament verkündigten Jesus Christus ein Richterstuhl, von dem ein jeder empfängt, je nachdem er bei Leibesleben gehandelt hat, es sei gut oder böse (2. Kor. 5, 10; Röm. 14, 10). Man schafft auch im Neuen Testament seine Rettung mit Furcht und Zittern, weil Gott es ist, «der in euch beides wirkt, das Wollen und das Vollbringen» (Phil. 2, 12—13), d. h. weil man weiß, daß man es eben in dem, der das wirkt, mit dem Richter und eben in diesem Wirken selbst mit seinem Richten zu tun hat. Man lebt auch im Neuen Testament, man lebt auch und gerade im Glauben an Jesus Christus in der Verantwortlichkeit gegenüber dem, der sich diesem Glauben offenbart hat: «Wer da hat, dem wird gegeben werden und er wird die Fülle haben; wer aber nicht hat, dem wird auch das genommen werden, was er hat» (Matth. 13, 12). Man darf also den Begriff der Gerechtigkeit auf alle Fälle weder im Alten noch im Neuen Testament so deuten, daß vom Gesetz, vom Richter und seinem Richten schließlich gar nicht mehr oder doch nicht mehr ernstlich und eigentlich die Rede ist. Das wird gelegentlich gegen Luther zu sagen sein: daß Gott in seiner Gerechtigkeit in der Tat der *ignoscens pater* ist, das kann nicht bedeuten, daß er aufhört, der *iustus iudex* zu sein. Das ist vor Allem gegen A. Ritschl zu sagen. Man wird anerkennen müssen, daß er in seiner Polemik gegen die *iustitia distributiva* der orthodoxen Dogmatik etwas biblisch Richtiges gesehen und gemeint und ihr gegenüber die bessere Einsicht Luthers wieder in Erinnerung gebracht hat. Er ist aber, wie es nach seiner Stellung zu dem Problem der Heiligkeit und des Zornes Gottes nicht anders zu erwarten ist, sofort nach der anderen Seite zu weit gegangen, wenn er die Gerechtigkeit Gottes nun einfach auflöste in «die Folgerichtigkeit der göttlichen Leitung der Menschen zum Heil, welche teils an den frommen und aufrichtigen Anhängern des alten Bundes sich bewährt, teils in Aussicht genommen wird für die Gemeinde, in der sich die Herrschaft Gottes zu ihrem Heil vollenden soll», wenn er in ihr nur noch den «Maßstab der eigentümlichen Wirkungen, durch welche die Gemeinde Christi zustande gebracht und ihrer Vollendung entgegengeführt wird» sehen wollte, wenn er sie schließlich einfach mit der Gnade identifizierte (Unterr. in d. chr. Rel. 1875 § 16). Gewiß ist Gottes Gerechtigkeit mit Gottes Gnade identisch, aber gerade als Gerechtigkeit ist sie das und gerade inwiefern sie es als Gerechtigkeit ist, muß hier gesehen und verstanden werden. Darum bedeutet es aber auch eine Abschwächung, wenn Fr. Nitzsch der Gerechtigkeit Gottes die allgemeine Bedeutung der «Lindigkeit» ἐπιείκεια) geben wollte: nach Aristoteles «die Milde des Richters, der ohne das Gesetz zu verletzen oder parteiisch zu werden, individuelle Umstände berücksichtigt». Gott wäre nach Nitzsch der König und Erlöser des Bundesvolkes, der «die ihn beherrschende, aus seiner eigenen Heiligkeit stammende Norm so handhabt, daß er aus Rücksicht auf die besondere Schonungsbedürftigkeit des bundestreuen Volkes nicht das ‚Zahn um Zahn', sondern die Gnade walten läßt als ein milder Richter und Regent» (Lehrb. d. ev. Dogm.[3] 1912, S. 467 f.). Daß Gott in der

Tat Milde walten läßt, darüber wird unter dem Gesichtspunkt der Geduld Gottes zu reden sein. Aristoteles aber hat hier gar nichts zu suchen. Es ist in der biblischen Beschreibung der Gerechtigkeitsübung Gottes von einer Berücksichtigung individueller Umstände, von solcher Begrenzung seiner Gerechtigkeit durch seine Milde, es ist davon, daß Gott «Gnade vor Recht» gehen ließe, nirgends die Rede, sondern überall davon, daß er Recht unbedingt Recht und Unrecht ebenso unbedingt Unrecht sein läßt und demgemäß richtet, belohnt und straft, ohne sich weder nach der einen noch nach der anderen Seite auch nur um Fingersbreite zurückzunehmen. Nur wenn man das uneingeschränkt gelten läßt, versteht man, was es bedeutet, daß auch Gottes Gerechtigkeit in der Tat eine Bestimmung seiner Liebe ist, daß es Gnade ist, was in seinem Gericht empfangen wird. Um das zu verstehen, muß verstanden werden, daß es Gericht ist, was in seiner Gnade empfangen wird. Eben indem Gott Sünden vergibt in seiner Barmherzigkeit, richtet er. Es ist wörtlich zu verstehen, wenn Paulus Röm. 1, 16 f. das Evangelium darum die rettende Kraft Gottes für jeden Glaubenden nennt, weil in ihm die Gerechtigkeit Gottes offenbar wird: nicht eine uneigentliche, nicht eine abgeschwächte und eingeschränkte, sondern, wie die Fortsetzung v 18 f. (von der gleichzeitigen Zornesoffenbarung über alle Gottlosigkeit und Ungerechtigkeit der Menschen) zeigt, die unbedingte, also nicht zu umgehende und nicht zu beugende, die durchaus auch als *iustitia distributiva* zu verstehende ewige Gerechtigkeit Gottes. Nicht daß sie an diesem Begriff festgehalten, sondern daß sie nicht nach Anweisung der heiligen Schrift eben unter diesem Begriff die Barmherzigkeit Gottes verstanden und verständlich gemacht haben, war der Fehler der orthodoxen Dogmatiker. Es geschieht gerade die Vorherbestimmung Jesu Christi zum ἱλαστήριον ἐν τῷ αὐτοῦ αἵματι als Grund der die Sünder umsonst rechtfertigenden Gnade, wie Röm. 3, 24 f. zweimal hervorgehoben wird: πρὸς τὴν ἔνδειξιν τῆς δικαιοσύνης αὐτοῦ, also nicht zur Durchsetzung einer von seiner Gerechtigkeit verschiedenen Willensrichtung Gottes, sondern zur Durchsetzung seines einen gerechten Willens: εἰς τὸ εἶναι αὐτὸν δίκαιον καὶ (indem er!) δικαιοῦντα τὸν ἐκ πίστεως Ἰησοῦ (Röm. 3, 26). Eben darum ist es denn auch kein inkonsequenter nachträglicher Vorbehalt, sondern die folgerichtigste Erklärung eben der sündenvergebenden Gnade als solcher, wenn Paulus wenige Verse später, nachdem er v 28 die Gerechtigkeit aus Glauben ausdrücklich von der aus den Werken abgegrenzt, in v 31 den Gedanken, daß das die Aufhebung des Gesetzes bedeuten könnte, mit Entsetzen von sich weist: μὴ γένοιτο· ἀλλὰ νόμον ἱστάνομεν. Und wie es unbedingt gerechtes Richterwalten Gottes ist, was jenen Grund der Gnade schafft, so ist es auch unbedingte, wirkliche Gerechtigkeit, was dem glaubenden Sünder (nach Röm. 4, 5 dem Gottlosen), der seinerseits keine ihn rechtfertigenden Werke vorzuweisen hat (und solche tun zu können, auch nicht wähnt) zugeschrieben wird. Es ist auch dieses Zuschreiben (λογίζεσθαι) als solches nicht das, was wir unter einem «Gnadenakt» zu verstehen pflegen, keine «Amnestie». Es erfolgt dieses Zuschreiben vielmehr daraufhin, daß diesem Sünder Gerechtigkeit tatsächlich zukommt und also von rechtswegen zugeschrieben werden muß: weil er tatsächlich Recht hat gegenüber jeder gegen ihn erhobenen Anklage, weil er das Gesetz erfüllt hat. Es ist der Gottlose, wie H. Cremer (Die Lehre von den Eigenschaften Gottes 1917, S. 49) richtig sagt, nicht vor Gottes Hand, sondern durch seine Hand, und zwar durch seine gerechte Hand gerettet.

Gott kann sich selbst in seiner Gerechtigkeit nicht stärker bejahen und bestätigen, er kann das Gesetz als seine eigenste und eigentlichste Offenbarung nicht stärker bezeugen und bekräftigen, er kann auch den Gottlosen nicht stärker an sich selbst als den Gerechten und an sein Gesetz binden, als gerade durch seine sündenvergebende Gnade. Denn gerade sie ist nach allen Seiten: in ihrer Begründung im Willen Gottes, in ihrem Vollzug im Tode Jesu Christi, in ihrer Zuwendung an die Glaubenden durch und durch der Existenzbeweis des gerechten Gottes. Gott braucht seiner Gerechtigkeit nichts zu vergeben, indem er barmherzig ist. Gerade indem er barmherzig ist, ist er gerecht. Er ist barmherzig, indem er wirklich fordert und dementsprechend straft und belohnt.

Daß Gott die Zeiten der Unwissenheit übersieht (Act. 17, 30) bedeutet so wenig wie die Röm. 3, 26 erwähnte ἀνοχή gegenüber den geschehenen Sünden dies, daß Gott die Unwissenheit oder die Sünden gutheißt oder auch nur, sie ignorierend, auf sich beruhen läßt. Sondern was Röm. 3 als der Erweis der Gerechtigkeit Gottes bezeichnet wird, in welchem sich Gott der Sünde richtend gegenüberstellt, das wird Act. 17, 30 f. beschrieben als der Anbruch des Tages, an welchem Gott durch die Auferstehung Jesu Christi von den Toten Allen den Glauben anbietet (πίστιν παρασχών). Wozu? Als Hintertüre, durch die sie seiner Gerechtigkeit entgehen möchten? Nein, sondern eben damit «verkündigt er allen Menschen allüberall Buße zu tun, demgemäß, daß er einen Tag angesetzt hat (das ist der Tag des Glaubens!), an dem er (nach Ps. 96, 13) den Erdboden richten will in Gerechtigkeit». Wir können und müssen schon hier ins Alte Testament hinüberblicken, wo es etwa Jes. 1, 24 f. in derselben Unbedingtheit gerade von dem gnädigen Handeln Gottes an Jerusalem heißt: «Darum spricht der Herr, der Gott der Heerscharen, der Starke Israels: Ha! Ich will mich letzen an meinen Widersachern und mich rächen an meinen Feinden! Und ich will meine Hand wider dich wenden und deine Schlacken läutern im Schmelzofen und wegschaffen alle deine Bleistücke. Ich will dir wieder Richter geben wie vor alters und Ratsherren wie vorzeiten. Alsdann wird man dich nennen Rechtsburg, treue Stadt. Zion wird durch Recht erlöst und seine Bekehrten durch Gerechtigkeit. Aber Verderben über die Abtrünnigen und Sünder zumal! Und die den Herrn verlassen, kommen um». Das ist darum nicht weniger konkret in die damalige Lage hinein gesagt, weil es diese Lage mit dem kommenden Tag des Herrn konfrontiert: sondern gerade indem das geschieht, sagt der Prophet Gottes Wort in diese Lage hinein. Und es ist dieser Tag des Herrn darum nicht weniger der Tag der Gnade und des Heils, weil er offenkundig so notwendig als Tag des Gerichts beschrieben werden muß: sondern gerade so, indem Gott sein Recht behauptet gegenüber den Menschen und neues Recht, sein Recht, unter ihnen aufrichtet — gerade so, gerade in und mit dem Schrecken, den das notwendig bedeutet, handelt er barmherzig an ihnen. Er wäre nicht barmherzig, wenn er auch nur um ein Kleinstes weniger gerecht wäre. Das wäre nicht das Himmelreich, nahe herbeigekommen als das Reich der Sündenvergebung und Erlösung, das nicht, wie es nach Matth. 3, 2 und 4, 17 Johannes der Täufer und Jesus in denselben Worten getan haben, eben mit dem Ruf zur Buße verkündigt werden müßte. Und da wäre gerade die Verkündigung des Himmelreichs nicht gehört, da wäre kein Eingang in dieses Reich, wo diese Verkündigung als Auflösung des Gesetzes und der Propheten oder auch nur des kleinsten Teiles ihrer Botschaft verstanden würde, wo ihr nicht eine Gerechtigkeit entspräche, die besser ist als die der Pharisäer und Schriftgelehrten (Matth. 5, 17—20). Gerade die Gerechtigkeit Gottes und des Himmelreiches hat Israel immer wieder verkannt (Röm. 10, 3). Indem der Tag der Offenbarung der Gerechtigkeit Gottes anbricht, indem in der Epiphanie Jesu Christi, in und mit der Verkündigung des Evangeliums das Himmelreich nahe herbeigekommen ist, ist gerade Buße das Eine, was Israel not tut. Lesen wir in der Parallele Mc. 1, 15: Tut Buße und glaubet an das Evangelium, so wird in diesem Zusatz ebenso bestimmt die Buße als Glaube und der Glaube als Buße ausgelegt. Es kann, wie es noch in den Ausgängen des neutestamentlichen Zeugnisses (2. Petr. 1, 1) sehr deutlich ist, gerade im Glauben nur darum gehen, die offenbarte Gerechtigkeit Gottes zu erkennen und ihr gehorsam zu werden.

Denn gerade das ist nach der Schrift Alten und Neuen Testamentes der Erweis und die Betätigung der Gerechtigkeit Gottes, gerade das macht auf Seiten des Menschen Buße und Gehorsam nötig: daß Gott mit ihm in einen Bund tritt und ihm zusagt, daß ihm seine Sünden vergeben und das ewige Leben gewiß sein soll. Gerade Gottes Liebe, Gnade und Barmherzigkeit, gerade Jesus Christus nach dem Zeugnis des Alten und Neuen Testamentes ist also der Erweis und die Betätigung der Gerechtigkeit Gottes. Und gerade so und nur so kann seine Liebe, Gnade und Barmherzigkeit erkannt, empfunden und empfangen, gerade so und nur so kann an Jesus Christus geglaubt werden: er ist Gottes Gerechtigkeit. Jede andere Art von Glauben, jeder solche Glaube, der nicht stahlhart auf Gottes Gerechtigkeit gerichtet und gegründet wäre, jede Frömmigkeit, die nicht nach dem in dieser Sache ganz unzweideutigen Zeugnis des Alten und des Neuen Testamentes als solche ihrerseits des Menschen Gerechtigkeit wäre, würde sowohl des Ernstes, als auch der Zuversicht, als auch der Freudigkeit darum entbehren müssen, weil sie offenkundig einen anderen Gott zum Gegenstand hätte als den, dessen Offenbarung uns in der Schrift als Sein und Grund und Substanz der Kirche verkündigt ist. Denn eben damit, daß Gott diesen Bund errichtet und hält, unterscheidet er sein Handeln von aller Willkür und Zufälligkeit, von aller Unordnung und von allem Unrecht. Eben damit tut er das im höchsten Sinn Rechte, nämlich das, womit er sich selbst gerecht wird — das, was ihm als Gott gebührt, was seiner als Gott würdig ist. Eben in diesem Bunde offenbart er sich als der, der er ist, als der in sich selbst Gebundene, als der, der sich selbst treu ist.

Es ist nicht an dem, daß sich in Jesus Christus sozusagen ein unvorhergesehener Zwischenfall zu unseren Gunsten ereignet hätte. Es ist nicht an dem, daß Gott sich in seiner Liebe, Gnade und Barmherzigkeit sozusagen eine Extratour, die Herstellung eines Ausnahmezustandes, leistete. Sondern es ist an dem, daß er eben darin ganz Er ist und sich selbst getreu ist, daß er uns Treue hält. Und darum geht es im Glauben: sich dem Gott ganz zu vertrauen, der sich selbst darin getreu ist, daß er uns Treue hält. Darum stehen der Glaube und die Gerechtigkeit schon in der ersten biblischen Stelle, in der diese beiden Begriffe auftauchen (Gen. 15, 6), in einem innerlich notwendigen, unauflöslichen Zusammenhang. Darum ist der biblische Glaube Buße und Gehorsam, ὑπακοὴ πίστεως (Röm. 1, 5; 16, 26), ὑπακοὴ τοῦ Χριστοῦ (2. Kor. 10, 5), ὑπακοὴ τῆς ἀληθείας (1. Petr. 1, 22), Umkehr und Unterwerfung. Darin hat er seinen Ernst, aber auch seine Zuversicht und Freudigkeit: Es ist die Gerechtigkeit Gottes, in deren Offenbarung (Jes. 56, 1, Ps. 98, 2) der Glaube sein Leben hat. Ihm haben die Himmel Gottes Gerechtigkeit verkündigt (Ps. 50, 6; 85, 12; 97, 6), ja regnen lassen (Hos. 10, 12, Jes. 45, 8). Er sieht die Gerechtigkeit Gottes stehen wie die Berge Gottes (Ps. 36, 7). Er kennt sie als ewige Gerechtigkeit (Ps. 111, 3; 112, 3; Jes. 51, 6). Er kennt seinen Gott nicht anders denn als den, der sein Reich festigt (Jes 9, 7), der sich den Seinigen verlobt in Recht und Gerechtigkeit (Hos. 2, 19), der sie umhüllt mit dem Mantel der Gerechtigkeit gleich dem Bräutigam, der sich den Kopfschmuck aufsetzt und wie die Braut, die ihr Geschmeide anlegt (Jes. 61, 10). Er nennt Jahve selbst «unsere Gerechtigkeit» (Jer. 23, 6; 33, 16 vgl. Ps. 4, 2). Deshalb weiß er, daß «Gerechtigkeit und Friede sich küssen» (Ps. 85, 11 vgl. Jes. 32, 17). Deshalb bittet er darum, geleitet zu werden in Gottes Gerechtigkeit (Ps. 5, 9), durch sie errettet zu werden (Ps. 31, 2), erhört zu werden (Ps. 143, 1), aus der Not geführt zu werden (Ps. 143, 11), Gottes Angesicht zu schauen (Ps. 17, 15), eingehen zu dürfen durch die Tore der Gerechtigkeit (Ps. 118, 19). Deshalb weiß er nach dem Buch der Sprüche: daß Gerechtigkeit des Menschen Weg eben macht (11, 5), daß sie ein gewisses Gut ist (11, 18), daß sie die Unschuldigen behütet (13, 6), daß sie ein Volk erhält (14, 34), daß sie vom Tode errettet (10, 2). Darum rühmt sich der Glaube — nicht nur im Munde Hiobs (27, 6; 29, 14) — seiner Gerechtigkeit. Darum eben weiß und versteht sich der Fromme als «Gerechter». Was Anderes sollte er sein, indem er sich — und darin besteht ja seine Frömmigkeit — an Gott selber hält? Wie sollte er Gottes Gerechtigkeit verkündigen (Ps. 22, 32; 35, 28; 71, 15 usw.), wenn er mit dieser Zueignung der Gerechtigkeit Gottes und also mit ihr als seiner eigenen Gerechtigkeit nicht ernst zu machen wagte? Sie ist darum nicht weniger, sie ist gerade so Gottes eigene Gerechtigkeit! Das ist Gottes eigene Gerechtigkeit, daß der Mensch im Bunde mit ihm zum Gerechten wird: zu einem solchen, der daraufhin vor ihm recht hat, daß Gott in seiner Gerechtigkeit zu ihm gesprochen, an ihm gehandelt, ihm Recht verschafft hat. Wiederum ist aber nicht abzusehen, wie der Glaube an den in seiner Gerechtigkeit sich offenbarenden, sprechenden und handelnden Gott nicht als solcher den Charakter der Umkehr und der Unterwerfung haben müßte. Eben der Gott ruft uns zu sich, bindet uns an sich, eben der Gott reißt uns los von uns selbst und von Allem, was ihm widerstehen will, um uns hineinzureißen in die Analogie unseres Wollens mit dem seinigen — eben der Gott und nur der, der in der beschriebenen Weise so unser Gott ist, daß er unsere Gerechtigkeit ist. *Prodest meditatio haec ad colligendos omnes sensus nostros ad unam Dei iustitiam, ne varie spes nostras partiamur, sed relictis omnibus pravis fiduciis, quibus totus fere mundus circumagitur huc et illuc, prorsus defixi simus in Dei voluntate propensissima ad exhibendam nobis promissam salutem. Neque consilio proprio, neque industriae, neque virtuti inniti, neque ullis opibus neque hominum auxiliis debemus, ut secure nobis salutem polliceamur, sed hoc unum nobis propositum esse debet, quia iustus est Deus, fieri non posse, ut ab eo deseramur ... Nihil est tutius, quam sicut in clementia et misericordia, ita in iustitia Dei acquiescere, ne alio nos quicquam rapiat: nam qui consilio destituti, sibi ipsis prospicere nequeunt, qui obiecti sunt iniuriis, qui cavendis iniuriis minime sunt solertes, qui denique a filiis huius mundi superantur astu et fraudibus, si solummodo in fiducia iustitiae Dei sint firmi, ne utiquam subvertentur. Iustitia Dei exseret se ad ipsos tuendos; iustitia Dei pericula, quibus salus ipsorum impeditur, depellet.* (Polanus, *Synt. Theol. chr.* 1609 *col.* 1162 f.).

Es ist gerade der Glaube an die Gerechtigkeit Gottes zugleich die Quelle alles Trostes und der Inbegriff strengster Inanspruchnahme des Menschen. Denn darum geht es ja in diesem Glauben, sich an Gott selbst zu halten, der das tut, was ihm gebührt, was seiner würdig ist. Daß er eben dies damit tut, daß er sich des Menschen annimmt, daß er sich mit ihm verbündet und ihm Treue hält, das ist der Trost dieses Glaubens. Er ist aber darin strengste Inanspruchnahme, daß er eben den Gott bejaht und ergreift als des Menschen Verbündeten, als den ihm Getreuen, der in diesem Bunde das tut, was ihm gebührt, was seiner würdig ist. Wir können also seine Liebe, Gnade und Barmherzigkeit nicht empfangen und bedenken, ohne eben damit den Ruf zu empfangen und zu bedenken, der uns aus all dem Sein und Tun herausruft, in welchem wir unserer eigenen Gerechtigkeit, d. h. dem, was uns gebührt und unserer würdig ist, nachgehen möchten. Es bedeutet der Glaube an Gottes Gerechtigkeit notwendig und in sich die Wahl und Entscheidung zugunsten seiner Gerechtigkeit gegen unsere eigene, anders ausgedrückt: die Wahl und Entscheidung, in der wir an Stelle unserer eigenen Gottes Gerechtigkeit — neutestamentlich präzisiert: die Gerechtigkeit Christi — die unsrige sein lassen. So sehr ist die Offenbarung der Gerechtigkeit Gottes tatsächlich das über uns ergehende Gericht, so sehr unsere Verurteilung, so sehr immer wieder der Tod des alten Menschen. So sehr bedeutet der Glaube dies: daß wir diese unsere Verurteilung, diesen Tod des alten Menschen annehmen, und als die Verurteilten, als die Toten, d. h. als die ihrer eigenen Gerechtigkeit Entblößten von uns selbst zu Gott fliehen, der, indem er unsere Gerechtigkeit und unser Leben ist, beides ganz allein sein will, der, indem er uns gerecht macht durch sich selber, zwischen sich und uns nicht teilen will.

In diesem Zusammenhang wird es nun wichtig, daß als das Volk, dem Gott sich in seiner Gerechtigkeit als Helfer und Retter zuwendet, im Alten Testament durchweg das bedrängte, unterdrückte, recht- und hilfslose, das ohne ihn der Übergewalt seiner Feinde preisgegebene, das aus eigener Kraft ohnmächtige Israel sichtbar wird und innerhalb Israels im Besonderen: die Armen, die Witwen und Waisen, die Schwachen und Rechtlosen. Der Sproß aus der Wurzel Isai «wird Wohlgefallen haben an der Furcht des Herrn. Er wird nicht richten nach dem, was seine Augen sehen, noch Recht sprechen nach dem, was seine Ohren hören», d. h. offenbar: er wird nicht dem Recht geben, der nach menschlicher Meinung schon Recht hat, sondern: «Er wird die Armen richten mit Gerechtigkeit und dem Elenden im Lande Recht sprechen mit Billigkeit. Er wird den Tyrannen schlagen mit dem Stabe seines Mundes und den Gottlosen töten mit dem Hauche seiner Lippen». Und so wird «Gerechtigkeit der Gürtel seiner Lenden und Treue der Gurt seiner Hüften sein» (Jes. 11, 3 f.). Darum hat denn auch die von Gott geforderte, die im Gehorsam hergestellte menschliche Gerechtigkeit — jene Gerechtigkeit, die nach Amos 5, 24 in Israel strömen soll wie ein unversieglicher Bach, notwendig den Charakter der Herstellung des Rechtes zugunsten der bedrohten Unschuldigen, der unterdrückten Armen, Witwen, Waisen und Fremdlinge, darum steht Gott innerhalb der Verhältnisse und des Geschehens in seinem Volk jederzeit unbedingt und leidenschaftlich auf dieser und nur auf dieser Seite: immer gegen die Hohen, immer für die Niedrigen, immer gegen die, die ihr Recht schon haben, immer für die, denen es geraubt und entzogen ist. Was bedeutet das? Man erklärt das wirklich damit nicht, daß man *in abstracto* von dem politischen Zug und speziell von dem Rechtscharakter der alttestamentlichen und überhaupt der biblischen Botschaft redet. In der Tat hat sie diesen Charakter und kann man sie nicht hören, kann man ihr nicht glauben, ohne in der angedeuteten Richtung zur Verantwortung gezogen zu werden.

In der Tat folgt aus dem Glauben an die Gerechtigkeit Gottes schnurgerade eine sehr bestimmte politische Problematik und Aufgabe. Aber *in abstracto* gesehen und verstanden könnte diese (könnte der Zusammenhang von Rechtfertigung und Recht in seiner ganzen Relevanz für den von Kirche und Staat!) nicht wirklich einsichtig und notwendig werden. Das geschieht dann, wenn man sieht und versteht: Gottes Gerechtigkeit, die Treue, in der er sich selbst treu ist, offenbart sich als Hilfe und Erlösung, als rettendes göttliches Eintreten für die Menschen an den Armen, Elenden, Hilflosen als solchen und nur an ihnen, während er mit den Reichen, Fetten und Sicheren als solchen seinem Wesen nach nichts zu tun haben kann. Gottes Gerechtigkeit triumphiert da, wo der Mensch nichts zu triumphieren hat. Sie ist da Licht, wo der Mensch in sich Finsternis ist, da Leben, wo der Mensch im Tode ist. In der Begegnung mit Gottes Gerechtigkeit sind wir Alle das völlig bedrohte, mit seinen eigenen Kräften ganz verlorene Volk Israel, sind wir Alle Witwen und Waisen, die sich selbst nicht Recht schaffen können. In d i e s e m Gegenüber sind doch offenbar alle jene Psalmworte von Gottes Gerechtigkeit, von dem glaubenden Menschen und seiner Gerechtigkeit vor Gott gesprochen. Der Zusammenhang zwischen Gottes Gerechtigkeit und Gottes Barmherzigkeit wird sichtbar. Die Gerechtigkeit des Glaubenden besteht darin, daß Gott für ihn eintritt, und zwar ganz eintritt, weil er sich selbst nicht vertreten und weil auch niemand sonst für ihn eintreten kann. An dieses völlige Eintreten Gottes glaubt der Glaube, der eben darum *eo ipso* der Glaube an Gottes Erbarmen und also der Glaube der vor Gott Armen und Elenden ist. Aus dieser Natur des Glaubens folgt nach dem Lukasevangelium und nach dem Jakobusbrief ebenso wie nach dem der Propheten eine politische Haltung, die entscheidend dadurch bedingt ist, daß der Mensch allen denen gegenüber verantwortlich gemacht ist, die vor seinen Augen arm und elend sind, daß er seinerseits aufgerufen ist für das Recht, u. zw. für das Recht derer einzutreten, die Unrecht leiden. Warum? Weil ihm in ihnen sichtbar gemacht wird, was er selber vor Gott ist, weil das das liebende, gnädige, barmherzige Tun Gottes an ihm ist, daß Gott ihm als einem Armen und Elenden durch sich selber in seiner eigenen Gerechtigkeit Recht verschafft — weil er, weil alle Menschen vor Gott dastehen als solche, denen nur durch ihn selbst Recht verschafft werden kann. Wer im Glauben davon lebt, daß das wahr ist, der steht als solcher in der politischen Verantwortung. Er weiß, daß das Recht, daß jeder wirkliche Anspruch, den ein Mensch dem Andern und den Andern gegenüber hat, unter dem besonderen Schutz des gnädigen Gottes steht. Er kann diesem Anspruch, so gewiß er selbst von Gottes Gnade lebt, nicht ausweichen. Er kann sich der Frage nach dem menschlichen Recht nicht entziehen. Er kann nur den Rechtsstaat wollen und bejahen. Mit jeder andern politischen Haltung würde er die göttliche Rechtfertigung von sich stoßen.

Aber nicht das beschäftigt uns jetzt, sondern das, daß an dieser Stelle sichtbar wird: daß Gottes Gerechtigkeit wirklich nicht n e b e n Gottes Barmherzigkeit steht, sondern, daß sie, wie gerade dieser ihr nach der Schrift notwendiger Zusammenhang mit Armut und Elend zeigt, selber Gottes Barmherzigkeit ist. Eben als G e r e c h t e r e r b a r m t sich Gott, beugt er sich teilnehmend und helfend zu denen hernieder, die dessen ganz und gar bedürftig sind, die ohne das tatsächlich verloren wären. Darin wird Gott sich selbst gerecht, darin tut er, was ihm gebührt, was seiner würdig ist, darin verteidigt und verherrlicht er sein göttliches Wesen: daß er u n s e r e Gerechtigkeit ist, daß er denen Recht schafft durch sich selber, die aus sich und in sich keine Gerechtigkeit haben, deren eigene Gerechtigkeit vielmehr durch ihn aufgedeckt wird als Ungerechtigkeit und die er nun doch nicht sich selber überläßt, sondern denen er sich in seiner göttlichen Gerechtigkeit zu eigen gibt und so zu dem Grunde macht, auf dem sie — gegen ihr Verdienst und gegen ihre Würde, allein durch sein Verdienst und seine Würde, hinweggerufen von sich selbst, hingerufen zu seinem Willen, aber eben so wirklich — stehen und leben können. Es bedeutet also keine Bedrohung, sondern, recht verstanden, vielmehr geradezu die Begründung dieses Stehens und Lebens des Menschen durch die Gerechtigkeit Gottes, wenn der Mensch sich selbst in seinem Gegenüber zu Gott — sich selbst, sofern er auch abstrahiert von Gottes Eintreten für ihn er selbst ist! — notwendig als Sünder erkennen und bekennen muß. Eben der seine Sünde erkennende und bekennende Mensch ist ja recht eigentlich der Arme, dessen Sache Gott in seiner Gerechtigkeit zu seiner eigenen macht. Es besteht also nur scheinbar ein Widerspruch zwischen der Bitte Ps. 143, 2: «Gehe nicht ins Gericht mit deinem Knechte; kein Lebender ist ja vor dir gerecht» und der Bitte Ps. 7, 9: «Schaffe mir Recht, o Herr, nach meiner Gerechtigkeit und nach der Unschuld, die in mir ist». Spricht in Ps. 7 die Zuversicht dessen, dem Gott Recht gegeben und der damit eine rechte Sache gewonnen hat gegen alle seine Ankläger und Feinde, so zeigt Ps. 143, wie es zu dieser Zuversicht kommt: so nämlich, daß der Mensch Gott recht geben muß gegen sich selber, so, daß er Gott seine einzige, aber gerade so seine, seine wirkliche Gerechtigkeit sein läßt. In diesem Sinn hören wir Micha 7, 7 f. Zion ihre Hoffnung rühmen: «Ich aber will ausschauen nach dem Herrn, will harren auf den Gott meines Heils. Er wird mich erhören, mein Gott. Freue dich nicht über mich, meine Feindin! Wenn ich gefallen bin, stehe ich wieder auf; wenn ich in der Finsternis sitze, ist der Herr mein Licht. Ich will den Grimm des Herrn tragen — denn ich habe wider ihn gesündigt — bis er sich meiner Sache annimmt und mir Recht schafft, mich an das Licht herausführt, daß ich seine Gerechtigkeit schaue. Meine Feindin aber soll es sehen und Beschämung soll über sie kommen, die zu mir sagt: wo ist der Herr: dein Gott?» Man höre, wie der gerechte, der notorisch von Gott selbst gegen alle Einwände geschützte Hiob von seinem eigenen Recht als solchem und *in abstracto* redet: «Wie kann ein Mensch Recht haben vor Gott? Hätte er Lust mit ihm zu rechten: nicht auf eins von tausend könnte er ihm antworten. Der weisen Herzens ist und stark an Kraft — wer böte ihm Trotz und bliebe heil?» (Hiob 9, 2—4). «Rafft er dahin, wer will ihm wehren? Wer will zu ihm sagen: Was tust du da? Gott tut nicht Einhalt seinem Zorn, sondern ihm duckten sich die Helfer Rahabs. Wie sollte da ich ihm Rede stehen, meine Worte wählen ihm gegenüber? Und wenn ich im Recht wäre, ich könnte nicht antworten, zu meinem Richter müßte ich flehen. Wollte ich ihn vor Gericht ziehen, er stünde nicht Rede» (9, 12—16). «Gilt es die Kraft eines Starken: Siehe, da ist er; gilt es das Recht: Wer will ihn vorladen? Hätte ich auch Recht, mein Mund gäbe mir Unrecht und spräche mich schuldig, wäre ich gleich schuldlos» (9, 19—20). «Ich soll ja schuldig sein; warum denn mühe ich mich umsonst? Wenn ich mich schon wüsche mit Schnee und mit Lauge reinigte meine Hände, dann würdest du mich in Unrat tauchen, daß meine Kleider vor mir einen Abscheu hätten. Denn er ist nicht ein Mensch wie ich, daß ich ihm erwiderte, daß wir zusammen vor Gericht gingen; es ist kein Schiedsrichter zwischen uns, der seine Hand auf uns beide legte» (9, 29—33). «Der Mensch vom Weibe geboren, ist kurzen Lebens und voll Unruhe. Wie eine Blume geht er auf und welkt, schwindet dahin wie ein Schatten und hat nicht Bestand. Und über einen solchen hältst du dein Auge offen, und ihn ziehst du vor dein Gericht? Wie könnte ein Reiner von Unreinen kommen? Auch nicht Einer!» (14, 1—4). Die Klage, ja die Anklage, die Bitterkeit, ja die grimmige Ironie, mit der das Alles im Zusammenhang der Rede Hiobs gesagt ist, ändert nichts daran, daß damit die Wahrheit gesagt wird. Und eben darin ist es dann auch begründet, daß Hiob wiederum von seinem eigenen Recht sagen kann: «Siehe doch, ich habe meine Sache gerüstet und weiß, daß ich im Rechte bin. Wer ist, der mit mir rechten könnte? Denn alsdann wollte ich schweigen und sterben» (13, 18—19). «Siehe, im Himmel lebt mir ein Zeuge, mir ein Mitwisser in der Höhe. Es spotten meiner meine Freunde; zu Gott blickt tränend auf mein Auge, daß er Recht schaffe dem Manne gegen Gott, dem Menschen gegen seinen Freund!» (16, 19—21). «Ich aber weiß: mein Anwalt lebt und ein Vertreter ersteht mir über dem Staube. Selbst wenn die Haut an mir zerschlagen ist, mein Fleisch geschwunden, werde ich Gott schauen mir (zum Heil) und meine Augen werden ihn sehen, nicht als Feind... Wenn ihr sagt: Wie wollen wir ihn verfolgen, den Grund der Sache an ihm finden! so fürchtet für euch selbst das Schwert! Denn Zorn kommt über die Schuldigen, auf daß ihr wißt: Es gibt noch ein Gericht!» (19, 25—29). Wieder ist das Alles nicht ohne Trotz, ja Überheblichkeit gesagt. Wiederum ist es so, daß die tröstenden und mahnenden Gegenreden der Freunde Hiobs theologisch zweifellos viel besser klingen, daß sie tatsächlich dazu dienen, ihn subjektiv noch mehr in Unrecht zu setzen, als er selbst in seinen eigenen Reden es schon getan hat. Aber wieder ist es so, daß Hiob gerade mit dem Allem objektiv die Wahrheit redet und daß nach 42, 7 f. der Zorn Gottes nicht etwa gegen ihn entbrennt, sondern gegen seine Freunde: «Denn ihr habt nicht recht von mir geredet wie mein Knecht Hiob». Er also hat in seiner ganzen Auflehnung und in seiner ganzen Überheblichkeit recht geredet von Gott, weil er sich faktisch, wenn auch murrend und spöttisch als Sünder vor Gott bekannt und weil er wiederum faktisch, wenn auch nicht ohne kecken Übergriff, Gottes Gerechtigkeit als seine eigene in Anspruch genommen hat. In der Objektivität dieser doppelten Wahrheitserkenntnis ist Hiob geradezu das Urbild der geistlich Armen, derer das Himmelreich ist (Matth. 5, 3). «Wenn wir unsere Sünden bekennen, so ist er treu und gerecht und vergibt uns unsere Sünden und reinigt uns von aller Ungerechtigkeit» (1. Joh. 1, 9). «Selig sind, die da hungert und dürstet nach der Gerechtigkeit, denn sie sollen satt werden» (Matth. 5, 6). Es ist immer und notwendig ein subjektiv sündiges, ein unrechttuendes, ins Unrecht gesetztes und sein Unrecht anerkennendes Volk, das vor Gott eine gerechte Sache hat, dessen gerechte Sache Gott schützt, weil er selber seine gerechte Sache ist. Es ist das Volk, dessen Gerechtigkeit nach Jes. 64, 6 ist wie ein besudeltes Gewand! Es ist das Volk, das nach Jes. 59, 9 f. bekennen muß: «Wir harren auf das Licht und siehe da, Finsternis, auf den hellen Tag, und wir wandeln im Dunkeln. Wir tappen wie die Blinden an der Wand, wie ohne Augen tasten wir; wir straucheln am Mittag wie in der Dämmerung, sitzen im Finstern wie die Toten. Wir brummen alle wie die Bären, seufzen und girren wie die Tauben; wir harren auf das Recht, und es will nicht kommen, auf Heil, und es ist fern von uns. Denn unserer Vergehen sind viele vor dir und unsere Sünden zeugen wider uns; ja unsere Vergehen sind uns bewußt und wir kennen unsere Schuld: daß wir untreu sind und den Herrn verleugnen und abtrünnig werden unserem Gott, Gewalttat und Abfall planen, Lügenworte aus dem Herzen hervorbringen. Und so wird das Recht aufgehalten und das Heil bleibt in der Ferne; denn es strauchelt auf dem Markte die Wahrheit und die Rechtschaffenheit findet nicht Eingang. So kams, daß die Wahrheit vermißt wird und wer das Böse meidet, der wird zum Raube». Eben dieses Volk ist es, das dann unter der göttlichen Antwort stehen und leben darf: «Der Herr sah es, und es mißfiel ihm, daß nirgends Recht war. Er sah, daß niemand da war und staunte, daß keiner ins Mittel trat. Da half ihm sein eigener Arm und seine Gerechtigkeit stützte ihn. Er zog Gerechtigkeit an als Panzer und setzte den Helm des Heils auf sein Haupt; er zog die Rüstung der Rache an und hüllte sich in Eifer als seinen Mantel... Und kommen wird der Erlöser für Zion und für die vom Abfall Bekehrten in Jakob, spricht der Herr. Ich aber, ich schließe diesen Bund mit ihnen, spricht der Herr: Mein Geist, der auf dir ruht, und meine Worte, die ich in deinen Mund gelegt, sollen aus deinem Munde nimmer weichen, noch aus dem deiner Kinder und deiner Kindeskinder, von nun an bis in Ewigkeit, spricht der Herr» (Jes. 59, 15 f.). Es kann nicht anders als durch Sündenvergebung dazu kommen, daß Gott diesem Volk gegenüber seine Gerechtigkeit beweist und betätigt, ihm damit eine gerechte Sache gibt und dieser seiner gerechten Sache sich selber annimmt. Denn «nicht mich hast du angerufen, Jakob, nicht um mich dich gemüht, Israel, hast mir nicht dargebracht die Schafe deiner Brandopfer, mit deinen Schlachtopfern mich nicht geehrt ... Nein, du hast mich belästigt mit deinen Sünden, mir Mühe gemacht mit all deiner Verschuldung. Ich, ich tilge deine Missetaten um meinetwillen und deiner Sünden will ich nimmermehr gedenken» (Jes. 43, 22 f.). Daraufhin kann dann die Botschaft lauten: «Nun aber höre, Jakob, mein Knecht, du Israel, den ich erwählt habe! So spricht der Herr, der dich geschaffen, der dich gebildet von Mutterschoß an, dein Helfer: Fürchte dich nicht, mein Knecht Jakob, du Jeschurun, den ich erwählt; denn ich gieße Wasser auf durstiges Land und rieselnde Bäche über das Trockene. Ich gieße meinen Geist aus über deine Kinder und meinen Segen über deine Sprößlinge und sie werden sprossen wie Gras zwischen Wassern, wie Weiden an Wasserbächen. Da wird der Eine sprechen: Ich bin des Herrn! ein Anderer wird sich mit dem Namen Jakobs nennen; und wieder Einer schreibt auf seine Hand: Dem Herrn eigen! und empfängt den Ehrennamen Israel» (Jes. 44, 1 f.). Nur unter Anrufung der sündenvergebenden Gnade Gottes kann Mose (Ex. 32, 11 f., Deut. 9, 23 f.), kann Salomo (I Kön. 8), kann Daniel (Dan. 9, 4 f.) vor Gott dafür eintreten, daß er dieses Volkes auch fernerhin sich annehmen möchte. Es ist nie sein eigenes Sein, Tun und Verhalten, an welchem es seine gerechte Sache hat, um dessenwillen das göttliche Eintreten und Eingreifen stattfindet. Es findet immer darum und nur darum statt, weil Israels Untreue die Treue Gottes unmöglich aufheben kann (Röm. 3, 3), weil Gott seine Gnadenverheißungen und seine Berufung nicht gereuen können (Röm. 11, 29), also wirklich nur um Gottes eigener Gerechtigkeit willen. Auf Israels eigenes Sein, Tun und Verhalten blickend, kann Gott nur richten, verwerfen, strafen. Daß er eben in, mit und unter diesem Richten, Verwerfen und Strafen seinen Bund nicht bricht, sondern hält und also tröstet, hilft, errettet, daß er diesem gerichteten, verworfenen, gestraften Volk Recht gibt und schafft gegen alle anderen Völker, daß er nicht aufhört, an ihm zu handeln als an seinem, dem von ihm erwählten und berufenen Volk, darin triumphiert kein Vorzug, den Israel als solches vor ihm hätte oder sich je verschafft hätte, das ist durchweg die *iustitia peccatorum,* darin triumphiert ganz allein Gottes eigene Gerechtigkeit. Nur im Glauben an ihn, nur in jenem mosaischen, salomonischen und danielischen Gebet um die Vergebung der Sünden kann Israel auch subjektiv Recht haben. Eben im Glauben, eben in jenem Gebet, hat es nun aber tatsächlich auch subjektiv Recht. Ergreift es nämlich jene Verheißung des göttlichen Eintretens und Eingreifens, so lebt es, indem es sie ergreift, schon in ihrer Erfüllung, kann und darf und wird es bestehen von seinen Feinden und in allem Unglück. «Glaubet ihr nicht, so bleibt ihr nicht» (Jes. 7, 9). Aber eben das impliziert die Zusage: «Wer glaubt, wird nicht zuschanden!» (Jes. 28, 16) oder nach Luthers Übersetzung den Aufruf: «Wer glaubt, der flieht nicht!» Eben der Glaubende darf nämlich mit Hiob getrost auf Gottes gerechtes Gericht w a r t e n : trotz und in der ganzen verdienten und notwendigen Bedrohung seiner eigenen Existenz als solcher, trotz und in der Anerkennung seiner Schuld und im Bekenntnis seiner Sünde. Er darf geradezu an dieses gerechte Gericht Gottes a p p e l l i e r e n als an die Instanz, vor der er jetzt schon Recht hat und vor der er in der Öffentlichkeit seiner Offenbarung allen Anklagen der Menschen und seines eigenen Herzens gegenüber in Ewigkeit Recht behalten wird. Ihm wird der Tag des Herrn nicht, wie es Amos 5, 18 f., Joel 2, 11, Zeph. 1, 14 f. beschrieben ist, Finsternis und Schrecken, sondern Licht und Freude sein. Der Gerechte wird an diesem Tage — laut des Röm. 1, 17 zitierten und für Luther so wichtig gewordenen Wortes Hab. 2, 4 — kraft seines Glaubens am Leben bleiben: *iustus ex fide vivet.*

Der, an dem sein Volk seine gerechte, von Gott erhaltene und geschützte Sache hat, ist aber nach dem Zeugnis des Neuen Testamentes J e s u s C h r i s t u s. In i h m offenbart und in i h m tut Gott, was seiner würdig ist, offenbart und betätigt er seine eigene Gerechtigkeit zugunsten derer, die er erwählt und berufen hat, obwohl und indem ihre Gerechtigkeit ist wie ein besudeltes Kleid. I h n jammerte des Volks, denn sie waren verschmachtet und erschöpft, wie Schafe, die keinen Hirten haben (Matth. 9, 36). Sein Ruf ist der Ruf zur Buße und so zum Glauben und so zum Himmelreich, und zugleich die Seligpreisung der Armen im Geist, der Leidtragenden, der nach Gerechtigkeit Hungernden und Dürstenden, der um der Gerechtigkeit willen Verfolgten usw. Seine Einladung lautet: Kommet her zu mir Alle, die ihr mühselig und beladen seid, so will ich euch erquicken! (Matth. 11, 28). Er ist der gerechte Anwalt der Sünder beim Vater (1. Joh. 2, 1). Er errettet die völlig, welche durch ihn zu Gott kommen, weil er «immerdar lebt, um für uns einzutreten» (Hebr. 7, 25, Röm. 8, 34). Er ist «uns gemacht zur Gerechtigkeit» (1. Kor. 1, 30). Und der Glaube an ihn, die πίστις Ἰησοῦ Χριστοῦ ist die Bestimmung, unter der der gerechte Gott den Gottlosen gerecht macht, es ist der Glaube an ihn, den Gott dem Gottlosen anrechnet als Gerechtigkeit, in welchem er ein real Gerechter wird und ist.

Aber gerade von hier aus müssen wir nun noch zu einer weiteren Überlegung ansetzen. Gerade indem wir die Gerechtigkeit Gottes und also seine in seinem Wesen begründete, ja sein Wesen bildende Treue: seine Treue gegen sich selbst, in der er uns treu ist, in Jesus Christus anschauen und ergreifen, werden wir ja gewarnt sein vor jener allzu bequemen, einlinigen Denkweise, die den Begriff der Gerechtigkeit Gottes von der Vorstellung einfach entkleidet hat, die sich mit dem Begriff des Gerichts notwendig verbindet, nämlich von der Vorstellung einer Entscheidung über gut und böse, über Lohn und Strafe. Gerade indem wir die Gerechtigkeit Gottes in Jesus Christus anschauen und ergreifen, werden wir damit, daß wir sie als Trost und Hilfe gegenüber dem Elend der menschlichen Sünde, als Verheißung und Vollzug der Vergebung dieser Sünde eingesehen und verstanden haben, noch nicht Alles eingesehen und verstanden zu haben meinen. Vielmehr: gerade weil sie — irgend eine Preisgabe oder Abschwächung der Gerechtigkeit Gottes darf ja nicht in Frage kommen, um sie selbst in ihrer ganzen Wesentlichkeit und Strenge muß es sich handeln — Trost und Hilfe in unserem Sündenelend, Verheißung und Vollzug der Vergebung unserer Sünde ist, gerade darum muß jetzt, wenn wir sie wirklich in Jesus Christus zu erkennen haben, eine Überlegung Platz greifen, in der (im Widerspruch gegen ihre modernen Deutungen) nun doch auch ihr Charakter als *iustitia distributiva* zur Geltung kommen muß. Sie ist richtende und also sowohl freisprechende als auch verurteilende, sowohl belohnende als auch strafende Gerechtigkeit.

Die Orthodoxie hatte diese Seite des Begriffs allzusehr in den Vordergrund gerückt und damit die Einheit der Gerechtigkeit Gottes mit seiner Barmherzigkeit verdunkelt. Wir haben sie nun, weil sie als Gerechtigkeit des in Jesus Christus offenbarten Gottes notwendig als eine Bestimmung seiner Liebe und Gnade verstanden werden muß, zunächst gerade in dieser Einheit mit seiner Barmherzigkeit zu sehen und zu verstehen gesucht. Ihr Charakter als *iustitia distributiva* mußte dabei zunächst zurücktreten. Entscheidend als freisprechende und belohnende, nämlich den Glauben freisprechende und belohnende Gerechtigkeit ist sie uns bis jetzt sichtbar geworden. Aber wenn sie wirkliche Gerechtigkeit ist, die wesentliche Gerechtigkeit des in Jesus Christus offenbaren Gottes, dann muß jetzt auch das sichtbar werden, daß sie verurteilende und strafende Gerechtigkeit ist. Gewiß auch als solche Gottes Barmherzigkeit, Gnade und Liebe! Aber als Barmherzigkeit, Gnade und Liebe nun auch verurteilende und strafende Gerechtigkeit. Ihre Einheit mit der Heiligkeit Gottes würde sonst verdunkelt und wir haben uns in unseren einleitenden Erinnerungen von Anselm sagen lassen, daß es zu dieser Verdunkelung ebensowenig kommen darf wie zu der, deren sich etwa Ritschl schuldig gemacht hat. Wir werden gerade die Barmherzigkeit Gottes, wir werden gerade die Erkenntnis Luthers, daß Gottes Gerechtigkeit seine Barmherzigkeit ist, noch tiefer verstehen müssen, indem wir nun auch dem Anliegen nachgehen, das die Orthodoxie zu jenem Fehler (den wir nun vermieden haben) geführt hat. Dieses Anliegen kann nicht etwa darin bestehen, einen menschlichen Begriff von Gerechtigkeit vollständig und nun also auch nach seiner anderen Seite zur Anwendung zu bringen. Es ist vielmehr das Zeugnis der Schrift, und zwar gerade das Christuszeugnis der Schrift, das uns nötigt, deutlich einen Schritt weiter zu gehen, als dies Ritschl getan hat. Wir haben zwar schon bisher mehrfach auf die Einheit des Evangeliums mit dem Gesetz, auf den Charakter des Glaubens als Buße hingewiesen. Wir haben die Not und Armut Israels, der Gott in seiner Gerechtigkeit zu Hilfe kommt, als die Not und Armut des Volkes verstanden, das seine Sünde und seinen Abfall vor Gott zu erkennen und zu bekennen hat. Wir haben gesehen, wie das Ergreifen der rettenden Gerechtigkeit Gottes im Glauben dies bedeutet, daß der Mensch vor Gott vergehen muß, um allein in ihm und mit ihm zu leben. Aber eben das Alles bedarf nun noch einer besonderen Unterstreichung und Erklärung, wenn es ganz ernstlich gesehen und gesagt sein soll.

Wir können hier einsetzen bei dem Gebet Salomos, gesprochen bei der Einweihung des Tempels, dessen erste Bitte (1. Kön. 8, 31 f.) davon ausgeht, daß im Tempel auch Recht gesprochen werden soll, auch Gottesurteile zu erwarten sind. Wenn dies geschehen wird, dann, so betet Salomo, «wollest du im Himmel es hören und eingreifen und deinen Knechten Recht schaffen, indem du den Schuldigen schuldig sprichst und lässest seine Tat auf sein Haupt zurückfallen, den Unschuldigen aber unschuldig erklärst und ihm nach seiner Unschuld tust». Das ist offenbar eine Anrufung der *iustitia distributiva* Gottes. So ist und das tut der gerechte Gott also offenbar auch in seiner Barmherzigkeit: er spricht den Schuldigen schuldig und läßt seine Tat auf sein Haupt zurückfallen. Hat seine Treue kein Ende, kann sie durch Israels Untreue nicht aufgehoben werden, so ist damit nicht geleugnet, daß sie mit Israels Untreue zusammenstößt. Und was sich dann und insofern ereignet, das ist eben die verurteilende und strafende Wirkung seiner Gerechtigkeit. Hört sie darum auf, Barmherzigkeit zu sein? Das nicht; seine Barmherzigkeit hört aber auch nicht auf, Gerechtigkeit, seine Gerechtigkeit hört nicht auf, Gottes heiliges Wesen zu sein und sich im Zusammenstoß mit dem menschlichen Ungehorsam als solche (auch als solche!) zu erweisen. Gott ist und tut auch in diesem Zusammenstoß als solchem, was seiner würdig ist und das muß notwendig bedeuten: Verurteilung und Strafe, wo er Ungehorsam findet — wie es da, wo er den Gehorsam des Glaubens findet, Freispruch und Lohn bedeutet.

Es bleibt dabei: «Welchen Tages du davon issest, wirst du des Todes sterben» (Gen. 2, 17). Es bleibt dabei: «Verflucht ist, wer nicht die Worte dieses Gesetzes in Kraft erhält, indem er danach tut» (Deut. 27, 26). Es bleibt dabei: «Du bist nicht ein Gott, dem gottloses Wesen gefällt; wer böse ist, darf nicht bei dir weilen. Prahler dürfen nicht vor deine Augen treten; du hassest alle Übeltäter. Umkommen lässest du die Lügner; Mörder und Fälscher sind dem Herrn ein Greuel» (Ps. 5, 5 f.). Es bleibt dabei: «Das Antlitz des Herrn steht wider die Übeltäter, daß er ihr Gedächtnis von der Erde vertilge» (Ps. 34, 17). Die ganzen Drohungen des Gesetzes und der Propheten über das sündige Israel und über die Gottlosigkeit auch der anderen Völker und alle die Berichte über die tatsächlichen Ausführungen dieser Drohungen stehen auch in der Bibel und bilden in ihrer ganzen Härte und Schonungslosigkeit einen integrierenden Bestandteil ihres Zeugnisses von Gottes

Offenbarung und so von Gottes Wesen. Und es handelt sich hier keineswegs um eine spezifisch alttestamentliche Angelegenheit, die nachher unwirksam würde. Der Sünde Sold ist auch nach Röm. 6, 23 der Tod. Der kein hochzeitliches Gewand mitbringt zu der Hochzeit des Königs (Matth. 22, 13), der als unnützer Knecht sein anvertrautes Talent vergraben hat, statt damit zu arbeiten (Matth. 25, 30), der wird auch nach dem Evangelium hinausgestoßen in die Finsternis draußen und da wird sein Heulen und Zähneknirschen. Es wird der Feigenbaum, der nichts als Blätter trägt, von Jesus verflucht und verfällt dem Verdorren (Matth. 21, 18 f.). Es stoßen die törichten Jungfrauen auf die verschlossene Türe des Hochzeitssaales und zu ihnen wird gesagt: «Ich kenne euch nicht!» (Matth. 25, 11 f.) und zu denen, die des Menschen Sohn nicht gespeist, nicht getränkt, nicht beherbergt, nicht bekleidet, nicht besucht haben in seinen geringen Brüdern: «Gehet hinweg, von mir, ihr Verfluchten, in das ewige Feuer, das mein Vater dem Teufel und seinen Engeln bereitet hat!» (Matth. 25, 41 f.). Wir lesen 2. Thess. 1, 6 f. ausdrücklich: «Es ist vor Gott gerecht, euren Bedrängern mit Drangsal zu vergelten ... bei der Offenbarung des Herrn Jesus vom Himmel her mit Engeln seiner Macht im flammenden Feuer, wenn er Rache übt an denen, die Gott nicht kennen: an denen, die dem Evangelium von unserem Herrn Jesus nicht gehorsam sind. Und sie werden Strafe leiden, ewiges Verderben vom Angesicht des Herrn und von der Herrlichkeit seiner Stärke aus, wenn er kommen wird, um verherrlicht zu werden in seinen Heiligen ...». Und so redet auch die Apokalypse; und auf welcher Seite des Neuen Testamentes würde nicht direkt oder indirekt auch so geredet? Gewiß, das Alte und das Neue Testament rufen Israel, rufen die Kirche zum Glauben auf und damit gerade zur Zuversicht auf die Errettung vor dieser Wirkung der Gerechtigkeit Gottes. Sie verheimlichen aber auch nicht — sondern das ist der gewaltige Nachdruck ihres Aufrufs zum Glauben, daß sie nachdrücklich darauf hinweisen: die Wirkung der Gerechtigkeit und also die Wirkung der Barmherzigkeit Gottes ist a u c h sein G e r i c h t, dem wir ohne Glauben gewiß nicht entgehen würden, der Abgrund, über dem wir allein durch den Glauben gehalten sind, das Verderben, vor dem wir allein im Glauben bewahrt sind, das wir von uns aus verdient haben und dem wir auch von uns nicht entrinnen können— dem wir nur dadurch entnommen sind, daß wir (und darum geht es ja im Glauben) nicht mehr darauf angewiesen sind, von uns aus zu leben und daß wir uns als solche erkennen und verhalten, die darauf nicht mehr angewiesen sind, die sich vielmehr dankbar darein gefunden haben, daß Gott für sie lebt.

Man verstehe: n i c h t dazu etwa sind wir im Glauben aufgerufen, an diesem für uns lebenden Gott vorbei nun doch in diesen Abgrund zu starren, uns nun etwa doch auch zu f ü r c h t e n, als ob er uns wieder bedrohen dürfte, als ob wir wieder von ihm verschlungen werden könnten. Im Glauben ergreifen wir Gottes freisprechende und belohnende Gerechtigkeit und es wäre der Unglaube von Lots Weib, der nun doch wieder zurückblicken und nun doch auch mit der Wirklichkeit oder auch nur Möglichkeit der Verdammnis und des Todes fernerhin rechnen oder vielmehr spielen wollte. Denn kein ernstes Rechnen, sondern ein leichtfertiges Spielen wäre das. Es kann immer nur ein falscher christlicher Ernst sein, der den Menschen dazu anleitet, den Glauben sozus. zu suspendieren, die in der Offenbarung Gottes schon gefallene Entscheidung seiner Errettung wieder in Klammer zu setzen und sich selbst sozus. an den Scheideweg zu stellen, wo am Ende der beiden Wege hier ewige Herrlichkeit, dort das ewige Feuer sichtbar wird. So, in dieser Symmetrie, denkt alle heidnische Eschatologie, so stellt uns aber die Schrift diese beiden Wege gerade nicht vor Augen. Dahin, an diesen Scheideweg, werden wir durch ihren Aufruf zum Glauben gerade nicht gerufen.

Wir werden durch diesen Aufruf vielmehr eindeutig zu dem für uns lebenden und uns durch sein Leben für uns rettenden Gott hingerufen. Aber das will jener

Hinweis auf die verurteilende und strafende Wirkung der Gerechtigkeit Gottes: wir sollen — und eben darum gehört er notwendig zu dem Aufruf zum Glauben! — das Leben Gottes für uns und also unsere Errettung vom Gericht verstehen als seine Barmherzigkeit, durch die uns widerfährt, was wir nicht verdient haben, wessen wir nicht würdig sind. Das ist die eine, die negative Seite des Sachverhaltes. Was wir verdient haben und wessen wir würdig sind in unserem Sein, Tun und Verhalten, ist immer und wird immer sein jene verurteilende und strafende Wirkung seiner Gerechtigkeit. Denn wir in unserem Sein, Tun und Verhalten befinden uns immer in jenem Zusammenstoß mit der Treue Gottes. Wenn die Treue Gottes uns begegnet, dann ist das, was wir ihr von unserer Seite als unser Sein, Tun und Verhalten entgegenbringen, immer Untreue. Immer als törichte Jungfrauen und unnütze Knechte, immer als der unfruchtbare Feigenbaum, als das murrende, verstockte, götzendienerische Volk Israel werden wir dann entdeckt und sichtbar. «Vor dir ist kein Fleisch gerecht» (Röm. 3, 20). «Der Herr sah, daß der Menschen Bosheit groß war auf Erden und daß alles Dichten und Trachten ihres Herzens die ganze Zeit nur böse war» (Gen. 6, 5). Das ist die Feststellung, die vor der Sündflut gemacht, die aber nach der Sündflut (Gen. 8, 21) wiederholt und zwar ausdrücklich als Voraussetzung jetzt auch der Unterlassung weiterer göttlicher Strafe wiederholt wird. «Der Herr schaut vom Himmel herab auf die Menschenkinder, daß er sehe, ob ein Verständiger da sei, der nach Gott frage. Alle sind sie entartet und miteinander verdorben, Keiner ist, der Gutes tut, auch nicht Einer» (Ps. 14, 2—3). Dazu ist es dem Glauben notwendig, jenes Abgrundes aus dem er gerettet, über dem er gehalten ist, zu gedenken: damit er als wirklicher Glaube Gott als denjenigen preise, der den Menschen in seiner völligen Verlorenheit gefunden, der ihn dem Tode entrissen und so ins Leben versetzt hat, damit er der freien Barmherzigkeit: gerade in ihrer Freiheit, in der sie das gänzlich Unerwartete und Unbegreifliche tut, die Ehre gebe, damit er in gänzlichem Gehorsam an diesen Gott gebunden bleibe, der ihm nichts schuldig war und dem er Alles schuldig geworden ist.

Aber eben dieser Lobpreis des barmherzigen Gottes muß nun, um ein ganz klarer, ganz würdiger Lobpreis des wahren, lebendigen Gottes zu sein, als solcher auch seiner Gerechtigkeit gelten. Seine Barmherzigkeit wäre nicht seine, sie wäre nicht die rettende göttliche Barmherzigkeit, wenn sie nicht auch Gerechtigkeit wäre und wir würden nicht die Barmherzigkeit Gottes loben, wenn wir nicht eben in ihr auch seine Gerechtigkeit loben würden.

Eben das ist die Frage, die hier nun noch zu beantworten ist, vielmehr die hier zu erwägende, in der Offenbarung Gottes und in seinem Wesen zum vornherein gegebene Antwort auf alles Fragen nach der Tiefe, Kraft und Macht seiner Barmherzigkeit: Inwiefern ist Gottes im Glauben zu ergreifende Barmherzigkeit zugleich seine richtende Gerechtigkeit und daran erkennbar als seine, als die göttliche und damit die ewige und wirkliche, die hilfreiche und siegende Barmherzigkeit? Gottes Offenbarung in Jesus Christus gibt uns auf diese Frage die Antwort, daß eben Gottes verurteilende und strafende Gerechtigkeit selber und als solche die Tiefe, Kraft und Macht seiner Barmherzigkeit ist. Wir befinden uns dort, wo die heilige Schrift von Gottes Drohungen und Strafgerichten redet, tatsächlich nicht etwa an einer Peripherie, von der wir zugunsten eines ganz andersartigen Zentrums ihrer Botschaft schließlich doch hinwegzublicken hätten. Wir befinden uns vielmehr gerade dort im Zentrum dieser Botschaft. Wir können diese Botschaft nur überhören oder nicht verstehen, wenn wir es uns aus irgend einem Grund ersparen wollten, es ganz ernst zu nehmen, daß Gott auch dieser ist: der um seiner Gerechtigkeit willen zürnende, verurteilende und strafende Gott. Er ist nicht nur dies, aber er ist auch dies. Wäre er nicht auch dies, so wäre er nicht der für uns lebende Gott, zu dem wir gerufen werden, wenn wir zum Glauben aufgerufen werden. Wollen wir uns ernstlich an ihn klammern und halten, wollen wir die uns durch ihn in ihm selbst geschehene und angebotene Rettung annehmen, wollen wir wirklich im Glauben vorwärts und nicht rückwärts blicken, dann dürfen wir gerade dies, daß er auch zürnt, verurteilt, straft, nicht wegwünschen, nicht übersehen, nicht durch Abschwächung der hier nötigen Erkenntnis umgehen wollen. Lieben wir ihn wirklich, dann müssen wir ihn auch in seinem Zürnen, Verurteilen, Strafen lieben, vielmehr: seine Liebe zu uns auch in seinem Zürnen, Verurteilen und Strafen als solchem sehen, fühlen und erkennen. Denn es ist nun einmal nicht anders: gerade dort, wo die göttliche Liebe und also Gottes Gnade und Barmherzigkeit in derjenigen Eindeutigkeit bezeugt wird, in der sie dann notwendig als der Sinn und die Absicht auch der ganzen übrigen Schrift erkannt werden muß, gerade dort, wo sie ein für allemal Ereignis wurde, nämlich in Jesus Christus — gerade dort begegnet sie uns nach dem nicht mißzuverstehenden Zeugnis des Neuen Testamentes selber als göttlicher Zornesakt, Gerichtsakt, Strafakt.

Nicht nur als das: sofern ja dort auch Jesu Christi Auferstehung von den Toten Ereignis wird. Insofern ist das, was dort geschieht, Gottes Gerechtigkeit im Akt des göttlichen Wohlgefallens, des göttlichen Freispruchs, des göttlichen Lohnes. Es darf aber keinen Augenblick vergessen werden, was das bedeutet, daß es der gekreuzigte Jesus Christus ist, der dort aufersteht. Das bedeutet: daß das göttliche Ja des Ostertages ein göttliches Nein zur Voraussetzung hat, von dem es nicht getrennt werden kann, ohne das es das göttliche Ja, der Akt der freisprechenden und belohnenden Gerechtigkeit Gottes gar nicht wäre. Das Ereignis des Karfreitags ist das Ereignis des göttlichen Nein — das als göttliches Nein das Ja schon in sich enthält, das die Voraussetzung des göttlichen Ja ist — das aber darum nicht minder bestimmt als göttliches Nein gehört und verstanden werden will: als das Gericht, neben dessen Furchtbarkeit schließlich doch auch die furchtbarsten, nach dem Zeugnis des Alten Testamentes von Gott gedrohten und vollzogenen Gerichte blaß erscheinen. Oder umgekehrt ausgedrückt: das Gericht, dessen mit ewiger Flamme brennendes Feuer erst das Licht ist, in dessen Schein die wahre Furchtbarkeit auch jener alttestamentlichen Gerichtsdrohungen und Gerichtstaten wirklich sichtbar wird. Wollten und könnten wir diese für sich ansehen, so könnte man sich ja bei aller Schrecklichkeit der beinahe zahllosen alttestamentlichen Texte dieses Inhalts fragen: ob ihr Schreckliches schließlich nicht doch in einer Reihe stehe mit allzuviel Ähnlichem, was als mit mehr oder weniger Schuld verknüpftes Schicksal auch über andere Völker, was in alter oder neuer Zeit wohl über alle Völker der Erde gegangen ist und wieder gehen wird? Oder, wenn man tiefer blickt und zugibt, daß das Schicksal gerade Israels nun immerhin unter ähnlichen und gleichen Schicksalen anderer Völker eine Kontinuität und Radikalität aufweist, die es zu einem exemplarischen macht bis auf diesen Tag: ob die christliche Kirche aller

Zeiten und Völker etwa deshalb veranlaßt sei, ihren Gott gerade in diesen alttestamentlichen Texten, in seinem zornigen Handeln an diesem Volke Israel zu erkennen? Was geht dieses Schreckliche des Schicksals jenes Volkes in jener — oder sei es denn auch in unserer — Zeit uns an, die wir nicht zu diesem Volk gehören? Nun, so wird man nicht mehr fragen, wenn man das Schreckliche des Karfreitags gesehen und verstanden hat. Das ist es ja eben, daß man Gottes Gerichtsdrohungen und Gerichtstaten an Israel und mit ihnen das israelitische Schicksal in allen Zeiten und Zonen gerade nicht für sich ansehen kann, daß hier kein selbständiges Feuer ein selbständiges Licht verbreitet, daß das Alles, so furchtbar es auch an sich zu sein scheint und tatsächlich ist, nur Widerschein ist von dem unendlich viel Furchtbareren, das sich am Karfreitag zugetragen hat. Aber das Licht von dem Feuer dieses Ereignisses geht noch weiter. Dieses Ereignis ist das Gericht, neben dessen Ernst alle anderen Gerichte, die wir seit Anbeginn der Welt über die Völker und über die einzelnen Menschen gehen sehen — von den großen Natur- und Geschichtskatastrophen, die über Tausende und Millionen gekommen sind, kommen und kommen werden bis zu dem, was wir alle früher oder später an Entbehrung von Gesundheit, Besitz und Lebensmöglichkeit, als Konsequenz eigener oder fremder Torheit oder Bosheit und schließlich in der ganz einzigartigen Gestalt je unseres eigenen Sterbens zu erleiden haben — weniger und zwar wieder unendlich viel weniger Ernst haben. Und wieder sagt man es besser umgekehrt: was mit Krankheit und Not, was mit dem inneren und äußeren Leid jedes Einzelnen, was mit Krieg, Hunger, Tyrannei und Revolution im Leben der Völker, was schließlich mit dem unaufhaltsam über Alle und Alles sich ausbreitenden Leichentuch des Todes gemeint ist, das wird dort, erst dort, in seiner wahren Schrecklichkeit sichtbar. Man kann ja bekanntlich an sich jeden fremden, aber auch eigenen Kummer und Schmerz, man kann aber auch das erschütterndste gemeinsame Schicksal relativieren, verharmlosen und schließlich wieder vergessen: Was ist nicht schon Alles vergessen worden? was werden wir nicht Alle eines Tages doch wieder vergessen haben? Es gibt nichts Entsetzliches, das so entsetzlich wäre, daß es uns auf die Dauer bestimmen könnte: merkwürdigerweise auch nicht der Gedanke, daß wir morgen tot sein können. Das wird aber notwendig anders, sobald man das Alles nicht mehr — wie wir es zunächst und gewöhnlich tun — für sich sieht, sondern mit dem zusammen, mit dem es eben zusammengehört, nämlich mit dem Ereignis des Karfreitags, zusammen mit dem dort erlittenen Schmerz und Tod — wenn man sieht, daß es allerdings kein eigenes Gewicht hat, wohl aber Gewicht bekommt, und zwar nun doch ein unsere Apathie endgültig störendes Gewicht bekommt von der Stelle her — und das ist eben das Kreuz von Golgatha — wo das unendliche Gewicht des Schmerzes, des Todes getragen worden ist, an den unser Schmerz und Tod in aller seiner Herbheit von ferne nicht heranreicht, als dessen Zeichen aber unser Schmerz und Tod nun doch zu einem Zeugnis wird, das wir nicht mehr übersehen können, wenn wir auch gleichzeitig dankbar dafür sein werden, daß es eben nicht mehr als ein Zeichen jenes Schmerzes und Todes, der Passion Jesu Christi, seines Erleidens des ewigen Zornes Gottes ist. Denn das ist das Furchtbare, das ist das göttliche Nein des Karfreitags: daß dort alle Sünde Israels, alle Sünde der ganzen Menschheit, unsere Sünde und jede einzelne unserer Sünden tatsächlich Gegenstand des göttlichen Zornes und der göttlichen Vergeltung geworden ist. Wohlverstanden: dort und dort allein! Dort und also nicht in dem großen Töten nach der Aufrichtung des goldenen Kalbes, nicht in dem Untergang der Rotte Korah, nicht in der Niederlage und Tötung Sauls durch die Philister, nicht in dem, was David zu leiden hatte durch Absalom, nicht in der Zerstörung von Samaria und nicht in der von Jerusalem, nicht in der Wegführung des Volkes nach Babel und auch nicht in der endgültigen Auflösung des Tempeldienstes und des Judenstaates im Jahre 70. Viel zu gewaltig sind ja die

Dimensionen, in denen dieses eigentlich dauernde Schlagen Jahves gegen das ungetreue Volk seines Eigentums im Alten Testament dargestellt und gedeutet werden und viel zu merkwürdig ist ja die Tatsache, daß Israel in und unter all diesem göttlichen Schlagen gerade nicht etwa vernichtet, sondern in irgend einem Restbestand immer wieder erhalten bleibt — als daß man nicht sehen müßte, daß dieses göttliche Schlagen trotz und in der ganzen furchtbaren Realität, in der es zu seiner Zeit angekündigt wird und stattfindet, doch das eigentliche wirkliche Gericht Gottes noch nicht ist, sondern über sich selbst hinaus erst darauf hinweist, erst sein Vorzeichen ist. Es ist der leidende «Knecht Gottes» in seiner historischen Gestalt — ob diese nun die des Propheten oder die des ganzen Volkes oder die seines Königs oder das Alles zugleich ist — der Platzhalter eines ganz Anderen. Allzu überlebensgroß sind die auf diesen Knecht Gottes gehäuften negativen und positiven Prädikate, als daß er allein in jener historischen Gestalt sie zu tragen vermöchte. Der in Israel wirklich Leidende, den Zorn und das Gericht Gottes Erleidende — das ist nicht Israel selbst und als solches, sondern das ist der, in dessen Erwartung Israel den Sinn seiner Existenz hat: Israels Messias in dem Leiden seines einen einzigen Leidenstages. Er und nicht Israel ist auch der wirklich Leidende, nämlich der das Gericht Gottes Erleidende in dem, was die Juden heute zu leiden haben. Er ist gemeint, er ist angegriffen und getroffen, er wird gehaßt, er wird aus dem Wege geschafft. Und was Israel als solches bis heute leidet, das leidet es im Nachklang und Nachspiel dessen, was die Heiden dem Messias Israels längst getan haben und als Werkzeuge Gottes tun mußten, als Nachklang und Nachspiel des einen wirklichen Losbrechens, Schlagens und Tötens des göttlichen Zornes auf Golgatha. Darin besteht die unendliche Nichtigkeit und die sicher vorauszusagende Erfolglosigkeit alles dessen, was irgend welche Menschen zu allen Zeiten gegen die Juden getan haben und auch heute gegen die Juden tun können. Sie können gerade nur das Zeichen der Kreuzigung Christi und damit das Zeichen des wirklichen Gerichtes Gottes noch einmal aufrichten. Das wirkliche Gericht Gottes ist doch die Kreuzigung Christi ganz allein und das eben ist das Furchtbare dieses Ereignisses, daß es die Wirklichkeit ist, die alle anderen Gerichte über Israel, aber auch alle anderen Gerichte über die Welt und uns Menschen nur vorbilden konnten und nachbilden können. Das ist das Furchtbare der Kreuzigung Christi: daß die eigentliche Substanz aller alttestamentlichen Gerichtsdrohung und Gerichtstat, d. h. aber die Offenbarung des Zornes Gottes über alle Gottlosigkeit und Ungerechtigkeit der Menschen (Röm. 1, 18), ohne die die Offenbarung nicht Gottes Offenbarung wäre, dort Ereignis wurde. Denn, daß die menschliche Sünde und mit ihr der sündige Mensch Gegenstand des göttlichen Zornes und Gerichtes geworden ist, das kann man eigentlich und im strengen Sinn nur im Blick auf dieses Ereignis sagen. Der ganze Ernst der menschlichen Lebenssituation und ihrer ganzen einzeln und insgesamt wirksamen Bedrohung von der Natur und von der Geschichte her, der Ernst der Tatsache, daß es dem Menschen gesetzt ist, einmal zu sterben, wird dadurch nicht abgeschwächt, sondern erst ins rechte Licht gesetzt, er wird damit erst wirklicher Ernst, daß man sich klar wird darüber: Alles das, was die Weltgeschichte und was eines jeden Einzelnen Lebensgeschichte von langsam schleichender oder plötzlich hereinbrechender Not, von Übelständen und Katastrophen, von Leiden und Sterben aller Art zu melden wissen (die ganze Ausschüttung der Zornesschalen Apoc. 15—16!) — das Alles ist noch nicht oder nicht mehr das Gericht Gottes selber. Alle diese Plagen waren und sind ja nicht das verdiente Ende. Immer waren wir, immer sind wir wieder da: genau so wie Israel trotz Allem und Allem immer wieder da war, immer wieder da sein wird! Immer noch und immer wieder gibt es — ob wir einen guten oder schlechten Gebrauch davon machen ist eine Frage für sich — Zeit und Raum und sind wir in der Lage, uns auch den schwersten über andere oder über uns selbst hereinbrechenden Geschehnissen gegenüber durch Übersehen, durch allerlei Deutungen und vor allem durch Vergessen zu distanzieren. Ob wir das rein physisch könnten, wenn wir es in dem, was uns widerfährt, eigentlich und letztlich und substantiell mit Gottes Zorn und Gericht zu tun hätten? Würde uns wirklich Gottes Zorn und Gericht treffen in dem Allem — nicht nur seine «Zeichen» (Apoc. 15, 1), nicht nur seine Vor- und Nachwehen — wo würden wir da bleiben, wo würden wir da längst geblieben sein? Die Ansicht, wir hätten in dem, was uns widerfährt, den Zorn Gottes selber zu ertragen, ist zu unserm Heil unrichtig. Richtig, d. h. dem biblischen Sinn dieser ganzen Sache allein angemessen ist das, was im Heidelberger Katechismus Fr. 14 zu lesen steht, daß «keine bloße Kreatur die Last des ewigen Zornes Gottes wider die Sünde ertragen kann». Vor Gottes wirklich ausbrechendem rächendem und schlagendem Zorn verginge die Kreatur; Gottes wirkliches Gericht bedeutete, daß es mit uns aus wäre. Es ist aber notorisch nicht aus mit uns, mit uns so wenig wie es mit Israel je aus war noch aus sein wird, sondern wir haben notorisch immer noch und immer wieder Zeit und Raum und so kann es Gottes wirkliches Gericht noch nicht oder nicht mehr gewesen sein, sondern nur sein Zeichen, nur ein allerdings ernstes Zeugnis von ihm, was uns jetzt und jetzt getroffen hat und hätte es uns auch mitten ins Herz getroffen.

Dies ist die Bedeutung des Todes Jesu Christi, daß dort Gottes verurteilende und strafende Gerechtigkeit losgebrochen ist und die menschliche Sünde, den Menschen als Sünder, das sündige Israel wirklich geschlagen und getroffen hat. Wirklich Israels Sünde, unsere Sünde, uns die Sünder, sodaß durch das, was dort (nicht an Israel, nicht an uns, sondern an Jesus Christus) geschehen ist, die durch Israel, die durch uns verletzte Gerechtigkeit Gottes wirklich offenbar geworden, ihr wirklich Genüge getan worden ist, so jedoch, daß es nicht an Israel, nicht an uns, sondern für Israel, für uns geschehen, so, daß, was dort wegen Israel, wegen uns gelitten worden ist, für Israel, für uns, gelitten worden ist: der Zorn Gottes, den wir verdient haben, durch den wir vergehen mußten und längst vergangen wären und der nun an unserer Stelle — als ob er uns getroffen hätte und nun doch so, daß er uns nicht traf und auch nicht mehr treffen kann — getragen und erlitten ist. Denn darum ist das am Karfreitag gesprochene Nein so furchtbar und eben darum verbirgt sich in ihm doch auch schon das österliche Ja der Gerechtigkeit Gottes: weil der, der am Kreuze den Zorn Gottes auf sich nahm und erlitt, kein Anderer als Gottes eigener Sohn und so der ewige Gott selber in seiner in freier Barmherzigkeit angenommenen Einheit mit der menschlichen Natur gewesen ist.

Man könnte mit Recht sagen, daß eigentlich das ganze Neue Testament, insbes. die Evangelien mit ihrem so unübersehbar hervorgehobenen Skopus in der Leidensgeschichte, aber auch die Episteln mit allen ihren Bezugnahmen auf das Kreuz oder auf das Blut oder auf das Opfer Christi, aber auch die Apokalypse mit der sie so zentral beherrschenden Figur des «geschlachteten Lammes» von dieser Sache reden. Es fehlt aber wirklich auch nicht an ausdrücklichen Erklärungen darüber, wie dieses Geschehen zu verstehen ist.

Wir können ausgehen von der bekannten Stelle Joh. 3, 16, laut welcher Gott die Welt in der Weise (οὕτως) liebte, laut welcher seine Liebe in ihrer Offenbarung und Betätigung uns gegenüber diese Gestalt, diesen Weg hatte: «daß er seinen eigenen Sohn gab» (ἔδωκεν), «für uns alle dahingab»: ὑπὲρ ἡμῶν πάντων παρέδωκεν, wie es Röm. 8, 32 noch deutlicher und stärker heißt. Oder Tit. 2, 14: «Er, unser großer Gott und Heiland, Christus Jesus, gab sich selbst für uns»: ἔδωκεν ἑαυτὸν ὑπὲρ ἡμῶν (vgl. Gal. 2, 20). In dieses «Geben» oder «Sich-Geben» mündet aber nach Gal. 4, 4, Röm. 8, 3 auch das, was besonders im vierten Evangelium gerne in dem Begriff der «Sendung», des göttlichen πέμπειν oder ἀποστέλλειν seines Sohnes zusammengefaßt wird. Seine «Sendung» meint: seine in dem freien Willen des Vaters und des Sohnes begründete Dahingabe im Vollzug der dem Kosmos, der Menschenwelt zugewandten göttlichen Liebe. Es ist aber so, daß Gott in dieser Dahingabe oder Sendung seines Sohnes, daß der Sohn sich selbst in der Übernahme dieser Sendung, in diesem seinem Dahingegebenwerden etwas auferlegt hat, daß Gott, indem er liebte, sich selber hart begegnete, sich selber ein Letztes und Höchstes zugemutet und angetan hat. «Er hat seines eigenen Sohnes nicht verschont» (Röm. 8, 32). Christus war reich und ist um unseretwillen arm geworden (2. Kor. 8, 9). «Er hielt es nicht für einen Raub, Gott gleich zu sein, sondern erniedrigte sich selbst» (Phil. 2, 6 f.). Worin besteht diese gegen sich selbst sich richtende Härte, diese Selbsterniedrigung Gottes in seinem eigenen Sohne? Sie bestand nach Phil. 2, 7 darin, daß er in «Selbstentäußerung», in einem völligen Verzicht nicht auf das Wesen, wohl aber auf die Gestalt seiner Gottheit, seiner Herrengestalt unsere eigene, unsere menschliche Gestalt: die «Gestalt des Knechtes» annahm, in der völligen Gleichheit mit anderen Menschen: ἐν ὁμοιώματι ἀνθρώπων γενόμενος, im Charakter eines Menschen sich finden ließ: σχήματι εὑρεθεὶς ὡς ἄνθρωπος. Er wurde wie wir alle «von einem Weibe geboren» (Gal. 4, 4). Aber was heißt das: an des Menschen Stelle treten, selber ein Mensch, von einem Weibe geboren werden? Das heißt nun auch für ihn, für Gottes Sohn, für Gott selber: «er trat unter das Gesetz» (γενόμενος ὑπὸ νόμον) d. h. er trat dorthin, wo es zwischen der Treue Gottes und der Untreue des Menschen zu jenem notwendigen Konflikt kommt. Er machte sich diesen Konflikt zu eigen. Er trug ihn in sich selber aus. Er war nun sozus. von beiden Seiten beteiligt in diesem Konflikt; er erlitt ihn von beiden Seiten: nicht nur als der vom Menschen beleidigte Gott, sondern auch als der von Gott mit dem Tode bedrohte, vor Gottes Gericht dem Tode verfallene Mensch. War er wirklich eingetreten in die Gleichheit mit uns — und eben das war er — so bedeutete das notwendig: er war eingetreten in die Gleichheit (in das ὁμοίωμα) des «Fleisches der Sünde» (Röm. 8, 3), in die Beteiligung an dem Status, an der Verfassung und Lage des Menschen, in der dieser als Gott Widerstehender vor Gott nicht bestehen konnte sondern vergehen mußte. Wie könnte Gott sich selber widerstehen? Wie könnte Gott sündigen? Der Sohn Gottes wußte von keiner Sünde (2. Kor. 5, 21, Joh. 8, 46, Hebr. 4, 15). Er konnte aber dahin treten, nämlich in das Menschsein, das Sein im Fleische hineintreten, in welchem vor Gott ganz und gar keine Rechtfertigung (Röm. 3, 20), ganz und gar nur Sünde zu finden ist. Es konnte Gott — und das ist es, was Gott nicht nur gekonnt, sondern getan hat — seinen Sohn im «Leibe des Fleisches» (Kol. 1, 22) sein lassen und insofern «für uns zur Sünde machen» (2. Kor. 5, 21): zu dem Gegenstande, der der Gegenstand seines eigenen Zornes sein, der seiner Verurteilung und Strafe verfallen muß. Eben dies ist es, was geschehen ist. Der Gott gleich war, ist gehorsam geworden bis zum Tode, nämlich zum Tode am Kreuz (Phil. 2, 8). Wo wir, die Ungerechten, stehen müßten, da steht jetzt Er, der Gerechte δίκαιος ὑπὲρ ἀδίκων (1. Petr. 3, 18). Wo wir, die Schwachen, die Gottlosen, stehen müßten, da steht jetzt Gottes Sohn (Röm. 5, 6). Wo wir, die Sünder, stehen müßten, da steht jetzt unser Richter (Röm. 5, 8). Wo wir, die Feinde Gottes, stehen müßten, da steht jetzt in Jesus Christus Gott selber (Röm. 5, 10). Und an ihm selber geschieht jetzt, was an uns geschehen müßte: die Verurteilung der Sünde im Fleische (Röm. 8, 3). In seinem Leibe — unser Fleischesleib ist ja der seinige geworden — trägt er unsere Sünden hinauf an das Holz (1. Petr. 2, 24), stirbt er um unserer Sünde willen (1. Petr. 3, 18, Röm. 6, 10), wurde er für uns zum Fluch, wie geschrieben steht: «Verflucht ist Jeder, der am Holz hängt!» (Gal. 3, 13). Und das Alles: damit es für uns keine Verurteilung mehr gebe (Röm. 8, 1), damit wir, die dem Gesetz Unterworfenen, losgekauft seien (Gal. 4, 5), nämlich losgekauft von dem Fluch des Gesetzes (Gal. 3, 13), damit wir vom Zorn gerettet würden (Röm. 5, 9), von der Sünde loskämen, durch seine Wunden geheilt (1. Petr. 2, 24), von allem gesetzwidrigen Wesen erlöst würden (Tit. 2, 14). Denn durch jenes Geschehen, in welchem Gott uns «mit sich selbst versöhnt hat» (ἀποκαταλλάσσειν wörtlich: «vertauschen»!) mit sich selber, in welchem er also sich selber zum Gegenstand seiner Härte, seiner verurteilenden und strafenden Gerechtigkeit gemacht hat an unserer Stelle — in diesem Geschehen ist es nicht nur möglich, sondern notwendig und vor allem wirklich geworden, daß er uns «unsere Übertretungen nicht anrechnete» (2. Kor. 5, 19). Durch sein Blut hat Jesus Christus uns gerecht gesprochen (Röm. 5, 9), hat er uns die Freiheit verschafft, in der Gerechtigkeit zu leben (Röm. 6, 16 f., 1. Petr. 2, 24), sind wir — wie er zur Sünde gemacht wurde für uns — «in ihm Gerechtigkeit Gottes geworden» (2. Kor. 5, 21). — Das ist das Zeugnis des Neuen Testamentes von dem Furchtbaren und eben in seiner Furchtbarkeit Befreienden und Tröstlichen des Ereignisses vom Karfreitag.

Es soll dieselbe Sache noch einmal in den Worten des Polanus wiedergegeben sein — schon zur Erinnerung, wie unerschrocken und einsichtig die «alte Orthodoxie» trotz aller ihrer Mängel gerade im Blick auf diese Mitte des Neuen Testamentes zu reden gewußt hat: *Nullum exemplum iustitiae, irae et comminationum divinarum est expressius, severius, horribilius quam in Christo. Nam quia omnes homines in Adamo peccaverunt, postulat iustitia Dei, ut, quod adversus summam atque infinitam Dei maiestatem commissum est, id etiam summis atque infinitis, hoc est sempiternis cum animi tum corporis suppliciis luatur, ut sit proportio culpae et poenae. Huic iustitiae satisfaciendum est necessario. At quia nemo hominum satisfacere posset in aeternum ne totum, humanum genus interiret, sponsorem* (zum Bürgen) *se ultro fecit unigenitus Filius Dei pro illis, quos pater ipsi dederat et ipse sese exinanivit* ... (*Phil.* 2, 7 f.). *Quoniam ergo Filius Dei homo factus constituit se pro electis sponsorem: Deus poenam, quae electis in sempiternum perferenda fuisset, in ipsum transtulit sponsorem et iram suam adversus peccata electorum in eum effudit* (*Synt. Theol. chr.* 1609 *col.* 1166).

1. Daraus, daß es der Sohn Gottes, daß es Gott selber war, der auf Golgatha für uns eintrat und uns damit von seinem Zorn und Gericht frei sprach — daraus erst ergibt es sich, was es mit dem Zorne Gottes, mit seiner verurteilenden und strafenden Gerechtigkeit auf sich hat, was für ein verzehrendes Feuer hier brennt gegen die Sünde und also auch: was es mit der Sünde selber eigentlich auf sich hat, was es bedeutet, Gott zu widerstehen, Gottes Feind zu sein, wie es die schuldhafte Bestimmung unserer menschlichen Existenz ist.

Was das bedeutet, das kann kein alttestamentliches oder neutestamentliches Gebot in seiner Überlegenheit gegenüber unserem besten Wollen und Tun an sich und als solches klar machen. Das kann auch keine Gerichtsdrohung und Gerichtstat Gottes an sich und als solche. Das kann keine von uns vollzogene Sündenerkenntnis und kein von uns empfundener Sündenschmerz. Das kann keines jener großen oder kleinen Gerichte, wie sie über uns ergehen mögen. Das kann keine Reue und keine Verzweiflung, wie auch wir sie — aber wann wären wir denn wirklich verzweifelt? — erleben mögen. Das Alles zeigt ja an sich und als solches im schlimmsten Fall auf einen großen endlichen Ungehorsam und damit dann doch auch auf die Möglichkeit einer bloß endlichen Strafe und Wiedergutmachung. Das Alles an sich und als solches hat nicht die Kraft, uns in die Buße vor Gott zu rufen, in der wir uns als unendlich schuldig vor ihm und damit als unendlich verlorene, d. h. dem ewigen Tode verfallene Sünder erkennen und bekennen müssen. Von dem Allem an sich und als solchem her betrachtet, würden gerade unsere ernstesten, nämlich unsere der Erkenntnis und Sprache der Bibel entsprechenden Sündenerkenntnisse und Sündenbekenntnisse notwendig immer ein wenig nach Übertreibung schmecken. Und es würde sich die Frage schon dem Alten und Neuen Testament gegenüber fast notwendig stellen: ob denn das Verhalten Gottes in seinem Zorn, wie es uns da bezeugt ist, zu dem auf Seiten des Menschen vorliegenden Gegensatz, zu seiner Sünde und Schuld nun wirklich in einem sinnvollen Verhältnis stehen möchte? Und wie nahe liegt es erst, diese Frage dann aufzuwerfen, wenn wir uns selbst als die Betroffenen oder Mitbetroffenen jener zeichenhaften göttlichen Gerichte finden und fühlen müssen? «Ist Gott nicht ungerecht, indem er seinen Zorn walten läßt?» (Röm. 3, 5). Sollten wir es wirklich verdient haben, sollten wir wirklich so schuldig dastehen, daß wir solches zu leiden haben? Dieses Murren, diese Hiobsfrage muß verstummen — sie wird aber erst dann wirklich verstummen — wenn wir uns vor Augen halten, wie Gott die Welt richtet (Röm. 3, 6), nämlich indem er in der beschriebenen Weise hart wird gegen sich selber, indem er sich unsere Sünde so zu Herzen gehen läßt, daß er auch seines eigenen Sohnes nicht verschonte, sondern hat ihn für uns alle dahingegeben. Was wissen wir von Gottes Gerechtigkeit, von dem, was seiner würdig ist, und was er also, indem er uns begegnet, notwendig und als unser Schöpfer und Herr mit Recht wider uns hat? Hier, gerade hier, wo er es wahr macht — aber eben in seiner Liebe zu uns und also ganz und gar von sich aus wahr macht — daß er nicht wider uns sondern für uns ist (Röm. 8, 31), gerade hier haben wir uns danach zu erkundigen, was seine Gerechtigkeit und unsere Ungerechtigkeit ist. Und von hier aus, als Zeichen der hier sich offenbarenden Gerechtigkeit Gottes, haben wir dann auch alles Andere, das Gesetz und die Drohungen und Gerichte im Alten Testament und die in der ganzen Weltgeschichte und die in unserem eigenen Leben in ihrer Gerechtigkeit zu würdigen und zu verstehen. Hier erfahren wir, wessen wir angeklagt und schuldig sind, was unsere Übertretung ist und bedeutet. Sie ist diejenige Entfernung von Gott, diejenige Auflehnung gegen ihn, die damit gestraft werden müßte, daß wir gänzlich vergehen müßten und die ohne dieses unser Vergehen gerade nur so gestraft werden kann, daß Gott selbst für uns eintritt, daß Gott selbst in seinem Sohne die Strafe auf sich nimmt, trägt und erleidet. Soviel kostet es Gott, gerecht zu sein, ohne uns zu vernichten. So groß ist der Gegensatz zu ihm, in welchem wir uns befinden: daß er nur von ihm her, und zwar nur so, daß er selbst sich in diesen Gegensatz begibt und leidet, was in diesem Gegensatz zu leiden ist, überwunden und für uns unschädlich gemacht werden kann. So stehen wir da, daß uns nur durch gänzliche und restlose Stellvertretung, und zwar durch die von Gott selbst übernommene Stellvertretung vom ewigen Tode, nur durch sein Leben zum Leben geholfen ist. Wenn uns das klar ist, dann werden wir gegen die Angemessenheit dessen, was uns als Zeichen des göttlichen Gerichtes im Alten Testament, in der Weltgeschichte und in unserem eigenen Leben begegnen mag, nichts mehr zu erinnern haben. Welches Zeichen sollte deutlich und stark genug sein, um die Dimensionen unseres Gegensatzes zu Gott zu bezeichnen, nachdem er von Gott selbst durch das, was er zu seiner Überwindung getan hat, so bezeichnet worden ist?

2. Weil es der Sohn Gottes, weil es Gott selber war, der am Karfreitag für uns eintrat, darum konnte dort geschehen, was, weil Gott gerecht

ist, geschehen mußte. Es konnte dort — dieses «Können» zunächst rein physisch verstanden — geschehen, was an uns ohne unsere Vernichtung nicht geschehen konnte: es konnte nämlich die verurteilende und strafende Gerechtigkeit Gottes der menschlichen Sünde gegenüber ihren Lauf nehmen.

Jesus Christus konnte in seiner Einheit mit der «menschlichen Natur, die gesündigt hat, für die Sünde bezahlen» (Heid. Kat. Fr. 16) und zugleich «aus Kraft seiner Gottheit die Last des Zornes Gottes an seiner Menschheit ertragen» (Fr. 17). Er konnte ohne Minderung seiner göttlichen Majestät, er konnte in der Betätigung der göttlichen Majestät seiner Liebe eingehen in jene «Gleichheit des Fleisches der Sünde», um in derselben Majestät dem Gericht des göttlichen Zornes standzuhalten ohne zu vergehen, um gerade in seiner Erniedrigung am Höchsten göttliche Majestät zu sein und als solche sich zu offenbaren: um als Sieger über das Gericht, dem er sich unterworfen, von den Toten zu auferstehen als Erstling aller derer, die ihm folgen sollen. Er konnte den Kelch trinken, der hier zu trinken war. Er konnte sich, weil er Gott selber war, der Härte Gottes unterziehen. Und er mußte, weil er selber Gott war, der Härte Gottes nicht erliegen. Gott mußte ja hart sein, um in der Begegnung mit dem Menschen sich selber treu zu bleiben und gerade so dann auch dem Menschen treu zu sein. Gottes Zorn mußte offenbar werden über alle Gottlosigkeit und Ungerechtigkeit der Menschen. Aber nur Gott konnte diese notwendige Offenbarung seiner Gerechtigkeit vollziehen, ohne daß dies das Ende aller Dinge bedeutete. Nur Gott selbst konnte Gottes Zorn ertragen. Nur Gottes Barmherzigkeit war des Leidens fähig, dem die im Gegensatz zu ihm existierende Kreatur verfallen ist. Nur Gottes Barmherzigkeit konnte sich dieses Leiden so zu Herzen gehen lassen, daß sie es zu ihrem eigenen Leiden zu machen wußte. Und nur Gottes Barmherzigkeit war stark genug, um in diesem Leiden nicht zu vergehen. Und eben dies, was nur durch Gottes Barmherzigkeit geschehen konnte, ist am Kreuz von Golgatha geschehen: dieser doppelte Allmachtsbeweis, in welchem Gott, ohne seiner Gerechtigkeit etwas zu vergeben, seinem eigenen Zorne sich gewachsen erwies: einmal indem er selber sich ihm beugte und sodann indem er nicht von ihm verzehrt wurde. Kraft dieser seiner Allmacht konnte Gottes Barmherzigkeit zugleich aufrichtigstes tiefstes Mitleid und zugleich jene unveränderliche und unbewegliche Stärke Gottes sein, konnte Gott sich selbst ganz hingeben, um sich doch gerade in solcher Hingabe selbst ganz zu behalten und zu bewahren, konnte er sich zugleich als der offenbaren, der als unser Aller Knecht das Todesgericht trug, das wir verdient hatten und als der, der als unser Aller Herr dem Tode die Macht genommen, der ihn für immer besiegt und erledigt hat. In diesem doppelten Sinn triumphierte im Tode Jesu Christi Gottes Gerechtigkeit.

3. Weil es der Sohn Gottes, weil es Gott selbst war, der am Karfreitag für uns eintrat, darum konnte die dort geschehene Erledigung der Leidens- und Todesfolge des menschlichen Ungehorsams gegen Gott eine rechtmäßige, die rechtmäßige, konnte sie tatsächlich die Vollstreckung der Gerechtigkeit Gottes sein. Sie mußte als Vollstreckung der Gerechtigkeit Gottes unter allen Umständen dies bedeuten: daß im Konflikt zwischen der Treue Gottes und der Untreue des Menschen die Treue Gottes gegen sich selbst gewahrt, seine Ehre also nicht verletzt wurde. Anders als so konnte sie sich auch als Gottes Treue gegen den Menschen nicht

betätigen: wie könnte dem Menschen durch einen seine Ehre wirklich preisgebenden Gott wirklich geholfen sein? Wiederum konnte, sollte die Treue Gottes gegen sich selbst seine Treue gegen den Menschen nicht ausschließen und aufheben, Gottes Ehre nicht dadurch gewahrt werden, daß dem Menschen widerfahre, was ihm zukam, was er verdient hatte: die Vernichtung durch den ewigen Tod. Im Tode Jesu Christi ist Gott ebensowohl sich selbst wie dem Menschen treu gewesen.

Das Dilemma scheint unausweichlich: Entweder dem Menschen widerfährt nicht, was ihm im Konflikt mit Gott widerfahren muß. Dann ist Gottes Ehre verletzt und bleibt es. Dann ist Gott nicht mehr Gott. Dann kann dem Menschen auch Gottes Treue — eine Treue, in der Gott sich selbst untreu wird! — keine Hilfe sein. Oder dem Menschen widerfährt, was ihm gebührt. Dann wird Gottes Ehre zwar gewahrt. Dann bleibt Gott zwar Gott. Dann wird aber eben durch das Gottsein Gottes in diesem Konflikt der Abgrund aufgerissen, in welchem der Mensch nur ins Bodenlose stürzen und vergehen kann. Wo bleibt dann Gottes Treue gegen den Menschen, wo dann seine Barmherzigkeit? Eben dieses Dilemmas Auflösung ist das auf Golgatha geschehene Eintreten des Sohnes Gottes und also Gottes selbst an unserer Stelle. Weil Gott Gott ist und als solcher, indem er Gott bleibt, in jenem Konflikt nur tun kann, was seiner würdig ist, darum kann es in diesem Konflikt ohne das der geschehenen Übertretung notwendig angemessene göttliche Verurteilen und Strafen tatsächlich nicht abgehen. Es muß die unendliche Folge des unendlichen Ungehorsams, dessen sich der Mensch Gott gegenüber schuldig gemacht hat und immer wieder schuldig macht, vom Menschen getragen sein. «Ist denn Gott nicht barmherzig? Gott ist wohl barmherzig, er ist aber auch gerecht. Deshalb erfordert seine Gerechtigkeit, daß die Sünde, welche wider die allerhöchste Majestät Gottes begangen ist, auch mit der höchsten, das ist mit der ewigen Strafe an Leib und Seele bestraft werde» (Heid. Kat. Fr. 11). Aber nun bedenke man Folgendes: der Mensch und also Gottes Geschöpf, ganz und gar durch Gott existierend und in Gottes Hand gegeben, hat gesündigt und sündigt, ist Gottes Gegenüber in diesem Konflikt. Und an Gott, an Gott allein, hat er gesündigt und sündigt er. Es haben also der in diesem Konflikt Verletzte und der ihn Verletzende keinen höheren Herrn und Richter über sich. Sondern der Verletzte selbst ist auch der Herr und Richter. Er ist, indem er getroffen und beleidigt ist, zugleich das Maß und das Subjekt des Urteils und der Strafe, die seiner Verletzung entsprechen. Nicht nur das Maß, sondern auch das Subjekt, d. h. nicht nur die gerechte Norm, nach der geurteilt und gestraft wird, sondern auch der gerecht urteilende und strafende Richter. Weil er das Maß ist, darum muß es ein verdammendes Urteil und muß die Strafe der ewige Tod sein. Aber weil er auch das Subjekt ist, weil nur er in dieser Sache urteilen und strafen kann, darum kann ihm das Recht nicht abgesprochen werden, Urteil und Strafe zu vollziehen nach seinem Wohlgefallen. Wieder wäre Gott nicht Gott, wenn ihm diese Freiheit seines Wohlgefallens in der Wahl des Vollzugs seines Urteils und seiner Strafe nicht zukäme. So gewiß Gott nicht Gott wäre, wenn seine Gerechtigkeit nicht verurteilend und strafend genau den Lauf nähme, den er im Konflikt mit dem Ungehorsam seines Geschöpfs nehmen muß, so gewiß wäre er wiederum nicht Gott, wenn er nicht frei wäre, seiner Gerechtigkeit den Lauf zu geben, den sie nach Maßgabe seiner Barmherzigkeit nehmen muß. Auch dann, wenn Gott im Vollzug seines Urteils und seiner Strafe sozus. gebunden wäre an eine abstrakte, ihm selbst überlegene Regel der Rechtlichkeit und also dieser Regel entsprechend verurteilen und strafen müßte — auch dann würde er offenbar nicht sein und tun, was seiner würdig ist, auch dann würde er also gerade nicht der gerechte Gott sein. Er ist es, indem er frei ist, gerecht zu sein in seiner Barmherzigkeit, frei dazu, sich selbst getreu zu sein, und eben darin auch uns getreu zu bleiben. Und eben dies war seine Gerechtigkeit in dem auf Golgatha vollzogenen Urteil und Gericht. Eben diese in Barmherzigkeit gehüllte Gerechtigkeit Gottes ist der Sinn des Eintretens des Sohnes Gottes an unsere Stelle, der Sinn jener Bürgschaftsleistung, auf Grund derer unser Urteil und unsere Strafe nicht von uns zu tragen sind, weil sie von ihm getragen wurden. Wohlverstanden: es «mußte» nicht so geschehen, sofern unter «Müssen» eine Verpflichtung Gottes zu verstehen wäre, seine Gerechtigkeit in Barmherzigkeit zu hüllen und also zur Erfüllung seiner Gerechtigkeit seinen eigenen Sohn für uns dahinzugeben. Gott konnte sich selbst treu sein, ohne seiner Treue die Bestimmung der Treue auch gegen uns zu geben. Es konnte auch Gottes Wohlgefallen sein, seiner Gerechtigkeit in ganz anderer Weise, nämlich in Form unserer Vernichtung ihren Lauf zu lassen. Gott wäre nicht weniger Gott, wenn dieses sein Wohlgefallen gewesen wäre. Wir hatten und wir haben keinen anderen Anspruch ihm gegenüber als den, der sich darauf gründet, daß sein Wohlgefallen faktisch das Wohlgefallen seiner barmherzigen Gerechtigkeit gewesen ist. Faktisch: d. h. wir können nur darum sagen, daß es so sein mußte, weil wir auf das blicken, was Gott in Jesus Christus faktisch getan, wie er in ihm sein Wohlgefallen faktisch offenbart hat. Im Blick auf ihn müssen wir allerdings sagen: es mußte geschehen, was geschehen ist. Aber damit können wir nur die in Gottes Wohlgefallen geschehene Entscheidung und deren Notwendigkeit, nicht die irgend eines abseits von dieser Entscheidung erkennbaren Prinzips anerkennen und preisen. Wir rühmen dann eben seine Liebe, Gnade und Barmherzigkeit. Aber eben damit Gottes Barmherzigkeit von uns gerühmt werde, darf nicht verkannt werden, daß Gott in seiner Barmherzigkeit Gerechtigkeit walten ließ, daß er wohl barmherzig, aber auch gerecht war, daß, indem er barmherzig war, Alles geschehen mußte, was geschehen ist, was zur Behauptung und Wahrung seiner Ehre notwendig war, daß wir es also in dem, der uns so treu ist nach seinem freien Wohlgefallen, tatsächlich — und darum ist seine Treue so hilfreich — mit dem zu tun haben, der sich selber ganz treu ist und bleibt. Gott war und blieb sich ja treu, indem er seinen eigenen Sohn für uns dahin gab. Er hat ja eben damit den Konflikt zwischen sich und dem Menschen nicht verhüllt, geschweige denn übersehen und ignoriert, sondern ausgetragen, wie er ausgetragen werden mußte, wie es ihm, dem Verletzten und wie es dem Menschen als Verletzer seiner Ehre zukam bis ans bittere Ende. Das ist seine Barmherzigkeit, daß er sich diesen Konflikt zu Herzen gehen ließ, ja daß er ihn in seinem eigenen Herzen ausgetragen hat. Es war darum doch nicht weniger der Konflikt zwischen ihm und uns, der da ausgetragen wurde. Denn eben in dem, der da an unsere Stelle trat, schlug Gottes eigenes Herz auf unserer Seite, in unserem Fleisch und Blut, in der völligen Einheit mit unserer Natur und Art, genau an der Stelle, wo Gott gegenüber, vor Gott schuldig, wir selber stehen. Weil es der ewige Gott war, der in Jesus Christus in die Mitte trat, darum konnte er mehr sein als der Vertreter und Bürge Gottes uns gegenüber, darum konnte er zugleich sein: unser Vertreter und Bürge Gott gegenüber, darum wie der bevollmächtigte Repräsentant des göttlichen Richters, so auch der des Gerichteten: des in Sünde gefallenen Adam, der ganzen sündigen Menschheit, jedes einzelnen Sünders in allem seinem Sein und Sündigen. Weil er Gottes Sohn war, konnte er das Menschsein so auf sich nehmen, daß er in ihm zugleich für Gott bei uns und bei Gott für uns alle eintrat: dieser Mensch für jeden Menschen. In dieser vollmächtigen Vertretung Gottes bei uns Allen und unser Aller bei Gott ist Jesus Christus in die Mitte getreten, um jenen Konflikt in Gerechtigkeit, aber in der barmherzigen Gerechtigkeit Gottes bis zum bitteren Ende auszutragen. In dieser vollmächtigen Vertretung, indem er wirklich unsere Not wirklich als die Not des Herzens Gottes selbst erlitt, ist er der Gegenstand des göttlichen Zorns und Gerichts, der Träger unserer

Schuld und Strafe geworden. Da ist also nicht — wie es die Karrikatur meint, in der man diese höchste Erkenntnis und Wahrheit des christlichen Glaubens so oft dargestellt hat — ein in seiner Sinnlosigkeit empörendes oder lächerliches Rasen Gottes gegen einen unschuldigen Menschen, dessen geduldiges Leiden Gott dann nachträglich «umgestimmt», d. h. zur Schonung und Nachsicht allen anderen Menschen gegenüber veranlaßt hätte, hinter dessen Leiden sich nun alle Anderen ein wenig beschämt, wenn auch glücklich gerettet, aber in sich selbst unverändert verbergen dürften wie hinter einem Ofenschirm. Nicht eine abstrakte Gerechtigkeit Gottes waltet hier, die dann nachträglich in ein ebenso abstraktes Mitleid und Übersehen sich verwandelt hätte. Sondern der wirkliche, furchtbare Zorn Gottes waltet hier nach Gottes freiem Wohlgefallen im Vollzug seiner zum vornherein barmherzigen Gerechtigkeit, die keiner nachträglichen Umstimmung und Abschwächung bedarf, die vielmehr eben in ihrem strengen Vollzug die Selbstdarstellung des ewigen, unveränderlich guten Willens Gottes ist. Und nicht, daß ein Mensch hier unschuldig und geduldig leidet, ist das Bewegende dieses Geschehens. Kein Bewegen Gottes von der Kreatur her findet hier statt, auf Grund dessen Gott sich dann zu einer allgemeinen Amnestie entschließen würde. Sondern Gottes eigenes Herz bewegt sich hier auf Grund seines freien Wohlgefallens inmitten der Kreatur, leidet das, was die Kreatur leiden müßte und ohne vernichtet zu werden nicht leiden könnte, leidet es in jener vollmächtigen Stellvertretung, kraft dessen, daß es das Herz des allmächtigen Herrn und Schöpfers der Kreatur ist, dem es, da es so sein Wohlgefallen ist, nicht verwehrt sein kann, seine Kreatur durch sich selbst zu erhalten (auch vor seinem eigenen Zorn zu erhalten) wie er sie durch sich selbst geschaffen hat. Und wenn nun die Kreatur dieses stellvertretende Leiden, wenn sie ihr eigenes Leben auf Grund dieser Stellvertretung als Gabe der Liebe, Gnade und Barmherzigkeit ihres Herrn und Schöpfers annimmt, dann kann das nicht heißen, daß sie sich hinter einem Anderen verbirgt vor Gott — das ist es bekanntlich, was nach Gen. 3, 8 Adam und Eva im Paradiese getan haben, das ist es aber, was nun gerade nicht mehr geschehen soll — dann heißt das vielmehr: daß sie aus ihrem Versteck hervorgeholt und ganz und gar vor Gottes Angesicht gestellt ist als vor das Angesicht dessen, vor dem sie ganz und gar verloren ist und der nun selber und allein ihr Retter vom Tode und ihr Leben ist. Dann heißt eben das: daß die Kreatur jetzt völlig auf Gott geworfen und an Gott gebunden ist als an den, der allein ihre Sache vor sich selber geführt hat und in Ewigkeit führen will.

4. Weil es der Sohn Gottes, weil es Gott selbst war, der am Karfreitag für uns eintrat, darum konnte dieses Eintreten w i r k s a m, konnte mit ihm unsere Versöhnung mit dem gerechten Gott und also der Sieg der Gerechtigkeit Gottes und also unsere eigene Gerechtigkeit vor ihm Ereignis werden. Nur Gott, unser Schöpfer und Herr, konnte die Bürgschaft für uns übernehmen, konnte an unsere Stelle treten, konnte den ewigen Tod als die Folge unserer Sünde an unserer Stelle so erleiden, daß er zugleich endgültig erlitten und überwunden war und also von uns nicht mehr erlitten zu werden brauchte. Kein Geschöpf, kein anderer Mensch konnte das. Gottes eigener Sohn aber konnte es.

Wir sahen: er konnte es p h y s i s c h und er konnte es r e c h t l i c h. Wir haben nun noch ausdrücklich hinzuzufügen: er konnte es auch w i r k s a m, d. h. so, daß sein Leiden uns tatsächlich zugute kommt, daß es von uns nicht mehr erlitten werden muß, daß wir frei sein dürfen von der Angst, daß wir uns hinsichtlich der notwendig verurteilenden und strafenden Gerechtigkeit Gottes ganz und gar an ihn halten dürfen als an den, in welchem dieser Notwendigkeit Genüge getan ist. Jesus Christus konnte darum in dieser Wirksamkeit für uns eintreten, weil er, indem er als Gottes Sohn Mensch wurde und war, die Freiheit und Macht hatte, in seinem Menschsein als jener einzelne Mensch zugleich unser aller Haupt und Vertreter zu sein und also nicht nur im Namen Gottes zu uns, sondern auch in unserem Namen, als Fleisch von unserem Fleisch zu Gott zu reden. Hören wir ihn als das fleischgewordene Wort Gottes, dann hören wir ja, was mit uns auch Gott selbst hört, indem das Blut seines eigenen Sohnes zu ihm gen Himmel schreit. Gott hört aber in diesem seinem eigenen fleischgewordenen Wort dies: daß seiner Gerechtigkeit Genüge getan, daß die Folge der Sünde des Menschen getragen und gebüßt und damit vom Menschen — von dem Menschen, für den Jesus Christus eingetreten ist — hinweggenommen ist. Gott hört in seinem eigenen im Blut seines Sohnes gesprochenen Wort, daß es für die, deren Fleisch dieser sein Sohn zu seinem eigenen gemacht hat, daß es für die, die in ihm, die in diesem Christus Jesus sind, keine Verdammnis mehr gibt (Röm. 8, 1). Gott hört in diesem seinem eigenen Wort, das ihm hier mitten aus der Menschheit heraus Antwort gibt, das Wort, durch das wir vor ihm gerechtfertigt sind, das also, so gewiß es sein eigenes Wort ist, zugleich unser Freispruch ist. Indem wir unsererseits dieses Wort auch hören dürfen, indem uns gesagt ist, was Gott in Jesus Christus, seinem fleischgewordenen Worte, zu sich selber gesagt hat, hören wir diesen unseren Freispruch. Alles hängt daran, daß wir bei dieser göttlichen Zwiesprache zugegen sind. Alles hängt daran, daß uns dieses Wort auch gesagt wird — alles daran, daß wir es auch hören. Wird es uns gesagt und hören wir es, dann wird uns gesagt und dann hören wir, daß es objektiv kein Gericht mehr über uns gibt, daß wir also auch keines mehr zu fürchten haben. Nicht weil Gott nicht gerecht oder nicht in ganzer Strenge gerecht wäre, sondern gerade weil er ein für allemal in ganzer Strenge gerecht, aber eben nach Maßgabe seiner Barmherzigkeit und also in der Dahingabe seines eigenen Sohnes gerecht gewesen ist. Nicht weil wir sein Gericht nicht verdient hätten — wir haben es tausendfach verdient — wohl aber weil es als das von uns verdiente Gericht schon vollzogen und erlitten ist. Nicht weil wir (als die, die wir für uns und in uns sind) es nicht zu fürchten hätten — wir würden es als die, die wir für uns und in uns selber sind, in Ewigkeit zu fürchten haben — wohl aber weil wir Gott jetzt nur noch darin und so zu fürchten haben, daß wir uns sein fleischgewordenes Wort gesagt sein lassen und hören: das Wort, das Gott zu sich selber gesagt und durch das wir vor ihm gerechtfertigt sind, das Wort unseres Freispruchs. Im Glauben an dieses Wort fürchten wir Gottes Gericht so wie es gefürchtet sein w i l l. Alles hängt jetzt daran, daß wir uns mehr als vor allem Andern davor fürchten, Gottes Gericht etwa eigenmächtig auch noch a n d e r s fürchten zu wollen. Alles hängt jetzt daran, daß ich «lebe in dem Glauben an den Sohn Gottes, der mich geliebt hat und hat sich selbst für mich dahingegeben» (Gal. 2, 20). «Wie bist du gerecht vor Gott? Allein durch den Glauben an Jesum Christum, also daß, obschon mich mein Gewissen anklagt, daß ich wider alle Gebote Gottes schwerlich gesündiget und derselben keines nie gehalten habe, auch noch immerdar zu allem Bösen geneigt bin, doch Gott, ohne all mein Verdienst, aus lauter Gnade mir die vollkommene Genugtuung, Gerechtigkeit und Heiligkeit Christi schenket und zurechnet, als hätte ich nie eine Sünde begangen noch gehabt und selbst allen den Gehorsam vollbracht, den Christus für mich hat geleistet, wenn ich allein solche Wohltat mit gläubigem Herzen annehme» (Heid. Kat. Fr. 60). Daß dieser Glaube in uns erwache und nicht wieder einschlafe, anfange und nicht wieder aufhöre, lebe und nicht wieder sterbe, das ist der Sieg der Gerechtigkeit Gottes und also unsere eigene reale Gerechtigkeit vor Gott, das die rechte Darbringung der rechten, der allein von uns geforderten, der allein möglichen Gottesfurcht. Alles hängt daran, daß wir zu dieser Gottesfurcht kommen, von ihr nicht mehr lassen, mit ihr immer neu ernst machen, daß wir also nicht stecken bleiben und nicht mehr versinken in einer Gerichtsfurcht, die in Jesus Christus gegenstandslos geworden ist: in der Furcht eines Gerichtes, das uns selber treffen könnte, nachdem es doch in Jesus Christus Gott selber getroffen, nachdem es doch Gott in seinem eigenen Herzen für uns erlitten, nachdem uns doch Gott gerade vor ihm ein- für allemal bewahrt hat. Im Blick auf Jesus Christus kann diese Gerichtsfurcht gerade nicht mehr Gottesfurcht genannt werden. Wirklich Gott fürchten wir nur in dem Gericht, das in seinem gerechten Vollzuge am Kreuze von Golgatha mit unserem Freispruch geendigt hat. Wirklich Gott fürchten wir nur, indem wir diesen Freispruch gesprochen, wahr sein und gelten lassen. Und das ist nun, von uns aus gesehen, die Wirksamkeit des Eintretens des Sohnes Gottes für uns: die Offenbarung Gottes, durch die wir zu Jesus Christus als zu unserem Haupt und Vertreter, durch die wir zu seiner Kirche versammelt, d. h. durch die wir zu dieser Gottesfurcht des Glaubens erweckt und berufen und in ihm erhalten werden. In der Offenbarung Gottes werden wir zu jener Zwiesprache Gottes mit sich selber zugezogen. In der Offenbarung Gottes wird uns gesagt, was Gott in seinem fleischgewordenen Worte mit sich selber geredet hat. Diese Offenbarung Gottes ist aber die Auferstehung Jesu Christi von den Toten als die Bestätigung dessen, daß am Kreuze der den ewigen Tod erlitten hat, der ihn, indem er ihn erlitt, überwinden mußte und als die Bestätigung dessen, daß Gott, indem er seinen eigenen Sohn, indem er sich selbst unter das Gericht stellte, des Gerichtes Ziel und Ende sein mußte. Als diese Überwindung des Todes und als dieses rechtmäßige Ende des Gerichtes ist die Auferstehung Jesu Christi zugleich dessen Offenbarung als der Sohn Gottes und die Offenbarung der Gerechtigkeit Gottes in ihrer Einheit mit seiner Barmherzigkeit und die Offenbarung des Glaubens als unserer Errettung durch die in Jesus Christus vollstreckte Gerechtigkeit. So ist Röm. 4, 24 f. zu verstehen: «Wir glauben an den, der Jesus, unseren Herrn, auferweckt hat von den Toten: ihn, der dahingegeben wurde um unserer Übertretungen willen und auferweckt wurde um unserer Gerechtigkeit willen», d. h. zur Offenbarung unserer Gerechtigkeit, zur Offenbarung dessen, daß Gottes Gerechtigkeit gesiegt hat, daß wir nach 2. Kor. 5, 21 selber Gerechtigkeit Gottes geworden sind. Wir sind es, weil wir Glieder des Leibes sind, an dem Jesus Christus das Haupt ist: er, der für uns eingetretene Gott selber. Und daß wir es annehmen, das zu sein, daß wir ihn Gott und daß wir ihn Gott für uns sein lassen, das ist der Glaube an ihn und also die rechte, die von uns geforderte Gottesfurcht. Offenbart er uns in seiner Auferstehung diesen Glauben, weckt und erhält er durch die Kraft seiner Auferstehung diese Gottesfurcht in uns, dann wird eben damit sein Eintreten für uns und also Gottes Gerechtigkeit wirksam als die Liebe, Gnade und Barmherzigkeit, in der er sich uns, den Sündern, ohne sich selbst das Geringste zu vergeben, ein für allemal zugewendet hat — als seine Treue, die gerade darin für Zeit und Ewigkeit kräftig ist, daß er, indem er sie gegen uns beweist, zuerst und vor allem sich selber treu ist.

Und nun ist von hier aus zurückzublicken — wirklich zurückzublicken — auf das, was als göttliche Gerichtsdrohung und Gerichtstat an Israel, aber auch als das an der Kirche und in der Welt unaufhaltsam sich vollziehende göttliche Richten, aber auch als das, was als göttliches Gericht jedes einzelne Menschenleben dauernd — und im Tode, dem jeder entgegengeht, endgültig — bedroht und trifft. Eines könnte nur im Unglauben, nur an Gottes Offenbarung in der Auferstehung Jesu Christi vorbei, nur in jener eigenmächtigen, in der rechten Gottesfurcht gerade zu überwindenden Furcht, gedacht und gesagt werden: daß wir es in dem Allem schon oder noch einmal und im gleichen Sinn mit dem Gerichte Gottes zu tun hätten, das am Kreuze von Golgatha vollzogen ist, das Gott in seinem eigenen Herzen, Richter und Gerichteter zugleich, vollzogen und erlitten hat. Wiederum besteht nach der ganzen heiligen Schrift — auch wenn wir uns dem, was wir tatsächlich zu erfahren haben, durch irgend eine Umdeutung entziehen könnten — kein Zweifel daran, daß wir tatsächlich unter solchen Gerichten stehen, daß das Volk Gottes, daß Israel in dem im Alten Testament verborgenen wie in dem im Neuen Testament enthüllten Sinne, daß die Kirche Jesu Christi dem göttlichen Richten tatsächlich nicht entzogen, sondern offen oder heimlich, direkt oder indirekt durch alle Zeiten hindurch immer wieder unterworfen ist. Und wiederum besteht nach der ganzen heiligen Schrift zwischen jenem einen Leiden des Sohnes Gottes und den vielen Leiden, die wir über Israel, über die Kirche, über die Welt, über uns selbst gehen sehen, zweifellos ein innerer sachlicher Zusammenhang. Es schließt die Gottesfurcht, in der wir uns an die offenbarende Gerechtigkeit Gottes als an die Offenbarung der Überwindung des ewigen Todes und des Endes des Gerichtes halten dürfen und müssen, zweifellos nicht aus sondern ein, daß wir dauernd Zeugen und zwar bewußte, offene, ehrliche Zeugen dessen sein müssen, daß Gott seiner (Gal. 6, 7 f.) weder in Israel, noch in der Kirche, noch in der Welt, noch in unserem eigenen Leben spotten läßt, daß der Mensch vielmehr ernten muß, was er gesät hat. Wir sehen den hier bestehenden Zusammenhang am besten, wenn wir eben an die Wirksamkeit des in Jesus Christus geschehenen göttlichen Eintretens für den sündigen Menschen denken. Wir sahen: die Wirksamkeit dieses Eintretens besteht in der Errettung des Sünders vor dem Gericht und in der Offenbarung des Glaubens, in welchem er diese seine Errettung ergreifen, in welchem er ihrer bewußt und froh werden, in welchem er dem Sohne Gottes als seinem Erretter die Ehre geben, in welchem er sein ganzes Vertrauen auf ihn setzen darf. Diese Wirksamkeit des göttlichen Eintretens für uns steht und fällt aber damit, daß wir in die Einheit und Gemeinschaft mit dem Sohne Gottes aufgenommen sind und daß wir im Glauben als in dieser Einheit und Gemeinschaft mit ihm unserem Haupte und Vertreter, als Glieder an seinem Leibe leben dürfen. Als das Geschenk und als die Betätigung dieser Einheit und Gemeinschaft ist der Glaube unsere Versöhnung, unsere Gottesgerechtigkeit. Wie sollte es nun anders sein, als daß eben die Wirksamkeit des göttlichen Eintretens uns zugute auch dies nach sich zieht, daß wir das Gericht Gottes, das in Jesus Christus für uns vollzogen und erlitten ist, selber — so gewiß er es für uns selber erduldet hat! — zu sehen, d. h. aber zu fühlen, zu erfahren, zu erleiden bekommen? Nicht so, wie er es erlitten hat. Den ewigen Tod, den wir verdient haben, hat er ganz allein erlitten. Unser Kreuz ist nicht das Kreuz von Golgatha, an welchem der verurteilenden und strafenden Gerechtigkeit Gottes Genüge getan wurde. Wir können aber an die am Kreuz von Golgatha uns zugute triumphierende Gerechtigkeit Gottes nicht glauben, ohne zu sehen, daß wir dort ohne und gegen unser eigenes Verdienst recht bekommen haben, ohne also auch unser Kreuz auf uns zu nehmen, ohne uns selbst unter die Zeichen des göttlichen Gerichtes zu stellen. In der damit vollzogenen Beugung hat der Glaube sein Leben. Er ist der in Jesus Christus seinerseits über den ewigen Tod triumphierende, er ist der in Jesus Christus seinerseits am Ziel und Ende des Gerichts stehende Glaube. Er lebt aber in der Beugung vor Gott, die damit notwendig und selbstverständlich geworden ist, daß Gott für den Menschen eingetreten, seine Sache selbst in die Hände genommen und sie an seiner Stelle gut gemacht hat. Er selbst hätte sie nicht gut gemacht. Des zum Zeichen muß das Leben des glaubenden Menschen im Schatten des göttlichen Gerichtes verlaufen. Von mehr als von Zeichen und Schatten wird man hier nicht reden dürfen. Es handelt sich in all dem, wovon Israel, die Kirche, die Welt und wir betroffen werden, um die Ankündigungen und um die Nachwehen der Wirklichkeit des göttlichen Gerichts. Das göttliche Gericht selbst in seiner Wirklichkeit ist ganz allein das, was auf Golgatha geschehen ist. Es ist aber in Wirksamkeit geschehen. Darum seine Spuren, seine Zeichen, seine Ankündigungen und Nachwehen in der Umgebung von Golgatha! Diese Umgebung ist Israel, ist die Kirche, ist die Welt, ist auch unser eigenes Leben.

Darum gibt es neben dem Kreuz Christi unser Kreuz, neben seinem Leiden unser Leiden, neben seinem Tode unseren Tod. Nicht als das Gericht Gottes, das wir zu fürchten, wohl aber als das Gericht Gottes, das wir als das überwundene und beendigte, um in der Buße und im Gehorsam zu bleiben, zu sehen haben. Denn dieses Sehen des Gerichtes: in der Unvermeidlichkeit, in der wir es wirklich sehen, in der Ehrlichkeit, in der wir es aushalten müssen, es zu sehen, in der Willigkeit, das kleine Leiden, das uns dieses Sehen bereitet, zu tragen — dieses Sehen ist die notwendige Übung des Glaubens. Wir würden nicht glauben, wenn wir nicht in der Umgebung von Golgatha lebten. Und wir können nicht in der Umgebung von Golgatha leben, ohne vom Schatten des göttlichen Gerichtes betroffen zu werden, ohne uns diesen Schatten gefallen zu lassen. In diesem Schatten hat Israel gelitten. In diesem Schatten leidet die Kirche. Daß sie in diesem Schatten leidet, das ist es, was die Kirche der Welt als Antwort auf die Frage nach der «Theodizee», d. h. nach der Gerechtigkeit Gottes in den uns in der Welt auferlegten Leiden zu sagen hat. Daß das Leiden in diesem Schatten gelernt werde, das ist nach dem 1. Petrusbrief das Problem des Glaubens jeder Gemeinde und jedes Christen. «Aber in dem Allem überwinden wir weit durch den, der uns geliebt hat» (Röm. 8, 37). Der Schatten fiele nicht, wenn das Kreuz Christi nicht im Lichte seiner Auferstehung stünde. Wir hätten nicht zu leiden, gäbe es nicht unsre Wiedergeburt zu einer lebendigen Hoffnung durch die Auferstehung Jesu Christi von den Toten (1. Petr. 1, 3).

3. GOTTES GEDULD UND WEISHEIT

Indem wir unter den biblischen Bezeichnungen Gottes noch einmal zwei, jede für sich und beide in ihrem Zusammenhang untereinander, hervorheben und als Bezeichnungen der Vollkommenheiten seiner Liebe zu verstehen suchen, denken wir wieder daran, daß alles Weitergehen in der Betrachtung der Eigenschaften Gottes nur in einem Kreisen um das eine, aber in sich reiche Wesen Gottes bestehen kann, dessen Einfachheit die Fülle selber und dessen Fülle die Einfachheit selber ist. Wir reden nicht von einem neuen Gegenstand, aber wir lassen den einen Gegenstand, Gott, weiter von sich selber reden. Wir fahren fort, die Liebe Gottes und also Gott selbst als den in der Freiheit Liebenden zu betrachten. Wann könnte dieses Fortfahrens an sich ein Ende sein? Wir schöpfen aus dem Ozean; wir stehen also vor einer Aufgabe, deren Ende grundsätzlich nirgends abzusehen ist. Aber ein dritter Satz darf und muß jetzt den beiden ersten jedenfalls noch hinzugefügt werden, wenn wir auf den nicht auszuschöpfenden Ozean wenigstens die erlaubte und gebotene Aussicht gewinnen wollen. Gott ist gnädig und heilig, sagten wir zuerst. Und dann: Gott ist barmherzig und gerecht. Wenn wir uns mit diesen Sätzen auf der durch die biblische Offenbarung gewiesenen Linie bewegt haben, dann muß jetzt jedenfalls ein dritter Satz noch folgen, der dasselbe noch einmal (und noch einmal anders) ausspricht: Gott ist geduldig und weise. Die beiden ersten Sätze können nicht zurückbleiben indem wir zu diesem dritten weitergehen. Sie sind nicht erschöpft und nicht erledigt. Schreiten wir zu diesem dritten Satz, so anerkennen wir vielmehr gerade damit, daß der erste und der zweite nicht erschöpft und nicht erledigt sind, daß wir sie in einer neuen Transformation wiederholen müssen. Wiederum haben wir aber einerseits die durch den Gegenstand geforderte Bewegung, das durch ihn selbst verursachte Wachstum unserer Erkenntnis Gottes damit Ereignis werden zu lassen und andererseits den Reichtum Gottes selbst damit zu preisen, daß wir bei keinem unserer Sätze verharren, keinen zum letzten Wort, zum Leitsatz oder Prinzip werden lassen, sondern von einem zum anderen schreiten, vom zweiten zum dritten jetzt, wobei wir, wenn wir bei diesem dritten dann vorläufig Halt machen werden, wohl wissen, ein Letztes auch mit ihm keineswegs gesagt zu haben, sondern, indem wir vorläufig zu Ende kommen, nur angezeigt zu haben, daß wir uns auf einem menschlichen Wege befinden, auf dem wir es gerade im Angesichte Gottes seiner Unendlichkeit nicht gleich tun wollen können.

Es besteht schon im Blick auf gewisse ausdrückliche Schriftaussagen eine gewisse Notwendigkeit, nachdem wir von Gottes Gnade und Barmherzigkeit gesprochen haben, nun auch die Vollkommenheit der göttlichen Geduld als eine besondere Vollkommenheit der Liebe und also des Wesens Gottes für sich ins Auge zu fassen.

Es gibt eine Reihe von alttestamentlichen Stellen: Ex. 34, 6, Joel 2, 13, Jona 4, 2, Neh. 9, 17, Ps. 86, 15; 103, 8; 145, 8, in denen in verschiedener Reihenfolge, aber offenbar in einer gewissen zur Formel gewordenen Notwendigkeit gerade diese drei: die Gnade, die Barmherzigkeit und die Geduld (oder die Langmut) Jahves, gewöhnlich unter zusammenfassender Ergänzung durch den Begriff seiner «großen Treue» als die Wesensmerkmale des in Israel offenbarten und an ihm handelnden Gottes genannt werden.

Fragen wir uns zunächst grundsätzlich, was wir unter dem Zeichen dieses dritten Begriffs, der Geduld Gottes, im besonderen zu sehen und zu lernen haben, so wird es zunächst wiederum nützlich sein, sich klar zu machen, daß es sich auch bei diesem dritten Schritt nicht um eine Deduktion aus einem allgemeinen Begriff von Liebe handeln kann. Wir sahen schon: Liebe im Allgemeinen muß nicht notwendig den Charakter der Gnade, sie muß nicht notwendig den Charakter der Barmherzigkeit haben. Wir müssen nun fortfahren: auch nicht notwendig den der Geduld! Liebe kann höchst ehrlich, höchst tief und feurig und zugleich höchst ungeduldig sein: sie kann ihren Gegenstand alsbald haben oder in einer qualitativ oder quantitativ bestimmten Weise haben wollen; sie kann ihn fressen und wenn sie das nicht kann, rächerisch zerstören wollen. Aber auch die Gnade im Allgemeinen, auch die Barmherzigkeit im Allgemeinen könnte und kann sich durchaus auch ungeduldig gebärden. Wir müssen schon die Liebe, Gnade und Barmherzigkeit Gottes und zwar nicht die irgend eines Phantasiegottes, sondern Gottes in seiner Offenbarung in

Jesus Christus meinen, wenn wir erkennen und sagen wollen, daß die Liebe, die Gnade, die Barmherzigkeit notwendig auch dies ist: geduldig. Wir sahen: die Liebe Gottes ist darum notwendig Gnade, weil sie die Zuwendung eines unbedingt Überlegenen gegenüber einem ihm ebenso unbedingt Untergeordneten, nämlich des Schöpfers zu seinem Geschöpfe ist. Weil diese Zuwendung — in der ganzen Freiheit, ohne die sie nicht diese Zuwendung wäre — im Wesen des in Jesus Christus offenbaren Gottes liegt, darum und daraufhin sagen wir, daß Gottes Liebe gnädige Liebe ist. Und wir sahen weiter: Gottes Gnade ist darum notwendig Barmherzigkeit, weil jenes in diesem Verhältnis unbedingt Untergeordnete, weil das Geschöpf als solches und in seiner Bestimmung als sündiges Geschöpf sich in Bedürftigkeit, Not und Elend befindet, weil Gottes Zuwendung zu ihm als die Zuwendung des ihm unbedingt Überlegenen, notwendig dies in sich schließt, daß Gott sich seines Geschöpfs in seiner Bedürftigkeit und Not annimmt, an ihr beteiligt ist, indem er sie sich zu eigen macht, indem er sie sich selbst zu Herzen gehen läßt. Daß er das tut, daß er der ist, in dessen Wesen es liegt, dies zu tun, das macht Gottes Gnade — die Gnade des in Jesus Christus offenbaren Gottes — zur barmherzigen Gnade. Wir sahen also schon auf unserem bisherigen Erkenntnisweg, daß unsere Sätze auf einer schlechthin faktischen, konkreten Notwendigkeit beruhten: Dieser, nämlich der in Jesus Christus offenbarte Gott, liebt in Gnade und Barmherzigkeit. Es verhält sich nicht anders, wenn wir nun fortfahren und sagen, daß seine Liebe notwendig den Charakter der G e d u l d hat. Geduld ist da, wo Einer einem Anderen in bestimmter Absicht Raum und Zeit gibt, wo Einer einen Anderen auf ihn wartend gewähren läßt. Daß Gott dies tut, ja, daß solch planvolles Raum- und Zeitlassen, solches wartende Gewährenlassen in Gottes Wesen liegt, ja selber ganz und gar Gottes Wesen ist, — daß Alles, was Gott ist, auch darin beschlossen, damit gesagt ist, daß er geduldig ist, das versteht sich wirklich so wenig von selbst wie alles Frühere; auch das ergibt sich keineswegs aus einer einfachen Begriffsentwicklung. Gott könnte auch in der Weise gnädig und barmherzig sein, daß seine Liebe sein Geschöpf verzehren würde. Er könnte sich seiner Not in der Weise annehmen, daß er ihm gerade keinen Raum und keine Zeit mehr ließe, sondern ihm beide nähme, daß er seine verdorbene und von ihm verwirrte Existenz zurücknähme und aufhöbe, daß er den verkehrten und verderblichen Willen des Geschöpfs vernichtete, seinen eigenen guten Willen als Alleinwirklichkeit aufs Neue an die Stelle alles anderen Willens treten ließe. Müßte die Zuwendung des unbedingt Überlegenen zu dem unbedingt Untergeordneten, müßte der Selbsteinsatz des Schöpfers für das elende Geschöpf nicht logisch notwendig eigentlich dies bedeuten? Und könnte das nicht der wundervollste, der wirksamste, der hilfreichste Erweis der göttlichen Gnade und Barmherzigkeit sein, wenn Gott in der Weise Alles in Allem sein wollte, wie er es ohne die Schöpfung in sich selber in Ewigkeit sein könnte: der Sinn und Grund alles Andern ohne eigene Existenz dieses Andern, ohne dessen Unterschiedenheit von Gott? Ist die Existenz alles Anderen nicht identisch mit seiner Not, seine Not nicht identisch mit seiner Existenz? Gäbe es eine radikalere Liebe als die, die die Existenz des Geliebten gar nicht erst brauchte — eine radikalere als die, in der der Geliebte ganz und gar nur in dem Liebenden existieren — eine radikalere als die, die den Geliebten auf diese Existenzform zurückführen würde? Könnte also nicht gerade jene Möglichkeit des vernichtenden Zornes Gottes gegen seine Kreatur, die zu bedenken wir nun schon öfters Anlaß hatten, die eigentliche Möglichkeit der göttlichen Liebe sein: der ewige Tod als das Werk dieses göttlichen Zornes in Wahrheit die ewige Ruhe, der ewige Friede der Kreatur in Gott selber: unangerührt, nun wirklich unanrührbar von all der Anfechtung und Qual, die mit Raum und Zeit, die mit unserer Existenz als solcher offenbar unvermeidlich verbunden sind?

Man höre die heidnische und die vermeintlich christliche Mystik aller Zeiten und Länder von Gottes Liebe, Gnade und Barmherzigkeit reden! Man höre sie gerade in ihren entscheidenden, in ihren Spitzensätzen! Die Mystik hätte uns vielleicht — mit einigen Vorbehalten und besonderen Deutungen — auf unserem bisherigen Wege zur Not folgen können. Sie müßte und würde aber spätestens an dem Punkt, an dem wir uns jetzt befinden, abschwenken und als die Pointe ihrer Lehre von Gottes Liebe, Gnade und Barmherzigkeit, als das eigentlich und letztlich erlösende Wort eine Lehre von Gottes Ungeduld verkündigen müssen. Spätestens hier würde das eigentliche Ärgernis der christlichen Gotteserkenntnis gerade gegenüber aller Mystik (und auch gegenüber aller mystischen Umdeutung der christlichen Gotteserkenntnis) unversöhnlich sichtbar werden.

Es ist dem, den die christliche Kirche Gott nennt, notwendig eigen, nicht ungeduldig sondern geduldig zu sein. Die Notwendigkeit, von der wir reden, ist wiederum faktische, konkrete Notwendigkeit. Aus der Logik der allgemeinen Begriffe könnte sich in der Tat auch die Ungeduld Gottes ergeben. Hätten wir von Gott zu denken nach Maßgabe dessen, was uns fein und lustig und also göttlich deucht, dann könnten wir ihn uns jetzt in der Tat — wir befänden uns dabei in bester Gesellschaft — auch als ungeduldig denken. Eine herrliche, geschlossene, befriedigende Gotteslehre und eine ebenso herrliche, geschlossene und befriedigende Erlösungslehre würde sich von hier aus ergeben. Wir können gerade hier tatsächlich nur dann von Notwendigkeit — davon, daß Gott notwendig geduldig ist — reden, wenn wir die faktische, konkrete Offenbarung Gottes in Jesus Christus in ihrer faktischen konkreten Bezeugung durch die heilige Schrift für die lautere Quelle und für die notwendige Bedingung unserer Erkenntnis Gottes halten. Halten wir dafür, daß sie das sei, denken und reden wir in der Kirche und also vom Grund und Sein der Kirche in Jesus Christus her, dann ist unser Steuer zum vornherein so gerichtet, daß unsere Fahrt in der von der Mystik gewünschten und eingeschlagenen Richtung, in der Richtung einer Lehre von der Ungeduld Gottes, gerade nicht verlaufen kann. Nicht weil es, allgemein geredet, nicht so sein könnte, daß Gott ungeduldig wäre. Und nicht darum, weil ein ungeduldiger Gott nicht eine sehr schöne tiefsinnige Wahrheit sein könnte. Sondern schlicht darum, weil Gott geduldig ist, weil er, da wo er sich uns zu erkennen gibt, da wo allein im strengen vollen Sinn von Gotteserkenntnis zu reden sich lohnt, als geduldiger und nicht als ungeduldiger Gott sich selbst zu erkennen gibt. Gott gibt sich so zu erkennen, daß wir sagen müssen: in der konkreten Relation, in der Gottes Liebe, Gnade und Barmherzigkeit Ereignis ist, ist sie unübersehbar charakterisiert als Geduld. Sie ist so charakterisiert, daß wir geradezu sagen müssen, daß wir sie allein in diesem Charakter als göttliche Liebe, Gnade und Barmherzigkeit erkennen können, so charakterisiert, daß seine Geduld uns geradezu zu einem weiteren Unterscheidungsmerkmal zwischen dem Göttlichen und dem Schein-Göttlichen, dem Dämonischen werden muß.

Wir definieren: die Geduld Gottes ist sein, in seinem Wesen liegender, sein Sein und Tun konstituierender Wille, einem Anderen um seiner Gnade und Barmherzigkeit willen und in Behauptung seiner Heiligkeit und Gerechtigkeit Raum und Zeit für seine eigene Existenz, ihm damit diese seine eigene Existenz, Wirklichkeit neben der seinigen zu lassen und also seinen Willen an diesem Andern so zu vollstrecken, daß er es als dieses Andere nicht aufhebt und zerstört, sondern begleitet, erträgt und gewähren läßt.

Patientia Dei est, qua iram suam erga homines ita moderatur Deus, ut conversionem et resipiscentiam eorum expectet vel poenam differat, vel iram suam totam uno momento non effundat. (Quenstedt, *Theol. did. pol.* 1685 I *c.* 8 *sect.* 1 *th.* 33). Polanus hat neben dem von ihm ganz ähnlich definierten Begriff der göttlichen *patientia (Synt. Theol. chr.* 1609 *col.* 1146) den der *clementia* Gottes gestellt: *benignissima eius voluntas, per quam etiam in ira misericordiae suae recordans, nobis est propitius parcitque nobis etiam si aliter meriti simus, malens resipiscentiam et conversionem nostram quam mortem* (*ib. col.* 1152). Man wird in der Tat diese Ergänzung oder Erklärung: *etiam in ira ... recordans* hinzunehmen müssen und kann dann dieser orthodoxen Definition jedenfalls dies entnehmen: Es handelt sich, wenn Gott geduldig ist, auf keinen Fall um eine Schwäche Gottes in der Ausübung seiner Gnade und Barmherzigkeit. Daß Gott heilig und gerecht ist, daran ist nicht zu rühren, daran ist nichts zu ändern. Und von dem, was das für die Kreatur, für den Menschen in seiner Begegnung mit Gott bedeutet, ist nichts abzustreichen. Daß Gottes Zorn entbrennt in dieser Begegnung und daß es in ihr auf seiten des Menschen einer völligen Umkehr bedarf, dabei bleibt es. Aber darin zeigt sich nun die Göttlichkeit seiner Gnade und Barmherzigkeit und also auch seiner Heiligkeit und Gerechtigkeit, daß in dieser Begegnung und also in Gott selber eine *moderatio* oder eine *recordatio* stattfindet. Gottes Zorn ist darin Gottes und also ein heiliger und gerechter Zorn, daß er nicht wie irgend ein anderer Zorn losbricht und seinen Lauf, d. h. aber als der Zorn des Allmächtigen seinen schlechthin vernichtenden Lauf nimmt, sondern daß er gelenkt und bestimmt ist, daß er seine eigene Form und also auch seine Grenze hat: nicht eine von außen ihm auferlegte, wohl aber die ihm von Gott selbst, der der Herr auch seines Zornes ist, kraft dessen, was er weiß und will, gesetzte Bestimmung, Form und Grenze. Und darin zeigt es sich auf seiten des Menschen, daß er es mit Gott — mit seiner Gnade und Barmherzigkeit, mit seiner Heiligkeit und Gerechtigkeit, mit seinem Zorn zu tun hat und nicht mit einem Dämon, dem vielleicht in besimmtem Sinn das Alles auch zuzuschreiben wäre: es ist sein Teil in seiner Begegnung mit Gott nicht das Vergehen, nicht der Tod, sondern die Umkehr, *resipiscentia* und *conversio,* und eben dazu ist ihm Raum und Zeit und Existenz nicht genommen, sondern wie gegeben, so auch gelassen. Man merke: Gott ist nicht gewaltiger in seinem Tun als in seinem Ansichhalten. Ja, es besteht hier gar kein Gegensatz: es ist auch sein Ansichhalten nur eine bestimmte Form seines immer gewaltigen Tuns und Seins. Gott ist also nicht weniger gewaltig in seiner Geduld als in seiner Gnade und Barmherzigkeit und als in dem heiligen und gerechten Zorn, in welchem er gnädig und barmherzig ist. Gott nimmt sich nicht zurück, indem er an sich hält, sondern es ist auch das — und recht verstanden gerade das — das rücksichtslose Ausbrechen seiner ganzen göttlichen Herrlichkeit, daß er geduldig ist in seiner Gnade und Barmherzigkeit und also geduldig auch in seinem heiligen und gerechten Zorn. Polan hat recht, wenn er (*ib. col.* 1145) hervorhebt, daß die *patientia* Gottes kein *pati* bedeutet. Wir werden hinzufügen: kein von außen ihm auferlegtes, kein seine Majestät minderndes *pati.* Hält Gott sich zurück, wie es in dem neutestamentlichen Wort ἀνοχή ausgedrückt ist, so ist auch dieses Sichzurückhalten als die Machttat Gottes zu verstehen. Gott könnte nicht mehr, sondern er würde weniger, er würde gar nicht Gott sein, wenn er nicht geduldig wäre. «Um meines Namens willen halte ich hin meinen Zorn und um meines Ruhmes willen verschone ich, daß ich dich nicht ausrotte» (Jes. 48, 9). Heißt der andere neutestamentliche Begriff für diese Sache: μακροθυμία, so dürfte das deutsche Wort «Langmut» jedenfalls insofern eine schlechte Übersetzung sein, als sie die Vorstellung eines Zögerns, einer Weichheit, einer Nachgiebigkeit und Dehnbarkeit des Willens Gottes nahelegen könnte. Vielmehr dies, daß er ein großer, starker, harter, siegreicher Wille ist, sagt jener Begriff! Er ist es als gnädiger und barmherziger Wille und darum ist er wartend und gewährenlassend. Es muß aber dieses Warten und Gewährenlassen selber und als solches als ein Plus und nicht als ein Minus von Gottes Freiheit, Macht und Aktivität, es muß auch es als die besondere Form der göttlichen Majestät verstanden werden: genau so wie seine Barmherzigkeit zu verstehen ist.

Der Begriff der Geduld Gottes ist eine Erweiterung, Erklärung und Verstärkung des selber aktiv und dynamisch zu verstehenden Begriffs seiner Barmherzigkeit. Darin besteht aber dessen Erweiterung, Erklärung und Verstärkung durch den Begriff der Geduld, den wir jetzt besonders ins Auge zu fassen haben: Gott macht die Sache der Kreatur, der von ihm verschiedenen Wirklichkeit in der Weise zu seiner eigenen Sache, daß er die Kreatur als Wirklichkeit gelten läßt, daß er sich für sie in Anerkennung und nicht in Aufhebung ihrer Wirklichkeit einsetzt. Für sie als solche wird er hart gegen sich selber. Für sie als solche leidet er. Für sie als solche hat er seinen eigenen Sohn dahingegeben. Für sie als solche — das bedeutet: Gottes Barmherzigkeit waltet nicht in der Weise, daß sie ihren Gegenstand überrennt, überwältigt, aufhebt. Gott tritt nicht in der Weise an die Stelle der Kreatur, daß er diese auslöscht und zunichte macht. Daß er sich ihre Not zu Herzen gehen läßt, bedeutet nicht, daß er ihr das Leben nimmt, bezw. daß er ihr Leben zu einer bloßen Möglichkeit oder Erinnerung innerhalb seines eigenen Lebens werden läßt. Es bedeutet die Begegnung seiner ewigen Liebe mit der im Raum und in der Zeit existierenden Kreatur nicht die Zerstörung und Hinwegnahme ihres Raumes und ihrer Zeit und also ihrer Existenz als solcher. Daß Gott für sie eintritt in seiner Barmherzigkeit, das darf und muß in beiden Worten «für» und «sie« ganz real verstanden werden: so also, daß dieses Eintreten Gottes für die Kreatur ihr Leben, was immer jene Begegnung mit Gott für dieses ihr Leben bedeuten und mit sich bringen mag, nicht aus-, sondern in sich schließt — so also, daß der versöhnende Wille Gottes zugleich die Aufrechterhaltung seines Schöpferwillens und seiner Schöpfertat ist: «Was unser Gott geschaffen hat, das will er auch erhalten, darüber will er früh und spat mit seiner Gnade walten». Darüber — und also nicht so, daß die Gnade die Katastrophe der Natur bedeutet. Sie bedeutet das radikale Gericht über sie. Sie bedeutet ihre radikale Veränderung und Erneuerung. Sie bedeutet aber nicht ihre Katastrophe, nicht ihr Ende.

Insofern ist dem so oft gefährlich gebrauchten und sicher schon ursprünglich gefährlich gemeinten Wort des Thomas v. Aquino recht zu geben: *gratia non tollit (non destruit) sed (praesupponit et) perficit naturam.* So geht Gott mit seiner Kreatur um, indem er sich ihres Elends annimmt. So ist seine Barmherzigkeit bestimmt. Sie ist gewaltiger als so, daß sie verderben und töten müßte, um zu ihrem Ziel und Ende zu kommen. Sie ist so gewaltig, daß sie auch warten, daß sie auch gewähren lassen kann. Es ist der Abgrund des göttlichen Herzens so tief, daß in ihm das Andere, die von Gott verschiedene Wirklichkeit in allem ihrem Elend Raum hat, ohne vergehen zu müssen. Dieses Andere darf leben. Wohlverstanden: leben als Gegenstand seiner Barmherzigkeit und also leben unter seiner Gerechtigkeit, leben unter der vollen, strengen Auswirkung dessen, was ihre Begegnung mit Gott, was Gottes eigenes Eintreten für sie bedeuten muß. Von einem indifferenten Nebeneinandersein von Gott und Kreatur und also von einem Ansichhalten Gottes, das ein Nichttun Gottes bedeuten würde, kann gar keine Rede sein. Es ist das Verhältnis zwischen beiden vielmehr ein sehr bestimmtes Tätigkeitsverhältnis. Es ist dieses: das Gott-Kreatur-Verhältnis, in welchem an der Kreatur geschieht, was Gottes Wille ist. Aber eben das gehört mit in die volle strenge Auswirkung jener Begegnung. Eben das geschieht ihr als Gottes Wille: daß Gott an ihr als der handelt, der in seiner ganzen Freiheit, Macht und Aktivität erhält, was er geschaffen hat, sodaß sie leben darf. Das ist Gottes Geduld.

Daß auch sie das mächtige und nicht ein irgendwie ohnmächtig gewordenes Gottsein Gottes ist, das muß uns sofort deutlich werden, wenn wir dem Zeugnis der Schrift von Gottes Offenbarung unter diesem besonderen Gesichtspunkt im Einzelnen nachgehen.

Wir setzen ein bei der Erzählung von Kain (Gen. 4, 1—17, vgl. dazu W. Vischer, Jahve der Gott Kains 1929). Eva hat «mit Jahve einen Mann hervorgebracht»: die erste Menschengeburt, Kain in seiner Größe, aber auch in seiner ganzen Bedrohtheit vom Sündenfall des ersten Menschen her. Von diesem letzteren redet merkwürdigerweise nicht sein, sondern seines Bruders Name Habel. Daß sie beide, wie sie mit ihrem Opfer bezeugen, von Gottes Gnade leben müssen, das führt jetzt zur Offenbarung der menschlichen Sünde in Kains Tat und Schuld. Auch Kain hat Gnade gesucht, aber nicht so wie man Gottes Gnade suchen muß:

nicht im rechten Handeln vor Gott und darum nicht frei aufschauend, sondern, wie seine nachher aufbrechende Eifersucht zeigt, um Gott für sich zu gewinnen. Darum findet er keine Gnade. Vor seiner Türe lauert die Sünde und er wird ihr so, indem er die Gnade suchend, die Gnade von sich stößt, nicht Herr werden. Der Haß gegen die Gnade manifestiert sich als Haß gegen den Bruder, im Mord des Bruders, in der Verantwortungslosigkeit, in der er um beides nicht wissen will: «Ich weiß nicht. Bin ich denn meines Bruders Hüter?» Aber was er vor Gott verbergen will, das ist vor Gott nicht verborgen: «Was hast du getan? Horch, das Blut deines Bruders schreit zu mir empor vom Ackerland!» Und Kain wird verflucht, hinwegverflucht von diesem Acker: er soll ihm hinfort seinen Ertrag nicht mehr geben. «Unstet und flüchtig sollst du sein auf Erden.» Das ist die Begegnung der Kreatur mit ihrem Gotte. So unerträglich, so unmöglich wird ihre Existenz in dieser Begegnung. Man wird nicht sagen können, daß Gottes Heiligkeit und Gerechtigkeit in dieser Geschichte nicht zur Geltung komme. Aber die Geschichte ist noch nicht zu Ende. Gottes Heiligkeit und Gerechtigkeit scheint noch anders zur Geltung kommen zu wollen, noch anders beschaffen zu sein als es in dem Bisherigen sichtbar wurde. Schon die Verzweiflung, in der Kain selber allein auf das über ihn ausgesprochene Urteil antworten kann, ist nicht das Letzte, das auch nur über ihn zu sagen ist. In dieser Verzweiflung erkennt und bekennt er ja: «Meine Strafe ist größer, als daß ich sie tragen könnte». Darin steckt offenbar objektiv wie in der ähnlichen Klage des Hiob das, was Luther hier übersetzt hat: «Meine Sünde ist größer als daß sie mir vergeben werden könnte». Hat Kain jetzt nicht doch Gottes Gnade so gesucht, wie sie als Gottes Gnade gesucht sein will? Offenbar doch. Denn jetzt hat er sie nach der unzweideutigen Aussage der Geschichte jedenfalls gefunden. «So wird mich denn totschlagen, wer mich antrifft» meint Kain in seiner Verzweiflung. Jahve aber antwortet ihm: «Nicht also! Wer immer Kain totschlägt, an dem wird es siebenfältig gerächt. Und der Herr versah Kain mit einem Zeichen, daß Keiner ihn erschlüge, der ihn anträfe. Also zog Kain hinweg von dem Angesichte Jahves und wohnte in dem Lande Nod, östlich von Eden. Und Kain wohnte seinem Weibe bei; da ward sie schwanger und gebar den Henoch». Wir sehen: Von der Geduld Gottes ist in der Geschichte, die darin ihre Spitze hat, daß dem Tötenden nicht mit Tod vergolten werden soll, die Rede. Kain der Mörder darf leben. Nicht weil er es von sich aus könnte, aber weil Gott es so will und geschehen läßt. Nicht weil er den Tod nicht verdient hätte, aber weil Gott seinen verdienten Tod nicht will. Nicht weil er nicht unter Gottes Zorn und Fluch stünde: er hat den Kain getroffen und Kain muß ihn tragen. Kain soll aber nicht wieder getötet werden. Es ist das Zeichen, mit dem Gott ihn versieht, zweifellos das Malzeichen der aus seiner Verachtung der Gnade notwendig erwachsenen Sünde, das Malzeichen des Menschenmordes; aber es ist dasselbe Zeichen auch das ihm von Gott gegebene Schutzzeichen, das Bundeszeichen geradezu, laut dessen Jahve sich als den Rächer und Retter dieses Menschenmörders bekennt, laut dessen — hier zuerst in der Bibel! — Gott selbst sich an den sündigen Menschen gewissermaßen vertraglich gebunden hat. So ist Gott heilig und gerecht: so, daß er den hält, am Leben erhält (u. zw. mit dem Einsatz seines Wortes und mit der Gabe des Zeichens seiner eigenen Person als des Herrn dieses Menschen am Leben erhält), der sein Leben vor ihm verwirkt hat. So ist Gott heilig und gerecht, daß wer gegen diesen Kain ist, nun nicht etwa für sondern gegen ihn, den heiligen und gerechten Gott selber ist, seinem schwereren Gericht verfallen müßte. So triumphiert in Gottes Geduld das allmächtige, gnädige und barmherzige und gerade so heilige und gerechte Gottsein Gottes.

Wir finden denselben Sachverhalt in der Noahgeschichte Gen. 6—9. Von einem vernichtenden Gericht Gottes erzählt sie und dennoch ist sie 1. Petr. 3, 20 sicher auch in ihrem eigenen Zusammenhang und ursprünglichen Sinn richtig verstanden, indem sie unter das Zeichen der Geduld Gottes gestellt wird. Denn nicht das ist ja ihr Gehalt, daß es Gott gereute, den Menschen geschaffen zu haben und daß er es beschloß und vollendete, ihn und mit ihm alle lebenden Wesen zu vertilgen, sondern das ist ihr eigentliches und letztes Wort: daß Gott mitten in seinem Zorn den einen Noah findet und mitten in seinem Gericht den einen Noah errettet, wieder nicht um dessen eigener Vortrefflichkeit willen, sondern weil er Gnade fand vor ihm (Gen. 6, 8), weil und indem er «gerecht von ihm» erfunden wurde (7, 1). Dies ist der Gehalt dieser Geschichte: daß Gott, indem er um seiner Heiligkeit und Gerechtigkeit willen das Menschengeschlecht und alles Lebendige vernichtet, zugleich für das weitere Leben dieses Menschengeschlechtes und für den Nachwuchs aller übrigen Wesen sorgt und also nach dem großen Sterben alles Fleisches auf Erden des geretteten Noah Opfer annimmt und ihm zusagt: «Ich will hinfort nicht mehr die Erde um des Menschen willen verfluchen... Und ich will hinfort nicht mehr schlagen, was da lebt, wie ich getan habe» (Gen. 8, 21 vgl. 9, 11). Sondern: «Solange die Erde steht, soll nicht aufhören Saat und Ernte, Frost und Hitze, Sommer und Winter, Tag und Nacht». Und wieder wird ein Zeichen gestiftet: der Bogen in den Wolken als «Bundeszeichen zwischen mir und der Erde» (Gen. 9, 12 f.), das nach Gen. 9, 16 nicht nur der Mensch ansehen darf, sondern das Gott selber ansehen will um dieses Bundes zu gedenken. Wieder geht es, wie in der Kainsgeschichte, zunächst um das Leben — man möchte fast sagen: in einer gewissen Abstraktion nur um das Leben — des Menschen und um dessen Erhaltung, um seinen ihm gewährten Raum auf der Erde, um sein ihm gelassenes Dasein in der Zeit und in den notwendigen Wechseln der Zeiten: trotz und angesichts dessen, daß das Dichten und Trachten des menschlichen Herzens böse ist von Jugend auf. Aber gerade in dieser Abstraktion sagt die Geschichte umso deutlicher: das gehört auch zu Gottes Tun und Wesen, das ist es auch, was seine Heiligkeit und Gerechtigkeit zu seiner, der göttlichen Heiligkeit und Gerechtigkeit macht, daß er wohl straft und tötet, aber strafend und tötend immer auch noch Raum läßt. Wem läßt er Raum? Der Kreatur? Geht es um sie? Um ihr Leben an sich und als solches? Offenbar auch um sie, aber wiederum offenbar — ihr Leben ist ja ein verwirktes Leben — vor Allem und eigentlich um Gott selber, der mit dieser Kreatur noch nicht fertig ist, der mit ihr weiter zusammensein und weiter an ihr handeln will, der also, indem er ihr das Leben läßt, sich selber Raum schafft für das, was er in seinem Verhältnis zu ihr selber fernerhin sein und tun will. Hängt nicht die ganze Geschichte seines Bundes mit dem Menschen, hängt nicht der Abrahamsbund, der Sinai-Bund und Alles, was in diesem geschieht — hängt aber nicht vor Allem auch die Erfüllung aller Verheißungen aller dieser Bünde in Jesus Christus auch daran, daß dieser noachitische Bund geschlossen und gehalten wurde und immer noch treulich gehalten wird? Hängt nicht die Gnade und Barmherzigkeit Gottes daran, daß es eine Geduld Gottes gibt: dieses Raumlassen für die sündige Kreatur, mit dem er sich selber Raum schafft, weiter mit ihr zu reden und zu handeln? Wir müßten gewiß das allmächtige Gottsein Gottes auch in dem Ende verehren, das er aller Kreatur endgültig bereiten wollen und längst bereitet haben könnte. Wie sollten wir aber, da er es anders gewollt hat und will, da er uns mit dem Zeichen des Kain und mit dem Zeichen des Noah versehen wollte, nicht sagen, daß das erst das allmächtige Gottsein des lebendigen Gottes ist, daß er gerade nicht ungeduldig sondern geduldig ist?

Daß der ungeduldige Gott tatsächlich ein kleiner, menschlicher, schwacher und letztlich falscher Gott wäre, daß gerade der geduldige Gott der große, göttliche, starke und wahre Gott ist, das ergibt sich besonders deutlich aus dem Buche Jona. Man beachte das Verhältnis der beiden Teile dieser Schrift: Zuerst (cap. 1—2) Jonas eigener Ungehorsam gegenüber seiner prophetischen Sendung, die Bestrafung dieses Ungehorsams und seine gnädige und wunderbare Errettung aus dem Bauche des

Fisches, wie sie in dem Psalm cap. 2, 3 f. von Jona erfleht und schon im voraus verherrlicht wird. Dann, cap. 3—4, scheinbar der Gehorsam des Propheten. Aber dann derselbe Mensch, der in jener unbegreiflichen Weise der Gegenstand der Geduld Gottes gewesen ist, als deren allzu schlechter Interpret, ja man möchte sagen: gänzlich unwissend hinsichtlich des Textes, der ihm soeben gelesen worden ist: der Prophet angesichts der Tatsache, daß Gott es sich auf die Buße der Niniviten hin gereuen läßt, die Stadt zu zerstören. Dann die Anklage (!) dieses Menschen gegen Gott: «Ich wußte ja, daß du ein gnädiger barmherziger Gott bist, langmütig und reich an Huld und daß dich des Übels gereut». Dann geradezu die nachträgliche Begründung und Rechtfertigung seines eigenen ursprünglichen Ungehorsams, gewissermaßen die Wiederholung der ihm zuvor wunderbar vergebenen Sünde: «Ach, Herr, das ists eben, was ich mir sagte, als ich noch in meinem Lande war. Darum wollte ich auch das erste Mal nach Tharsis fliehen» (4, 2). Geradezu des Lebens überdrüssig wird dieser Prophet, der eben vom Tode Errettete, und in letzten Tönen meint er, der Beter und Psalmsänger von cap. 2, jetzt, ungeduldig die Ungeduld Gottes sogar über sich selbst herabbeschwörend, beten zu dürfen: «Und nun, o Herr, nimm doch meine Seele von mir; denn es ist mir lieber ich sterbe, als daß ich noch weiter lebe.» Und dann 4, 5 f. die köstliche Wiederholung des Ganzen in Form einer förmlichen Burleske: der Prophet läßt sich jetzt im Osten der Stadt nieder, um zuzusehen, wie es dieser ergehen werde, erfreut über eine Ricinusstaude, die ihm bei diesem Warten auf den Zorn Gottes den nötigen Schatten gibt: «Über diesen Ricinus freute sich Jona sehr». Aber schon sendet Gott als kleines Gericht einen Wurm; der stach den Ricinus, so daß er verdorrte und Jona in unerwünschter Weise die Wärme der Sonne zu spüren bekommt und damit ein zweites Mal Gelegenheit, sich den Tod und also einen ungeduldigen Gott zu wünschen. Ihm hilft nicht die ironische Frage: «Ist es recht, daß du so zürnst um des Ricinus willen?» Ja, antwortet er, «mit Recht zürne ich so, daß mir das Leben verleidet ist». Was ist da zu tun? Wer hat nun Recht? Der ungeduldige Prophet, der um des Ricinus willen solchen Jammer erhebt und in solchem Jammer so recht zu haben meint? Oder der geduldige Gott, als dessen letztes Wort wir die Frage hören: «Und mich sollte der großen Stadt nicht jammern, in der über 120000 Menschen sind, die zwischen rechts und links noch nicht unterscheiden können, dazu die Menge Viehs?» Wir erfahren nichts davon, daß der Prophet eines Besseren belehrt worden wäre. Wir aber sollen durch seine Geschichte offenbar darüber belehrt sein, wer und was Gott ist und nicht ist. Denn wir erfahren a u c h nicht, daß des Jona ungeduldiges Gebet um das Tun eines ungeduldigen Gottes irgendwelche Erhörung gefunden hätte. Es scheint, daß er selbst samt jenen 120000 Unmündigen und allen übrigen Einwohnern jener Stadt und samt der Menge des Viehs, die es daselbst gab, n i c h t ums Leben kam, sondern am Leben — an dem Leben, das er sich selbst mit jenen abgesprochen hatte — g e l a s s e n wurde. Das Wort der Geduld Gottes ist gegenüber Ninive und ihm zum Heil auch gegenüber ihm selbst das letzte Wort, das in dieser Schrift zu lesen ist. Verkündigt sie nicht gerade so, gewaltiger als jede Strafgerichtsschilderung über die Stadt oder den Propheten es könnte, das allmächtige, heilige und gerechte Gottsein Gottes?

Gott gibt das Heft nicht aus der Hand, indem er Geduld übt. Gibt er dem sündigen Menschen Raum, läßt er ihm das Leben, dann geschieht das entweder wie bei den Niniviten im Blick auf dessen s c h o n g e s c h e h e n e Buße und Umkehr. Unter dieser Voraussetzung ist offenbar auch Hesek. 18, 21 f. zu verstehen: «Wenn sich der Gottlose bekehrt von allen seinen Sünden, die er begangen hat und alle meine Satzungen hält und Recht und Gerechtigkeit übt, so soll er am Leben bleiben, er soll nicht sterben. Aller der Missetaten, die er begangen hat, wird nicht mehr gedacht; um der Gerechtigkeit willen, die er geübt hat, soll er am Leben bleiben. Habe ich etwa Wohlgefallen am Tode des Gottlosen, spricht Gott der Herr und nicht vielmehr daran, daß er sich von seinem Wandel bekehrt und am Leben bleibe?» Oder aber Gottes Geduldsübung geschieht mit dem Ziel und der Absicht der künftigen Buße und Umkehr des Menschen. Davon scheint Paulus Röm. 2, 4 zu reden, wenn er den verstockten Juden fragt: ob er den Reichtum der Güte, Geduld und Langmut Gottes verachte? «Weißt du nicht, daß die Güte Gottes dich zur Buße leitet?» Davon doch wohl auch Röm. 9, 22 f., wo gesagt ist, «daß Gott, obwohl er seinen Zorn erweisen und seine Macht kundtun wollte, Gefäße des Zorns, die für das Verderben hergestellt waren, in viel Langmut getragen hat, zugleich um den Reichtum seiner Herrlichkeit an Gefäßen des Erbarmens kundzutun, die er zur Herrlichkeit vorbereitet hat». Und davon 2. Petr. 3, 9: «Derr Herr verzögert nicht die Verheißung, wie gewisse Leute es für eine Verzögerung halten, sondern er ist langmütig gegen euch, indem er nicht will, daß Jemand verloren gehe, sondern daß Alle zur Buße gelangen.» In diesem Sinn hat Paulus 1. Tim. 1, 16 sich selbst, der nachher durch Gottes Erbarmen zum Vorbild des Glaubens gemacht wurde, als Gegenstand der μακροθυμία Jesu Christi bezeichnet. In diesem Zeichen steht offenbar auch die merkwürdige, die Situation so ziemlich aller Zeiten der israelitischen Geschichte rekapitulierende Darstellung am Anfang des Richterbuches, nach welcher immer aufs neue auf Israels Abfall Gottes Zorn und Israels Preisgabe an seine Feinde, auf solches Unglück ein neues Rufen Israels zu seinem Gott, auf dieses Rufen eine neue Hilfe und Rettungstat Gottes, auf diese Hilfe und Rettung dann freilich auch immer wieder neuer Abfall, neuer Zorn und neue Preisgabe erfolgten. (Richt. 2, 11—22.)

Gerade hier bricht nun freilich auch das Problem auf, angesichts dessen man so oft zu jenen weichlichen und unwürdigen Vorstellungen von Gottes Geduld gegriffen hat: Was meint und worauf zielt Gott eigentlich, wenn er Geduld übt? Was ist es denn mit dieser menschlichen Buße, um derenwillen, auf die zurückblickend oder auf die vorausblickend, Gott in seinem Zorn innehält, die Strafe nicht vollzieht, sondern den Menschen das Leben läßt oder nur an den Einen vollzieht, um den Anderen das Leben zu lassen, oder jetzt gewaltig verdirbt, jetzt aber ebenso gewaltig errettet? Gibt es denn irgendwo und irgendeinmal eine wirkliche menschliche Buße, um derenwillen es sich für Gott lohnte, die Menschen zu verschonen, ihnen also Zeit und Leben zu lassen? Waren die Geschlechter nach der Flut etwa besser als die vorher? Haben sie nicht alsbald den Turm von Babel zu bauen für richtig gehalten? Ist nicht alles ihr Bußetun jenem vorübergehenden Hilferufen Israels in der Richterzeit nur allzu ähnlich? Wo ist auch nach der Darstellung der Bibel selber auch nur ein einziger Bekehrter, dessen Existenz die Geduld Gottes und also die Erhaltung der Kreatur nun wirklich rechtfertigen würde? Etwa Abraham, Isaak oder Jakob? Etwa Mose? Etwa David? Gibt es etwa echte Ausnahmen gegenüber dem, was Jes. 65, 1 f. zu lesen steht: «Ich war zugänglich für die, die nicht nach mir fragten; ich ließ mich finden von denen, die mich nicht suchten. Zu einem Volke, das meinen Namen nicht anrief, sprach ich: Da bin ich. Da bin ich! Ich streckte meine Hände allezeit aus nach einem störrischen widerspenstigen Volke, das auf schlimmem Wege geht, seinem eigenen Sinne folgend, nach Leuten, die mich ohne Unterlaß reizen offen ins Angesicht, die da opfern in den Gärten und räuchern auf den Ziegelsteinen, die in Gräbern sitzen und in Höhlen liegen die Nacht durch, die da Schweinefleisch essen und Greuelbrühe haben in ihren Geschirren ...» Was soll dann aber die Geduld Gottes? Ist sie dann nicht doch Ohnmacht? Läßt sich dann Gott nicht doch zum Narren halten? Denn wo und wann wird sich nicht sowohl die geschehene als auch die erwartete Buße als eine Täuschung erweisen?

Und nun könnte man ja auch umgekehrt fragen: Wo bleibt faktisch die Geduld Gottes? Wie oft heißt es nun doch auch, daß es Gott nicht nur seines Zornes sondern auch seiner Güte und Wohltat «reute»! Wie oft, an wie Vielen und wie vernichtend scheint sich nun doch auch seine Ungeduld auszuwirken, wie gründlich scheint nun doch auch sein Zorn faktisch seinen Lauf zu nehmen! Wieviel Tod geht faktisch trotz Allem über Israel! Und ist das Letzte nicht doch die Katastrophe dieses Volkes, hinter der dann nach dem Neuen Testament sogar eine Katastrophe und zwar eine Endkatastrophe der ganzen Menschheit, ja der ganzen Welt, ein «Vergehen des Himmels und der Erde» (Matth. 24, 35) sichtbar zu werden scheint? Wo bleibt da die Geduld Gottes? Was hat es nun eigentlich zu bedeuten, wenn es Jes. 54, 8 heißt: «Im Aufwallen meines Zornes verbarg ich einen Augenblick mein Antlitz vor dir, aber mit ewiger Güte habe ich mich deiner erbarmt, spricht der Herr, dein Erlöser»? Oder Ps. 30, 6: «Sein Zorn währt einen Augenblick, seine Huld aber lebenslang: am Abend kehrt Weinen ein, und am Morgen Jubel»? Ist nicht Alles gerade umgekehrt? Wird auf diesen Morgen nicht ein neuer Abend des Weinens folgen und schließlich eine dementsprechende Nacht ohne Aufhören? Wird nicht schließlich die Güte und Huld Gottes die Sache eines Augenblicks gewesen sein, als das Lebenslängliche und Ewige aber gerade sein Zorn das Wort behalten müssen? Da er ja auf wirkliche Buße schließlich doch immer umsonst gewartet hat und warten wird? Man wird die Frage gerade wenn man sich an das biblische Zeugnis von Gottes Geduld hält, schon nicht vermeiden können, sondern allen Ernstes stellen müssen: K a n n denn Gott geduldig sein? Und i s t er es denn wirklich? Und wenn man sich nun nicht sofort die biblische Antwort geben läßt, wenn man diese Frage selber nun etwa nicht von der biblischen Antwort her stellt (wenn man nämlich nicht beachtet, daß wir das entscheidende Moment des biblischen Zeugnisses bis jetzt noch nicht berührt haben!) dann wird man diese Frage kaum anders als negativ beantworten können. Man wird dann im Blick auf das, was als menschliche Buße und Umkehr angeblich der Sinn und das Ziel der göttlichen Geduld sein müßte, sagen müssen, daß jene Geduld — wollen wir sie nicht geradezu als Schwachheit, als ein vorübergehendes Nicht-Gottsein Gottes auslegen — auf alle Fälle nur als sein vorläufiges und letztlich scheinbares Verhalten und also nicht als ewig verstanden werden darf, daß jene Geduld kein eigentliches und inneres Sein und Wesen Gottes ist, sondern allenfalls eine Bestimmung seines *opus ad extra* sein mag, dem aber *ad intra,* in der Eigentlichkeit Gottes doch seine Ungeduld und also auch *ad extra* schließlich sein zorniges Strafen und Vernichten entsprechen müßte: ein *dies irae,* in welchem Gerechte und Ungerechte, Fromme und Unfromme, Bußfertige und Unbußfertige in gleicher Weise nicht bestehen könnten. Das müßte das Ende sein und wäre Gott auch dann noch als die Liebe zu verstehen, dann nur als jene radikal ungeduldige, als die im Verzehren ihres Gegenstandes brennende Liebe. Wie merkwürdig freilich, daß dieses notwendige Ende und mit ihm die Offenbarung dieses eigentlichen Wesens Gottes nach der Bibel dann immer wieder hinausgeschoben wäre! Wie merkwürdig, daß es nach ihrer Darstellung nun doch zu jenem ganzen langen Spiel von Geduld und Ungeduld, Milde und Härte Gottes, Buße und neuem Abfall des Menschen überhaupt kommen kann! Wäre dies dann nicht ein schließlich für beide Teile auch wieder unwürdiges, ein unnütz grausam veranstaltetes und unnütz grausam zu erleidendes Spiel? Möchte man dann nicht schon angesichts des Alten Testamentes fragen: ob hier nicht Katze und Maus gespielt werde, ein Spiel, das sich der Mensch schließlich einmal — in bösem, verzweifeltem, prometheischem Trotz, aber zwischen zwei Übeln das geringere wählend, auch verbitten, dem er sich auch entziehen wollen dürfte? Ein Spiel, dem gegenüber — möge es denn mit uns gespielt werden! — uns wenigstens die Augen zu verhüllen endlich und zuletzt der Weisheit bester Teil sein dürfte? Dieser Gedankengang — und für die, die sich dazu für stark genug halten, wohl auch diese seine letzte Folgerung — ist kaum aufzuhalten, wenn das entscheidende Moment des biblischen Zeugnisses von Gottes Geduld nun etwa n i c h t zu Worte kommen sollte. Es kann und muß aber zu

Worte kommen und dann wird der eigentliche Sinn und Grund nun auch seiner bisher berührten Momente sichtbar, dann wird jener Gedankengang aufgehalten.

Das entscheidende Moment des biblischen Zeugnisses von Gottes Geduld ist dies, daß Gott nach Hebr. 1, 3 durch sein kräftiges Wort alle Dinge trägt. Durch sein Wort! D. h. auf alle Fälle: nicht veranlaßt durch und nicht gebunden an das, was als Buße und Umkehr auf unserer Seite von uns aus sichtbar und wirklich wird. Was hier sichtbar und wirklich wird, das ist in der Tat jenes Hin und Her von Bußfertigkeit und Unbußfertigkeit, das an Israel exemplarisch genug sichtbar wird und dessen letztes Wort schließlich doch Israels Unbußfertigkeit sein wird. Diesem letzten Wort von unserer Seite könnte auf Seiten Gottes in der Tat nur das Zorngericht entsprechen und ihm entspricht es denn auch. Durch das Mittel dieses unseres letzten Wortes könnte Gott alle Dinge, könnte er die sündige Kreatur in ihrem Elend auf keinen Fall tragen. Dieses Wort ist jedenfalls dazu, alle Dinge zu tragen, bestimmt nicht kräftig. Gott trägt sie aber durch sein Wort. Und dieses Wort ist als solches kräftig. Dieses Wort ist nach Hebr. 1, 2 das Wort des Sohnes, durch den er am Ende dieser Tage, nämlich am Ende der Tage der Väter und Propheten, zu uns geredet, den er zum Erben von Allem eingesetzt, durch den er auch die Welten gemacht hat, der der Abglanz seiner Herrlichkeit und das Ebenbild seines Wesens ist. Durch dieses sein Wort, in seinem Sohne Jesus Christus trägt er alle Dinge und trägt er sie kräftig.

«Denn wie der Regen und der Schnee vom Himmel herabkommt und nicht dahin zurückkehrt, sondern die Erde tränkt, daß sie fruchtbar wird und sproßt und dem Sämann Samen und dem Essenden Brot gibt, so auch mein Wort, das aus meinem Munde kommt: es kehrt nicht leer zurück, sondern wirkt, was ich beschlossen und führt durch, wozu ich es gesendet» (Jes. 55, 10 f.). Wir haben anläßlich der Noahgeschichte schon angedeutet, daß Gott der Kreatur ihren Raum offenbar dazu läßt, daß daselbst Raum sei für ihn selber: Zeit für die Ewigkeit. Dieser Sinn und Grund ist nun auch die unüberwindliche, die durchschlagende Kraft der Geduld Gottes: die Vernunft und zugleich die Gewalt, durch die sich ihre Übung von jenem zwecklosen unwürdigen und grausamen Spiel, das sie sonst sein müßte, gerade unterscheidet. Das Wort Gottes ist nicht umsonst zu den Menschen gesprochen und Gottes Sohn ist nicht umsonst selbst Mensch geworden. Sondern Gottes Wort wurde um Gottes selbst willen und so, eingeschlossen in den Willen Gottes, um des Menschen willen und eben so sinnvoll und wirksam gesprochen. Anders gesagt: Gottes Sohn ist um Gottes selbst willen und wiederum so, eingeschlossen in den Willen Gottes, um des Menschen willen und so wiederum sinnvoll und wirksam Mensch geworden. Indem dies um Gottes und so um des Menschen willen geschehen ist, ist des Menschen Existenz trotz und in ihrer Sündigkeit durch Gott selbst vor Gott gerechtfertigt, ist also die Geduld Gottes, die dem Menschen seine Existenz und zu dieser Raum und Zeit läßt, zugleich begründet und kräftig geworden. Weil Gottes Wort aus Gottes Mund hervorgeht, weil Gottes Wort auch aus unserer unbußfertigen Bußfertigkeit nicht leer zurückkehren kann, darum ist Gott geduldig, darum gewährt er uns Raum und Zeit. Er gewährt sie genau genommen seinem Worte und also sich selber. Er hat Zeit. Und daß er Zeit für uns hat, das ist es, was sein ganzes Tun uns gegenüber als Geduldsübung charakterisiert. Unter diese

Geduldsübung fällt ebenso Gottes Schonung wie sein Strafen, ebenso sein Erretten wie sein Töten, ebenso sein Heilen wie sein Schlagen. Es geschieht ja das Alles im Zug und im Dienst der Offenbarung seines Wortes. Es wird ja Israel durch das Alles in seinem Wort unterrichtet. Es bedeutet ja das Alles, daß Gott immer noch und immer wieder Zeit für Israel hat. Daß Israel Zeit hat, Gottes Wort zu hören und also Zeit zum Leben um des Wortes Gottes willen und durch seine Kraft, das zeigt sich — es zeigt sich nur zeichenhaft, nur vorläufig, aber es zeigt sich — gerade in dem so anstößigen Wechsel von Bußfertigkeit und Unbußfertigkeit, in welchem Israel diesen Unterricht entgegennimmt, wobei doch die größere Unbußfertigkeit, in der es das tut, daran erinnert, daß wir es primär und entscheidend mit dem Willen und Wesen des heiligen und gerechten Gottes und nicht mit der Vortrefflichkeit des Menschen zu tun haben, daß der Mensch nur als von Gott Geheiligter und Gerechtfertigter an diesem Unterricht und also an der Aufrichtung dieses Zeichens beteiligt sein kann, ohne Gottes Wort aber auch dieses Zeichen, das Zeichen der Buße und Umkehr, nicht aufrichten könnte und würde und also an sich und von sich aus auch keine Zeit haben, nicht Gegenstand der Geduld Gottes sein könnte und würde. Und daß Israel in dem Allem von Gott Zeit bekommt: Zeit Gottes Wort zu hören und also Lebenszeit um des Wortes Gottes willen und durch seine Kraft, das zeigt sich — wieder nur zeichenhaft und vorläufig, aber es zeigt sich — in dem anderen, ebenso anstößigen Wechsel von Gnade und Gericht, Verschonung und Strafe, Errettung und Verderben, in welchem Gott Israel diesen Unterricht gibt, wobei wiederum gerade das scheinbar durchschlagende Überhandnehmen des Gerichtes, der Strafe, des Verderbens darauf hinweist, daß es Gottes Wort ist, das in diesem Zeichen gehört werden muß, Gottes Wort, um des willen er für den Menschen Zeit hat, sodaß es immer nur als ein Wunder vor des Menschen Augen stehen kann, wenn bei diesem Anlaß, eingeschlossen in den Willen Gottes mit ihm zu reden, auch er, der Mensch selber immer aufs neue Zeit bekommt und hat und wieder bekommt. So aber, in der gerade durch diesen Wechsel charakterisierten und unzweideutig gemachten Sprache des Wortes Gottes bekommt der Mensch von Gott und hat er darum auch Zeit, lebt er durch die Kraft der Geduld Gottes: gewiß um Buße zu tun und umzukehren, aber nicht durch die Kraft seiner Buße und Umkehr, sondern durch die Kraft der Geduld Gottes.

Diese Kraft sehen, hören, schmecken und erkennen heißt aber an Jesus Christus glauben. Auf die Frage: wo und wann es denn zu den rechtschaffenen Früchten der Buße gekommen sei, auf die hin es sich für Gott lohnte, mit dem Menschen Geduld zu haben, ihm also Raum und Zeit zu geben, werden wir antworten müssen: daß es allerdings nie und nirgends als in Jesus Christus, in ihm aber wirklich und ein für allemal und für uns alle genugsam zu diesen Früchten gekommen ist in dem vollkommenen Gehorsam, den er, der eine und einzige unmittelbare und wirkliche Hörer und Gehorsame dem Worte Gottes im menschlichen Fleische geleistet hat. Um seinetwillen lohnte sich, wie es Röm. 3, 25 f. heißt, die göttliche ἀνοχή in der ganzen vergangenen Zeit — und alle übrige Zeit ist der seinigen gegenüber vergangene Zeit, alter Aeon — in welcher «die vorher geschehenen Sünden unter der Langmut Gottes ungestraft geblieben waren» (διὰ τὴν πάρεσιν τῶν προγεγονότων ἁμαρτημάτων ἐν τῇ ἀνοχῇ τοῦ θεοῦ). Um dieser Zeiten und der in ihr geschehenen Sünden willen hat Gott in Jesus Christus seine Gerechtigkeit erwiesen. Aber offenbar gilt auch die Umkehrung: um der Erweisung seiner Gerechtigkeit in Jesus Christus willen hat Gott in diesen Zeiten ἀνοχή geübt, gab es in diesen Zeiten eine πάρεσις τῶν ἁμαρτημάτων, nicht ohne Gericht, Strafe und Verderben, aber in und mit Allem eine Geduld Gottes, ein göttliches Sein und Gewährenlassen gegenüber seiner Kreatur.

Es wird nun deutlich: Es ist nicht an dem, daß Gottes Geduld den Menschen sich selbst überlassen würde. Sein Eifer gegenüber der Kreatur und um die Kreatur konnte offenbar nicht gewaltiger entbrennen, als indem sein eigenes Wort Kreatur, Fleisch wurde. Er hat sich ihrer angenommen bis ins Letzte. In einem indifferenten Abseitsstehen Gottes gegenüber ihrem Sein, Tun und Schicksal kann seine Geduld von hier aus gesehen auf keinen Fall bestehen. Läßt er die Vielen ihre eigenen Wege gehen, läßt er ihnen ihre Freiheit, gibt er ihnen immer wieder Zeit (und Speise zu ihrer Zeit) und wartet er in dem Allem immer wieder auf sie, so tut er dies daraufhin, daß er sie in dem Einen, in seinem eigenen Sohn schon ereilt hat, daß er in ihm seinen eigenen Weg in seiner Freiheit und zu seiner Zeit schon mit ihnen gegangen, ja schon mit ihnen zu Ende gegangen ist. Er tut es daraufhin, daß sie in dem Einen, in welchem er sich ihnen Allen zu eigen gegeben hat, schon in seine Hand gefallen sind. Er tut es daraufhin, daß dieser Eine für sie Alle steht und für sie Alle schon Buße, die rechtschaffene Buße, die er von ihnen Allen erwartet, getan hat. Um dieses Einen willen hat Gott Geduld mit den Vielen.

Um dieses Einen willen gibt es Raum und Zeit für die Vielen. Nicht als ob sie es mit ihrer zweifelhaften und letztlich gerade nicht rechtschaffenen Buße verdient hätten oder je verdienen würden oder könnten, Raum und Zeit zu haben. Natürlich auch nicht, als wäre ihnen Raum und Zeit dazu gelassen, in ihrer Unbußfertigkeit zu verharren. Wohl aber damit sie Raum und Zeit hätten, das Leben sich anzueignen, das ihnen durch die rechtschaffene Buße jenes Einen verschafft ist: Raum und Zeit zum Glauben an ihn, in welchem, als ihrem Haupte, ihre Buße rechtschaffen und in welchem sie von Gott angenommen ist. Weil dort: in dem Einen, der Eifer Gottes so gewaltig brennt und zu seinem Ziele kommt, darum können die Anderen, die Vielen, in ihm zusammengefaßt, in ihm schon zum Ziele geführt und gekommen, als die Vielen zu ihren Zeiten noch auf dem Wege sein: auf dem Wege des Glaubens, auf dem ihre Schritte eine Nachfolge in seinen Fußstapfen, ihre Freiheit eine Anerkennung seiner Freiheit, ihre Zeit eine Anteilnahme an seiner Zeit, auf dem sie gleichzeitig mit ihm sein werden. Den Weg des Glaubens zu gehen, das ist es, was Gottes Geduld ihnen übrig läßt und gewährt. Es ist also der Aufruf zum Glauben der Sinn der göttlichen Geduld und wir brauchen bloß an den Gegenstand des Glaubens, an den einen Jesus Christus zu denken, an den zu glauben die Vielen durch Gottes Geduld aufgerufen sind, um einzusehen, daß von irgend einer Indifferenz Gottes gegenüber der Kreatur in dem Warten seiner Geduld gar keine Rede sein kann, daß vielmehr eben dieses Warten Gottes entscheidendes Handeln und Wirken ihr gegenüber ist.

Es wird nun weiter deutlich, daß von einer Täuschung, wohl gar von einer Selbsttäuschung Gottes hinsichtlich der Rechtschaffenheit, bezw. Nicht-Rechtschaffenheit der menschlichen Buße, auf die er in seiner Geduld wartet, ebenfalls keine Rede sein kann. Gott ist nicht kurzsichtig, Gott macht sich keine optimistischen Illusionen, wenn er Israel immer wieder errettet und erhält, um dann doch immer wieder Herlinge statt Trauben zu ernten. Gott erlebt also keine Desillusionierung hinsichtlich seines Volkes, hinsichtlich der Vielen. Er weiß vielmehr sehr wohl, was für ein Gemächte wir sind. Er hat aber, indem er das wohl weiß, realen

Grund dazu, mit uns Geduld zu haben: den Grund, den er selbst geschaffen und gelegt hat. Es ist sein An-sich-halten den Vielen gegenüber dadurch gerechtfertigt, daß inmitten der Vielen, in der Person des Einen, den er selbst zum Haupt dieser Vielen, zu ihrem Vertreter vor ihm eingesetzt hat, das, worauf er wartet, geschehen und erfüllt, der Gehorsam, den er von seiner Kreatur fordert, geleistet ist.

Indem dies geschehen ist, indem Gott selbst in diesem Geschehen für die Vielen eingetreten ist, ist tatsächlich das geschehen, was es ihm möglich macht, in Treue gegen sich selbst auch uns treu zu sein: treu auch in dem Sinn, daß er uns unsere Existenz lassen kann, obwohl wir selbst von uns aus, d. h. abgesehen von dem, was durch Jesus Christus als unser Haupt für uns geschehen ist, eine Rechtfertigung unserer Existenz nicht aufbringen können. Daß wir das nicht können, daran erinnert uns das Gericht, die Strafe, das Verderben, dem unsere Existenz dauernd, jetzt verborgen, jetzt offensichtlich unterworfen ist. Das Alles weist uns in unsere Schranken, d. h. es weist uns dahin, wo wir vor dem Ausbrechen des wirklichen Zornes und Gerichtes Gottes allein bewahrt sind. Es weist uns auf Jesus Christus und also auf den Glauben an ihn. Aber eben in Jesus Christus und im Glauben an ihn haben wir nun eine Rechtfertigung, die Rechtfertigung unserer Existenz in höchster Realität tatsächlich vorzubringen, können und dürfen wir uns auch unter den uns treffenden Gerichten und Strafen dessen trösten und rühmen, daß es mit uns nicht ganz aus sein wird. Nicht weil wir es nicht verdient hätten, wohl aber weil Gott selbst rechtmäßig — nicht in Verleugnung, sondern in voller Betätigung seiner Heiligkeit und Gerechtigkeit — dafür gesorgt hat, daß es nicht mit uns aus sein kann, daß unsere Erhaltung sinnvoll und notwendig ist. Darum, weil Gott seine eigene Existenz mit der unsrigen verbunden und für sie eingesetzt hat, sodaß wir, so wahr Gott lebt, nicht vergehen können! Indem wir durch die Geduld Gottes zum Glauben aufgerufen sind, sind wir aufgerufen, diese reale göttliche Rechtfertigung unserer Existenz und mit ihr die Rechtfertigung der göttlichen Geduld selbst als solche zu ergreifen und zu bejahen, Gott unsererseits die Ehre zu geben, die er sich selbst gerade dadurch gesichert hat, daß er jenen Grund seiner Geduld selber geschaffen und gelegt hat.

Und es wird nun weiter deutlich, daß eben auch die Gerichte und Strafen Gottes, jene ganze Härte seines Handelns an Israel nicht einen Widerspruch dazu bilden, daß er seine Kreatur tatsächlich erhalten und nicht verderben will. Sie sind allesamt zeitliche und als solche zeichenhafte Gerichte und Strafen und gerade nicht das Ausbrechen des wirklichen Zornes und Gerichtes Gottes. Sie sind allesamt nicht der ewige Tod, nicht das Fallenlassen und Stürzen in das Nichts, das Israel und das mit Israel die ganze Menschheit verdient hätte. Sie gehören vielmehr allesamt mit hinein in das Walten der Geduld Gottes. Was wir verdient hatten, das hat an Israels und an unserer Stelle der Eine Gerechte erlitten, der Eine, der eben damit — er, der für sich keiner Buße bedurfte — rechtschaffene Buße getan hat, daß er sich nicht weigerte, den wirklichen Zorn und das wirkliche Gericht Gottes auf sich zu nehmen. Indem er das getan hat: getan als der, der als unser Haupt an unsere Stelle treten und für uns leiden konnte, ist Alles das, was mit Israel wir zu leiden haben, erwiesen als hereingenommen in das Walten der Geduld Gottes, erwiesen als jene Erinnerung an unsere Unfähigkeit, uns selbst zu rechtfertigen, aber eben damit auch als Erinnerung an den Gott, der uns rechtfertigt durch sich selber.

Indem er gelitten hat, hat er unser Leiden qualifiziert als Zeichen des Lebens und nicht des Todes, als Zeichen seiner Freundschaft und nicht seiner Feindschaft, als Zeichen, das unseren Glauben erwecken und erhalten und gerade nicht zerstören will. Es ist der Schatten des Todes, unter dem unsere Existenz allerdings steht, der Schatten des ewigen Todes, den Jesus Christus für uns erlitten hat. Das gibt ihm seinen Ernst, das nimmt aber diesem Ernste die Absolutheit. Das verhindert ihn, zur Angst zu werden. Er ist nur der Schatten des ewigen Todes. Wir werden diesen Kelch nicht zu trinken haben. Und er ist der Schatten des von Jesus Christus erlittenen ewigen Todes und also, obwohl und indem er — wie sollte das zu bestreiten oder wegzureden sein? — ein realer, ein ernsthafter Schatten ist, das Zeichen des Lebens — des ewigen Lebens, aber auch das Zeichen der immer wieder stattfindenden Erhaltung auch unseres zeitlichen Lebens durch ihn und um seinetwillen: damit wir Zeit und Raum hätten, an ihn zu glauben: an seine Buße und in seiner Buße an die Rechtschaffenheit unserer eigenen, als solche immer nicht rechtschaffenen Buße.

Also indem uns das Alles deutlich wird, indem wir das Wort Gottes, indem wir Jesus Christus verstehen als die Kraft, die alle Dinge trägt, als die Kraft, die Israel 40 Jahre lang getragen hat in der Wüste (Act. 13, 18), als die Kraft des An-sich-haltens, in der Gott die Zeiten der Unwissenheit übersehen (Act. 17, 30), in der er die in diesen Zeiten geschehenen Sünden vergeben konnte (Röm. 3, 25) — indem wir dieses Wort hören als das ewige und doch zu uns gesprochene Wort Gottes, hören wir das entscheidende Wort, hören wir die Mitte und die Wahrheit des biblischen Zeugnisses von Gottes Geduld.

Was soll die Geduld Gottes angesichts unserer erwiesenen Unbußfertigkeit, haben wir uns zunächst fragen müssen, und weiter: Wo bleibt nun eigentlich angesichts der erwiesenen Gerichte und Strafen Gottes, die auch über uns gehen, seine Geduld? Kann Gott geduldig sein? Und ist er es denn wirklich? — Nun, so kann und muß wohl zunächst gefragt werden, solange wir nämlich unter den Worten der Bibel das Wort Gottes etwa noch nicht gehört haben. Aber das offenbare Geheimnis der ganzen Bibel ist ja gerade das Wort Gottes selber. In seinem Worte macht sich Gott zum Schützer und Rächer des Menschenmörders Kain, errettet er den Noah und schließt er den Bund mit ihm und allen seinen Nachkommen, die doch nicht besser waren und wurden als das Flutgeschlecht, ist er geduldig, wo Jona, der Prophet, seine Ungeduld über das gottlose Ninive und über sein eigenes Haupt beschwören möchte. In seinem Worte ist er aber auch da geduldig, wo er schlägt und tötet, so gewiß er auch damit sein Wort redet, auch damit das Zeichen der Gemeinschaft zwischen ihm und der Kreatur aufrichtet. Man stelle jene beiden Fragen einander gegenüber! Im Lichte der zentralen biblischen Antwort und Wahrheit wird es dann sichtbar, daß und wie sie sich gegenseitig aufheben.

Daß Gott geduldig sein kann, das müssen wir uns gefallen und recht sein lassen daraufhin, daß er in seinem Wort geduldig ist, Raum und Zeit, indem wir es noch hören dürfen, offenkundig erhält für uns, die wir unsere Existenz vor ihm verwirkt haben und selber nicht rechtfertigen können. Und daß Gott geduldig ist, das müssen wir uns daraufhin gesagt sein lassen, daß er in seinem Wort, welches er selber ist, geduldig sein, d. h. Raum und Zeit für uns, d. h. für den Glauben haben kann. Glauben wir an sein Wort, dann kann uns die Möglichkeit — glauben wir an sein Wort, dann kann uns die Wirklichkeit seiner Geduld nicht mehr zweifelhaft sein.

Im Glauben an sein Wort kann also gerade die auf der Linie jener Fragen scheinbar notwendige Vorstellung von einem letztlich und eigentlich ungeduldigen Gott oder von jener ungeduldigen, ihren Gegenstand verzehrenden Liebe keinen Raum haben. Darum dann aber auch nicht die Vorstellung von einem Spiel, das Gott teils mit sich selbst spielen lassen, teils und noch mehr selber mit uns spielen würde. Und darum dann auch nicht die Vorstellung von der Möglichkeit des prometheischen Trotzes, in dem man sich diesem Spiel entziehen wollen könnte. Alle diese Vorstellungen können nur außerhalb des Glaubens an Gottes Wort, d. h. aber nur da Raum haben, wo die Mitte und Wahrheit des biblischen Zeugnisses von Gottes Geduld noch nicht zu uns gesprochen hat oder von uns noch nicht gehört worden ist. Der Glaube an Gottes Wort, d. h. aber der Glaube an Jesus Christus, muß und wird diesen ganzen Gedankengang tatsächlich schon in der Wurzel unmöglich machen. Die in ihm verkehrte Wahrheit ist, richtiggestellt, die, daß wir Gottes Geduld allerdings nicht verdient haben und daß Gottes Geduld allerdings auch in Gericht und Strafe an uns wirksam ist. Aber das Erstere bedeutet nicht, daß Gott nicht geduldig sein kann und das Letztere bedeutet nicht, daß er es nicht ist oder nur teilweise ist. Sein Wort ist vielmehr der Grund und in seinem Wort steht er auch bei uns dafür ein, daß er geduldig sein kann und daß er es tatsächlich ist. In seinem Wort wartet er darauf, daß wir ihm im Glauben die Ehre geben und also beides, die Möglichkeit und die Wirklichkeit seiner Geduld, wahr sein lassen. Gott ist der, der er in seinem Worte ist und kein Anderer. In ihm ist möglich und wirklich, was in seinem Worte möglich und wirklich ist. Offenbart uns Gott in seinem Wort seine Geduld, so ist Gott die Möglichkeit und Wirklichkeit der Geduld selber, so ist uns sowohl der Weg zu einem Gott der Ungeduld als auch der prometheische Weg eines Menschen, der nun seinerseits Gott gegenüber die Geduld verlieren zu dürfen sich anmaßen sollte, abgeschnitten. Offen ist dann nur noch der Weg der Dankbarkeit für die uns unverdient gelassene Existenz, der Weg, der ganz von selbst der Weg der nun auch von uns zu erweisenden Geduld im Erleiden der uns treffenden Gerichte und Strafen werden und sein wird. Daß wir sie, unendlich schuldig wie wir unsererseits sind, in der Gemeinschaft und im Schatten des unschuldigen Leidens Christi erleiden dürfen, durch welches das Erleiden des ewigen Zornes und Gerichtes Gottes uns erspart wird, das ist Grund genug, sie geduldig zu erleiden, sie uns dazu dienen zu lassen, wozu sie uns dienen müssen: nämlich zur Abkehr von jedem Wahn eigener Würdigkeit, zur Hinkehr zu dem, der uns Gottes würdig gemacht hat, zum Glauben also, in welchem wir uns selbst an den Gott preisgeben dürfen, der in seinem Sohne unsere Sache in seine eigene Hand genommen hat. Es ist der Zusammenhang mit Jesus Christus, in welchem wir leiden dürfen, Grund genug, uns unsere Leiden mit der ganzen Gabe unserer ganzen Existenz wirklich «zum Guten» (Röm. 8, 28) dienen zu lassen. In diesem Zusammenhang ist auch das Schlimmste und Härteste, das uns treffen kann und tatsächlich trifft, ist auch der unentrinnbare zeitliche Tod, mit dem wir uns zuletzt zu diesem Zusammenhang bekennen müssen, ist auch das drohende Ende aller Dinge nicht nur nicht unerträglich — in seiner uns unerträglichen Wirklichkeit ist das Alles von Jesus Christus für uns getragen — sondern geradezu die von außen bittere, aber von innen süße Verheißung des uns durch ihn erworbenen ewigen Lebens. Diese Verheißung ergreifen, mit ihr schon in dieser Zeit leben dürfen als mit der Gewißheit, neben der alles Andere zur Ungewißheit verblaßt, das heißt an Gottes Wort glauben. Und von da aus gesehen, hat es nun doch auch mit Jes. 54, 8, Ps. 30, 6 seine Richtigkeit: Es ist das Aufwallen des Zornes Gottes nur die Sache eines Augenblicks. Auch diesen Augenblick haben wir nicht durchzumachen und zu erleiden. Er ist in Wahrheit der Augenblick, da Jesus mit lauter Stimme sprach: «Mein Gott, mein Gott, warum hast du mich verlassen?» (Mc. 15, 34). Aber hat nicht eben dieser Augenblick in seiner ganzen Finsternis schon alle Eigenschaften jenes anderen Augenblicks der letzten Posaune, bei deren Schall die Toten auferweckt werden sollen unverweslich? Gerade diesem Augenblick entspricht jedenfalls in der Tat die ewige Güte, die lebenslang währende Huld Gottes. Gerade die Leiden der durch diesen Augenblick qualifizierten Zeit: unsere, den Schatten aber auch das Licht jenes Augenblicks reflektierenden Leiden sind der Herrlichkeit tatsächlich nicht zu vergleichen, die an uns geoffenbart werden soll. Denn leiden wir mit ihm, so werden wir auch mit ihm verherrlicht werden (Röm. 8, 17 f.). Leiden wir aber in dieser Hoffnung mit ihm — und eben das glauben wir dem Worte Gottes, daß wir in dieser Hoffnung mit Jesus Christus zu leiden haben — dann können, dürfen und müssen wir in Geduld leiden: mit unserer Geduld antwortend auf seine Geduld, mit unserem Warten auf die Erlösung seinem Warten mit dem Zorn die rechte Antwort gebend.

Wenn wir jetzt, zu einem vorläufigen Schluß kommend, dem Begriff der Geduld den der Weisheit Gottes zur Seite oder gegenüberstellen, so ist der Sinn dieser Zusammenstellung grundsätzlich derselbe wie der der Zusammenstellungen, die wir schon hinter uns haben. Weisheit verhält sich in Gott zur Geduld wie Heiligkeit zur Gnade, wie Gerechtigkeit zur Barmherzigkeit. Es bezeichnen und umschreiben alle diese Begriffe die Liebe Gottes. Es bezeichnen und umschreiben sie aber je die zweiten Begriffe: Heiligkeit, Gerechtigkeit und Weisheit zunächst in größerer Bestimmtheit als die ersten (Gnade, Barmherzigkeit und Geduld) als seine freie und damit als die charakteristisch göttliche Liebe. Daß Gott in sich selber und in allen seinen Werken gnädig und eben damit heilig, barmherzig und eben damit gerecht, geduldig und eben damit weise ist, darin besteht und bewährt sich ja nach dem Leitsatz unseres § und nach den eingangs dort gegebenen Erläuterungen die Göttlichkeit der Liebe Gottes. Wir haben nun freilich Sorge getragen, auch von den Begriffen der Gnade, Barmherzigkeit und Geduld Gottes je für sich so zu reden, daß es zu sachlichen Gegensätzen zu den an zweiter Stelle zu nennenden Begriffen gar nicht erst kommen konnte, daß die Tiefe und Majestät aller dieser Vollkommenheiten der göttlichen Liebe in der göttlichen Freiheit schon in ihrem eigenen Gehalt möglichst sichtbar wurde. Aber die heilige Schrift selbst leitet uns dazu an, uns daran nicht genügen zu lassen, sondern dieselbe Sache jeweils sofort auch noch von der anderen, nicht entgegengesetzten, aber in dem einen verborgenen Wesen Gottes nun doch unterschiedenen Seite her zu betrachten und durchzudenken. Es rief gerade die Erkenntnis der Tiefe und Majestät der Gnade Gottes nach einer besonderen Betrachtung seiner Heiligkeit. Es rief gerade die Erkenntnis der Tiefe und Majestät der Barmherzigkeit Gottes nach einer besonderen Betrachtung seiner Gerechtigkeit. Wir hätten ganz dieselbe Erfahrung gemacht, wenn wir etwa jeweilen mit diesen zweiten Begriffen angefangen hätten. Wir werden in unserem nächsten § tatsächlich jeweilen mit den Begriffen anfangen, in denen zunächst in größerer Bestimmtheit die Freiheit als die Liebe Gottes bezeichnet und umschrieben ist. Und wir werden dann tatsächlich dieselbe Erfahrung machen: es wird dann bestimmt gerade die Erkenntnis der Tiefe und Majestät der Vollkommenheiten der göttlichen Freiheit nach einer besonderen Betrachtung solcher Vollkommenheiten rufen, durch die die göttliche Freiheit umgekehrt als die Freiheit der göttlichen Liebe bestimmt wird. Das ist eben das Besondere der Erkenntnis Gottes und das Besondere Gottes selbst, daß er Alles, was er ist, besonders ist, für sich ist, neu und anders ist in dem unerschöpflichen Reichtum seines einen Wesens, daß er also in Allem, was er ist, auch immer wieder besonders, für sich, neu und anders betrachtet und erkannt werden will.

So ruft jetzt, im Zusammenhang der Vollkommenheiten der göttlichen Liebe auch die Tiefe und Majestät der Geduld Gottes nach einer besonderen Betrachtung seiner Weisheit. Daß Gott alle Dinge trägt durch sein kräftiges Wort, das ist, wie wir gesehen haben, die Tiefe und Majestät der Geduld Gottes. Darin unterscheidet sie sich von aller Ungeduld, aber nicht minder von aller blöden, auf Gleichgültigkeit oder Schwachheit oder Kurzsichtigkeit beruhenden ungöttlichen und deshalb gerade nicht wahren Geduld. Darin ist sie eins mit der Gnade und Barmherzigkeit nicht nur, sondern auch mit der Heiligkeit und Gerechtigkeit Gottes. Aber eben dieses ihr Geheimnis, wie es in der Mitte des biblischen Zeugnisses von dieser Sache offenbar wird, ist als solches ein Besonderes in Gott, das nach besonderer Betrachtung ruft. Gottes Wort als die Tiefe und Majestät seiner Geduld ist wohl Gottes von Ewigkeit her ausgesprochener und als solcher anzunehmender, Gottes keinem Appell an eine höhere Instanz unterworfener Wille: dankbar und gehorsam zu anerkennen, weil er sein Wille ist. Aber wiederum offenbart sich Gott und ist Gott nicht so, daß nicht auch dieser sein ausgesprochener Wille in sich und als solcher Licht und als Licht erkennbar wäre. Gottes in seinem Wort ausgesprochener Wille ist weder in sich noch in seiner Offenbarung so beschaffen, daß er mit einem Abgrund von letzter Zufälligkeit oder Willkür auch nur von ferne zu vergleichen, geschweige denn identisch wäre. Nicht an den Rand eines solches Abgrundes werden wir geführt, wenn wir die Majestät und Tiefe der Geduld Gottes in der Kraft seines Wortes erkennen dürfen. Kein Zauber ist das, was Gott in seinem Sohne beschlossen und vollzogen hat. Kein *sacrificium intellectus* ist von uns gefordert in der Erkenntnis dieses Geschehens, in der Erkenntnis des göttlichen Seins als des Grundes der uns widerfahrenden göttlichen Geduld. Nicht darum, daß wir geblendet, sondern darum, daß wir sehend werden, handelt es sich in der ganzen Erkenntnis des Lebens und Waltens seiner Liebe. Ist sein Wort sein ausgesprochener Wille, so liegt es doch in seinem Wesen als sein Wort, daß es nicht nur die Wahrheit — als solche könnte es ja immer noch die Enthüllung eines Abgrundes letzter Zufälligkeit und Willkür sein — sondern die Weisheit, daß es in sich sinnvoll ist und daß es sich auch uns, die es hören, als in sich sinnvoll offenbart. Das ist Gottes Weisheit: Gott will nicht nur, sondern er weiß, was er will — aber nicht nur, was er will, sondern auch warum und wozu er es will; und er will eben das und nur das, um dessen Warum und Wozu er weiß, das, dessen Warum und Wozu also sein eigener Sinn, sein Plan, seine Absicht ist. Eben insofern ist in ihm Licht und keine Finsternis. Eben weil sein Wort seine Weisheit, weil also auch die Kraft seines Wortes die Kraft seiner Weisheit ist, ist seine Geduld weise und ist deren dankbare Anerkennung zugleich die Anerkennung und Anbetung seiner Weisheit, kein Verschlossen-, sondern ein Geöffnetwerden unserer Augen, keine Aufhebung, sondern die Begründung wirklicher Erkenntnis Gottes. Zufällig und willkürlich sind alle anderen Geheimnisse: die Geheimnisse, die nicht direkt oder indirekt dieses, das Geheimnis der Geduld Gottes sind. Zufällig und willkürlich ist das, was die Kreatur von sich aus, d. h. ohne Gott und seine Offenbarung für weise, sinnvoll und planmäßig hält. Das Wort Gottes aber als der Grund seiner Geduld ist weder zufällig noch willkürlich. Das Wort Gottes leuchtet als Licht in der Finsternis. Hören wir es, so hören wir Gottes Vernunft, Sinn, Plan und Absicht. Hören wir es, so werden wir belehrt, aufgeklärt, wissend und klug. Hören wir es, dann lichtet sich die Finsternis des Zufalls und der Willkür. Nehmen wir also unsere Existenz auf Grund und laut der Offenbarung des Wortes Gottes an als uns gelassen um des einen Jesus Christus willen und nehmen wir die unsere Existenz bedrohenden und charakterisierenden Strafen und Gerichte an als notwendig und heilsam um unserer Gemeinschaft mit Jesus Christus willen, dann heißt eben dieses Annehmen: Vernunft annehmen, denjenigen Sinn, denjenigen Plan annehmen für unser Leben, für die es nicht nur bestimmt ist, so gewiß wir Gottes Geschöpfe sind, sondern die als Sinn und Plan Gottes der einzige Sinn und Plan, die einzige Vernunft sind, die unser Leben annehmen kann, weil sie die einzigen sind, die es letztlich gibt, weil ihnen gegenüber alles Andere, was sich so nennen mag, Sinnlosigkeit und Planlosigkeit, Unvernunft ist.

Eben das Wort Gottes, das uns dazu bestimmt, unsere Existenz als Geschenk der Geduld Gottes anzunehmen, eben Jesus Christus ist in sich selber die Vernunft, der Sinn, der Plan. Wir würden jede Vernunft, jeden Sinn, jeden Plan von uns stoßen, wir würden in der Finsternis versinken, wenn wir etwa die Ordnung der Geduld Gottes anzunehmen uns weigern würden. Wir können wirklich aus Vernunftgründen, d. h. aus dem einen Grund, daß wir hier und nur hier die Möglichkeit haben, Vernunft anzunehmen, nicht nicht glauben! — Dies ist die Weisheit Gottes in ihrer allgemeinen Beziehung zunächst zu seiner Geduld, das Besondere Gottes in der Kraft seines Wortes, das seine Geduld möglich und wirklich macht.

Es wird aber, bevor wir weitergehen, gut sein, die Linien auch nach rückwärts auszuziehen. Eben dies, daß Gott weiß, warum und wozu er will, was er will, eben dies: daß Gott das und nur das will, wovon er weiß, warum und wozu er es will — eben das ist auch von seiner Gnade und Barmherzigkeit zu sagen. Könnten nicht auch diese Vollkommenheiten Gottes, könnte nicht auch dies, daß er sich seiner Kreatur in Freiheit zuwendet und ihr Elend sich selbst zu Herzen nimmt, vielleicht immer noch im Schatten eines leisen Verdachtes stehen: als ob dem zwar wohl so sei, aber vielleicht doch auch ganz anders sein könnte, als ob gerade die Freiheit, in der wir Gott in diesen Vollkommenheiten sich verhalten, sich selbst geben sehen, mit Zufall oder Willkür doch noch Einiges gemein haben könnte? Warum ist Gott gnädig und barmherzig? Sicher können wir mit diesem Warum? nicht über Gott selbst hinausklettern wollen, um ihn gleichsam von oben her — ihn messend an irgend einem Maßstab von Wert und Billigkeit — rechtfertigen zu wollen. Wiederum ist es aber nicht so, als ob es in Gott selbst keine Antwort auf dieses Warum? gäbe und wiederum nicht so, als ob wir diese Antwort nicht hören, als ob wir Gott selbst nicht als den erkennen könnten, in welchem auch auf diese Frage Antwort ist. Die Antwort ist die, daß Gott weise ist, daß er weiß, warum und wozu er gnädig ist, daß eben dies nicht ein in sich finsteres, sondern vielmehr ein leuchtendes, d. h. ein in sich sinnvolles und planvolles Faktum ist, in dessen Anerkennung wir unsererseits nicht in die Finsternis gestürzt, sondern der Finsternis gerade entrissen, gerade ans Licht, und zwar an das Licht der uns bisher verschlossenen, hier aber sich offenbarenden und hier von uns anzunehmenden Vernunft gebracht werden. Gott leistet sich nicht eine Gedankenlosigkeit oder einen Denkfehler, indem er gnädig und barmherzig ist: dies so wenig, wie er seine Heiligkeit und Gerechtigkeit preisgibt, indem er so ist. Gott läßt sich dabei nicht überrumpeln durch irgend eine Laune, irgend einen Einfall. Gott ist nicht kapriziös. Sondern Gott ist in dieser wie in jeder anderen Hinsicht der Gott der Ordnung. Und eben dies ist selbst seine Ordnung, die Ordnung seiner Weisheit: daß er gnädig und barmherzig ist in sich selbst und in allen seinen Werken. Er wäre nicht gnädig, sondern ungnädig, nicht barmherzig, sondern unbarmherzig, oder er wäre gnädig und barmherzig in der Schwachheit und Unwirksamkeit, in der ein Geschöpf gnädig und barmherzig sein mag, wenn er nicht weise wäre. Er aber ist gnädig und barmherzig, weil und indem er weise ist. Die Linie ist aber auch auszuziehen in der Richtung seiner vollkommenen Heiligkeit und Gerechtigkeit. Blieb vielleicht auch dort noch der Schatten eines Verdachtes zurück? Haben wir die Frage zu scheuen: warum Gott nach seiner Heiligkeit so eifrig ist, sich selbst zu behaupten? Und warum nach seiner Gerechtigkeit so eifrig, sich selbst durchzusetzen? Könnte es vielleicht auch anders sein? Ist vielleicht auch die Einheit zwischen seiner Gnade und Heiligkeit und die zwischen seiner Barmherzigkeit und Gerechtigkeit so etwas wie Willkür und Zufall, ein *factum brutum*, das als solches dastünde, als solches von uns anzunehmen wäre? Warum ist Gott heilig und gerecht? Warum eben damit gnädig und barmherzig? Sicher gibt es auch hier kein sozusagen von außen oder von oben her über Gott zu sprechendes Darum! Es gibt aber auch hier das Darum der Weisheit in Gott selber. Seine Heiligkeit hat mit Trotz und seine Gerechtigkeit mit Tyrannei nichts zu tun. Und es hat die Einheit der Gnade und Heiligkeit und die Einheit der Barmherzigkeit und Gerechtigkeit Gottes mit einem «Paradoxon», wie man so oft gesagt hat, nichts zu tun. Sondern es ist das Geheimnis, auf das wir in dem Allem allerdings stoßen, das Geheimnis der Vernunft und des Sinnes, die Gott in sich selber hat, ja, die er selber ist, das Geheimnis seiner Weisheit. Wäre er nicht weise, so wäre er nicht heilig und gerecht, wie er dann auch nicht gnädig und barmherzig wäre und noch weniger je Beides in Einem. Er ist heilig und gerecht, weil und indem er weise ist. Es gibt, genau genommen, keine Zuversicht und keine Befreiung in der Erkenntnis Gottes ohne das, was sich uns eben auf dieser letzten Stufe erschließen muß. Denn solange uns Gott der Abgrund des Zufalls oder der Willkür ist, solange wir womöglich gerade das Irrationale für das wesentlich Göttliche halten, solange haben wir bestimmt noch keine wirkliche Zuversicht zu Gott gefaßt, solange können wir das auch gar nicht tun. Denn Zuversicht gründet sich auf die Erkenntnis von Vernunft, Sinn und Ordnung. Solange wir solche nicht haben, kann uns die Erkenntnis Gottes auch keine Befreiung bedeuten. Denn auch Befreiung gibt es nur durch die Erkenntnis von Vernunft, Sinn und Ordnung und gerade nicht durch die Anschauung von Tumult, Zufall und Willkür. Man wird wohl sagen müssen, daß noch einmal schlechterdings Alles davon abhängt, daß wir Gott auch als die Weisheit erkennen. Gott ist weise, sofern sein ganzes Tun als von ihm gewollt auch von ihm bedacht, und als von ihm bedacht, in ursprünglicher Richtigkeit und Vollständigkeit bedacht und darum ein sinnvolles und eben damit ein zuverlässiges und befreiendes Tun ist. Von seinem Tun in seinen Werken und von seinem inneren Tun, von der eigenen Aktualität seines Gottseins ist das zu sagen: Gott ist weise, in ihm ist Weisheit, die Weisheit. Er ist selbst die Weisheit.

Polanus und Quenstedt, an die wir uns bisher zur Orientierung hinsichtlich der Gotteslehre der Orthodoxie gehalten haben, versagen in dieser Sache. Für

Polan (*Synt. Theol. chr.* 1609 *col.* 998 ff.) scheint die Weisheit Gottes aufzugehen in dem allgemeinen Begriff des Wissens Gottes als Allwissenheit. Daß Gottes allmächtiges Wissen das Wissen seiner Weisheit ist, das ist wohl wahr. Es ist aber zuerst und für sich zu sehen, daß die Weisheit der Sinn und die Vernunft der Liebe Gottes ist. Nur so kann sie dann auch als die Bestimmung allmächtigen Erkennens und Wissens verstanden werden. Wiederum weiß Quenstedt (*Theol. did. pol.* 1685 I *c.* 8 *sect.* 1 *th.* 26) von der Weisheit Gottes eigentlich nur dies zu sagen, daß sie als die göttliche und also verborgene Weisheit alles menschliche Erkennen und Wissen übersteige. Auch das ist wahr; aber das ändert nichts daran, daß sie wie alle göttlichen Vollkommenheiten, Inhalt seiner Selbstoffenbarung und also Gegenstand des Glaubens und insofern doch auch Gegenstand menschlicher Erkenntnis ist. Daß Gottes Weisheit unserem Sehen und Verstehen überlegen ist und bleibt, dafür ist gesorgt; aber wiederum muß in der christlichen Gotteslehre auch dafür gesorgt werden, daß auch Gottes Weisheit als Bestimmung seiner Liebe so wenig unbedacht bleibe wie seine Heiligkeit und Gerechtigkeit. Und wenn H. Cremer die Weisheit Gottes (a. a. O. S. 69 f.) sofort als die Erhabenheit seines der Welt geltenden Heilsratschlusses gegenüber dem in der Welt geltenden Gesetz der Folgerichtigkeit definiert, so ist zu sagen, daß es, eben weil das so wahr ist, ratsam ist, dabei einen Augenblick Halt zu machen: daß dieser Gott, der der Welt gegenüber seinen Heilsratschluß geltend macht, als solcher auch die ursprüngliche und eigentliche Folgerichtigkeit selber ist. Lehrreicher hat sich hier H. Heidegger geäußert, der die *sapientia Dei* zwar ebenfalls dem Begriff des göttlichen Wissens untergeordnet, aber sachlich dahin definiert hat: sie sei die Wesenseigenschaft Gottes, *per quam novit, quibus rationibus res ab eodem producendae gloriam suam illustrare queant, ut eas convenienter suae naturae, perfectioni et gloriae vocare et velle possit.* Sie sei die *moderatrix consiliorum Dei, per quam sic ad decentiam divinam gloriae suae attendit, ne veritati, ordini, pulchritudini in ulla verborum vel operum eius parte desit* (*Corp. Theol.* 1700 III, 65, zit. nach H. Heppe, Dogm. d. ev. ref. K. 1935, S. 49 f.). Der Hinweis auf die göttliche *convenientia* oder *decentia* erinnert offenbar an den Zusammenhang der Weisheit mit der Heiligkeit und Gerechtigkeit Gottes: Es geht auch in Gottes Weisheit um das, was Gott als Gott, gerade indem er liebt, würdig ist, zukommt und gebührt. Ihm gebührt es, sich selbst zu behaupten, ihm gebührt es, sich selbst durchzusetzen. Das ist seine Heiligkeit und Gerechtigkeit. Ihm gebührt aber auch in beidem — und hier werden wir an die Geduld Gottes erinnert — die *moderatio,* durch die beides mit seiner göttlichen Herrlichkeit zusammengehalten, in ihr begründet und auf sie bezogen ist. In dieser Begründung und Beziehung hat seine Heiligkeit und Gerechtigkeit, hat sein ganzes Sein und Tun Wahrheit, Ordnung, Schönheit, Sinn, Plan und Vernunft. Eben in dieser Begründung und Beziehung besteht seine Weisheit.

Die Weisheit Gottes ist die innere Richtigkeit und Klarheit, in welcher das göttliche Leben in seinem Vollzug als solches und in seinen Werken sich selber rechtfertigt und bestätigt und in welcher es der Ursprung, der Inbegriff und das Maß alles Richtigen und Klaren ist. In dieser seiner inneren Richtigkeit und Klarheit liebt Gott und sie ist die Würde, in der er in seiner Liebe frei ist. In ihr erweist er zugleich die Legitimität, die Notwendigkeit und die Genugsamkeit seiner göttlichen Existenz und seines göttlichen Handelns. In seiner Weisheit ist Gott herrlich, d. h. darin bezeugt er sich als Gott, daß er sich als Weisheit bezeugt.

Die Grundbedeutung von *sapientia* ist die des Geschmacks, die von σοφία ist die der Geschicklichkeit, die von «Weisheit» ist die des Richtunggebens.

Es ist klar, daß alle diese Worte tatsächlich korrekte Interpretationen auch der Weisheit Gottes sind, sofern sie bestimmte Prädikate, die ihr jedenfalls auch zukommen, richtig hervorheben. Die Grundbedeutung von *chokmah* ist aber die des Festmachens und Festhaltens, und eben in dieser Richtung werden wir zuerst zu denken haben, wenn wir von der Weisheit Gottes und nicht von irgend einer anderen Weisheit reden wollen. Was der göttliche Geschmack, die göttliche Geschicklichkeit, das göttliche Richtunggeben ist, das kann nur von dorther, wohin gerade das alttestamentliche Wort zeigt, sichtbar werden. Daß Gott weise ist, das muß ebenso wie seine Heiligkeit und Gerechtigkeit zunächst dies bedeuten, daß er sich selbst fest macht, an sich selbst festhält. Eben darin ist er vernünftig, er, der nichts zu vernehmen braucht von außen, er, dessen Vernehmen einer von ihm unterschiedenen Wirklichkeit schon seine Gnade, Barmherzigkeit und Geduld ist, er, der allerdings auch vernehmen kann und vernimmt, was außer ihm ist, so gewiß auch Gnade, Barmherzigkeit und Geduld sein innerstes und eigentliches Wesen ist. Daß Gott sich selber vernimmt und so ewige Vernunft ist, daß er richtig und klar lebt und tätig ist in sich selber, sich selber bestätigend, seine eigene Herrlichkeit preisend und insofern eben sich selber festmachend und an sich selbst festhaltend, das ist seine Weisheit, die dann in seinem Tun nach außen, in seinen Werken offenbar wird als sein Geschmack für das, was diesem ihrem höchsten und letztlich einzigen Zweck dient, als seine Geschicklichkeit, sie diesem Zweck dienen zu lassen, als sein Richtunggeben und also Führen, als die in und über ihnen waltende Vorsehung und Regierung. Man bemerke: eben darum bestimmt die Weisheit Gottes sein ganzes Tun als zuverlässig und befreiend, als ein Tun, auf das man seine Zuversicht setzen darf und soll, weil seine Weisheit darin besteht und letztlich immer darin sich auswirkt, daß er sich selbst festmacht, an sich selbst festhält, daß der *decentia* oder *convenientia divina* Genüge getan wird. Indem Gott als der erkannt wird, der unter allen Umständen so Sinn und Vernunft ist, von daher plant und beschließt, daraufhin redet und handelt, bedeutet die Erkenntnis Gottes, daß wir Zuversicht zu ihm fassen dürfen, bedeutet sie Befreiung, Ende aller Unsicherheit und Finsternis des Willkürlichen, Zufälligen und Irrationalen.

Daß die Weisheit Gottes nach biblischer Erkenntnis tatsächlich mit seiner Geduld zusammenhängt, das ergibt sich daraus, daß sie in der Bibel gerade dort, wo der Begriff einigermaßen deutlich expliziert wird, jedenfalls auch als die die Welt schaffende, erhaltende und regierende Weisheit als das eigentliche Organ eben der göttlichen Vorsehung beschrieben wird. Weil Gott die sich selbst rechtfertigende, bestätigende und bezeugende Richtigkeit und Klarheit selber ist, darum kann er einem andern neben sich Zeit, Raum und Existenz geben und lassen, ohne Ungewißheit, ohne Gefahr, ohne Untreue, als der Herr dieses Andern und zu seiner eigenen Verherrlichung. Und in dieser Richtigkeit und Klarheit tut er das Alles. So ist seine Weisheit der Sinn seines Gewährens und Wartens. So der Sinn der Welt!

Man bemerke: So und nicht anders! Gott ist nicht der der Welt als solcher immanente Sinn. Die Welt hat Sinn, sofern sie Sinn bekommt von dem, der allein Sinn hat und ist. Der Unterschied der biblischen Weisheit von der Weltidee der Stoa, des Philo usw. wird deutlich, wenn man sich aus den näheren und ferneren Zusammenhängen gerade jener expliziten Stellen klar macht, daß die Weisheit sich in der Bibel über die Geduld auf die Gnade und Barmherzigkeit Gottes zurückbezieht, und daß sie anderseits schon laut ihrer hebräischen Bezeichnung mit Gottes Heiligkeit und Gerechtigkeit zu nahe verbunden ist, als daß es etwa möglich wäre, das Auftauchen des Begriffs aus dem Eindringen des hellenischen Bedürfnisses nach Welterklärung und nach einem Welterklärungsprinzip abzuleiten.

Daß jene Hauptstellen dem dritten Teil des alttestamentlichen Kanons angehören und geschichtlich allerdings die Begegnung zwischen Israel und dem Griechentum mehr oder weniger sichtbar machen, das bedeutet nicht, daß hier eine Übernahme fremder Interessen und Vorstellungen, sondern das bedeutet, daß hier eine Auseinandersetzung und Entgegenstellung des israelitischen Gottesbegriffs mit solchen fremden Interessen und Vorstellungen stattgefunden hat. Ist der Gott Israels der Gott der Gnade, Barmherzigkeit und Geduld, dann kann und muß einerseits gesagt werden: in seiner Geduld und also um seiner selbst willen und zu seiner eigenen Ehre schafft, erhält und regiert Gott Alles, was ist. Er hat Alles, was ist, zum Schauplatz seines Tuns bestimmt. Darum ist es durch ihn. Dieser Zusammenhang seiner Bestimmung durch ihn mit seiner Schöpfung, Erhaltung und Regierung durch ihn ist Gottes Weisheit. Und andererseits: in dem tatsächlichen Sein und Sosein der Kreatur waltet kein Zufall und keine Willkür, sondern Gottes Geduld, die sie zum Schauplatz seines Tuns bestimmt und darum aus dem Nichts geschaffen hat und noch erhält und regiert. Also: der Zusammenhang zwischen dem tatsächlichen Sein und Sosein der Kreatur und dieser ihrer Bestimmung, das ist Gottes Weisheit.

Weil sie in dieser Einheit mit Gottes Geduld und durch diese mit allen anderen Bestimmungen des Gottes Israels steht, weil sie also wirklich die Weisheit dieses Gottes ist, darum kann und muß sie gleich Spr. 1, 20 f. und dann wieder 8, 1 f. nicht im Charakter eines logisch-ethischen Prinzips, sondern im Charakter einer Person und zwar offenkundig einer prophetischen Person auftreten: «Die Weisheit ruft auf der Gasse, auf den freien Plätzen erhebt sie die Stimme; oben auf den Mauern predigt sie, am Eingang der Stadttore spricht sie ihre Worte». Und daher kommt es, daß das, was sie ruft, predigt und spricht, inhaltlich offenkundig nichts Anderes ist als die wohlbekannte Buß-, Gerichts- und zugleich Heilspredigt, die fast in den gleichen Worten auch die eines Propheten sein könnte: «Wie lange, ihr Einfältigen, liebt ihr die Einfalt? Wie lange haben die Spötter am Spotten Gefallen und hassen die Toren Erkenntnis? Kehret euch zu meiner Rüge! Siehe, ich will euch meinen Geist hervorströmen lassen, will meine Worte euch kundtun. Weil ich rief, und ihr nicht wolltet, mit der Hand winkte und niemand aufmerkte, weil ihr all meinen Rat in den Wind schlugt und meine Rüge nicht annahmt, so will nun auch ich bei eurem Verderben lachen, will spotten, wenn der Schrecken über euch kommt, wenn der Schrecken über euch kommt wie ein Wetter, wenn euer Verderben wie Sturmwind daherfährt, wenn Not und Drangsal euch überfällt. Alsdann werden sie mich rufen, aber ich werde nicht hören; sie werden mich suchen, mich aber nicht finden. Weil sie die Erkenntnis haßten und an der Furcht des Herrn kein Gefallen hatten, meinen Rat nicht annehmen wollten, all meine Rüge verwarfen, darum werden sie die Frucht ihres Wandelns kosten müssen und an ihren eigenen Plänen genug bekommen; denn die Einfältigen bringt ihr eigener Abfall um, und den Toren wird die eigene Sorglosigkeit zum Verderben. Wer aber auf mich hört, der wohnt sicher; er lebt ruhig und hat kein Unheil zu fürchten» (Spr. 1, 22—33). Von dieser so sich aussprechenden und handelnden Weisheit heißt es dann Spr. 3, 19 f.: «Durch Weisheit hat der Herr die Erde gegründet, den Himmel durch Einsicht festgestellt. Durch seine Erkenntnis brachen die Fluten hervor und träufeln die Wolken den Tau». Aber steht nicht auch das schon Jer. 10, 12 zu lesen: «Der Herr ist's, der die Erde durch seine Kraft erschaffen, der durch seine Weisheit den Erdkreis gegründet und den Himmel ausgespannt hat durch seine Einsicht?» Was mit der kosmologischen Bestimmung der Weisheit Gottes Spr. 3, 19 f. gemeint ist, das ersehe man aus dem Zusammenhang dieses Kapitels. Eben mit dieser Bestimmung werden doch einfach sowohl jene Drohungen, als auch die hinsichtlich der Weisheit gemachten Behauptungen erklärt und unterstrichen: daß «ihr Erwerb besser ist als Erwerb von Silber, und sie zu gewinnen ist mehr als Gold» (v 14). «Langes Leben ist in ihrer Rechten, in ihrer Linken Reichtum und Ehre» (v 16). «Sie ist ein Lebensbaum denen, die sie ergreifen; wer sie festhält, der ist beglückt» (v 18). «Alsdann wirst du deinen Weg sicher gehen und dein Fuß wird nicht anstoßen. Legst du dich nieder, so schrickst du nicht auf und süß wird dein Schlaf sein auf deinem Lager. Vor plötzlichem Schrecknis mußt du dich nicht fürchten, noch vor dem Unwetter, das über die Gottlosen kommt» (v 23—25). Inwiefern gilt das Alles? Insofern als durch dieselbe Weisheit nach v 19 f. Alles geschaffen und erhalten ist. Insofern als sie den Menschen tatsächlich bewahrt und leben läßt. Und indem i h r e Buß-, Gerichts- und Heilspredigt angenommen wird, werden diese ihre Verheißungen wahr. Ihre Predigt? Nein, Gottes eigene Predigt! Wie sollte hier eine andere «Hypostase» als eben die der Offenbarung Gottes selber das Wort führen, predigen, verheißen? Wie sollten also auch jene Verse 18 f. auf einmal — in welcher Abstraktion muß man sie lesen, um sie so zu verstehen! — den Charakter eines selbständigen Versuches von Welterklärung, die Weisheit also den Charakter eines zwischen Gott und der Welt vermittelnden Zwischenträgers haben? Daß es keine selbständige Welterklärung, sondern nur die Selbsterklärung Gottes, die Erklärung seiner eigenen Weisheit gibt, die darin kräftig ist, daß sie beiläufig auch die Welt erklärt, d a s steht doch in diesem Kapitel und darum kann und muß es an seinem Schluß ausdrücklich heißen: «Der Herr wird deine Zuversicht sein und deinen Fuß vor der Schlinge behüten» (v 26). In diesem Zusammenhang muß aber auch die noch berühmtere Stelle Spr. 8, 22—31 gelesen werden, wo wieder die Weisheit selber folgendermaßen sich ausspricht: «Der Herr schuf mich, seines Waltens Erstling, als Anfang seiner Werke, vorlängst. Von Ewigkeit her bin ich gebildet, von Anbeginn, vor dem Ursprung der Welt. Noch ehe die Meere waren, ward ich geboren, noch vor den Quellen, reich an Wasser. Bevor die Berge eingesenkt wurden, vor den Hügeln ward ich geboren, ehe er die Erde gemacht und die Fluren und die ersten Schollen des Erdreichs. Als er den Himmel baute, war ich dabei, als er das Gewölbe absteckte über der Urflut, als er die Wolken droben befestigte und die Quellen der Urflut stark machte, als er dem Meer seine Schranke setzte, als die Wasser seinem Befehle gehorchten, als er die Grundfesten der Erde legte, da war ich als Liebling (oder: als Werkmeister) ihm zur Seite, war lauter Entzücken Tag für Tag und spielte vor ihm alle Zeit, spielte auf seinem Erdenrund und hatte mein Ergötzen an den Menschenkindern». Noch deutlicher als in cap. 3 wird die Weisheit hier als G o t t e s e w i g e s, vor allen anderen hervorgebrachtes W e r k, als sein erstes Zeugnis und so als Zeuge, Werkmeister und Spielgefährte einer Schöpfung aller anderen Werke mit Gott selber gleichgestellt: offenbar wieder und so noch stärker als dort, um zu sagen, daß alle Werke Gottes ihrerseits Zeugen seiner Weisheit als seines ersten und ursprünglichen Werkes sind. Man lese aber auch hier den Anfang und den Schluß des Kapitels, um sich zu überzeugen, daß ein selbständiger Versuch von Welterklärung gerade auch in dieser scheinbar hochkosmologischen Stelle nicht zur Aussprache kommt. Warum muß das von der Weisheit gesagt werden, was die Stelle sagt? Offenbar damit zum Beispiel v 17 unterstrichen sei: «Ich habe lieb, die mich lieben, und die nach mir suchen, werden mich finden». Oder v 35: «Wer mich findet, der findet das Leben». Offenbar überhaupt zur Unterstreichung der vorangehenden und nachfolgenden M a h n r e d e der Weisheit. Die Unterstreichung dieser Mahnrede, dieser praktischen Offenbarung der Weisheit, d. h. aber: die Unterstreichung dieser Gottesrede besteht darin, daß dieselbe Weisheit, derselbe Gott, dessen Mahnung der Anfang und das Ende des Kapitels wiedergeben, in jener Stelle als der bezeichnet wird, der die Welt geschaffen hat und in seiner Geduld trägt und regiert, der also allen Anspruch darauf hat, daß seine Mahnung im Raume dieser

Welt, auf dem allein durch ihn geschaffenen, erhaltenen und beherrschten Boden gehört und beachtet wird. Wer sie nicht hört und beachtet, der verliert eben damit allen möglichen Boden unter den Füßen. Wer sie hört und beachtet, der lebt eben damit dem entsprechend, was der Sinn aller geschöpflichen Lebensmöglichkeit als solcher ist. Könnte man aber Spr. 3 und 8 allenfalls zweifeln an diesem Zusammenhang, weil er sich dort «nur» aus dem Context ergibt, aber nicht explizit sichtbar gemacht ist, so geschieht eben dies Letztere in aller wünschenswerten Deutlichkeit am Schlusse des ebenfalls hierher gehörigen Kapitels Hiob 28. Wir lesen dort in genauer Parallele zu Spr. 8: «Als er dem Winde seine Wucht zuwog und den Wassern ihr Maß bestimmte, als er dem Regen sein Gesetz gab und seine Bahn dem Wetterstrahl, da hat er sie (die Weisheit) gesehen und erforscht, sie hingestellt und auch erprobt» dann aber in unmittelbarer Fortsetzung: «Und er sprach zum Menschen: Siehe, die Furcht des Herrn, das ist Weisheit, und Böses meiden, das ist Erkenntnis» (Hiob 28, 25 f.). Aber eben das steht ja ausdrücklich auch am Anfang des Buches der Sprüche selber: «Die Furcht des Herrn ist der Anfang der Erkenntnis, die Toren verachten Weisheit und Zucht» (Spr. 1, 7) und wieder Spr. 9, 10 f.: «Der Weisheit Anfang ist die Furcht des Herrn und die Erkenntnis des Heiligen ist Verstand. Denn durch mich werden deine Tage sich mehren, werden Jahre sich fügen zu deinem Leben. Bist du weise, so bist du weise für dich; bist du ein Spötter, so hast du's allein zu tragen». «Frau Torheit» dagegen ist ein «erregtes Ding, voll Unverstand und kennt keine Scham» (Spr. 9, 13). Sie gründet ihre Botschaft sichtlich auf die Voraussetzung: «Wer unerfahren ist, der kehre hier ein!» (Spr. 9, 16) und Lebensunverstand ist das, was sie dem Menschen, den sie in ihr Haus einladet, beibringt: «Er weiß nicht, daß die Schatten dort hausen, daß ihre Gäste in den Tiefen der Unterwelt lagern» (Spr. 9, 18). Darum wird auch am Ende des Kohelet als «die Summe des Ganzen» dies bezeichnet: «Fürchte Gott und halte seine Gebote; denn das ist jedes Menschen Sache. Denn Gott wird jegliches Tun vor sein Gericht bringen, das über alles Verborgene geht, es sei gut oder böse (Pred. 12, 13 f.). Was heißt das Alles? Also die göttliche Weisheit ist der Sinn und Grund der Schöpfung und insofern des Bodens und Raumes, wo der Mensch leben kann. Also besteht alles Lebenkönnen, alle Lebenskunst, aller Lebensverstand eben darin, daß der Mensch die Weisheit Gottes vernehme und annehme und insofern selbst weise werde. Worin aber besteht dieses Vernehmen und Annehmen der Weisheit Gottes, das den Weisen vom Toren unterscheidet, das allein die Verheißung eines möglichen Lebens auf jenem Boden, in jenem Raume hat? Und nun kommt die scheinbare μετάβασις εἰς ἄλλο γένος, durch die sich die alttestamentliche Weisheitslehre von aller hellenischen unterscheidet: es besteht dieses den Menschen allein errettende und erhaltende Vernehmen und Annehmen in der Furcht Gottes, also in dem Verhalten gegenüber der in der Schöpfung, Erhaltung und Regierung der Welt wirksamen göttlichen Weisheit, das dadurch bestimmt ist, daß diese Weisheit zugleich heilig und gerecht, m. a. W. daß sie der Sinn und Grund der göttlichen Geduld mit dem Menschen ist. Ein Verhalten, das dieser göttlichen Weisheit entspricht, das ist die vom Menschen im Sinn des Alten Testamentes zu erlangende und von ihm geforderte Weisheit. Man bemerke zur weiteren Beleuchtung dieses Sachverhaltes, daß es Ps. 111, 10 ebenfalls heißt: «Die Furcht des Herrn ist der Anfang der Weisheit; einsichtig handelt, wer danach tut; sein Ruhm bleibt ewig bestehen», daß aber dort eben diese Mahnung den Abschluß bildet einer Erinnerung an die Werke Gottes, die in seinem Bunde mit seinem Volke geschehen sind und noch geschehen: «Er hat seinem Volke Erlösung gesandt; hat seinen Bund auf ewig bestellt; heilig und furchtbar ist sein Name» (v 9). Wenn diesen Herren fürchten der Weisheit Anfang ist, dann ist seine Weisheit offenbar etwas sehr Anderes als ein abstraktes Weltprinzip und deren Erkenntnis, d. h. die ihr entsprechende menschliche Weisheit etwas sehr Anderes als das abstrakte Auf- und Annehmen einer bestimmten Welterklärung. Es ist dann vielmehr entschieden darüber, daß eben der und nur der auch das Weltprinzip ist: der in seiner Offenbarung an Israel als der Heilige und Gerechte handelt, und eben das und nur das die wirkliche Welterklärung: die Erkenntnis, daß uns in der Welt dazu Raum und Boden gegeben ist, daß wir es lernten, vor diesem Heiligen und Gerechten, im Bunde mit ihm zu leben, wie es seinem in der Stiftung und Durchführung dieses Bundes offenbarten Wesen entspricht, damit wir eben so das allein mögliche Leben leben möchten. Eben in Hiob 28 wird ja auch das ganz unzweideutig abgeschnitten, was man in der berühmten Stelle Spr. 8 vielleicht (aber auch dort fälschlich!) noch zu finden meinen könnte: die Vorstellung von einer dem Menschen von sich aus zugänglichen und erkennbaren göttlichen Weltweisheit. Wie der Mensch zwar Silber, Gold, Eisen und Erz aus den Tiefen der Berge ans Licht zu holen vermag, das wird dort anschaulich geschildert: «Ein Pfad ists, den der Geier nicht kennt und den der Falke nicht erspäht, den die stolzen Tiere nicht wandeln, den der Löwe nicht beschreitet. An Kieselgestein legt er (der Mensch) seine Hand, wühlt von Grund aus die Berge um. Durch die Felsen schlägt er Stollen und alles Köstliche erschaut sein Auge. Der Wasseradern Tränen hemmt er und das Verborgene bringt er ans Licht». Mit der göttlichen Weisheit aber verhält es sich ganz anders. «Doch die Weisheit — wo ist sie zu finden? Wo ist die Stätte der Erkenntnis? Der Mensch kennt nicht den Weg zu ihr, sie ist nicht zu finden im Land der Lebendigen. Die Flut spricht: In mir ist sie nicht, und das Meer spricht: Sie ist nicht bei mir. Man kann nicht Feingold für sie geben und nicht in Silber ihren Preis darwägen. Kein Gold von Ophir wiegt sie auf, kein kostbarer Sohamstein und kein Saphir...» (Hiob 28, 7 f.). Kurzum, sie ist für den Menschen nicht zu haben, wie alles Andere endlich und zuletzt für ihn zu haben ist. «Die Weisheit aber — woher kommt sie? Wo ist die Stätte der Erkenntnis? Verhüllt ist sie den Augen alles Lebendigen, und den Vögeln des Himmels ist sie verborgen. Abgrund und Tod, sie sprechen: Nur ein Gerücht von ihr haben wir gehört. Gott, der weiß den Weg zu ihr und er, er kennt ihre Stätte. Denn er erschaut die Enden der Welt, was unter dem Himmel ist, sieht er Alles» (Hiob 28, 20 f.). Und dann folgt eben jener Schluß: «Und er sprach zum Menschen: Siehe, die Furcht des Herrn, das ist Weisheit...» (v 28).

Von da aus muß und nur von da aus kann es nun auch verständlich werden, wenn im Alten Testament gerade der Verweis auf die unergründliche Weisheit Gottes als Beweis für die Unmöglichkeit, d. h. für die völlige Torheit alles Götzendienstes angeführt wird. Wäre Gottes Weisheit und also Gott selber dem Menschen erkennbar in der Welt, würden ihm die Flut, das Meer, der Abgrund, der Tod das sagen, was sie ihm nach Hiob 28 gerade nicht sagen, wäre nicht verhüllt vor den Augen alles Lebendigen, was ihm nach Hiob 28 gerade verhüllt ist, dann wäre eigentlich nicht abzusehen, warum die Verehrung Gottes in allerlei Bildern nicht ein berechtigtes und sogar notwendiges Werk solcher natürlicher Gotteserkenntnis sein sollte. Das Alte Testament aber sagt, von seiner Voraussetzung aus ganz folgerichtig, daß aller Bilderdienst Torheit ist: wohlverstanden, nicht Sünde, sondern eben Sünde in der Gestalt der Torheit, das Werk von Lebensunverständigen — nicht von Weltweisen, sondern gerade von Weltnarren, d. h. von solchen, die gerade den allein möglichen Boden und Raum, wo der Mensch existieren kann, gerade die Erkenntnis Gottes als des Schöpfers, Erhalters und Herrn der Welt gänzlich verfehlen: damit daß sie die Stätte seiner Erkenntnis so zu finden meinen, wie man den Ort des Goldes oder des Erzes in den Bergen finden kann. «Wer hat die Wasser mit der hohlen Hand gemessen und die Himmel mit der Spanne abgegrenzt? Wer hat ins Hohlmaß gefaßt den Staub der Erde, wer die Berge gewogen mit der Schnellwaage und die Hügel mit Waagschalen? Wer hat den Geist des Herrn gelenkt und wer ist sein Ratgeber, der ihn unterwiese? Mit wem hat er sich beraten, daß der ihn belehrte und ihm den Pfad des Rechten zeigte, den Weg der Einsicht ihn wiese? Siehe, die Völker sind wie ein Tropfen am Eimer, sind wie ein Stäublein auf der Wage geachtet» (Jes. 40, 12 f.). «Wem wollt ihr da Gott vergleichen und was als Ebenbild ihm an die Seite stellen? (v 18). «Wißt ihr es nicht, hört ihr es nicht? Ist es euch nicht von Anfang her verkündet? Habt ihr es nicht begriffen von der Gründung der Erde her? Der da thront über dem Kreis der Erde, daß ihre Bewohner wie Heuschrecken sind, der den Himmel ausbreitet wie einen Teppich und ihn ausspannt wie ein Zelt zum Wohnen... wem wollt ihr mich vergleichen, daß ich wäre wie er? spricht der Heilige. Erhebt eure Augen zur Höhe und schaut: Wer hat jene geschaffen? Er, der ihr Heer herausführt nach der Zahl, sie alle mit Namen ruft. Ihm, der groß ist an Kraft und stark an Macht, bleibt nicht Eines aus» (v 21 f.). Aber eben von hier aus, eben gerade weil Gott dieser unfehlbare und völlige Schöpfer, Erhalter und Herr alles dessen ist, was ist, gibt es keinen Rückweg zu dem Tun der heidnischen Künstler und Goldschmiede. Eben darum gibt es keine Gottesbilder. Sondern gerade von hier, von der wirklichen Erkenntnis Gottes des Schöpfers her gibt es nur den Weg nach vorwärts, nämlich zu der Zuversicht auf den, der sich als Schöpfer nicht in seiner Schöpfung im Allgemeinen, sondern in seinem geistigen und barmherzigen Handeln an Israel offenbart und zu erkennen gibt. «Warum denn sagst du, Jakob, und sprichst du, Israel: ‚Mein Geschick ist dem Herrn verborgen und mein Recht entgeht meinem Gott?' Weißt du es nicht, oder hast du es nicht gehört: Ein ewiger Gott ist der Herr, der die Enden der Erde geschaffen! Er wird nicht müde noch matt. Unerforschlich ist seine Einsicht; er gibt dem Müden Kraft und dem Ohnmächtigen mehrt er die Stärke. Jünglinge werden müde und matt, Krieger straucheln und fallen; aber die auf den Herrn harren, empfangen immer neue Kraft, daß ihnen Schwingen wachsen wie Adlern, daß sie laufen und nicht ermatten, daß sie wandeln und nicht müde werden» (v 27 f.). Wo sind wir jetzt? Man sieht: von dem Bekenntnis und Lobpreis Gottes als des wirklichen und alleinigen Weisen in und über Allem, was er geschaffen hat, zur Erkenntnis seiner Unerforschlichkeit, Unvergleichlichkeit und also Unabbildbarkeit, zu seiner Erkenntnis dort, wo er sich Israel hat hören lassen, zu seiner Erkenntnis als dessen, der eben als der Schöpfer und Herr aller Dinge Israels Recht nicht vergessen hat, sondern wahrt, der eben als solcher Israel errettet und stark macht — wie er eben als der, der Israels gedenkt, ihm Recht schafft und immer neue Kraft gibt, auch der Schöpfer und Herr aller Dinge ist — von dort auf dieser Strecke nach hier ist gerade Jes. 40 ein sozusagen schnurgerader Weg sichtbar. Und hier finden keine Gedankensprünge statt. Das Alles ist eben in der alttestamentlichen Gotteserkenntnis wirklich Eines und man hat es, um diese Erkenntnis selber zu vollziehen, nur in seiner Einheit zu belassen und es so nachzudenken, wie es in diesem und nicht nur in diesem Text — man findet zum Beispiel Jer. 10, 1—16 fast denselben Gang — nun einmal dasteht. Die Stätte der Erkenntnis der Weisheit Gottes, die Stätte, wo sie wirklich existiert und in der Furcht Gottes erkannt wird, ist schon nach dem alttestamentlichen Zeugnis, wenn man es in seinem Zusammenhang und in seinen ausdrücklichen Aussagen würdigt, die Stätte, wo Gott sich selbst als der Schöpfer, Erhalter und Herr der Welt zu erkennen gibt: und das ist eben sein heiliges und gerechtes, gnädiges und barmherziges Handeln an Israel.

Das ist's, was der Begriff der Weisheit über die der Gnade und Heiligkeit, der Barmherzigkeit und Gerechtigkeit hinaus Neues — vielmehr: das ists, was er in besonderer Erklärung dieser anderen Begriffe zu sagen hat: Gott ist nicht der Sklave seiner Geduld, wenn er sich selbst in dem Handeln, von dem jene anderen Begriffe reden, Zeit läßt und wenn er auch uns dabei Zeit gibt und also als Schöpfer, Erhalter und Herr der Welt Boden und Raum gibt und läßt. Es ist sein heiliger und gerechter, sein gnädiger und barmherziger Sinn, es ist sein Wille, uns diesen Sinn zu offenbaren, uns zur Buße zu leiten und so unser eigenes Leben sinnvoll zu machen, der ihn Geduld üben läßt. Dieser Sinn seiner Geduld ist seine Weisheit: die Weisheit seines Wesens und seiner Werke, und als die Weisheit seiner Werke die recht verstandene Weltweisheit, die Philosophie des geschaffenen Universums und die Philosophie der menschlichen Existenz. Diese «Philosophie» ist gerade nicht aus dem Universum oder aus dem Wesen des Menschen abzulesen, sondern nur durch Gottes eigenes Wort als das Wort Gottes selbst zu vernehmen, durch Gottes Wort und als Gottes Wort aber allerdings die rechte Philosophie des Universums und unserer eigenen Existenz. — Von hier aus dürfte sofort ersichtlich sein, daß auch das Zeugnis von Gottes Weisheit im Alten und Neuen Testament kein gespaltenes, sondern ein einheitliches Zeugnis ist. Von hier aus werden wir uns ja nicht wundern, Kol. 2, 3 zu lesen, daß in dem Geheimnis Gottes, das Christus heißt, «alle Schätze der Weisheit und Erkenntnis Gottes verborgen sind» und 1. Kor. 1, 30, daß uns eben Jesus Christus, wie es dort sogar hervorgehoben neben «Gerechtigkeit, Heiligung und Erlösung» gesagt ist, zur Weisheit gemacht ist: *ὃς ἐγενήθη σοφία ἡμῖν ἀπὸ θεοῦ.* Jesus Christus der Sinn der Geduld Gottes, das war ja das Ergebnis, bei dem wir bei der Erörterung der Vollkommenheit der Geduld Gottes tatsächlich zu Ende kamen.

«Die göttliche Weisheit ist das die Welt für die in der Erlösung sich betätigende göttliche Selbstmitteilung ordnende und bestimmende Prinzip» (Schleiermacher, Der chr. Glaube § 168). Diese Trennung zwischen der «göttlichen Selbstmitteilung» und einem besondern die Welt für sie ordnenden und bestimmenden Prinzip ist undurchführbar. «Alle Dinge sind durch das Wort geworden und ohne das Wort ist auch nicht Eines geworden, das geworden ist» (Joh. 1, 3). Richtiggestellt muß der Satz lauten: «Die göttliche Weisheit ist die die Welt für sich selber ordnende und bestimmende göttliche Selbstmitteilung».

Einen höchst weisen Menschen, von Gott selbst mit Weisheit begabt und so zum Abbild und Verkündiger seiner eigenen Weisheit auf Erden eingesetzt, kennt schon das Alte Testament in der Figur des Königs Salomo. Und gerade ihm hat ja die einmütige Überlieferung auch jene Weisheitslehre des dritten Teils des Kanons im besonderen zugeschrieben. Wir hören 1. Kön. 5, 9 f., Gott habe ihm Weisheit und hohe Einsicht und einen Verstand gegeben, so weitreichend wie der Sand am Gestade des Meeres; seine Weisheit sei größer gewesen als die Weisheit aller Söhne des Morgenlandes und als alle Weisheit Ägyptens, so daß er weiser war als alle Menschen. Dreitausend Sprüche habe er gedichtet und seiner Lieder waren 1005. «Er redete von den Bäumen, von der Zeder auf dem Libanon bis zum Ysop, der aus der Mauer wächst. Auch redete er von den großen Tieren, von den Vögeln, vom Gewürm und von den Fischen». Wir lesen 1. Kön. 10, 1 f. wie die Königin von Saba von seinem Ruhme hörte und zu ihm kam, ihn mit Rätseln zu erproben. «Und als sie zu Salomo kam, fragte sie ihn Alles, was sie sich vorgenommen hatte. Salomo gab ihr auf alle ihre Fragen Bescheid; es war dem König nichts verborgen, daß er ihr nicht hätte Bescheid geben können». Und eben weil er auf Gottes Antrag: Was soll ich dir geben? darum, um Weisheit, gebeten hatte und nicht um langes Leben, um Reichtum oder um den Tod seiner Feinde — eben darum gab ihm Gott auch das, worum er nicht gebeten hatte. «Reichtum und Ehre, daß deinesgleichen keiner sein soll unter den Königen, dein ganzes Leben lang» (1. Kön. 3, 4 f.), sodaß seine Weisheit nun eigentlich gerade in seinem Reichtum, in der Herrlichkeit seines Palastes und des von ihm gebauten Tempels, in dem ganzen irdischen Glanz seines Reiches sichtbar wird. Wir erkennen ohne weiteres den Zusammenhang, der uns schon im Buch der Sprüche begegnet ist: menschliche Weisheit heißt Lebenskunst, sofern der weise Mensch im Unterschied zum Toren von seiner Existenz und vom ganzen Universum den Gebrauch zu machen weiß, der ihrer Schöpfung und Erhaltung durch Gott entsprechend und darum sinnvoll und darum verheißungsvoll und heilsam ist. Der Mensch, der von seiner Existenz und vom Universum diesen Gebrauch macht, kann und wird leben und zwar wie das Leben Salomos zeigt, in unerhörtem Ausmaß, in strahlender Gestalt leben auf dieser Erde. Aber gerade aus der Salomo-Geschichte des ersten Königbuches ergibt sich nun über die Angaben der Weisheitslehre der Ketubim hinaus noch ein Doppeltes: Zunächst eben dies, daß solche menschliche Weisheit nicht eine dem Menschen an sich eigene und von ihm aus zu realisierende Möglichkeit, sondern eine Gabe Gottes ist, um die gebetet werden muß, die die Sache einer besonderen Zuwendung und Huld ist, um dann allerdings als solche göttliche Wunder- und Gnadengabe alsbald auch im menschlich-irdischen Raume beispiellose, alles andere in Schatten stellende Gestalt und Herrlichkeit zu gewinnen. Sodann und vor Allem: Es ist gerade die Weisheit Salomos nicht etwa eine Wissenschaft oder Weltklugheit, die ihren Sinn und Zweck in sich selbst bezw. in der Existenz des Individuums Salomo als solcher hätte. Das von Gott so überreichlich erhörte Gebet des Salomo um Weisheit lautet vielmehr nach 1. Kön. 3, 7 f. folgendermaßen: «Herr mein Gott, du hast deinen Knecht an meines Vaters Davids Statt zum Könige gemacht; ich aber bin noch ein Kind und weiß nicht aus noch ein. Und nun steht dein Knecht inmitten deines Volkes, das du erwählt hast, eines Volkes, so groß, daß niemand es vor Menge zählen und berechnen kann. So wollest du denn deinem Knechte ein verständiges (hörendes) Herz geben, dein Volk zu regieren und zu unterscheiden, was gut und böse ist; denn wer vermöchte sonst dies gewaltige Volk zu regieren?» Salomonische Weisheit ist also keine private, sondern eine öffentlich amtliche, sie ist Königsweisheit, Regierungsweisheit. Sie besteht (vgl. dazu auch Jes. 7, 15 f.), in wunderbarer Umkehrung dessen, was nach Gen. 3, 5 auf Rat der Schlange des ersten Menschen sündiges Privatbegehren war, in der den fähigen Richter auszeichnenden Gabe der Unterscheidung von Gut und Böse, im Besitz des Kriteriums, dessen der Herrscher eines Volkes bedarf, um Recht und Frieden unter ihm aufzurichten. Was das für ein Kriterium ist, das ergibt sich aber aus der (1. Kön. 3, 16 f.) unmittelbar auf jenes Gebet und jene Gebetserhörung folgenden merkwürdigen Geschichte von dem salomonischen Urteil. Welche von den zwei Dirnen, die da vor Salomos Richterstuhl auftreten, ist die Mutter des lebenden Kindes? Antwort: diejenige, die lieber auf dessen Besitz als auf dessen Leben verzichtet. Sie hat Recht nach dem salomonischen Urteil und eben ihr wird nun auch das lebende Kind zugesprochen. Wogegen die Unrecht hat, die lieber des Kindes Leben als seinen Besitz preisgibt. Was heißt das? Wirklich das Volk Gottes wird in diesem Urteil salomonischer Weisheit gerichtet: zwei Mütter, d. h. zwei Völker sind ja heimlich verborgen und müssen sich ja immer wieder scheiden in seiner Mitte: ein solches, das eine lebendige, und ein solches, das eine tote Hoffnung hat. Welches aber ist das eine, welches das andere Volk? Diese Frage und die göttliche Antwort darauf ist der rote Faden, der sich durch die ganze Geschichte Israels hindurchzieht. Macht nicht gerade das Volk mit der toten Hoffnung dauernd Anspruch darauf, die lebendige zu haben? Setzt es sich nicht immer wieder hinterrücks in deren Besitz, um sich selbstgewiß, in seinem Anspruch gar nicht direkt zu widerlegen, als das wahre Volk Gottes auszugeben? Und wie steht dann das andere da: das in Wahrheit das Volk der lebendigen Hoffnung ist und diese doch so gar nicht als seinen Besitz ausweisen kann? Nun, Gott weiß, und der von ihm mit Weisheit begabte König Salomo wird es aussprechen, was gut und böse ist! Zwischen die beiden Völker hinein stellt er nämlich die Drohung: auch aus der lebendigen soll eine tote Hoffnung werden; es soll mit Israel ganz und gar aus sein. In dieser fürchterlichen Weise könnte ja die Entscheidung sofort vollzogen werden. Aber eben die Drohung dieser fürchterlichen Entscheidung, eben das gegen das lebende Kind schon gezückte Schwert, eben die der lebendigen Hoffnung Israels drohende Vernichtung ist doch nur das salomonische Mittel, Recht und Unrecht in seinem Volke und also zwischen den beiden Völkern in seinem Volke an den Tag zu bringen. Denn jetzt erweist es sich, daß das Volk der toten Hoffnung gleichgültig zusehen will, wie auch die lebendige Hoffnung, auf die es lügnerisch Anspruch erhoben hatte und noch erhebt, sterben und vergehen soll. Das Volk der lebendigen Hoffnung will angesichts dieser Drohung nur Eines: mag die Hoffnung zugute kommen, wem sie will, mag denn die Lügnerin sich ihrer freuen, wenn sie nur bleibt und lebendig bleibt! Eben dieses Volk: das Volk, das lieber auf seinen gerechten Anspruch, lieber auf alle Erfahrung des Heils, als auf das Leben der Hoffnung selbst verzichten, das lieber die Hölle als die Gottlosigkeit wählen will, das Volk der Mutterliebe, die nicht im Kinde sich selbst, sondern im Kinde das Kind liebt — eben es bekommt recht im salomonischen Urteil, eben es offenbart sich unter dem salomonischen Regiment, angesichts des gezückten Schwertes als das Volk, das auf die lebendige Hoffnung tatsächlich den gerechten Anspruch hat, dem sie darum auch tatsächlich gehören, das sein Heil nicht ewig entbehren müssen wird. Und das ist die salomonische Weisheit: die so in der Mitte des Volkes Gottes waltet, die dieses Kriterium kennt und anwendet: das lebendige Kind als Frage nach der rechten Mutter, die lebendige Hoffnung als Frage nach dem wahren Volke Gottes! Salomonische Weisheit weiß und entscheidet, daß das wahre Volk Gottes als solches darin offenbar und daran erkennbar werden wird, daß ihm die lebendige Hoffnung auf Gott lieber ist, als es sich selber ist. Eben darum wird sie ihm auf immer erhalten bleiben.

Eben in dieser salomonischen Weisheit, ja als diese salomonische Weisheit selber steht aber der, der «mehr ist als Salomo» (Matth. 12, 42), Jesus Christus, in der Mitte des Volkes Gottes. Wieder und erst recht ist jetzt gefragt: Welches ist die rechte Mutter? Wieder erscheint die Drohung — wird sie wieder scheidend und entscheidend sein? Wieder könnte es wohl so sein — und müßte es nicht eigentlich so sein? — daß niemand und keiner Recht bekäme, d. h. alle nur als Mütter eines toten Kindes. Wieder geht die salomonische, die göttliche Weisheit einen andern Weg. Aber hier ist wirklich «mehr als Salomo»: hier wurde ja das Schwert nicht nur gezückt; hier hat es zugeschlagen. Hier hat es der Richter selbst ertragen und erlitten, zugleich das getötete Kind, die vernichtete Hoffnung Israels und die ihres Kindes beraubte echte Mutter, das hoffnungslos gewordene Israel in eigener Person zu sein, um eben als dieser Geopferte (gekreuzigt, aber am dritten Tage wieder auferstanden von den Toten) die lebendige Hoffnung zu sein, die im Glauben um ihrer selbst willen geliebt werden will, die aber auch allen denen zu eigen gehört, die glauben, d. h. die wie die Mutter jenes Kindes nur das bejahen, nur daran sich halten, nur das begehren wollen: daß er lebe, daß er sei und bleibe, der er ist, die dann aber auch eben um dieses Begehrens willen gerechtfertigt werden. Das ist Jesu Christi Tun als der König seines Volkes: daß er als der Richter, der jene Drohung ausspricht und vollzieht, aber zugleich als die Mutter und als das Kind, die ihren Vollzug erleiden müssen, immer wieder nach dem Glauben an ihn fragt, immer wieder die aussondert und ausscheidet als solche, die Recht haben, die an ihn glauben. Für sie, für uns andere Alle, bleibt es ja bei der Drohung, bei dem gezückten, bei dem noch nicht oder nicht mehr zuschlagenden Schwert. Für uns Alle bleibt aber, wenn wir unser Recht empfangen, wenn wir als das Volk Gottes offenbar werden wollen, nur der Glaube an ihn: der Glaube, in welchem er selbst uns lieber, wichtiger, bedeutender sein muß als jeder Anspruch, jede Erwartung, die wir für uns auf ihn setzen könnten, der Glaube, der sich wirklich nicht an sich selbst, sondern an ihn als seinen Gegenstand hält. Wiederum im Glauben an ihn bleibt uns aber auch das, was wir uns gerade, weil und indem wir glauben, nicht selbst verschaffen wollen können: unsere Rechtfertigung, unsere Zugehörigkeit zum wahren Volke Gottes und so die Verheißung des Lebens für Zeit und Ewigkeit. Indem wir uns Jesus Christus im Glauben unterordnen, vielmehr: indem er uns sich selbst unterordnet damit, daß er sich uns zum Gegenstand unseres Glaubens gibt, wird eben er uns «von Gott gemacht zur Weisheit» (1. Kor. 1, 30), ist uns unter der uns um seinetwillen erwiesenen Geduld Gottes, in der uns um seinetwillen gelassenen Zeit der Sinn dieser Geduld und so der Sinn unserer Zeit, nämlich er selber, gegenwärtig, um auch uns weise zu machen.

Von da her muß nun der ganze Zusammenhang 1. Kor. 1, 18—2, 10 gelesen werden. Daß das Wort vom Kreuz denen, die verloren gehen, Torheit und denen, die gerettet werden, Kraft Gottes sei, heißt es dort (v 18). Wieso jenen Torheit? Offenbar weil sie ohne den Glauben an ihn und also ohne zum wahren Volk Gottes zu gehören, in der Kunde von Jesu Christi Tod (mit oder ohne die von seiner Auferstehung! und mit dieser wohl erst recht!) nur die Kunde von einer weiteren Bestätigung der Sinnlosigkeit des menschlichen Lebens hören können: wohl gar die Proklamierung des Paradoxons, daß eben seine auch hier sichtbare Sinnlosigkeit als solche sein wahrer Sinn sei. So werden sie sich, wie Act. 17, 32 beschrieben ist, gelangweilt oder entsetzt von dieser törichten Kunde abwenden. Aber sie wissen nicht, daß sie eben, indem sie das tun, indem sie so urteilen, schon verurteilt sind, aufgedeckt und durchschaut als die Mutter des toten Kindes. Denn was ist geschehen, indem sie so urteilen? Wie geschrieben steht: «Ich will vernichten die Weisheit der Weisen und will verwerfen die Verständigkeit der Verständigen» (v 19, Jes. 29, 14). Also nur das, daß sie erledigt und abgetan und zu Ende sind mit ihrer Weisheit — nur das ist offenbart und besiegelt damit, daß sie jene Kunde für Torheit halten. «Wo ist ein Weiser? Wo ein Schriftgelehrter? Wo ein Forscher dieser Welt?» (v 20a). Da ist Keiner! Eben mit dem, was Gott getan hat laut jener Kunde, hat er *tabula rasa* gemacht mit Allem, was sich in der Welt als Weisheit ausgibt und Weisheit doch nicht ist. «Zur Torheit gemacht hat Gott die Weisheit der Welt» (v 20b). Wie und was sie auch in sich sein möge: in der Konfrontation mit dem, was Gott laut jener Kunde getan hat, ist es am Tage, daß sie, was sie zu sein behauptet, Lebenskunst, Weltweisheit sicher nicht ist, sondern das Gegenteil. Denn was geschah hier? Διὰ τῆς σοφίας, in Anwendung ihrer eigenen vermeintlichen Weisheit verkannte die Welt Gott ἐν τῇ σοφίᾳ αὐτοῦ d. h. da, wo seine Weisheit war, handelte und sich offenbarte. Gott aber gefiel es, gerade durch die vermeintliche Torheit jener Verkündigung die Glaubenden zu retten (v 21): durch die Verkündigung des gekreuzigten Christus, der wie den Juden Ärgernis so den Heiden Torheit ist, den Berufenen aus Juden und Hellenen aber Gottes Kraft nicht nur, sondern gerade seine Weisheit (v 23 f). Eben dieses vermeintlich Törichte Gottes ist tatsächlich weiser als die Menschen — so viel weiser wie Salomo weiser war als alle Menschen! — und eben dieses vermeintlich Schwache Gottes ist tatsächlich stärker als die Menschen (v 25). Eben darum ist es kein schlechtes Zeichen für die Gemeinde, sondern das Zeichen ihrer echten Berufung, daß da nicht viele Weise nach dem Fleisch sind, nicht viele Starke, nicht viele Vornehme! Gott hat eben, entsprechend der vermeintlichen Torheit jener Kunde, das vermeintlich Törichte der Welt erwählt zur Beschämung der vermeintlich Weisen, das vermeintlich Schwache zur Beschämung der vermeintlich Starken, das vermeintlich Geringe und Verächtliche, das vermeintlich Nichtige (τὰ μὴ ὄντα) zur Erledigung des vermeintlich Seienden (ἵνα τὰ ὄντα καταργήσῃ), damit offenkundig sei, daß vor ihm kein Fleisch sich rühmen kann (v 26—29). Eben aus diesem Gott, vor dem kein Fleisch sich rühmen kann, haben die Christen ihr Sein in Jesus Christus: ἐξ αὐτοῦ δὲ ὑμεῖς ἐστε ἐν Χριστῷ Ἰησοῦ. Sie haben es durch die Kraft seiner Auferstehung von den Toten. Eben darum partizipieren sie offenbar einerseits an der vermeintlichen Torheit, Schwäche und Verächtlichkeit des in Jesus Christus geschehenen göttlichen Tuns: müssen sie es sich gefallen lassen, mit Jesus Christus, bezw. mit Gott selber, als seine Kinder, unter jenes Urteil der hellenischen Welt zu fallen. Eben darum partizipieren sie aber auch an dem Triumph der wirklichen, der göttlichen Weisheit über die vermeintliche, die menschliche Weisheit, aus der jenes Urteil stammt, das doch nur ihre tatsächliche Torheit zu enthüllen vermag. Ihnen ist ja eben Jesus Christus, der Gekreuzigte, in welchem sie ihr Sein aus Gott, ihr Sein als Gottes Kinder haben, durch seine Auferstehung von Gott selbst wie zur Gerechtigkeit, zur Heiligung, zur Erlösung, so auch vor allem zur Weisheit gemacht (v 30), damit an ihnen Jer. 9, 23 f. in Erfüllung gehe: «Wer sich rühmen will, der rühme sich des Herrn!» Der genaue Wortlaut jener Stelle lautet: «Der Weise rühme sich nicht seiner Weisheit, der Reiche rühme sich nicht seines Reichtums; sondern dessen rühme sich, wer sich rühmen will: einsichtig zu sein und mich zu erkennen, zu wissen, daß ich, der Herr, es bin, der Gnade und Recht und Gerechtigkeit auf Erden übt; denn an solchen habe ich Wohlgefallen, spricht der Herr». Wer sich des Herrn rühmt, der kann sich aus drei Gründen nicht zugleich seiner eigenen, der menschlichen Weisheit dieser Welt rühmen: 1. weil er sich schon der anderen, der wirklichen, der Weisheit Gottes rühmen darf, für jene seine eigene, die menschliche, also gar keinen Raum mehr hat; 2. weil durch diese göttliche Weisheit, deren er sich rühmen darf, die menschliche für ihn entlarvt ist als Unweisheit, als nun auch in seinen Augen ganz und gar unrühmliche Torheit; 3. weil er sich der Solidarität mit der göttlichen Weisheit auch hinsichtlich ihrer vermeinlichen Torheit, hinsichtlich des Urteils, das sie sich von der Welt her gefallen lassen muß, nicht entziehen wollen kann.

Wir können hier einen Seitenblick auf Matth. 11, 16—19 werfen. «Dieses Geschlecht» wird dort beschrieben, wie es sich ärgert an Johannes dem Täufer wegen seiner Askese: Er hat einen Dämon! und wieder ärgert an Jesus wegen seiner Nicht-Askese: Siehe, ein Schlemmer und Zecher, Freund mit Zöllnern und Sündern! Immer ist die wirkliche Weisheit anders als «dieses Geschlecht» es erwartet und gewünscht hat und darum glaubt es wie die enttäuschten Kinder auf dem Markt das Recht zu haben, sich zu beschweren: «Wir haben euch aufgespielt und ihr habt nicht getanzt; wir haben Klagelieder gesungen und ihr habt nicht getrauert». Was sollen die Vertreter der Weisheit dann tun? Diese Beschwerde annehmen? Nach ihren Ansprüchen sich richten und nun also tanzen, wo jene aufspielen, trauern, wo jene ihre Klagelieder singen? Nein, sondern indem sie angesichts dieser Beschwerde unentwegt tun, was sie als Vertreter der Weisheit tun müssen, geschieht es, daß die Weisheit gerechtfertigt wird, sich selbst rechtfertigt in ihren Werken, d. h. eben in dem, was die Vertreter der Weisheit als solche unentwegt tun müssen: καὶ ἐδικαιώθη ἡ σοφία ἀπὸ τῶν ἔργων αὐτῆς. Denn ihre, der Weisheit, eigene Werke sind die Werke ihrer Vertreter so lange diese ihr nur — aber wie könnte das anders sein, wenn sie Johannes der Täufer und Jesus heißen? — unentwegt gehorsam bleiben. Auch sie brauchen sich also nach einer anderen Rechtfertigung ihres Tuns gerade nicht umzusehen. Sie sind gerechtfertigt, indem die Weisheit in ihren Werken und durch diese sich selber rechtfertigt.

Und damit stehen wir wieder im Zusammenhang der Auseinandersetzung von 1. Kor. 1—2. Was wollte Paulus mit jener ganzen Darlegung 1, 18—31 begründen? Nach dem Anfang des zweiten Kapitels sehr schlicht dies: daß er nicht etwa καθ' ὑπεροχὴν λόγου ἢ σοφίας (v 1) nicht ἐν πειθοῖς σοφίας λόγοις (v 4) unter ihnen auftreten und sein «Zeugnis von Gott» ablegen, daß er also nicht nach ihrer Vermutung nach Anweisung des Aufspielens einer menschlichen Weisheit tanzen oder nach Anweisung ihrer Klagelieder trauern konnte. Er konnte ihnen als einer, der sich des Herrn und nur des Herrn zu rühmen hatte, nicht den Gefallen tun, sich gleichzeitig auch noch menschlicher Weisheit zu rühmen. Er konnte ihnen das «Zeugnis von Gott» nicht in einer solchen Gestalt vorlegen, in der es ihren Ambitionen als Kinder «dieses Geschlechts» entsprochen hätte. Er konnte es ihnen nur so vorlegen, wie es eben lautete. Er durfte, als er unter ihnen war, nichts wissen als Jesus Christus, und diesen als den Gekreuzigten (v 2). Wie sollte es denn anders sein als daß er «in Schwachheit und Furcht und viel Zaghaftigkeit» unter ihnen auftrat? (v 3). Es konnte sein Wort nur e i n e Begründung haben; diese freilich h a t t e es: die ἀπόδειξις πνεύματος καὶ δυνάμεως (v 4), d. h. offenbar eben jene Rechtfertigung der Weisheit durch ihre eigenen Werke, die da stattfindet, wo des Menschen Werk in nichts Anderem besteht als darin, daß er sich der Weisheit Gottes als Instrument völlig zur Verfügung stellt, um sie selbst vorbehaltlos, ohne Abstrich und Zutat, das sagen zu lassen, was sie selber sagen will. Wo das geschieht, da wird «der Beweis des Geistes und der Kraft» geführt, um dessen Wirksamkeit niemand besorgt zu sein braucht, dessen Wirksamkeit aber auch nicht durch die irgend eines anderen Beweises zu ersetzen oder gar zu ergänzen ist. Und eben dies ist es, was in Korinth niemandem zuliebe und niemandem zuleide geschehen ist. Es konnte und durfte nichts Anderes geschehen; denn der Glaube der korinthischen Christen wäre als Glaube gar nicht zustande gekommen, wenn Paulus einen anderen Beweis auch nur beiläufig hätte führen wollen: nicht auf Weisheit der Menschen konnte er sich gründen, sondern nur auf die Kraft Gottes in der Selbstrechtfertigung seiner Weisheit. Und zu dieser Begründung konnte es, was Paulus betraf, nur durch e i n Werk kommen, nämlich durch die Verkündigung des gekreuzigten Christus (v 5). Eben mit dieser Verkündigung redet Paulus Weisheit! Für die τέλειοι nämlich: das sind aber wieder nicht, wie in den Mysterienreligionen, die Esoteriker, die Eingeweihten einer menschlichen Weisheit — welche von dieser Verkündigung her gesehen nach 1, 20 f. vielmehr nur die Törichtesten unter allen Törichten sein können — sondern das sind schlicht die, die eben das Wort vom Kreuz im Glauben auf- und annehmen. Die das tun, die täuschen und irren sich nicht. Sie sind keine Toren. Sie gehören nicht zu jenen lamentierenden Kindern auf dem Markt. Sie machen sich also das Urteil der Torheit nicht zu eigen; sie richten sich auch nicht nach ihm. An ihnen ist der Beweis des Geistes und der Kraft darin mächtig geworden, daß sie weise genug sind, eben da Weisheit zu hören, wo die Toren Torheit zu hören meinen und, weil sie Toren sind, tatsächlich nur Torheit hören können. Weisheit der Welt ist das, was diese Vollkommenen, was die Glaubenden hören, indem sie das Wort vom Kreuz hören, allerdings nicht, auch nicht die höhere Weisheit der diese Welt vorläufig beherrschenden Engelmächte, der ἄρχοντες τοῦ αἰῶνος τούτου (v 6). Sondern was Paulus allein mit dem Worte vom Kreuz redet und was sie hören, das ist Gottes eigene Weisheit: seine Weisheit, die in diesem Geheimnis (dem Geheimnis des Kreuzes Jesu Christi) ebenso (für die Welt) verhüllt wie (für die Glaubenden) enthüllt ist, seine Weisheit, die Gott vor aller Welt zu unserer Verherrlichung bestimmt und vorgesehen hat (v 7), wie sie denn in Jesu Christi Auferstehung, indem Jesus Christus uns zur Weisheit gemacht wurde, tatsächlich schon zu unserer Verherrlichung gedient hat und weiter dienen wird. Denn das ist ja schon unsere Verherrlichung, darin wird jetzt und hier schon etwas wirklich und sichtbar an uns selber von der ganzen Herrlichkeit Salomos, darin leben wir jetzt und hier schon in aller Freude und Lust in Salomos Tempel und Palast: daß wir durch Christi Auferstehung unser

Sein von Gott als ein Sein in ihm, dem Auferstandenen, empfangen haben, daß er uns als Gottes Kindern von Gott zur Weisheit gemacht ist, daß wir im Glauben selbst weise werden und sein dürfen. Wir! Denn diese Weisheit ist nicht nur aller menschlichen Weisheit dieser Welt als solcher und insofern (ohne den Glauben) allen in dieser Welt lebenden Menschen als solchen verschlossen und fremd. Nicht nur alle menschliche Weisheit ist durch ihr Urteil, daß sie gerade als vermeintliche Weisheit Torheit sei, entlarvt und kromprommittiert: als höchste Torheit gerade in denen, die sich vielleicht mit Recht rühmen können, die Vollkommenen dieser menschlichen Weisheit zu sein. Mehr noch: Verschlossen und fremd ist sie auch jener höheren oder höchsten Weisheit der diese Welt und Menschheit regierenden Engelmächte. Blamiert haben sich ja offenkundig auch diese; denn an der Verwerfung und Tötung Jesu Christi waren, vertreten durch die Ordnungsmacht des römischen Staates, auch sie beteiligt: Hätten sie die Weisheit Gottes da, wo sie nicht erst in ihrer Bezeugung, sondern in ihrer ursprünglichen Wirklichkeit selber existierte und sprach, gehört, wären sie für den Beweis des Geistes und der Kraft da, wo er nicht erst in Gestalt des apostolischen Wortes, sondern durch das fleischgewordene Wort selber geführt wurde, offen gewesen, dann «hätten sie den Herrn der Herrlichkeit nicht gekreuzigt» (v 8). Sie wären dann weise genug gewesen, seine Herrlichkeit, die Herrlichkeit der göttlichen Weisheit als solche zu sehen. Das haben sie nicht getan. Gerade sie sind es letztlich, die Jesus Christus gekreuzigt haben. Umsoweniger kann für Paulus irgend ein Anlaß bestehen, bei seinem «Zeugnis von Gott» nach den Wünschen und Erwartungen, nach dem Aufspielen und nach den Klagegesängen irgend welcher menschlichen Weisheit zu fragen und ihm also irgend eine andere Gestalt zu geben an Stelle der Gestalt, die es sich selber gegeben hat: an Stelle seiner Gestalt als das Wort vom Kreuz. Sondern es muß bei dem Beweis des Geistes und der Kraft, bei der Selbstrechtfertigung der göttlichen Weisheit gegenüber aller Torheit der Menschen, wie sie eben in der Verkündigung dieses Wortes Ereignis ist und immer wieder Ereignis werden wird, sein Bewenden haben. So wird gerade das Wort vom Kreuz denen, die gerettet werden, zur Kraft Gottes: daß Gott ihnen, denen, die ihn lieben, das «bereitete», was kein Auge gesehen, was kein Ohr gehört, was in keines Menschen Herz gekommen ist (v 9). Was ist das? Nach dem ganzen Zusammenhang unzweifelhaft eben die Enthüllung des Geheimnisses des Kreuzes Christi und so der von Gott zu unserer künftigen und doch schon gegenwärtigen Verherrlichung von Ewigkeit her uns bestimmten, uns zugewendeten, uns zugedachten Weisheit Gottes selber. Eben diese seine Weisheit in ihrer ewig-konkreten Gestalt ist das, was kein Auge gesehen, kein Ohr gehört, was in keines Menschen Herz gekommen ist; und eben das hat Gott uns offenbart durch den Geist: ἡμῖν γὰρ ἀπεκάλυψεν ὁ θεὸς διὰ τοῦ πνεύματος (v 10).

Man sieht, wie die Weisheit Gottes tatsächlich auch in diesem neutestamentlichen Zusammenhang jene salomonische Regierungs- oder Richterweisheit ist, die einem Jeden gibt, was ihm gehört: Torheit den Toren, die die Weisheit nicht so lieben, daß sie es um ihretwillen vorziehen würden, vor ihren eigenen Augen und vor denen der Welt als Toren dazustehen. Weisheit den Weisen, die die Weisheit so lieben, daß sie es um ihretwillen auf sich nehmen, sich nur des Herrn und gar nicht mehr ihrer eigenen, menschlichen Weisheit rühmen zu können. Torheit den Toren, die in Anwendung und Durchsetzung ihrer vermeintlichen eigenen Weisheit nicht davor zurückschrecken, ja geradezu dazu getrieben sind, die wirkliche Weisheit zu töten, um eben damit ihre wirkliche Torheit an den Tag zu bringen. Weisheit den Weisen, für die und in denen entgegen aller vermeintlichen eigenen Weisheit die wirkliche, die Weisheit Gottes selber auf dem Plan ist: lebendig, sich selbst beweisend und rechtfertigend, wie es eben die wirkliche Weisheit, die Weisheit Gottes kann und tut. Aber im Unterschied zu dem alttestamentlichen Vorbild oder vielmehr in dessen heller Erklärung ist hier, in der neutestamentlichen Darstellung des Geheimnisses Gottes, das Jesus Christus heißt, die Weisheit Gottes im salomonischen Urteil Alles zugleich: 1. indem sie allein souverän weiß, entscheidet und verfügt, der Richter, 2. indem sie selber sowohl die verworfene und getötete, als auch die ewig lebendige ist, der Gegenstand der Klage und Gegenklage, 3. indem sie den Weisen sich selber schenkt und indem sie den Toren sich selber verweigert, die Vollziehung des Rechtsspruches.

So ist Gott auch nach dem Neuen Testament in der Weise der μόνος σοφός (Röm. 16, 27; 1. Tim. 1, 17), daß seine Weisheit zusammenfällt mit seiner Heiligkeit und Gerechtigkeit und ihre Erkenntnis bezw. das menschliche Weisewerden sehr schlicht damit, daß der Mensch zum Glauben kommt. Darum kann sich Paulus Eph. 3, 8 f. (vgl. Kol. 1, 25 f.) über den Sinn seines Apostolates dahin aussprechen: ihm sei aufgetragen, die «Ökonomie» (die Anordnung, die Struktur) des von Ewigkeit her in Gott, dem Schöpfer aller Dinge, verborgenen Geheimnisses ans Licht zu bringen mit dem Zweck (ἵνα), daß jetzt den ἀρχαί und ἐξουσίαι im Himmel durch die Kirche die πολυποίκιλος σοφία τοῦ θεοῦ kund werde gemäß der im Christus Jesus, unserem Herrn in die Tat umgesetzten göttlichen Vorherbestimmung. Dementsprechend hatte Paulus die Gemeinde schon Eph. 1, 7 f. darauf angeredet: Gott habe den Reichtum seiner Gnade, verwirklicht in der Erlösung durch das Blut Christi und also in der Vergebung der Sünden an uns groß werden lassen ἐν πάσῃ σοφίᾳ καὶ φρονήσει, indem er uns das Geheimnis seines Willens kundgetan, das darin besteht, allen himmlischen und irdischen Wesen in Christus ihr Haupt (ihren Vertreter, ihre Zusammenfassung, ihre Mitte, ihren Bestand (ἀνακεφαλαιώσασθαι) zu geben. Dementsprechend hatte er schon Eph. 1, 17 f. (vgl. Kol. 1, 9) gebetet: «Der Gott unseres Herrn Jesus Christus, der Vater der Herrlichkeit gebe euch den Geist der Weisheit und der Offenbarung zur Erkenntnis seiner selbst, erleuchtete Augen des Herzens, um die euch durch seine Berufung verliehene Hoffnung zu erkennen!» Und dementprechend fordert er sie nachher Eph. 5, 15 auf, ἀκριβῶς zu wandeln «nicht als die Unweisen, sondern als die Weisen». Oder nach der Parallele Kol. 4, 5: «in Weisheit zu wandeln angesichts derer, die draußen sind». Paulus versteht seine eigene Aufgabe dahin, Christus als die Hoffnung der Herrlichkeit zu verkündigen und damit «jeden Menschen zu unterrichten, jeden Menschen zu belehren in der völligen Weisheit, um so jeden Menschen als Vollkommenen (τέλειον) in Christus vor diesen zu stellen» (Kol. 1, 28). Eine andere Weisheit als die, die im Kolosser- und Epheserbrief deutlich genug als mit Jesus Christus selber identisch bezeichnet wird, ist aber auch Jak. 3, 13 f. nicht gemeint, wenn gefragt wird: «Wer ist weise und verständig unter euch?» wenn darauf geantwortet wird, daß ein solcher, der das sei, es zeigen möge durch einen Wandel ἐν πραΰτητι σοφίας wenn die «Weisheit von oben» Jak. 3, 17 beschrieben wird als keusch, friedlich, billig, fügsam, voll von Erbarmen und guten Früchten, frei von Zweifel, frei von Heuchelei — und wenn Jak. 1, 5 f. der, der solcher Weisheit ermangeln sollte, aufgefordert wird, Gott im Glauben darum zu bitten. Wobei es instruktiv genug ist, daß eben die Freiheit vom Zweifel, die 3, 17 als Kriterium der nach 1, 5 f. im Glauben zu erbittenden Weisheit angegeben wird, an dieser letzteren Stelle mit höchstem Nachdruck als die Grundbestimmung des Glaubens und also auch des rechten Gebetes um Weisheit bezeichnet wird. Weisheit den Weisen! diese Regel setzt sich offenbar auch hier durch, wie ja auch Salomo schon weise sein mußte, um gerade um Weisheit zu beten und wie es ja auch von Jesus selbst Luk. 2, 40, 52 nicht einfach heißt, daß er Weisheit empfing oder weise wurde, sondern daß er «zunahm» an Weisheit und Alter und Gnade bei Gott und den Menschen. Es ist offenbar die Weisheit auch in allen diesen neutestamentlichen Zusammenhängen nicht mehr und nicht weniger als der dem Menschen in Gnade und Barmherzigkeit sich zuwendende Gott selber, Gott in seiner Liebe, aber auch in seiner Freiheit, in seiner ganzen Liebe, aber auch in seiner ganzen Freiheit.

Die Beobachtung, von der wir schon bei der alttestamentlichen Weisheitslehre ausgegangen sind, wiederholt sich im Neuen Testament: man könnte auch hier stutzen angesichts der Tatsache, daß der Begriff der Weisheit nur in einem verhältnismäßig beschränkten Teil des Kanons explizit zur Aussprache kommt. Und es ist auch hier nichts dagegen zu sagen, wenn man das historisch damit erklären will, daß dies offenbar, entsprechend der Begegnung Israels mit dem älteren Hellenismus, in der Berührung und Auseinandersetzung der neutestamentlichen Gemeinde mit den die sogen. Gnosis vorbereitenden philosophischen und religiösen Zeitbewegungen nötig und wirklich geworden sei. Man beachte dann aber wohl, wie radikal kritisch diese Auseinandersetzung verläuft, bezw. wie vollständig die begrifflich vielleicht in der Tat im Verlauf dieser Auseinandersetzung aufgenommene Sache im apostolischen Zeugnis assimiliert und nicht etwa zur Abschwächung oder Veränderung, sondern gerade zur Unterstreichung und Verschärfung der Christusbotschaft als solcher in den Zusammenhang der übrigen Begriffe und Anschauungen hineingenommen und in diesem Zusammenhang — ich wüßte keine Stelle, wo dieser gesprengt oder auch nur gestört würde — verwendet wird. Aber wie man sich auch zu der historischen Frage stellen möge: das ist sicher, daß die Weisheitslehre im kanonischen Neuen Testament so gut wie im Alten faktisch zum integrierenden Bestandteil des apostolischen Wortes geworden ist. Paulus ohne 1. Kor. 1—2 wäre nicht Paulus und so würde der Inhalt des ganzen Kolosser- und Epheserbriefs in sich zusammenbrechen, wenn man etwa aus irgend einem Grunde diesen Stein herausnehmen wollte. Jesus Christus, unsere Gerechtigkeit, Heiligkeit und Erlösung ist auch unsere Weisheit und so ist der Glaube an ihn auch Belehrung durch die Weisheit Gottes. Das dürfte in der Sache doch auch das Zeugnis des Johannesevangeliums sein, obwohl es den Begriff als solchen auffallenderweise vermieden hat. Eindringlicher als jede andere neutestamentliche Schrift hat es dafür den Glauben und die Erkenntnis nebeneinander gestellt und miteinander verbunden.

§ 31.

DIE VOLLKOMMENHEITEN DER GÖTTLICHEN FREIHEIT

Die Göttlichkeit der Freiheit Gottes besteht und bewährt sich darin, daß Gott in sich selber und in allen seinen Werken Einer, beständig und ewig und eben damit auch allgegenwärtig, allmächtig und herrlich ist.

1. GOTTES EINHEIT UND ALLGEGENWART

Wir wenden uns keinem neuen Gegenstand zu und wir schlagen kein anderes Buch auf, wenn wir unsere Aufmerksamkeit nun den Vollkommenheiten der göttlichen Freiheit zuwenden. Von der göttlichen Freiheit sprachen wir schon als wir von der göttlichen Liebe sprachen. Wir konnten ja nicht von Gottes Liebe sprechen, ohne dauernd hinüber und hineinzublicken in Gottes Freiheit. Indem wir von Gottes Heiligkeit, Gerechtigkeit und Weisheit sprachen, haben wir den Inhalt dieses zweiten Teils der Lehre vom Wesen Gottes eigentlich schon vorweggenommen. Denn was Anderes war es als eben die Erinnerung an die göttliche Freiheit, die uns nötigte, Gottes Heiligkeit neben seiner Gnade, Gottes Gerechtigkeit neben seiner Barmherzigkeit, Gottes Weisheit neben seiner Geduld besonders ins Auge zu fassen: zur Begründung, Sicherstellung und Erklärung dessen, daß wir nicht von irgend einer, sondern eben von der göttlichen Gnade, Barmherzigkeit und Geduld gesprochen hatten. Die Göttlichkeit der Liebe Gottes besteht und bewährt sich darin, daß Gott eben in seiner Liebe frei und also eben in seiner Gnade, Barmherzigkeit und Geduld heilig, gerecht und weise ist.

Dieser Zusammenhang, diese Einheit des Wesens Gottes muß uns nun auch von seiner andern Seite her vor Augen treten. Wir denken jetzt gewissermaßen in der umgekehrten Folge. Wir beginnen jetzt dort, wo wir im vorigen § jeweils geendigt haben. Wir gehen jetzt also aus von der göttlichen Freiheit. Wir tun das der Ordnung des göttlichen Lebens entsprechend an zweiter Stelle. Aber wir sahen: eine Unterordnung kann diese Ordnung nicht bedeuten. Gottes Freiheit ist nicht weniger göttlich als seine Liebe. Gottes Freiheit ist darin göttlich, daß sie die Freiheit ist, in der Gott liebt. Es gilt aber auch das Umgekehrte: Gottes Liebe ist darin göttlich, daß sie seine freie Liebe ist. Das berechtigt und nötigt uns, seine Freiheit ebenso ernst zu nehmen und bei der Betrachtung seines Wesens nun, an zweiter Stelle, ebenso ernstlich wie zuvor von seiner Liebe, so jetzt von seiner Freiheit auszugehen. Wieder wissen wir jetzt schon, daß es keine Freiheit Gottes an sich und als solche gibt. Wir werden also, indem wir uns nun seiner Freiheit zuwenden, seine Liebe ständig mitzubedenken haben. Wir werden also in diesem zweiten Teil der Lehre vom Wesen Gottes den ersten notwendig (implizit und explizit) zu rekapitulieren haben: alles dort Eingesehene und Ausgesprochene wird uns hier begleiten und mitgegenwärtig sein müssen. Die Erinnerung an die göttliche Liebe wird uns auch hier nötigen, je eine erste und eine zweite Betrachtung anzustellen: beide diesmal auf die Freiheit Gottes gerichtet, je die zweite aber so, daß sie uns den Zusammenhang und die Einheit der Freiheit mit der Liebe Gottes in Erinnerung bringt und eben damit begründet, sicherstellt und erklärt, daß wir es nicht mit irgendeiner, sondern mit der göttlichen Freiheit zu tun haben. Die Göttlichkeit der Freiheit Gottes besteht und bewährt sich darin, daß Gott eben in seiner Freiheit, eben als der Freie der Liebende ist. Gott ist Einer, er ist beständig und ewig, in sich selber und in allen seinen Werken. Das ist seine Freiheit. Das ist seine Majestät und Souveränität. Davon wird in diesem zweiten Teil der Lehre von seinem Wesen jeweils zuerst zu reden sein. Gott ist aber nicht zufällig und nicht in einer willkürlich zu bestimmenden, sondern in einer durch ihn selbst ganz bestimmten Weise frei, majestätisch, souverän. Er ist also in der Weise Einer, daß er allgegenwärtig, in der Weise beständig, daß er allmächtig, in der Weise ewig, daß er herrlich ist. Seine Freiheit ist ja die Freiheit seiner Liebe.

ÜBERSETZUNG DER FREMDSPRACHLICHEN ZITATE

(ohne Bibeltexte), besorgt von Magdalene und Hinrich Stoevesandt

S. 290 Z. 37 ... Wohltaten Christi ...

Z. 38 f. Wir täten besser daran, die Geheimnisse der Gottheit anzubeten, als sie zu erforschen. Ja fürwahr, ohne große Gefahr können sie nicht untersucht werden.

S. 292 Z. 46 f. Das Wesen Gottes ist die Gottheit selbst, kraft welcher Gott von sich aus und durch sich in absoluter Weise ist und existiert.

S. 295 Z. 17 ff. ... als Leben und dieses wiederum als Aktuosität oder schlichter als Akt. Gemeint war: als reinen, ja reinsten Akt.

Z. 19 f. Herr, für den Sein und Leben nicht zwei verschiedene Dinge sind, weil dir zuhöchst Sein und zuhöchst Leben dasselbe ist – du selbst ...

Z. 28 ff. Das Leben Gottes ist ein Attribut von der Art, daß Gott [dadurch] sich selbst in vollkommenster Weise durch innerliche und immanente Akte des Erkennens und des Wollens aktuiert und sich immer aktuos erweist.

Z. 31 f. Im eigentlichsten Sinne kann man allein von Gott sagen, daß er lebe.

Z. 33 f. Leben ist in der eigentlichsten Weise in Gott.

Z. 35 ff. Gottes Leben ist die Wesenseigentümlichkeit oder das lebendige göttliche Wesen selbst, durch welches Gott als aktuos lebend und durch sich selbst alles wirkend und mit treibender und bewegender Kraft versehen und daher auch anderen Leben einflößend bezeichnet wird.

S. 297 Z. 4 ... das Erstbewegende ...

S. 298 Z. 3 ff. Wenn Gott Geist ist, darf man also nichts Irdisches oder Fleischliches von ihm denken. Daher kann aus der Analogie mit den geistigen und einfachen Wesenheiten über seine Natur irgendwie ein Urteil abgeleitet werden.

Z. 25 f. ... nicht theologisch, sondern ökonomisch gesagt: unserem Fassungsvermögen entsprechend und nach der Anschauungsweise unserer schwachen Erkenntnis?

S. 299 Z. 17 Je geistiger etwas ist, desto aktiver ist es.

S. 300 Z. 46 Gott ist unabhängiger Geist.

S. 301 Z. 1 . . . von sich selbst aus existierender Geist . . .

S. 305 Z. 26 s. zu S. 295 Z. 31 f.

S. 311 Z. 18 f. Lieben ist nichts anderes als jemandem Gutes wollen.

Z. 19 ff. Als Liebender tritt er in dem Maße aus sich heraus, in den Geliebten hineinversetzt, in dem er dem Geliebten Gutes will und [für ihn] durch seine Vorsorge tätig ist gleichwie auch für sich selbst.

Z. 22 f. Als Liebender will er dem Geliebten in dem Maße Gutes und ist [für ihn] durch seine Vorsorge tätig gleichwie auch für sich selbst, in dem er, in den Geliebten hineinversetzt, aus sich heraustritt.

S. 312 Z. 42 ff. Gottes Liebe ist die Wesenseigentümlichkeit oder das Wesen Gottes, mit welchem er, *indem er sich ergötzt an dem, was er gutheißt,* diesem Gutes will. Denn das ist Lieben: sich *an dem* ergötzen, *was* [einem] *gefällt,* und diesem Gutes wollen und erweisen.

S. 313 Z. 4 . . . Gutheißung . . .

Z. 5 f. Gottes Liebe ist [das], wodurch er selbst sich *mit dem liebenswürdigen Gegenstand* lieblich vereinigt.

Z. 6 f. Liebenswürdig . . . als Geliebter.

S. 317 Z. 48 f. . . . kraft welcher er, keines Dinges bedürftig und als Fülle alles Guten sich an sich selbst erfreut und in sich selbst vollkommene Ruhe genießt.

S. 317 Z. 50–S. 318 Z. 1 Denn durch sich selbst und seine Natur ist er allezeit von allen Übeln frei, allezeit von allen Gütern überfließend, erkennt allezeit diese seine Glückseligkeit in vollkommener Weise, ist allezeit in jeder Weise sich selbst genügend, allezeit durch sich selbst zufriedengestellt, bedarf keines Gutes von uns (. . .) und begehrt deshalb nach nichts außerhalb seiner selbst.

S. 318 Z. 4 ff. . . . ein Sich-Erfreuen (Genießen) . . . ein Benutzen . . . jenes Gott zugeschriebene Benutzen, mit dem er uns benutzt, hat nicht auf seinen, sondern nur auf unseren Nutzen Bezug, was ihn angeht jedoch nur auf seine Güte.

Z. 8 Die Seligkeit besteht in einem Akt.

S. 323 Z. 29 ff. . . . als das vollkommenste Seiende und das höchste Gut, das als solches, als der reine Akt des Geistes, auch das

Erstbewegende sein sollte, ..., die Existenz dieses *einen* Gottes auch noch mit der des biblischen dreieinigen Gottes in eins zu setzen.

S. 324 Z. 28 Jede Begrenzung ist eine Verneinung.

S. 340 Z. 10 f. ... Selbst-Sein, Selbst-Leben, Selbst-Güte, ... sich selbst genügender Selbst-Herrscher, Selbst-Gott.

Z. 12 Alles, was die höchste Natur ist, ist sie durch sich selbst und aus sich selbst.

Z. 12 f. Die höchste Wahrheit ist niemandem etwas schuldig und ist aus keinem anderen Grunde das, was sie ist, als deshalb, weil sie ist.

Z. 14 f. ... du, der du dir ganz und gar genug bist und nichts von dem bedarfst, dessen alle Dinge bedürfen, um zu existieren und gut zu existieren.

Z. 15 f. Jener also hat allein *von sich* alles, was er hat.

Z. 17 ... von sich aus von Ewigkeit her existierend ...

Z. 20 ... Unabhängigkeit ...

Z. 21 ff. Denn so wie Gott durch dies von allen anderen Dingen adäquat unterschieden wird, so gibt es nichts, was man in [bezug auf] Gott, als einen streng angemessenen und bestimmten Gedanken, eher denken könnte, als daß er nicht von einem anderen her ist und daher von sich aus und notwendig existiert.

S. 343 Z. 12 ... über den hinaus etwas Größeres nicht gedacht werden kann ...

Z. 29 Gott ist die Ursache seiner selbst.

Z. 31 ... die Ursache ... das Verursachte ...

S. 345 Z. 11 ... das notwendige Seiende ...

S. 348 Z. 5 ... unter dem Gesichtspunkt der Aseität ...

S. 349 Z. 22 Gott gehört nicht einer Gattung an.

S. 356 Z. 7 ... in seinem ganzen Werk nach außen hin ...

S. 362 Z. 32 f. ... Benennungen, Tugenden, Attributen, Eigenschaften oder eben: Vollkommenheiten ...

S. 363 Z. 27 f. Aber gewiß bist du, was immer du bist, nicht durch etwas anderes als durch dich selbst. Du bist also das Leben selbst, durch das du lebst, und die Weisheit selbst, durch die du weise bist, und die Güte selbst, durch die du Guten und Bösen gut bist.

Z. 33 ff. Für Gott aber ist Sein dasselbe, was Starksein oder Gerechtsein oder Weisesein ist, und wie immer man zur Bezeichnung seiner Substanz jene einfache Vielfalt oder vielfältige Einfalt nennen mag.

Z. 35 f. Denn für Gott ist Sein und Wollen, Wollen und Weisesein dasselbe.

Z. 37 ff. Wie man nicht meinen darf, daß die Substanz der höchsten Natur etwas sei, dem gegenüber nicht-es-selbst in irgendeiner Weise besser wäre, so ist es notwendig, daß sie alles ist, was in jeder Weise besser ist als nicht-es-selbst ... Daher ist es notwendig, daß sie lebendig, weise, mächtig und allmächtig, wahr, gerecht, selig, ewig ist, und was immer in ähnlicher Weise absolut besser ist als nicht-es-selbst.

Z. 42 ... als Tugenden seiner Ewigkeit und seines Selbst-Seins ...

S. 368 Z. 28 ... schieres Wesen ...

Z. 29 f. Keine Unterscheidung kann in Gott selbst sein oder erkannt werden.

Z. 47 ff. ... *Benennungen* für diejenigen Tugenden, die immer zu Gott gehören, in der Weise, wie es möglich und *den Menschen* angemessen ist, von Gott zu hören und zu reden.

S. 368 Z. 50– S. 369 Z. 4 Wenn wir von Gott sprechen, gebrauchen wir zur Bezeichnung seines «Selbst-standes» solche Ausdrücke, die ein greifbares Einzelding bezeichnen, weil *bei uns* nur zusammengesetzte [d. h. körperlich greifbare Einzel-]Dinge ein selbständiges Sein haben. Zur Bezeichnung seiner Einfachheit dagegen gebrauchen wir solche Ausdrücke, die ein Allgemeines bezeichnen. Wenn wir also sagen: die Gottnatur oder das Leben oder sonst etwas in dieser Art finde sich «in» Gott, so deutet das nur darauf hin, daß *wir* diese Dinge als verschieden *denken*, besagt aber keineswegs ihr wirkliches Verschiedensein in Gott selbst. [Übers. nach der deutschen Thomas-Ausgabe, Bd. 1, S. 61]

S. 369 Z. 5 ff. Gott in sich [selbst] betrachtet ist ganz und gar einer und einfach: Aber dennoch erkennt ihn *unser Verstand* entsprechend verschiedenen Auffassungen, deshalb, weil er ihn nicht so sehen kann, wie er in sich selbst ist. Aber obwohl er ihn unter verschiedenen Auffassungen erkennt, erkennt er dennoch, daß allen seinen Auffassungen ein und dieselbe einfache Sache entspricht.

Z. 9 ff. So wie die Ähnlichkeit der [unter sich] verschiedenen Dinge mit dem einfachen Ding, welches Gott ist, durch verschiedene Formen vermittelt wird, so wird unser Verstand jenem durch verschiedene Auffassungsweisen in gewisser Weise angeähnelt ... Und daher ist unser Verstehen, wenn es von einem einzigen eine vielfache Auffassung bildet, weder irrig noch gegenstandslos, weil jenes einfache göttliche Sein von der Art ist, daß sie [scil. diese Auffassung] ihm unter vielfachen Formen in gewisser Weise angeähnelt werden kann.

Z. 14 ff. Wie Gottes wesenhafte Eigenschaften nicht wirklichkeitsmäßig unterschieden werden, so auch nicht auf Grund der Natur der Sache, sondern vernunftmäßig, oder besser gesagt der Art, das heißt unserer Auffassungs- und Begreifensweise oder unserer Erkenntnisart nach.

Z. 17 ff. Da unser endlicher Verstand das unendliche und schlechthin einfache Wesen Gottes nicht mit einer einzigen angemessenen Auffassungsweise angemessen auffassen kann, deshalb begreift er das göttliche Wesen mit unterschiedenen und unangemessenen Auffassungen, die nur unangemessen für dasselbe stehen; und diese unangemessenen Auffassungen werden Affektionen und Attribute Gottes genannt.

Z. 22 ff. Die Erkenntnis der Attribute Gottes ... ist wegen der *Schwachheit unseres Geistes* so beschaffen, daß sie mehr oder weniger nach Anthropopathie riecht und nur analog, symbolisch und unvollkommen stattfinden kann.

Z. 30 f. ... nicht, wer er an sich selber ist, sondern wie er sich zu uns stellt, so daß diese seine Erkenntnis eher in lebendiger Empfindung als in leerer und hochfliegender Spekulation besteht [Übers. nach O. Weber].

Z. 32 f. Die göttlichen Eigenschaften sind Attribute Gottes, durch die er sich uns Schwachen *zu erkennen gibt* und [sich] von den Geschöpfen unterscheidet.

Z. 43 f. Die göttlichen Attribute sind vor jedem Wirken unseres Verstandes wirklich und eigentlich in Gott.

Z. 46 ff. Die wesenhaften Eigenschaften Gottes sind in Gott von Ewigkeit zu Ewigkeit ... Sie sind nicht später als das Wesen Gottes, weil sie real dasselbe sind ... Ohne die wesenhaften göttlichen Eigenschaften kann Gott nicht sein, um nicht ohne sich selbst zu sein.

Z. 49 ff. Daß alle Attribute Gott *wahrhaftig* zukommen. Denn er ist, nicht durch unser Denken, sondern auf Grund der Beschaffenheit seiner Natur, gut, weise, gerecht usw.

S. 369 Z. 52–
S. 370 Z. 1 Es sind strenggenommen nicht viele Eigenschaften in Gott, sondern nur eine einzige, die nichts anderes ist als das göttliche Wesen selbst ... Aber mit Rücksicht auf uns spricht man von den Eigenschaften wie von vielen, weil sie in uns viele sind.

S. 370 Z. 2 ff. Wenn wir nämlich streng und genau sprechen wollen, hat Gott keine Eigenschaften, sondern ist reines und schlechthin einfaches Wesen, das weder eine wirkliche Verschiedenheit, noch irgendeine Zusammensetzung, sei es der Bestandteile oder der [Erscheinungs-]Weisen, zuläßt ... Da wir aber das schlechthin einfache Wesen Gottes nicht mit einer einzigen angemessenen Auffassung angemessen auffassen können, deshalb begreifen wir ihn mit unangemessenen und unterschiedenen Auffassungen, die unangemessen für das göttliche Wesen stehen, [und] die wir ... Attribute nennen. Und so unterscheidet unser Verstand, was der Sache nach nicht unterschieden ist.

Z. 9 ff. Daß die Attribute Gott gleichsam in einem gewissen zweiten Sein zukommen, insofern, als wir zuerst das Wesen Gottes auffassen wie eine Wurzel, aus der die Attribute hervorgehen. Wir fassen nämlich auf, daß Gott ist, bevor wir auffassen können, daß er barmherig, weise, gerecht ist.

Z. 13 ... diese Auffassungsweise entbehre nicht jeder Grundlage in der Sache [selbst].

Z. 14 f. ... wahrhaftig und eigentlich ...

Z. 43 s. zu S. 363 Z. 34

S. 372 Z. 40 In Gott kommt nichts Akzidentielles vor.

S. 373 Z. 2 ff. ... es könne in keinem dem katholischen Glauben entsprechenden Sinne geleugnet werden, daß die Gottheit Gott und Gott die Gottheit sei. Wenn aber gesagt wird, Gott sei durch Weisheit weise, durch Größe groß, durch Ewigkeit ewig, durch Einheit einer, durch Gottheit Gott, und anderes dieser Art – [dann] glauben wir, daß er nur durch diejenige Weisheit, *die Gott selber ist,* weise ist, nur durch diejenige Größe, *die Gott selber ist,* groß ist, nur durch diejenige Ewigkeit, *die Gott selber ist,* ewig ist, nur durch diejenige Einheit, *die Gott selber ist,* einer ist, nur durch diejenige Gottheit, *die er selber ist,* Gott, das heißt *durch sich selbst* der weise, große, ewige, eine Gott ist.

Z. 18 ... ungeschaffen ...

Z. 31 ... einem über- und einem untergeordneten.

Z. 33 ... Selbstwirksamkeit ...

Z. 50 s. zu S. 370 Z. 10

S. 374 Z. 31 ff. Als Ganzer ist er sich selbst ähnlich und gleich, da er ganz Verstand, ganz Geist, ganz Empfinden, ganz Vorstellung, ganz Vernunft, ganz Gehör, ganz Auge, ganz Licht und ganz die Quelle aller Güter ist [Übers. nach E. Klebba, BKV 3, S. 125].

Z. 33 ff. Überhaupt ist keine dieser erhabenen Bezeichnungen an und für sich, von den anderen losgelöst, für sich allein eine Vollkommenheit.

Z. 37 Die Eigenschaften in Gott sind nicht ... vom Wesen oder von einander verschiedene Dinge.

Z. 38 ff. Die Eigenschaften Gottes *sind nicht Teile* des göttlichen Wesens; sondern jede wesenhafte Eigenschaft ist das ganze und vollständige Wesen Gottes selbst und als solches, so daß Gottes Wesen und Gottes wesenhafte Eigenschaft nicht zwei verschiedene Dinge, sondern ein und dasselbe sind ... Was immer Gott ist oder in sich wirkt, das ist er oder wirkt er in sich in dem einen und selben Akt, der sein Wesen ist; daher ist er in ein und demselben Akt einfach, unendlich, unveränderlich, [und] in ein und demselben Akt lebt, erkennt, will, liebt er usw.

S. 374 Z. 45– S. 375 Z. 1 s. zu S. 369 Z. 46 ff.; ... denn er selbst ist seine selbsteigene Weisheit, Güte und Macht.

S. 376 Z. 10 Nichts in Gott ist, was nicht durch sich selbst bestünde ...

Z. 15 f. Gottes wesenhafte Eigenschaften sind Akt, so wie Gott reinster und einfachster Akt ist.

Z. 18 ff. Strenggenommen gebe es doch nur *eine* Eigenschaft Gottes, nämlich sein Wesen – aber mit Rücksicht auf uns spricht man von den Eigenschaften wie von vielen, weil sie in uns viele sind; in Gott aber sind sie real eine einzige; sie unterscheiden sich nur hinsichtlich der begrifflichen Wesenheit, und hinsichtlich der begrifflichen Wesenheit sind sie viele; und zwar nicht wie sie [die Wesenheit] Gott selbst, sondern wie sie uns gemäß ist, sind sie [die Eigenschaften] unter sich verschieden, nämlich eher so, wie sie unserem Erkenntnisvermögen angepaßt werden, als so, wie sie in Wirklichkeit sind (denn welches Geschöpf könnte sie erkennen, so wie sie sind?), da wir ja die so übersubstantielle und überhimmlische Natur nur mit unseren Worten und gemäß unserem Fassungsvermögen erklären oder erkennen können. Unser Verstand kann nicht in einem einzigen einfachen Akt, sondern muß notwendig in vielen und unterschiedenen Akten wie alles andere, so auch Gott erkennen.

Z. 33 ... mit Rücksicht auf uns, gemäß unserem Fassungsvermögen ...

S. 383 Z. 19 ff. ... zwischen den negativen und positiven Attributen, oder den Ruhe- und Tätigkeitsattributen, oder den inneren und äußeren, oder den absoluten und relativen, oder den immanenten und transeunten, oder den ursprünglichen und abgeleiteten, oder den metaphysischen und moralischen.

Z. 23 ... unmitteilbare und mitteilbare Attribute.

Z. 24 ff. Attribute der schlechthin vollkommenen unendlichen Substanz, wie sie für sich betrachtet ist, und Attribute der schlechthin vollkommenen geistigen Substanz.

S. 388 Z. 18 ff. vgl. zu S. 383 Z. 19 ff.

S. 390 Z. 20 f. ... von dem dreifachen Weg: dem Weg der Verneinung, des Hervorragens und der Ursächlichkeit.

S. 396 Z. 5 Die Methode ist beliebig.

S. 397 Z. 6 ff. Die Gnade, sofern sie in Gott ihren Sitz hat, ist eine wesenhafte Eigenschaft seiner selbst, nämlich Gottes überaus gütiger Wille und seine Gunst, durch die er wahrhaftig und eigentlich gnädig ist, [und] durch die er seinem Geschöpf Gunst erweist und umsonst wohltut.

Z. 8 ff. Gottes Gnade ist seine umsonst erwiesene Gunst, durch die er dem vernunftbegabten Geschöpf und besonders den gläubigen Menschen wohltut; anders gesagt: sie ist Gottes überaus gütiger Wille, durch den er [ihnen] ohne alles Verdienst Gunst erweist und wohlzutun sich freut.

S. 401 Z. 2 ... wahrhaftig und eigentlich gnädig.

S. 403 Z. 41– S. 404 Z. 3 Gottes Heiligkeit ist diejenige wesenhafte Eigenschaft seiner selbst, durch die erkannt wird, daß seine Natur schlechthin und in vollkommenster Weise gerecht ist, [und] der ganz und gar nichts Fehlerhaftes, nichts Unrechtes, nichts Böses, nichts Makelhaftes innewohnt, und [durch die] ebenso [erkannt wird], daß sie [scil. diese Natur] auch in höchstem Maße rein, lauter und liebend und die Ursache der Reinheit und Lauterkeit in den vernunftbegabten Geschöpfen ist, dagegen aber in höchstem Maße jeder Unreinheit und Unlauterkeit, sei sie innerlich oder äußerlich, widersteht und sie strengstens verabscheut und bestraft.

S. 404 Z. 3 ff. Gottes Heiligkeit ist die höchste, ganz und gar jedes Makels oder Fehlers bare Reinheit in Gott, die die geschuldete Lauterkeit und Reinheit von den Geschöpfen fordert – anders gesagt: durch die Gott in höchstem Maße rein, lauter und heilig ist und der Urheber jeder Reinheit und Heiligkeit in den Geschöpfen.

Z. 15 ff. 1. der Absonderung ..., 2. der Hingabe (... sich selbst zugewandt, sich selbst suchend ...), 3. der Verkörperung ..., 4. der Verabscheuung ...

S. 405 Z. 17 ... als Schauervolles ...

S. 415 Z. 32 f. Gottes Barmherzigkeit ist die überaus gnädige Geneigtheit des göttlichen Willens, durch die Gott das Elend des Menschen am Herzen liegt und [durch die er] dasselbe gütig behoben wünscht.

S. 416 Z. 39 f. Gott ist barmherzig durch sein ewiges und einfaches Wesen, nicht aber durch irgendeine Beschaffenheit, nicht durch einen Affekt, nicht durch Leidenschaft.

S. 424 Z. 31 ff. Gottes Gerechtigkeit ist die höchste und unveränderliche Rechtheit des göttlichen Willens, die vom vernunftbegabten Geschöpf fordert, was recht und gerecht ist. Und sie ist entweder die Vergelterin, durch die er die Guten belohnt, oder die Rächerin, durch die er die Bösen bestraft.

Z. 41 f. ... die gnädigste Geneigtheit des göttlichen Willens, durch die Gott das Elend des Menschen am Herzen liegt ...

S. 425 Z. 4 f. Erbarme dich meiner, Gott, nach deiner großen Barmherzigkeit.

S. 425 Z. 5 ff. Die heiligen Väter, die über die Psalmen geschrieben haben, haben [die Wendung] «der gerechte Gott» gemeinhin dahin ausgelegt, daß er gerecht rächt und bestraft, nicht dahin, daß er rechtfertigt. Daher geschah es mir in meiner Jugend, daß ich diese Benennung Gottes haßte, und unter diesem Eindruck schaudere ich bis heute gleichsam zusammen, sooft ich Gott gerecht nennen höre. So gewaltig ist die Wirkung der gottlosen Lehre, wenn die Gemüter in frühester Jugend mit ihr getränkt werden, und dennoch legen beinahe alle alten Lehrer so aus. Aber wenn Gott in der Weise gerecht ist, daß er gerecht oder nach Verdienst bestraft, wer kann vor dem Angesicht dieses gerechten Gottes bestehen? Wo wir doch alle Sünder sind und Gott gerechte Ursache bieten, uns Strafen aufzuerlegen. Weg mit solcher Gerechtigkeit und mit einem solchen gerechten Gott, weil er uns alle wie ein «verzehrendes Feuer» [Dtn. 4, 24] verschlingen wird! Weil aber Gott Christus als Retter gesandt hat, will er wahrhaftig nicht in der Weise gerecht sein, daß er nach Verdienst bestraft, sondern er will [so] gerecht sein und genannt werden, daß er die, die ihre Sünden erkennen, rechtfertigt und sich ihrer erbarmt ...

Z. 17 ff. Und zu v 16 (Meine Zunge wird deine Gerechtigkeit preisen): Dieses Wort «Gerechtigkeit» hat mir viel Schweiß bereitet; denn etwa so pflegte man es auszulegen, die Gerechtigkeit sei die Wahrheit, durch die Gott die Übeltäter nach Verdienst verdamme oder richte. Und man pflegte der Gerechtigkeit die Barmherzigkeit entgegenzustellen, durch die die Gläubigen gerettet werden. Diese Auslegung ist höchst gefährlich, denn abgesehen davon, daß sie an der Sache vorbeigeht, erregt sie einen heimlichen Haß gegen Gott und seine Gerechtigkeit. Denn wer kann den lieben, der nach Gerechtigkeit mit den Sündern verfahren will? Seid daher dessen eingedenk, daß Gottes Gerechtigkeit das ist, wodurch wir gerechtfertigt werden, oder das Geschenk der Vergebung der Sünden. Diese Gerechtigkeit in Gott ist wohltuend, denn sie macht aus Gott nicht einen gerechten Richter, sondern einen verzeihenden Vater, der seine Gerechtigkeit nicht dazu gebrauchen will, die Sünder zu richten, sondern sie zu rechtfertigen und freizusprechen. Diese deine Gerechtigkeit, sagt er [scil. der Psalmist], nicht die Gerechtigkeit der Menschen oder des Mose, werde ich mit Freude und Fröhlichkeit preisen, auch wenn ich alle Menschen zu Feinden bekommen sollte, wenn du nur dies tust, daß du mich auch im Angesicht der Gemeinde freisprichst.

S. 425 Z. 31–S. 426 Z. 8 Ich war wahrhaftig von außerordentlicher Begierde ergriffen, Paulus im Römerbrief zu verstehen; aber dabei war mir bis dahin nicht mangelnde Herzenswärme, sondern ein einziges Wort im Wege gewesen, nämlich Kap. 1 [V. 17]: Gottes Gerechtigkeit wird darin [scil. im Evangelium] offenbart. Denn ich haßte dieses Wort «Gottes Gerechtigkeit», das ich durch den Brauch und die Gewohnheit aller Lehrer philosophisch von der formalen oder aktiven Gerechtigkeit (wie sie es nennen) zu verstehen unterwiesen war, durch die Gott gerecht ist und die Sünder und Ungerechten straft. Ich aber, der ich mich, wie untadelig auch immer ich als Mönch lebte, vor Gott als Sünder von unruhigstem Gewissen fühlte und nicht darauf vertrauen konnte, ihn durch meine Genugtuung zu versöhnen, liebte nicht, sondern haßte sogar den gerechten und die Sünder strafenden Gott, und wenn nicht mit verschwiegener Lästerung, so doch mit gewaltigem Murren empörte ich mich gegen Gott, indem ich sprach: Als ob es nicht wahrhaftig genug wäre, daß die elenden und durch die Erbsünde in Ewigkeit verlorenen Sünder durch das Gesetz des Dekalogs von jeder Art Unglück bedrückt sind, wenn Gott nicht durch das Evangelium einem Schmerz einen weiteren hinzufügte und uns auch noch durch das Evangelium seine Gerechtigkeit und seinen Zorn androhte. So wütete ich mit grimmigem und verwirrtem Gewissen, dennoch aber klopfte ich ungestüm an dieser Stelle bei Paulus an und dürstete glühend zu wissen, was der heilige Paulus meine. Bis sich Gott meiner erbarmte und ich, Tag und Nacht nachsinnend, den Zusammenhang der Worte beachtete, nämlich: Gottes Gerechtigkeit wird in ihm offenbart, wie geschrieben steht: Der Gerechte lebt aus dem Glauben; da begann ich, Gottes Gerechtigkeit dahin zu verstehen, daß durch sie der Gerechte als durch Gottes Gabe lebt, nämlich aus dem Glauben, und daß dies der Sinn sei, daß durch das Evangelium Gottes Gerechtigkeit offenbart werde, nämlich die passive, durch die uns der barmherzige Gott durch den Glauben rechtfertigt, wie geschrieben steht: Der Gerechte lebt aus dem Glauben. Da spürte ich, daß ich ganz und gar neu geboren und durch offene Tore ins Paradies selbst eingetreten war. Da zeigte mir die ganze Schrift durchweg ein anderes Gesicht. Ich ging darauf die Schrift durch, soweit ich sie im Gedächtnis hatte, und sammelte Analoges auch in anderen Worten, wie zum Beispiel, daß Gottes Werk das ist, was Gott in uns wirkt, Gottes Kraft das, wodurch er uns mächtig macht, Gottes Weisheit das, wodurch er uns weise macht, [und Entsprechendes von] Gottes Stärke, Gottes Heil, Gottes Herrlichkeit. Mit so großem Haß, wie ich zuvor das Wort «Gottes Gerechtigkeit» gehaßt hatte, mit so großer Liebe hielt ich das Wort nun als das für mich allersüßeste hoch; so ist mir diese Stelle bei Paulus wahrhaftig das Tor des Paradieses gewesen. Später las ich Augustins Schrift «Vom Geist und vom Buchstaben», wo ich unverhofft darauf stieß, daß auch er Gottes Gerechtigkeit in ähnlicher Weise dahin auslegt, daß Gott uns damit bekleidet, indem er uns rechtfertigt ... Durch diese Überlegungen besser ausgerüstet, begann ich den Psalter zum zweiten Male auszulegen ...

S. 426 Z. 12 ff. ... als seinen Willen, durch den er selbst gerecht ist und der Urheber jeglicher Gerechtigkeit in den Geschöpfen ... Die höchste, vollkommenste und unfehlbare Richtschnur der göttlichen Gerechtigkeit ist sein Wille. Denn Gott ist sich selber Gesetz. Alles, was Gott will, daß es geschieht, ist eben dadurch, daß er es will, gerecht: Alles, was Gott tut, weiß und will er.

Z. 49 ... dem Tiefsten und Verborgensten deiner Güte ...

Z. 50 f. ... ganz und in höchstem Maße gerecht ...

S. 427 Z. 2 f. Wenn du barmherzig bist, weil du in höchstem Maße gut bist, und in höchstem Maße gut bist, aus keinem anderen Grunde, als weil du in höchstem Maße gerecht bist, dann bist du wahrhaftig deshalb barmherzig, weil du in höchstem Maße gerecht bist.

Z. 6 Deine Barmherzigkeit *entspringt* aus deiner Gerechtigkeit.

Z. 10 Auf diese Weise also ist es gerecht, daß du die Bösen verschonst und aus Bösen Gute machst.

Z. 12 ff. ... nicht, weil es ihrer Verdienste (...), sondern weil es deiner Güte *würdig* ist ... So bist du gerecht, nicht etwa, weil du uns das Geschuldete abstattetest, sondern weil du tust, was deiner, der du in höchstem Maße gut bist, *würdig ist* ... So also *entspringt* aus deiner Gerechtigkeit deine Barmherzigkeit; weil es gerecht ist, daß du in der Weise gut bist, daß du auch, indem du verschonst, gerecht bist.

Z. 19 ... *allein* aus Barmherzigkeit ...

Z. 29 f. ... seine *Würde* zu wahren. Denn [Gottes] Freiheit erstreckt sich nur auf das, was förderlich oder was *würdig* ist, und das ist nicht Güte zu nennen, was etwas Gottes Unwürdiges bewirkt.

Z. 47 ff. Sieh zu, daß du bei keinem von beiden zu kurz kommst. Wenn du von Schmerz über deine Sünde und Furcht vor der Gerechtigkeit erschüttert wirst, hast du deine Lippen auf den Fußabdruck der Wahrheit und Gerechtigkeit gedrückt. Wenn du die Furcht und den Schmerz durch das Hinschauen auf die göttliche Güte und durch die Hoffnung auf die zu erlangende Nachsicht linderst, dann wisse, daß du auch den Fuß der Barmherzigkeit umarmst. Im übrigen nützt es nichts, den einen ohne den anderen zu küssen, weil einerseits der Gedanke an die Gerechtigkeit allein in einen Abgrund von Verzweiflung stürzt, andererseits aber das trügerische Sich-Verlassen auf die Barmherzigkeit eine höchst verderbliche Sicherheit erzeugt.

S. 428 Z. 6 ff. Merkt auf die Barmherzigkeit und die Gerechtigkeit ... Glaubt nicht, daß diese beiden in Gott in irgendeiner Weise voneinander getrennt werden können! Sie scheinen sich nämlich bisweilen entgegengesetzt: insofern, als, wer barmherzig ist, die Gerechtigkeit nicht wahrt, und wer auf der Gerechtigkeit beharrt, die Barmherzigkeit vergißt. Gott ist allmächtig, und weder läßt er in der Barmherzigkeit die Gerechtigkeit fahren noch in der Gerechtigkeit die Barmherzigkeit.

S. 429 Z. 26 f. ... der verzeihende Vater ... der gerechte Richter ...

Z. 29 ... die [nach Verdienst] zuteilende Gerechtigkeit ...

S. 433 Z. 28 ff. Diese Betrachtung dient dazu, alle unsere Sinne auf die eine Gerechtigkeit Gottes hin zu sammeln, damit wir unsere Hoffnungen nicht in verschiedene Richtungen zerstreuen, sondern alles verkehrte Vertrauen, durch das beinahe die ganze Welt hin- und hergetrieben wird, fahrenlassen und gänzlich gerichtet sind auf Gottes Willen, der überaus geneigt ist, uns das verheißene Heil zu gewähren. Und indem wir uns weder auf eigenen Rat, noch auf [eigenes] Streben, noch auf [eigene] Tugend verlassen, bedürfen wir weder irgendwelches Beistandes noch menschlicher Hilfe, um uns das Heil sicher zu versprechen, sondern nur dies eine muß uns vor Augen stehen, daß, weil Gott gerecht ist, es nicht geschehen kann, daß wir von ihm verlassen werden ... Nichts ist sicherer, als, wie in der Milde und Barmherzigkeit, so in der Gerechtigkeit Gottes zur Ruhe zu kommen, damit uns nicht irgendetwas anderswohin reißt; denn die nicht aus und ein wissen und nicht für sich selbst sorgen können, die Ungerechtigkeiten preisgegeben sind, die keineswegs geschickt darin sind, sich gegen Ungerechtigkeiten vorzusehen, die schließlich von den Kindern dieser Welt durch List und Betrug überwältigt werden, die werden, wenn sie nur im Vertrauen auf Gottes Gerechtigkeit fest sind, keineswegs zu Fall kommen. Gottes Gerechtigkeit wird auf den Plan treten, um sie zu schützen; Gottes Gerechtigkeit wird die Gefahren, die ihrem Heil im Wege stehen, vertreiben.

S. 438 Z. 28 ... die Gerechtigkeit der Sünder ...

S. 439 Z. 34 s. zu S. 429 Z. 29

S. 448 Z. 23 ff. Es gibt kein ausgeprägteres, strengeres, furchtbareres Beispiel von Gottes Gerechtigkeit, Zorn und Drohungen als in Christus. Denn weil alle Menschen in Adam gesündigt haben, verlangt Gottes Gerechtigkeit, daß das, was gegen die höchste und unendliche Majestät Gottes begangen worden ist, auch mit höchsten und unendlichen, das heißt ewigen Strafen sowohl der Seele als auch des Körpers gesühnt werde, damit ein Ebenmaß zwischen Schuld und Strafe bestehe. Dieser Gerechtigkeit muß notwendigerweise Genüge geleistet werden. Aber weil in Ewigkeit keiner unter den Menschen Genüge leisten könnte, damit nicht das ganze menschliche Geschlecht zugrunde ginge, machte Gottes eingeborener Sohn sich freiwillig zum Bürgen für jene, die Gott ihm gegeben hatte, und entäußerte sich selbst ... (Phil. 2, 7 f.). Da also Gottes Sohn, Mensch geworden, sich zum Bürgen für die Erwählten stellte, übertrug Gott die Strafe, die die Erwählten in Ewigkeit hätten tragen müssen, auf den Bürgen selbst und schüttete seinen Zorn gegen die Sünden der Erwählten über ihn aus.

S. 461 Z. 24 ff. Gottes Geduld ist das, wodurch Gott *seinen Zorn* gegen die Menschen in der Weise *mäßigt,* daß er auf ihre Umkehr und Besserung wartet, oder die Strafen aufschiebt, oder nicht seinen ganzen Zorn in einem einzigen Augenblick ausschüttet.

Z. 28 ff. ... den der *Milde* Gottes gestellt: sein überaus gütiger Wille, durch den er, *auch im Zorn* seiner Barmherzigkeit *gedenkend,* uns geneigt ist und uns schont, auch wenn wir es anders verdient hätten, da ihm unsere Besserung und Umkehr lieber ist als unser Tod.

Z. 42 ... eine Mäßigung oder ein Gedenken ...

S. 462 Z. 7 ... Besserung und Umkehr ...

Z. 18 ... daß die Geduld Gottes kein Leiden bedeutet.

S. 463 Z. 18 f. Die Gnade hebt die Natur nicht auf (zerstört sie nicht), sondern (setzt sie voraus und) vollendet sie.

S. 468 Z. 30 f. ... seines Werkes nach außen hin ... nach innen hin ...

S. 480 Z. 23 ff. ..., durch die er weiß, auf welche Arten die durch ihn selbst hervorzubringenden Dinge Zeugnisse seiner Herrlichkeit sein können, so daß er sie in einer seiner Natur, Vollkommenheit und Herrlichkeit zukommenden Weise [ins Dasein] rufen und wollen kann. Sie sei die Lenkerin der Ratschlüsse Gottes, durch die er so auf die göttliche Würde seiner Herrlichkeit achtet, daß es in keinem Teil seiner Worte oder Werke an Wahrheit, Ordnung und Schönheit mangelt.

I. BIBELSTELLEN

II. NAMEN

III. BEGRIFFE

Karl Barth
Aber seid getrost
Weihnachtspredigt in der Strafanstalt.
2 Musicassetten, Fr. 24.-/DM 26.-
Hier liegt die auf Tonträger zugänglich gemachte Predigt vom Heiligabend 1963 vor. Barth verkündet das Evangelium derart wirklichkeitsnah, mutmachend und befreiend, daß sich die Frage, ob solche Predigt »ankommt«, gar nicht erst stellt. Den Text dazu finden Sie in:

Predigten 1954–1967
Gesamtausgabe Bd. 12
322 S., geb., Fr. 35.-/DM 42.-
Dieser Band enthält die letzten 32 Predigten Karl Barths, in der überwiegenden Mehrzahl in der Basler Strafanstalt gehalten.

Karl Barth
Die protestantische Theologie im 19. Jahrhundert
648 S., br., Fr. 27.-/DM 29.-
Man darf diese Geschichte der Theologie des 19. Jahrhunderts als eine der bedeutendsten Leistungen der letzten Jahrzehnte bezeichnen. Barth beginnt mit einer Analyse des Menschen des 18. Jahrhunderts. In den Kapiteln über Mozart, Rousseau, Lessing, Kant, Herder, Novalis und Hegel wird mit bewundernswerter Präzision aus dem Lebenswerk dieser Männer die theologische Frage herausgearbeitet.

Karl Barth
Gebete
64 S., br., Fr. 13.-/DM 15.-
Diese Gebete – sie zählen unter den modernen zu den besten – sind gerade in ihrer schlichten, natürlichen Sprache »Originale«, Beispiele des »konkreten« Betens.

Karl Barth
Ad Limina Apostolorum
66 S., br., Fr./DM 10.-
1966 besuchte Barth den Vatikan. Dieses Bändchen schildert in höchst erquicklicher Weise die Reise und die Begegnung mit Papst Paul VI – und zwar in deutscher Sprache.

Karl Barth
Einführung in die evangelische Theologie
244 S., br., Fr./DM 13.-
Karl Barths letzte Basler Vorlesung von 1962 bietet eine knappe und prägnante Zusammenfassung seiner Hauptgedanken.

Karl Barth
Letzte Zeugnisse
82 S., br., Fr./DM 11.-
Die hier gesammelten Stücke von Karl Barth sind kleinere Beiträge, alle im Herbst 1968 entstanden. Das erste ist eine Antwort auf die Frage «wer und was im Jesus Christus sei». Es folgen zwei für das Radio veranstaltete Interviews: «Musik für einen Gast» mit Roswitha Schmalenbach sowie über den «Liberalismus» mit Alfred Blatter.

Karl Barth
Wolfgang Amadeus Mozart
48 S., br., Fr. 13.-/DM 15.-
Dieses schmucke Bändchen enthält den bedeutenden Vortrag über «Mozarts Freiheit». Zusammen mit den drei weiteren Beiträgen «Bekenntnis zu Mozart», «Dankbrief an Mozart» und «W. A. Mozart» gehört er zum Schönsten und Tiefsten, was je über Mozart gesagt und geschrieben wurde.

Carl Zuckmayer – Karl Barth
Späte Freundschaft in Briefen
96 S., br., Fr./DM 18.-
Eine wertvolle kleine Schrift, die jedem Leser den Dichter und den vermeintlich strengen Dogmatiker menschlich nahebringt.

Eberhard Busch/Hinrich Stoevesandt
Der Zug am Glockenseil
80 S., br., Fr./DM 13.-
Wer sich ein anschauliches Bild von der Persönlichkeit Barths machen und über den Umfang und die Bedeutung seines Werkes orientieren möchte, wird mit grossem Gewinn zu dieser Publikation greifen.

Max Zellweger-Barth
Mein Schwiegervater
Erinnerungen an Karl Barth
56 S., br., Fr. 13.-/DM 15.-

Heinrich Vogel
Freundschaft mit Karl Barth
Ein Porträt in Anekdoten.
72 S., br., Fr./DM 11.-

Dorothy L. Sayers
Das größte Drama aller Zeiten
92 S., br., Fr./DM 18.-
Drei Essays (die beiden ersten in der Übersetzung von Karl Barth) sowie ein Briefwechsel zwischen Karl Barth und der Verfasserin.
Ein origineller Versuch, Jesus als wahren Gott und wahren Menschen zu bekennen.

Karl Barth
Homiletik
Wesen und Vorbereitung der Predigt

2. Auflage 1985, 116 S., br., Fr./DM 13.-
ISBN 3-290-11562-3
Erscheint im März 1985

Diese 1966 erstmals erschienene Homiletik war seit Jahren vergriffen und erscheint nun in einer unveränderten Neuauflage. Das Buch richtet sich an Studenten und Pfarrer und bietet eine wichtige Einführung in die Predigtvorbereitung.

Karl Barth
Einführung in die evangelische Theologie

3. Auflage der Originalausgabe, 1985, 224 S., br., Fr./DM 13.-
ISBN 3-290-11563-1
Erscheint im April 1985

Karl Barths letzte Basler Vorlesung von 1962 bietet eine knappe und prägnante Zusammenfassung seiner Hauptgedanken. Die im Gütersloher Taschenbuch erschienene Lizenzausgabe erreichte drei Auflagen und ist nun vergriffen.

Emil Brunner
Der Mensch im Widerspruch
Die christliche Lehre vom wahren und wirklichen Menschen.

5. Auflage 1985, 540 S., br., Fr. 50.-/DM 55.-
ISBN 3-290-11079-6
Erscheint im März 1985

Emil Brunners evangelische Anthropologie – ein Standardwerk christlicher Bestimmung des Menschenbildes, ein luzider Dialog zwischen Theologie und Philosophie.

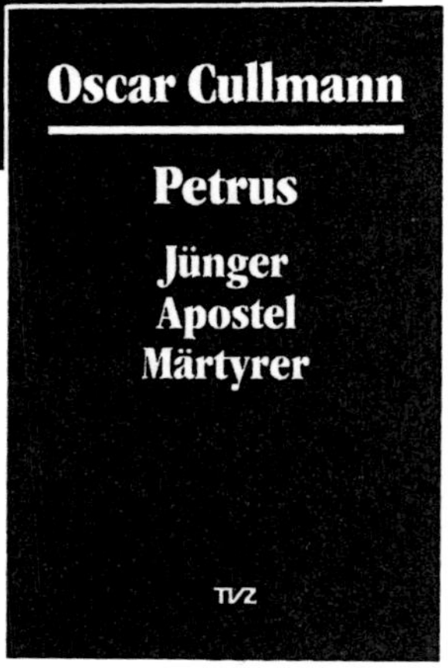

Oscar Cullmann
Petrus – Jünger – Apostel – Märtyrer
Das historische und das theologische Petrusproblem.

3. Auflage 1985, 286 S., br., Fr. 35.-/DM 39.-
ISBN 3-290-11095-8
Erscheint im März 1985

Durch diese Arbeit ist Oscar Cullmann zu einer wichtigen Gestalt im Dialog zwischen der evangelischen und der römisch-katholischen Theologie geworden. In seiner gründlichen Exegese von Matth. 16, 17–19 hält Cullmann im Gegensatz zu den Reformatoren daran fest, dass mit dem «Fels» Petrus selbst und nicht nur der Glaube Petri gemeint ist.